# Handbuch für Führungskräfte

Christoph Abeln

# Handbuch für Führungskräfte

Ein Praxisratgeber in
Veränderungsprozessen

2. Auflage 2014

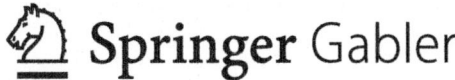 Springer Gabler

Dr. Christoph Abeln
Berlin, Deutschland

ISBN 978-3-658-04028-4          ISBN 978-3-658-04029-1 (eBook)
DOI 10.1007/978-3-658-04029-1

Die Deutsche Nationalbibliothek verzeichnet diese Publikation in der Deutschen Nationalbibliografie; detaillierte bibliografische Daten sind im Internet über http://dnb.d-nb.de abrufbar.

Springer Gabler
© Springer Fachmedien Wiesbaden 2014

*Lektorat:* Stefanie A. Winter

Gedruckt auf säurefreiem und chlorfrei gebleichtem Papier

Springer Gabler ist eine Marke von Springer DE. Springer DE ist Teil der Fachverlagsgruppe Springer Science+Business Media
www.springer-gabler.de

# Vorwort zur 2. Auflage

Der Erfolg und der Zuspruch zur 1. Aufl. – nicht nur bei unseren Mandanten – war uns Ansporn genug, mit einer 2. Aufl. die aktuelle arbeitsgerichtliche Entwicklung und die Anregungen und Wünsche der Leser und Mandanten aufzugreifen und einzupflegen. Es wurden hierzu neue Kapitel aufgenommen, bestehende Kapitel umstrukturiert und erweitert.

Dieses Buch wendet sich an Sie als Führungskraft und Manager und behandelt wesentliche Fragestellungen, die aus unserer langjährigen Tätigkeit unter praktischen Gesichtspunkten häufig auftreten und uns besonders wichtig erscheinen. Ziel des Buches ist es, Lösungsansätze aufzuzeigen und Anregungen zur eigenen Standortbestimmung zu geben. Dabei kann es nicht darum gehen, allgemeingültige Lösungen vorzugeben. Die zu lösenden Konflikte dürfen nämlich nicht nur unter juristischen Gesichtspunkten betrachtet werden, sondern vor allem auch unter der Berücksichtigung der besonderen familiären und finanziellen Situation der jeweiligen Führungskraft.

Die Schwerpunkte dieses Buches behandeln den Status der Führungskraft in Veränderungsprozessen, beispielsweise bei Versetzungen, Entleitungen sowie Aufgabenentzug und geben Lösungsansätze. Behandelt werden auch die Personalinstrumente im Falle der Beendigung eines Dienstvertrags, sei es im Rahmen einer Aufhebungsvereinbarung, eines Abwicklungsvertrags oder mittels eines Vorruhestandsvertrags, der in einigen Unternehmen auch als Wartestands- oder Freistellungsvereinbarung bezeichnet wird. In Trennungssituationen ist es durch die gesetzliche Verlängerung der Lebensarbeitszeit im Falle sogenannter Best Ager immer schwieriger, angemessene Regelungen zu finden. Dies gilt umso mehr, als sich Führungskräfte in Deutschland grundsätzlich in einem Verdrängungs- und nicht in einem Wachstumsmarkt befinden. Spezielle Branchen des Finanzmarkts, etwa Banken und Versicherungen, bekommen diese Tatsache nicht erst seit der Finanzkrise zu spüren, seit dieser jedoch in besonderem Maße.

Ein weiterer Schwerpunkt in diesem Buch ist der Vergütung von Führungskräften gewidmet, die naturgemäß eine große praktische Bedeutung hat.

Ferner geht es um rechtliche und taktische Aspekte der Auslandsentsendung. Im Zuge der Finanzkrise haben sich viele Unternehmen von ihren entsandten Führungskräften getrennt. Für uns war es erschreckend zu sehen, wie unprofessionell auf der einen Seite die Unternehmen mit ihren Führungskräften umgingen und mit welcher Gutgläubigkeit auf der anderen Seite die Führungskräfte darauf vertrauten, dass es ihr Unternehmen schon richtig machen werde. So zogen viele mit „Katz und Maus" in die Ferne, ohne aber die Modalitäten des Aufenthalts und der Rückkehr für sich und ihre Familie abschließend geklärt zu haben.

In einem weiteren Teil des Buches werden der Status und die Rolle des Sprecherausschusses behandelt sowie Möglichkeiten und Defizite einer effizienten Interessenwahrnehmung beleuchtet.

Der Autor des Buches beschäftigt sich seit mehr als 20 Jahren mit den Problemen von leitenden Angestellten, Führungskräften, Geschäftsführern und Vorständen. Die Mitautoren und in der Kanzlei tätigen Rechtsanwälte sind alle Fachanwälte für Arbeitsrecht und ausschließlich für vorgenannte Zielgruppe tätig. Unsere Kanzlei ist unabhängig von jeglicher interessenmäßigen Beeinträchtigung, die wir im Falle der Vertretung von Unternehmen aufgrund aktueller oder potenzieller Interessenkollision zu befürchten hätten, und auch frei von jeglichen verbandsmäßigen Interessen und etwaiger verbandspolitscher Rücksichtnahme in der Vertretung unserer Mandanten. Wir haben uns damit bewusst gegen den Trend positioniert.

Besonders danken möchte ich an dieser Stelle meinen Kollegen und Mitstreitern Marc Repey, Alexander Haasler und André Kasten, die wesentlich zum Gelingen dieses Buches beigetragen haben.

Berlin, im Oktober 2013                                          Dr. Christoph Abeln

# Hinweise zum Autor

**Dr. Christoph Abeln** Rechtsanwalt und Fachanwalt für Arbeitsrecht, studierte in Freiburg und München und promovierte im Arbeitsrecht über die Rechtsstellung des Sprecherausschussmitgliedes, dem Vertretungsorgan der leitenden Angestellten, im Vergleich zum Betriebsratsmitglied.

Dr. Abeln beschäftigt sich seit mehr als 20 Jahren mit den rechtlichen Problemen von leitenden Angestellten, Führungskräften, Geschäftsführern und Vorständen. Er ist Gründungspartner der gleichnamigen Anwaltskanzlei und ist mit seinen Kollegen nahezu ausschließlich in der Führungskräfte- und Managerberatung bundesweit tätig.

Die Mitautoren und in der Kanzlei tätigen Rechtsanwälte sind erfahrene Fachanwälte für Arbeitsrecht und ausschließlich für die vorgenannte Zielgruppe tätig. Die Kanzlei ist unabhängig von jeglicher interessenmäßigen Beeinträchtigung, die im Falle der Vertretung von Unternehmen aufgrund aktueller oder potenzieller Interessenkollision zu befürchten wäre.

Kanzlei-Webseite: www.abeln-arbeitsrecht.de
Den Autor erreichen Sie per E-Mail: abeln@abeln-arbeitsrecht.de

# Inhaltsverzeichnis

# Die Führungskraft

Angesichts der Vielzahl von arbeitsrechtlichen Sonderregelungen für leitende Angestellte, ist es für die Führungskraft von großer Bedeutung, ob sie aufgrund ihrer Stellung im Unternehmen unter die Gruppe der leitenden Angestellten fällt. In kündigungsschutzrechtlicher Hinsicht kann es von Vorteil sein, wenn die Führungskraft rechtlich nicht als leitender Angestellter betrachtet wird. Aber auch leitende Angestellte genießen durchaus einen größeren Schutz als gemeinhin angenommen wird.

Im Folgenden soll eine kurze Darstellung der Einordnungskriterien und der sodann für den leitenden Angestellten geltenden Besonderheiten erfolgen.

## 1.1 Was macht eine Führungskraft zum leitenden Angestellten?

Es kommt häufig vor, dass sich im Arbeitsvertrag eine Formulierung findet, nach der die Führungskraft leitender Angestellter sein soll. Diese Regelung allein macht eine Führungskraft aber noch nicht zu einem leitenden Angestellten. Es müssen stets die gesetzlichen Voraussetzungen erfüllt sein. Betrachtet man aber die einschlägigen gesetzlichen Vorschriften über die Rechte und Pflichten von leitenden Angestellten, so fällt auf, dass es keinen einheitlichen Begriff gibt. Dennoch lassen sich einige Kernelemente finden, die eine Begriffsbestimmung möglich machen.

### 1.1.1 Betriebsverfassungsrechtliche Definition

Nach § 5 Abs. 3 S. 2 Nr. 1 BetrVG ist leitender Angestellter, wer nach Arbeitsvertrag und Stellung im Unternehmen oder im Betrieb zur selbstständigen Einstellung und Entlassung von im Betrieb oder in der Betriebsabteilung beschäftigten Arbeitnehmern berechtigt ist. Im Einzelnen führt das BetrVG in § 5 Abs. 3 aus:

Ein leitender Angestellter ist demnach,

C. Abeln, *Handbuch für Führungskräfte*,
DOI 10.1007/978-3-658-04029-1_1, © Springer Fachmedien Wiesbaden 2014

- wer nach Arbeitsvertrag und Stellung im Unternehmen oder im Betrieb
- zur selbstständigen Einstellung und Entlassung von im Betrieb oder in der Betriebsabteilung beschäftigten Arbeitnehmern berechtigt ist, oder
- Generalvollmacht oder Prokura hat und die Prokura auch im Verhältnis zum Arbeitgeber nicht unbedeutend ist, oder
- regelmäßig sonstige Aufgaben wahrnimmt, die für den Bestand und die Entwicklung des Unternehmens oder eines Betriebs von Bedeutung sind und deren Erfüllung besondere Erfahrungen und Kenntnisse voraussetzt, wenn er dabei entweder die Entscheidungen im Wesentlichen frei von Weisungen trifft oder sie maßgeblich beeinflusst; dies kann auch bei Vorgaben insbesondere aufgrund von Rechtsvorschriften, Plänen oder Richtlinien sowie bei Zusammenarbeit mit anderen leitenden Angestellten gegeben sein.

Nach den Formalkriterien des § 5 Abs. 4 BetrVG ist als leitender Angestellter im Zweifel ebenfalls zu definieren, wer

- aus Anlass der letzten Wahl des Betriebsrats, des Sprecherausschusses oder von Aufsichtsratsmitgliedern der Arbeitnehmer oder durch rechtskräftige gerichtliche Entscheidung den leitenden Angestellten zugeordnet worden ist, oder
- einer Leitungsebene angehört, auf der in dem Unternehmen überwiegend leitende Angestellte vertreten sind, oder
- ein regelmäßiges Jahresarbeitsentgelt erhält, das für leitende Angestellte in dem Unternehmen üblich ist, oder,
- falls auch bei der Anwendung der Nr. 3 noch Zweifel bleiben, ein regelmäßiges Jahresarbeitsentgelt erhält, dass das Dreifache der Bezugsgröße nach § 18 des Vierten Buches Sozialgesetzbuch überschreitet.

Die letzte genannte Bezugsgröße nach § 18 SGB IV liegt derzeit in den alten Bundesländern bei 30.660 € und in den neuen Bundesländern bei 26.880 €. Die Gehaltsgrenze für die Bestimmung des leitenden Angestellten liegt damit bei 91.980 € West, beziehungsweise bei 80.640 € Ost. Angesicht der durchschnittlichen Vergütung der Führungskraft (vergleiche Kap. 3) im vergangenen Jahr, dürfte zumindest ein großer Teil der Führungskräfte auch als leitender Angestellter im betriebsverfassungsrechtlichen Sinn einzuordnen sein.

Die Folge dieser Einordnung ist ein Wechsel der Zähigkeit des Interessenvertreterorgans. So ist für die leitenden Angestellten nicht der Betriebsrat, sondern der Sprecherausschuss zuständig (vergleiche Kap. 2).

### 1.1.2   Kündigungsschutzrechtliche Definition

Nach der Definition im KSchG (§ 14 Abs. 2) sind leitende Angestellte nur Geschäftsführer, Betriebsleiter und ähnliche Mitarbeiter, die berechtigt sind, selbstständig Arbeitnehmer einzustellen oder zu entlassen. Das für das KSchG maßgebende und einzige Kriterium ist die selbstständige Einstellungs- und Entlassungsbefugnis.

Zwar sind leitende Angestellte im betriebsverfassungsrechtlichen und kündigungs-schutz-rechtlichen Sinne gerade in diesem Punkt identisch definiert, die Definition des KSchG ist jedoch wesentlich strenger zu verstehen. Denn während das KSchG zwingend die Befugnis zur Entlassung oder Einstellung voraussetzt, genügt nach dem BetrVG schon die Wahrnehmung von Aufgaben, die für das Unternehmen einen maßgeblichen Einfluss haben oder die Überschreitung einer, für einen „normalen" Arbeitnehmer üblichen Ver-gütung (Bezugsgröße).

Es genügt jedoch nicht, dass die Führungskraft die Einstellungs- als auch Entlassungs-befugnis vertraglich übernommen hat. Vielmehr muss diese selbstständige Wahrnehmung von Einstellungs- oder Entlassungsfunktionen auch einen wesentlichen Teil der tatsäch-lichen Tätigkeit ausmachen, das heißt die Tätigkeit muss den Aufgabenbereich der Füh-rungskraft schwerpunktmäßig bestimmen. Daran scheitert in den meisten Fällen die Ein-ordnung der Führungskraft als leitender Angestellter. Denn einige Führungskräfte können zwar nach dem Dienstvertrag Einstellung und Entlassungen vornehmen, haben hiervon in der Vergangenheit keinen oder nur in Einzelfällen Gebrauch gemacht.

Insbesondere in größeren Unternehmen werden Einstellungen und Entlassungen in der Regel über die Personal- beziehungsweise die Human-Ressource-Abteilung abgewi-ckelt und damit aus dem Kompetenzbereich einzelner Führungskräfte – trotz vertragli-cher Regelungen – herausgenommen. Diese Einordnung beziehungsweise eigentlich die Nichterfüllung der Voraussetzung für die Einordnung als leitender Angestellter hat für die Führungskraft im kündigungsschutzrechtlichen Sinn keine Nachteile, sondern Vorteile (vergleiche Kap. 10).

Der klassische leitende Angestellte im kündigungsschutzrechtlichen Sinn kann in den meisten Unternehmen trotz der hohen Anzahl von Führungskräften auf eine überschau-bare Größenordnung reduziert werden; meist nur auf den Leiter der Personalabteilung, denn hier besteht die Besonderheit, dass er nach der Rechtsprechung des BAG bereits auf-grund seiner Position eine Einstellungs- und Entlassungsbefugnis innehat und dies wegen der Leistung der Personalabteilung auch wesentlicher Bestandteil seiner Tätigkeit ist.

Entscheidend ist jedoch auch hier, dass die Einstellungs- und Entlassungsbefugnis selbst-ständig, das heißt eigenverantwortlich ausgeübt werden kann. Daran fehlt es, wenn die Führungskraft bei der personellen Maßnahme an die Mitentscheidung oder das Vor-schlagsrecht von Dritten gebunden ist beziehungsweise ihm die entsprechende Befugnis zur tatsächlichen Umsetzung der Entscheidung fehlt.

### 1.1.3   Weitere gesetzliche Definitionen

Nach § 45 der Wirtschaftsprüferordnung gelten angestellte Wirtschaftsprüfer als leitende Angestellte im Sinne des Betriebsverfassungsgesetzes. Entsprechende Regelungen für ver-gleichbare Berufsgruppen, wie angestellte Steuerberater oder Rechtsanwälte, gibt es nicht.

Dieser Status bringt mit sich, dass für den angestellten Wirtschaftsprüfer diverse Arbeit-nehmerrechte (wie zum Beispiel das Arbeitszeitgesetz, Tarifverträge, Betriebsvereinbarun-gen, aktives und passives Wahlrecht bei Betriebsratswahlen) nicht gelten.

# Wer hilft den Führungskräften im eigenen Unternehmen? – Die Rolle des Sprecherausschusses

Unter Sprecherausschüssen sind die Vertretungsorgane der leitenden Angestellten zu verstehen, die auf der Grundlage des seit 1989 bestehenden Sprecherausschussgesetzes gebildet werden können, sofern im Betrieb mindestens zehn leitende Angestellte beschäftigt werden. Das Sprecherausschussgesetz unterscheidet zwischen dem Sprecherausschuss auf betrieblicher, dem Unternehmenssprecherausschuss auf der Ebene mehrerer Betriebe und dem Konzernsprecherausschuss auf der Konzernebene im Sinne des Aktiengesetzes. Heute gibt es in beinahe jedem DAX-Unternehmen, aber auch in vielen größeren Unternehmen Sprecherausschüsse. Anders als das Betriebsverfassungsgesetz, dass den Betriebsräten weitreichende Mitbestimmungs- und Beteiligungsrechte einräumt, sieht das Sprecherausschussgesetz keine echten Mitbestimmungsrechte, sondern lediglich Beteiligungsrechte vor, die im Wesentlichen die Bereiche Arbeitsbedingungen und Beurteilungsgrundsätze, personelle Maßnahmen und wirtschaftliche Angelegenheiten beinhalten. Auf individualrechtlicher Seite sieht das Sprecherausschussgesetz die Unterstützung einzelner leitender Angestellter durch den Sprecherausschuss vor.

## 2.1 Der Status des Sprecherausschussmitglieds

Aufgrund der Nähe der leitenden Angestellten zur Unternehmensleitung hat der Gesetzgeber die Rechtsstellung des Sprecherausschusses bewusst nicht stark ausgestaltet. Die gewählten Vertreter der leitenden Angestellten, die sogenannten Sprecherausschussmitglieder, genießen deshalb auch nicht den besonderen Kündigungsschutz, der Betriebsratsmitgliedern gesetzlich gewährt wird. Weder sieht das Sprecherausschussgesetz nämlich eine Einschränkung des Kündigungsrechts dergestalt vor, dass wie bei einem Betriebsrat nur eine außerordentliche Kündigung des Sprecherausschussmitglieds zulässig wäre, noch ist das Kündigungsrecht davon abhängig, dass der Sprecherausschuss als Gremium etwa seine Zustimmung zur Kündigung eines leitenden in der Funktion eines Sprecherausschussmitglieds erteilen müsste. Vielmehr genießt das Sprecherausschussmitglied im Gegensatz zum

C. Abeln, *Handbuch für Führungskräfte*,
DOI 10.1007/978-3-658-04029-1_2, © Springer Fachmedien Wiesbaden 2014

Betriebsrat überhaupt keine kündigungsschutzrechtliche Privilegierung. Daraus erklärt sich das oftmals vorsichtige und mitunter unsichere Taktieren mancher Sprecherausschüsse in Belangen des Sprecherausschusses oder in Belangen einzelner leitender Angestellter durch den Sprecherausschuss.

▶    Die Führungskraft, die sich in eigener Sache, das heißt in Konfliktsituationen mit dem Unternehmen an den Sprecherausschuss wendet, sollte sich dies klarmachen und in harten Auseinandersetzungen seine Erwartungen an die Interessenvertretung und Unterstützung im Einzelfall nicht zu hoch ansetzen.

Ebenso wenig wie einen besonderen Kündigungsschutz sieht das Sprecherausschussgesetz einen besonderen Freizeitausgleich für die als Sprecherausschuss aufgewandte Zeit nicht vor. Der Sprecherausschuss hat deshalb seine Aufgaben neben seinen Aufgaben als Führungskraft zu erbringen, sodass das Amt im Einzelfall eine erhebliche zusätzliche zeitliche und mitunter auch psychische Belastung darstellen kann. Dies vor allem dann, wenn der Sprecherausschuss im Interesse der in eigenen Angelegenheiten eine zu den Interessen der Geschäftsleitung konträre Position einnehmen muss.

Das Status des Sprecherausschussamts erfordert deshalb für eine effektive Interessenwahrnehmung ein erhebliches Standing, Fachkenntnis, Sozialkompetenz und im Idealfall eine Position im Unternehmen, aufgrund derer sich das Sprecherausschussmitglied Anerkennung im Unternehmen, insbesondere gegenüber der Geschäftsleitung, erworben hat.

Die Möglichkeiten des Sprecherausschusses, die Interessen der Führungskräfte zu vertreten, hängen im Wesentlichen davon ab, wie die Führungskräfte des Unternehmens den Sprecherausschuss und deren Vertreter wahrnehmen. Denn nur, wenn die Führungskräfte den Eindruck haben, dass sich der Sprecherausschuss auf Augenhöhe mit der Geschäftsleitung befindet, werden sich im Zweifelsfall die Führungskräfte mit ihren Anliegen vertrauensvoll an den Sprecherausschuss wenden.

Wir haben in den letzten Jahren im Rahmen unserer ausschließlich auf Führungskräfte ausgerichteten Tätigkeit die Beobachtung gemacht, dass seitens der Unternehmen tendenziell weniger auf eine gesetzeskonforme Einbindung der Sprecherausschüsse Wert gelegt wurde. Dies kann sich beispielsweise darin ausdrücken, dass Rahmenregelungen für die leitenden Mitarbeiter im Falle betrieblicher Umstrukturierungen unternehmensseitig abgelehnt werden und Unternehmen im Falle der Trennung von Mitarbeitern lieber nach dem Prinzip *divide et impera* verfahren, in der Hoffnung, dass die Kommunikation der Leitenden untereinander nicht allzu groß sein wird. Für die Führungskräfte bedeutet dies, dass sie im Zweifelsfall auf sich allein gestellt ist.

## 2.2    Das Rollenverständnis des Sprecherausschusses

Da vom Gesetz für die gesetzlichen Befugnisse eine schwache Interessenwahrnehmung gewollt ist, wird mancher Sprecherausschuss als „Papiertiger" angesehen. Zum Teil findet man auch im Kreis der leitenden Angestellten eine unterschiedliche Akzeptanz des Sprecherausschusses. So fühlen sich die Führungskräfte der ersten Funktionsstufe oder Leitungsebene eher weniger durch den Sprecherausschuss repräsentiert als diejenigen nachgeordneter Leitungsebenen. Dies mag zum einen darauf zurückzuführen sein, dass es Führungskräfte in direkter Berichtslinie zum Vorstand oder der Geschäftsführung oftmals gewohnt sind, ihre Angelegenheiten selbst in die Hand zu nehmen und sich deshalb nicht an den Sprecherausschuss wenden, um diesen um Unterstützung oder Vermittlung zu bitten.

Zum anderen werden manche Sprecherausschüsse oder deren Mitglieder auch als verlängerter Arm der Geschäftsleitung angesehen, die im Kreis der Leitenden für „Ruhe und Ordnung" sorgen sollen und nicht die Interessen der leitenden Angestellten im Unternehmen „gegen" die der Geschäftsleitung vertreten sollen.

Nun mag es so sein, dass einzelne Leitende in der Funktion des Sprecherausschussmitglieds eher vorgenanntem Lager zuzuordnen sind. Wir haben es jedoch noch nie erlebt, dass das Gremium insgesamt sich im Sinne der Unternehmensinteressen hat instrumentalisieren lassen. Auf Betriebsratseite hingegen haben wir hingegen schon weit öfter sogenannte Betriebsräte mit „goldenen Turnschuhen" antreffen können, was wiederum auf die weitaus größeren Möglichkeiten des Betriebsrats, unternehmerische Entscheidungen hinauszögern oder gar verhindern zu können, zurückzuführen sein mag.

Nach unserem Verständnis macht ein Sprecherausschuss einen guten „Job", wenn es ihm einerseits gelingt, die Akzeptanz und das Vertrauen der leitenden Angestellten zu gewinnen, andererseits von der Geschäftsleitung respektiert wird. Dies ist unseres Erachtens bestmögliches gewährleistet, wenn sich im Sprecherausschussgremium bereits verdiente Führungskräfte befinden, die in der Lage sind, einen für die Leitenden gegenüber der Geschäftsführung abweichenden Standpunkt im Einzelfall zu begründen und auch zu vertreten. Dies wiederum setzt voraus, dass das Gremium sichergestellt hat, einen im Sinne aller betroffenen leitenden Angestellten gefundenen Standpunkt zu vertreten.

Eine verständige Unternehmensführung wird im Regelfall eine „Dissenting Opinion" akzeptieren und sich darum bemühen, die Argumente des Sprecherausschusses zu berücksichtigen.

Im Folgenden sollen einige in der Praxis besonders wichtige Regelungen des Sprecherausschussgesetzes näher betrachtet werden.

## 2.3 Unterstützung des Einzelnen durch den Sprecherausschuss

Das Sprecherausschussgesetz sieht vor, dass der leitende Angestellte bei der Wahrnehmung seiner Belange gegenüber dem Arbeitgeber ein Mitglied des Sprecherausschusses zur Unterstützung und Vermittlung hinzuziehen kann. Die Belange des leitenden Angestellten können beispielsweise bei einer Veränderung seines Tätigkeitsbereichs, der Veränderung der Berichtslinie, dem Entzug von Personalressourcen oder der Veränderung des finanziellen Budgets berührt sein, wie auch bei einer Beendigung des Arbeitsverhältnisses.

Sollen mit dem leitenden Angestellten Gespräche geführt werden, so sollte zunächst das Thema geklärt werden sowie die Namen und Funktionen der Personen, die an dem Gespräch teilnehmen. Soll das Gespräch nicht als Vier-Augen-Gespräch geführt werden, so ist die Führungskraft nicht verpflichtet, das Gespräch zu führen, da die Führungskraft keine Zeugen für den Inhalt des Gesprächs hat. Die Führungskraft ist auch nicht verpflichtet, ein Mitglied des Sprecherausschusses hinzuziehen, damit der Arbeitgeber das Gespräch führen kann. Vielmehr wird es in das Ermessen des Leitenden gestellt, ob ein Mitglied des Sprecherausschusses hinzugezogen wird oder nicht.

Die Führungskraft kann also die Führung eines Gesprächs davon abhängig machen, ob das Gespräch als Vier-Augen Gespräch geführt wird oder aber ob an dem Gespräch ein Mitglied des Sprecherausschuss teilnimmt, das das Vertrauen der Führungskraft genießt.

Entgegen einer teilweisen vertretenen Auffassung kann die Führungskraft ihre Teilnahme an Gesprächen über die mögliche Beendigung des Vertragsverhältnisses jedoch nicht davon abhängig machen, ob ein Rechtsanwalt an derartigen Gesprächen teilnimmt. Die Teilnahme eines Anwalts empfiehlt sich aus taktischen Gründen im Erstgespräch grundsätzlich nicht, darüber hinaus kann sie zu einer frühzeitigen Verhärtung der Fronten führen. Wohl aber kann die Führungskraft Gespräche über die Modalitäten der Beendigung generell ablehnen, da sie nicht zu den Arbeitsvertragspflichten der Führungskraft zählen.

### 2.3.1  Personelle Maßnahmen

Das Sprecherausschussgesetz sieht eine Beteiligung des Sprecherausschusses bei jeder beabsichtigten Einstellung oder personellen Veränderung eines leitenden Angestellten vor und diese Beteiligung muss rechtzeitig sein. Vor einer Kündigung des leitenden Angestellten ist der Sprecherausschuss zu hören.

Unter einer Einstellung ist nicht nur die externe Einstellung eines leitenden Angestellten, sondern auch die „Beförderung" eines bisher nicht leitenden Angestellten zu einem leitenden Angestellten zu verstehen, da der Sprecherausschuss als Gremium in der Lage sein muss, sich frühzeitig ein Bild über die im Betrieb beschäftigten leitenden Angestellten zu verschaffen, denn die Anzahl der leitenden Angestellten ist für die Anzahl der zu wählenden Sprecherausschussmitglieder von Bedeutung.

Gerade im Falle der einseitigen Veränderung des Aufgabenbereichs durch eine einseitige Versetzung der Führungskraft werden unternehmensseitig oft Fehler gemacht, die mitunter im Rahmen späterer Verhandlungen mit dem Unternehmen nützlich sein können. So genügt es beispielsweise nicht, dass der Sprecherausschuss über eine personelle Maßnahme erst nachträglich informiert wird oder aus dem Intranet des Unternehmens erfährt, dass es eine personelle Veränderung gegeben hat. Indem das Gesetz eine Beteiligung vor der Maßnahme des Arbeitgebers vorsieht, muss diese vielmehr so frühzeitig erfolgen, dass der Sprecherausschuss zeitlich Gelegenheit hat, mit dem leitenden Angestellten Kontakt aufzunehmen, um den Sachverhalt zu besprechen und eventuelle Bedenken und Einwände dem Arbeitgeber gegenüber geltend zu machen.

Da das Gesetz eine besondere Form für die Mitteilung des Arbeitgebers nicht vorgeschrieben hat, kann die Mitteilung des Arbeitgebers an den Sprecherausschuss mündlich erfolgen und muss nicht schriftlich sein.

Andererseits würde es für eine ordnungsgemäße und gesetzeskonforme Mitteilung nicht ausreichen, wenn nur ein Mitglied des Sprecherausschusses per Telefon über eine beabsichtigte Versetzung eines leitenden Angestellten informiert werden würde. Da das Gesetz die Information des Sprecherausschuss als Gremium voraussetzt, hat die Mitteilung gegenüber dem Sprecherausschussvorsitzenden und bei dessen Verhinderung gegenüber dessen Stellvertreter zu erfolgen.

Selbst namhafte Unternehmen nehmen die Beteiligungsrechte des Sprecherausschusses im Falle von personellen Maßnahmen oftmals auf die leichte Schulter und verkennen, dass das Übergehen vorgenannter Beteiligungsrechte nach dem Sprecherausschussgesetz als Ordnungswidrigkeit sanktionierbar ist. Aus dieser Nachlässigkeit resultierend, ergeben sich für den kundigen Berater oftmals reizvolle taktische Vorteile in späteren Verhandlungen.

Der Sprecherausschuss sollte bei einer Verletzung seiner Rechtsposition frühzeitig, in geeigneter Form und mit Nachdruck deutlich machen, dass er eine derartige Verfahrensweise nicht zu akzeptieren und hinzunehmen bereit ist. Tut er dies nicht, läuft er Gefahr auch zu anderen Fragestellungen übergangen zu werden.

Im Falle einer Kündigung eines leitenden Angestellten ist der Sprecherausschuss vor der Kündigung zu beteiligen. Das Gesetz versteht das Wort „Kündigung" in diesem Zusammenhang so, dass jede Kündigung und damit auch eine Änderungskündigung gemeint ist.

In der Praxis ist zunehmend zu beobachten, dass einige Unternehmen das arbeitsvertragliche Direktionsrecht in dem Sinne interpretieren, dass in Sachverhalten, in denen eigentlich eine Änderungskündigung hätte ausgesprochen werden müssen, bewusst eine Veränderung des Aufgabenbereichs kraft Direktionsrechts erzwungen werden soll.

Der Grund für diese für leitende Angestellte nachteilige Verfahrensweise ist darin zu sehen, dass im Falle einer Veränderung des Aufgabenbereichs auf nicht gleichwertige Positionen diese für den leitenden Angestellten unzumutbar sind, also eigentlich eine Änderungskündigung hätte ausgesprochen werden müssen. Da Leitende jedoch vollen Kündigungsschutz genießen, ist Voraussetzung für eine wirksame Veränderung an sich zunächst ein betriebs-, verhaltens- oder personenbedingter Kündigungsgrund. Fernerhin ist arbeitgeberseitig die vertragliche Kündigungsfrist einzuhalten, was für das Unternehmen bedeutet, dass selbst wenn ein wirksamer Kündigungsgrund an sich vorliegt, das Unternehmen die Versetzung jedoch erst nach Ablauf der Kündigungsfrist vollziehen könnte. Da die Kündigungsfristen jedoch viele Monate betragen, die personellen Maßnahmen aber in der Regel zeitnah vollzogen werden sollen, wird das Kündigungsrecht umgangen und dem Leitenden bleibt dann nur noch die Möglichkeit, gegen die Versetzung vorzugehen. Hinzu kommt jedoch, dass es in der Regel auch an einem wirksamen Kündigungsgrund fehlt. Durch eine Änderungskündigung würde das Unternehmen somit eine Angriffsfläche bieten, die man durch eine rechtswidrige Versetzung zu umgehen meint.

Handelt es sich nicht um eine Änderungskündigung, so hat der Arbeitgeber im Falle einer Kündigung zunächst das Anhörungsverfahren ordnungsgemäß einzuleiten. Das Gesetz schreibt hierzu vor, dass dem Sprecherausschuss die Gründe der Kündigung mitzuteilen sind. Das bedeutet, dass der Sprecherausschuss in die Lage versetzt werden muss, sich aus eigener Anschauung ein Bild über den Sachverhalt zu machen. Der Arbeitgeber hat deshalb neben den Sozialdaten der Führungskraft konkrete Tatsachen zum Kündigungsgrund vorzutragen. Erfolgt die Einleitung des Anhörungsverfahrens unvollständig oder werden relevante Informationen vorenthalten, die für die Kündigung maßgeblich sein können, so ist die Anhörung ebenso unwirksam, als wenn überhaupt keine Anhörung stattgefunden hätte. Die unwirksame Anhörung macht nach dem Sprecherausschussgesetz die Kündigung insgesamt unwirksam. Insofern sollten bei der Kündigung eines Leitenden genaue Auskünfte über den Inhalt und den Verlauf des Anhörungsverfahrens eingeholt werden.

Im Falle einer Anhörung zu einer Kündigung hat der Sprecherausschuss als Gremium zu befinden. Eine wirksame Äußerung und damit Anhörung des Sprecherausschusses liegt somit dann nicht vor, wenn nur der Sprecherausschussvorsitzende beteiligt wird und sogleich eine Stellungnahme abgibt oder aber der Arbeitgeber wusste, dass sich die übrigen Sprecherausschussmitglieder überhaupt nicht mit dem Kündigungssachverhalt befasst haben.

## 2.3.2  Beurteilung der Zulässigkeit

Ist jedoch eine ordnungsgemäße Unterrichtung erfolgt, so hat der Sprecherausschuss als Gremium zu entscheiden. Eine wirksame Äußerung des Sprecherausschusses kann dann beispielsweise nicht vorliegen, wenn der Vorsitzende bereits eine entsprechende Mitteilung gegenüber dem Arbeitgeber abgibt und erst anschließend das Gremium informiert.

Ein anderer Fall einer nicht ordnungsgemäßen Beteiligung kann vorliegen, wenn ein Mitglied des Sprecherausschusses eine Erklärung gegenüber dem Arbeitgeber vor Ablauf der gesetzlichen Fristen abgibt und der Arbeitgeber aufgrund der schnellen Rückäußerung davon ausgehen muss, dass der Sprecherausschuss sich als Gremium noch nicht mit dem Kündigungssachverhalt auseinandersetzen konnte. Die Frist, innerhalb derer sich der Sprecherausschuss zur Kündigung äußern kann, beträgt im Falle einer ordentlichen Kündigung eine Woche und im Falle einer außerordentlichen Kündigung drei Tage.

Im Falle einer beabsichtigten Beendigung des Arbeitsverhältnisses einer Führungskraft durch Aufhebungsvertrag unterbleibt in der Praxis aus unserer Erfahrung sehr oft eine Unterrichtung des Sprecherausschusses. Da es sich bei einem Aufhebungsvertrag um einen beiderseitigen Vertrag handelt und eben keine Kündigung, macht die unterbliebene Unterrichtung den Aufhebungsvertrag dadurch nicht unwirksam. Es bleibt lediglich im Verhältnis zum Sprecherausschuss die unterbliebene Mitteilung über eine „personelle Maßnahme", eben den Aufhebungsvertrag. Diese stellt im Verhältnis zum Sprecherausschuss, wie oben bereits festgestellt eine Ordnungswidrigkeit dar.

Die Möglichkeiten und die Einhaltung der rechtlichen Beteiligungsrechte, die sich hier für Sprecherausschüsse gegenüber dem Arbeitgeber eröffnen, werden in der Praxis oftmals nicht mit dem nötigen Nachdruck eingefordert und unternehmensseitig oftmals bewusst übergangen. Da das Beteiligungsrecht bereits bei einer beabsichtigten personellen Veränderung einsetzt, kann der Sprecherausschuss verlangen, dass er bereits in dem Zeitpunkt über ein arbeitgeberseitiges Angebot für einen Aufhebungsvertrag unterrichtet wird, in dem es der Führungskraft unterbreitet wird. Einen Anspruch darauf, über den Inhalt des Vertrags informiert zu werden, steht dem Sprecherausschuss jedoch nicht zu.

Nur in dem Fall einer gleichzeitigen beziehungsweise zeitnahen Unterrichtung zur Unterbreitung des Angebots für einen Aufhebungsvertrag hat der Sprecherausschuss eine Möglichkeit, dem leitenden Angestellten bei der Wahrnehmung seiner Belange, die im Falle eines Aufhebungsvertrags in existentieller Weise berührt sein können, zu unterstützen.

Zusammengefasst bieten sich im Falle personeller Veränderungsprozesse, Kündigungen und im Falle von Aufhebungsverträgen aus anwaltlicher Sicht für die betroffene Führungskraft vielfältige Möglichkeiten, die Wirksamkeit arbeitgeberseitiger Maßnahmen rechtlich in Frage zu stellen. Arbeitgeber sind gut beraten in vorgenannten Prozessen sorgfältig zu arbeiten und die Beteiligung gegenüber dem Sprecherausschuss zu dokumentieren. Tun sie das nicht, sind dies erste Anhaltspunkte für eine effiziente Vertretung der Führungskraft.

### 2.3.3 Unterstützung bei Personalgesprächen

Erhält die Führungskraft eine Einladung zu einem Personalgespräch, so hat die Führungskraft das Recht, nach dem Thema des Gesprächs und den Gesprächspartnern zu fragen.

Überfallartige Gespräche, bei denen beispielsweise Mitarbeiter der Personalabteilung, der Rechtsabteilung oder aus dem Bereich Compliance gemeinsam mit Fachvorgesetzten „aufschlagen", muss die Führungskraft nicht akzeptieren. In Konfliktgesprächen sollte Wert darauf gelegt werden, dass auch der Führungskraft Zeugen zur Seite stehen. Dies können Sprecherausschussmitglieder sein, aber auch andere Personen, die das Vertrauen der Führungskraft genießen, wie beispielsweise Kollegen.

Aus diesem Grund sieht das Sprecherausschussgesetz auch ausdrücklich vor, das die Führungskraft bei der Wahrnehmung seiner Belange gegenüber dem Arbeitgeber ein Mitglied des Sprecherausschusses zur Unterstützung und Vermittlung hinzuziehen kann.

Gespräche über die Modalitäten der Beendigung des Arbeitsverhältnisses muss jedoch keine Führungskraft führen, wenn sie dies nicht möchte. Es gehört nämlich nicht zu den arbeitsvertraglichen Pflichten einer Führungskraft, derartige Gespräche führen zu müssen.

Arbeitsvertraglich ist die Führungskraft nur verpflichtet, Personalgespräche über die Arbeitsleistung sowie zur Ordnung und zum Verhalten im Betrieb zu führen. Deshalb hat das Bundesarbeitsgericht auch jüngst zu Recht entschieden, dass ein Arbeitgeber keine Abmahnung gegenüber dem Mitarbeiter aussprechen kann, der bereits mehrmals eine Veränderung seines Aufgabenbereichs abgelehnt hatte und ein weiteres Gespräch gegenüber dem Arbeitgeber über den Inhalt einer Änderungskündigung ebenfalls ablehnte.

### 2.3.4   Einsichtnahme in die Personalakte

Jede Führungskraft kann, wie jeder Mitarbeiter auch, eine Einsicht in seine Personalakte nehmen. Unter den Begriff „Personalakte" fallen auch elektronische Daten. Unter dem Gesichtspunkt des vermehrt seit 2011 diskutierten Beschäftigtendatenschutzes eröffnen sich hier möglicherweise in Trennungsprozessen neue Ansatzpunkte effektiver Interessenvertretung.

Das Datenschutzgesetz verbietet nämlich grundsätzlich die Datengewinnung, Nutzung, Speicherung und Verarbeitung und lässt diese nur und in wesentlich restriktiverem Maße als bisher zu, indem nur für im Rahmen der Zweckbestimmung des Arbeitsverhältnisses zulässige Daten gespeichert, verarbeitet, genutzt und gewonnen werden dürfen.

Wird nun beispielsweise gegenüber einer Führungskraft ein kartell- oder compliancerelevanter Verstoß erhoben, so kann der Arbeitgeber dadurch in die Defensive geraten, wenn er aufgefordert wird, die Quelle seiner Erkenntnis und deren Daten offenzulegen. Ist diese nicht im Einklang mit dem Beschäftigtendatenschutz, so kann die Datenerhebung rechtsunwirksam gewesen sein. Der Arbeitgeber kann so seinerseits Schadensersatzansprüchen ausgesetzt sein, sofern das Persönlichkeitsrecht der Führungskraft verletzt worden ist.

► So haben wir vor Kurzem den Chief Compliance Officer eines Großunternehmens er-folgreich außergerichtlich vertreten können, weil das Unternehmen sich für den Trennungssachverhalt auf Sachverhalte stützen wollte, die ihrerseits aus datenschutzrechtlichen und weiteren Gründen „touchy" waren.

### 2.4   Grundsätze für die Behandlung leitender Angestellter

Das Sprecherausschussgesetz verpflichtet Sprecherausschuss und Arbeitgeber dazu, einige Grundsätze für die Behandlung leitender Angestellter zu beachten, allerdings ohne bei Nichtbeachtung dieser Verpflichtungen diese zu sanktionieren.

Bemerkenswert ist jedoch, dass der Gesetzgeber die Gefahr einer Altersdiskriminierung leitender Angestellter erkannt hat. Sprecherausschuss und Arbeitgeber sollen nämlich darauf achten, dass eine Benachteiligung leitender Angestellter wegen Überschreitung bestimmter Altersstufen nicht erfolgt.

Unter diese Fallgruppe fallen zum Beispiel feste arbeitsvertragliche Altersgrenzen in Arbeitsverträgen leitender Angestellter.

► Wir haben zurzeit mit derartigen Fällen bei einem großen Versicherungskonzern mit Sitz in Süddeutschland zu tun, dessen Verträge eine Beendigung des Vertragsverhältnisses mit dem vollendeten 60. Lebensjahr vorsehen. Obwohl diese festen Altersgrenzklauseln schon individualvertraglich keinen Bestand haben, kann die Regelung des Sprecherausschussgesetzes beide Betriebsparteien, Arbeitgeber und Sprecherausschuss, dazu berufen, im Sinne einer vertrauensvollen Zusammenarbeit eine Regelung über eine Dienstvereinbarung für leitende Angestellte, also quasi eine Betriebsvereinbarung für leitende Angestellte, eine sachgerechte Anpassung zu vereinbaren. Wirksame Altersgrenzklauseln müssen nämlich gewährleisten, dass ein gesetzlicher Rentenanspruch besteht. Dies ist mit dem 60. Lebensjahr offensichtlich nicht der Fall.

Abgesehen davon, dass die Lebensplanung während des Berufslebens sich für leitende Angestellte verändern kann, sei es durch eine zweite Ehe und kleine Kinder, ergibt sich trotz einer betrieblichen Altersversorgung aufgrund der Verschiebung des frühestmöglichen Renteneintritts in der Deutschen Rentenversicherung oftmals eine erhebliche Versorgungslücke bei einer Beendigung des Arbeitsvertrags vor dem 60. Lebensjahr.

Dies liegt zum einen daran, dass in der gesetzlichen Altersversorgung für jeden Monat der Inanspruchnahme der Altersversorgung erhebliche Kürzungen je Kalendermonat vor Inanspruchnahme einer Rente vor dem regulären Rentenalter hinzunehmen sind, zum anderen eine frühestmögliche Altersrente in der Regel erst nach dem 65. Lebensjahr in Anspruch genommen werden kann. In der betrieblichen Altersversorgung erfolgen die Steigerungen der Anspruchshöhe in der Regel in den letzten Jahren der Berufstätigkeit nicht linear, sondern exponentiell. Einen vorzeitigen Ruhestand können und wollen sich leitende Angestellte deshalb nicht mehr leisten. Liegen also die Voraussetzungen für eine gesetzliche Altersversorgung noch nicht vor, so kann eine vertragliche Altersgrenze unter keinem rechtlichen Gesichtspunkt Bestand haben. Auf die Frage, ob sich aus psychischen oder physischen Gründen ein Sachgrund für eine Befristung ergibt, kann es dann nicht mehr ankommen.

Über die Altersdiskriminierungsregelung hinaus haben Sprecherausschuss und Arbeitgeber darauf zu achten, dass die freie Entfaltung der Persönlichkeit geschützt und gefördert wird. Insofern entspricht es dem allgemeinen Persönlichkeitsrecht, dass die Führungskraft einen Anspruch auf tatsächliche Beschäftigung erhält und nicht eine Alimentation des Unternehmens im Sinne einer frühestmöglichen Betriebsrente. Obiges Versicherungsunternehmen sieht nämlich in seinen Arbeitsverträgen bei einer Altersgrenzklausel für das 60. Lebensjahr nur eine mögliche Verlängerungsoption für das Unternehmen vor, nicht aber für die Führungskraft, die über das 60. Lebensjahr hinaus arbeiten möchte. Aber auch Altersgrenzklauseln, die vorsehen, dass der Dienstvertrag der Führungskraft mit dem 65. Lebensjahr endet, dürften unzulässig sein, wenn diese individualvertraglich nicht drei Jahre vor dem 65. Lebensjahr schriftlich durch die Führungskraft bestätigt wurden, auch wenn die Führungskraft bereits über eine angemessene Altersversorgung verfügen sollte.

## 2.4.1   Der Gleichbehandlungsgrundsatz

Das Sprecherausschussgesetz sieht ferner vor, dass Führungskräfte nach Recht und Billigkeit im Betrieb zu behandeln sind. Das bedeutet, dass eine Ungleichbehandlung zu unterbleiben hat. Das Gebot der Gleichbehandlung ergänzt im Sprecherausschussgesetz den ohnehin schon geltenden allgemeinen Gleichbehandlungsgrundsatz.

Der allgemeine Gleichbehandlungsgrundsatz verbietet eine Schlechterstellung oder Besserstellung Einzelner oder einer Gruppe von Leitenden gegenüber einer anderen Gruppe Leitender ohne sachlichen Grund.

Der Gleichbehandlungsgrundsatz hat für die Führungskraft vor allem Bedeutung für die Anspruchsberechtigung im Hinblick auf finanzielle Leistungen im weiteren Sinne.

In der Praxis sind damit insbesondere Fragen der

- Dienstwagenberechtigung,
- betrieblichen Altersversorgung,
- Berechtigung zur Teilnahme an Aktienoptionsprogrammen,
- Berechtigung zur Gewährung eines Bonus dem Grunde und der Höhe nach betroffen.

Fragen des Gleichbehandlungsgrundsatzes können aber beispielsweise auch hinsichtlich der Teilnahmeberechtigung an einem Management-Audit betroffen sein, in dem die Frage geklärt werden soll, wer beispielsweise im Hinblick auf den obersten Führungskreis oder Vorstandsfunktionen weiterentwickelt werden soll.

Individualrechtlich kann sich die Führungskraft in vorgenannten Fällen zunächst auf den sogenannten allgemeinen Gleichbehandlungsgrundsatz berufen.

Im Bereich der Arbeitsvergütung gilt der allgemeine Gleichbehandlungsgrundsatz trotz des Vorrangs der Vertragsfreiheit, wenn der Arbeitgeber Leistungen nach einem bestimmten erkennbaren und generalisierenden Prinzip gewährt, indem er bestimmte Voraussetzungen oder einen bestimmten Zweck der Leistung bestimmt. Ist dies der Fall, darf er einzelne Arbeitnehmer von der Leistung nur ausnehmen, wenn die Ausnahme sachlichen Kriterien entspricht.

Der Inhalt des allgemeinen Gleichbehandlungsgrundsatzes besagt, dass der Arbeitgeber einzelne Führungskräfte ohne sachlichen Grund nicht schlechter oder besser behandeln darf als vergleichbare Führungskräfte. Ebenso ist es dem Arbeitgeber untersagt, eine Gruppe von Führungskräften gegenüber einer vergleichbaren Gruppe von Führungskräften schlechter oder besser zu behandeln als die Vergleichsgruppe. Voraussetzung für die Anwendung des allgemeinen Gleichbehandlungsgrundsatzes ist jedoch stets, dass der Arbeitgeber den Kreis der anspruchsberechtigten erklärtermaßen oder faktisch nach abstrakten Merkmalen festlegt. Nur in Fällen, in denen der Arbeitgeber somit durch abstrakte Merkmale eine Gruppenbildung definiert, liegt ein sogenannter kollektiver Bezug für die Führungskraft vor, der den Anwendungsbereich für den allgemeinen Gleichbehandlungsgrundsatz eröffnet.

**Rechtsprechungshinweis**
Jüngst hatte das Bundesarbeitsgericht die Frage zu klären, ob ein Jurist, der in der Rechtsabteilung tätig war, gegenüber anderen Mitarbeitern der Rechtsabteilung einen Anspruch auf die Teilnahme an einem Aktienoptionsprogramm habe.

Das Bundesarbeitsgericht stellte zunächst fest, dass der Arbeitgeber die Gewährung von Aktienoptionen von abstrakten Merkmalen abhängig machen kann, womit der Weg für die Prüfung des allgemeinen Gleichbehandlungsgrundsatzes eröffnet war.

Alsdann stellte das Gericht fest, dass in den Fällen, in denen der Arbeitgeber Führungskräfte bestimmter Hierarchieebenen von der Gewährung ausnehmen will, sich die Gruppe der Bezugsberechtigten klar von der Gruppe der vom Bezugsrecht ausgenommenen Arbeitnehmern abgrenzen lassen muss.

Das Bundesarbeitsgericht stellte fernerhin klar, dass sich der allgemeine Gleichbehandlungsgrundsatz nur auf Arbeitnehmer in vergleichbarer Lage beziehen kann. Eine solche ist regelmäßig dann gegeben, wenn Arbeitnehmer gleichwertige Arbeit verrichten. (BAG, Urteil vom 21.10.2009 – 10 AZR 664/08)

Da in der Praxis bei diesem letztgenannten Punkt ein Schwerpunkt der Prüfung für die Feststellung liegen wird, lassen Sie uns fragen, was mit „gleichwertiger Arbeit" gemeint sein kann. Gleichwertige Arbeit bedeutet zunächst keine Identität der Arbeit. Die Art der Arbeit muss jedoch vergleichbar sein. Gleichartige Tätigkeiten liegen regelmäßig dann vor, wenn sie trotz der Nichtidentität der Arbeitsvorgänge im Hinblick auf die Qualifikationen, erworbene Fertigkeiten, Verantwortung und Belastung gleiche Anforderungen stellen.

Ob Arbeiten gleichwertig sind, kann nur festgestellt werden, indem die geschuldeten Tätigkeiten insgesamt miteinander verglichen werden. In der Praxis findet sich oftmals eine Gruppenbildung, indem der Arbeitgeber an die Funktionsstufe der Führungskraft für eine bestimmte Leistungsgewährung anknüpft. Wird beispielsweise eine Führungskraft der Funktionsstufe 1, die im operativen Geschäft tätig ist, gegenüber einer Führungskraft, die in einer Stabsfunktion tätig ist, besser gestellt, so ist zu fragen, ob im Hinblick auf die Zweckbestimmung der Leistung und deren Gewährung diese durch einen sachlich begründeten Grund den Arbeitgeber zu dieser Ungleichbehandlung rechtfertigen kann.

Im Hinblick auf die Tätigkeit des Sprecherausschusses, kann die Überwachung des Gleichbehandlungsgrundsatzes zu komplizierten Wertungsproblemen führen. Zwar wird in jüngerer Zeit, nämlich nachdem eine Inhalts- und Transparenzkontrolle auch für die Arbeitsverträge von Führungskräften Anwendung findet, immer weniger zwischen den Arbeitsverträgen leitender Angestellter differenziert, sodass jedenfalls in Großunternehmen immer mehr standardisiert wird. Problematisch ist es mitunter jedoch in Unternehmen mit nur einer verhältnismäßig kleinen Gruppe von Führungskräften, eine passende Vergleichsgruppe zu bilden.

Im Hinblick auf die Rechtsstellung von weiblichen Führungskräften erstaunt es uns aus der Praxis, dass selbst in namhaften Groß- und DAX-Unternehmen sich eine durch keinen sachlichen Grund zu rechtfertigende Ungleichbehandlung im Hinblick auf die Vergütung von vergleichbaren Frauen und Männern feststellen lässt. Da dieses mit der tatsächlichen schlechteren Karriereentwicklung einhergeht, würde sich hier für manchen Sprecherausschuss ein reiches Betätigungsfeld ergeben. Ob sich allerdings die geschlechterbezogene

Gleichbehandlung durch eine Quotenbildung, wie jüngst bei der Deutschen Telekom eingeführt, erfolgreich verwirklichen lässt, erscheint uns zweifelhaft.

Bedeutung kann der Gleichbehandlungsgrundsatz somit in allen Vergütungsfragen, der Gewährung von Boni, Dienstwagen und Fragen der betrieblichen Altersversorgung erlangen.

► So hatten wir vor einiger Zeit den Auftrag erhalten im Rahmen der Beratung des Sprecherausschusses für eine deutsche Großbank ein Gutachten zu erstellen, inwieweit der Vorstand berechtigt ist, die Dienstwagenordnung zulasten der Führungskräfte nachteilig zu ändern. Es hat uns damals sehr gefreut, dass sich die Geschäftsleitung aufgrund unserer Stellungnahmen dazu veranlasst sah, die ursprünglich sehr weitreichende Revision der Dienstwagenordnung zu stutzen und die beabsichtigten Differenzierungen zu korrigieren.

Im Gegensatz zum allgemeinen vertraglichen Anspruch auf Gleichbehandlung auf den sich die einzelne Führungskraft auch in letzter Konsequenz mittels einer Klage vor dem Arbeitsgericht berufen kann, steht dem Sprecherausschuss jedoch kein Klagerecht für die einzelne Führungskraft zu. Der Sprecherausschuss hat lediglich die Möglichkeit, beispielsweise bei der Änderung oder Neueinführung eines neuen Verteilungssystems darauf zu achten, dass eine sachgerechte Gruppenbildung zu erfolgen hat, und etwaige Bedenken gegenüber dem Arbeitgeber deutlich zu machen. Eine Entscheidungsbefugnis über die Frage ob einer bestimmten Gruppe von Leitenden überhaupt eine Leistung zu gewähren ist, steht dem Sprecherausschuss jedoch nicht zu, da dies eine unternehmerische Entscheidung ist.

## 2.5   Richtlinien und Vereinbarungen

Dem Sprecherausschuss steht anders als dem Betriebsrat kein Recht zu, bestimmte Regelungen im Interesse der Führungskräfte zu erzwingen. So gewährt das Sprecherausschussgesetz beispielsweise dem Sprecherausschuss keine Möglichkeit im Falle einer Betriebsänderung einen Sozialplan, der den Ausgleich rechtlicher und finanzieller Nachteile im Falle einer Betriebsänderung zum Inhalt hat, zu erzwingen. Einen Sozialplan für Leitende kennt das Gesetz nicht. Dies mag insofern beklagenswert sein, als viele Unternehmen darauf spekulieren, dass sich Führungskräfte untereinander wenig über die Möglichkeiten und den Inhalt beispielsweise geschlossener Aufhebungsverträge untereinander informieren. So ist es vielen Unternehmen möglich, nach dem Motto *divide et impera*, teile und herrsche, zu verfahren. Die Führungskräfte sind dann auf ihres eigenen Glückes Schmied angewiesen. Es kommt somit meist auf das Verhandlungsgeschick und die Erfahrung eines kundigen Fachanwaltes an.

Es gibt jedoch auch in einigen Unternehmen sogenannte Rahmenregelungen für Führungskräfte. Dort ist mitunter genau geregelt, wie beispielsweise hinsichtlich eines finan-

ziellen Ausgleichs und im Falle einer Veränderung des Aufgabenbereichs, einer Versetzung, einer Beendigung des Dienstvertrags und Fragen der Altersversorgung umzugehen
ist.

Diese Regelungen wirken jedoch nur unmittelbar und zwingend auf den Dienstvertrag
der Führungskraft, wenn Sprecherausschuss und Arbeitgeber dies gewollt haben und vor
allem auch vereinbart haben.

Nur in diesem Fall erwirbt die Führungskraft aus einer solchen Regelung einen unmittelbaren Anspruch, von dem das Unternehmen nicht mehr „runter" kann. Ist dies nicht
der Fall, handelt es sich um nichts anderes als eine Absichtserklärung. Sprecherausschüsse
sollten deshalb bei Vereinbarungen mit dem Arbeitgeber

- darauf Wert legen, dass der Vereinbarung unmittelbare und zwingende Wirkung beigelegt wird und
- dass die Vereinbarung im Falle einer Kündigung der Vereinbarung diese bis zum Abschluss einer neuen Vereinbarung nachwirkt.

Anders als im Betriebsverfassungsgesetz für Betriebsvereinbarungen kennt das Sprecherausschussgesetz eine nachwirkende Wirkung nämlich nicht.

Andererseits kann die Führungskraft, auch wenn eine sogenannte unmittelbare und
zwingende Wirkung vereinbart ist, nicht verpflichtet werden, die Regelungen einer Sprecherausschussvereinbarung als bindend zu akzeptieren. Die Führungskraft ist vielmehr
frei darin, für Sie günstigere Regelungen zu verhandeln. Führungskräfte in Unternehmen
die derartige Regelungen getroffen haben, sollten sich deshalb in Verhandlungen auf diese
nicht „festnageln" lassen, vor allem dann nicht, wenn Sie auf die individuelle Verhand-
lungssituation nicht passen. Im Verhältnis Sprecherausschussvereinbarung/Einzelvertrag
gilt nämlich das sogenannte Günstigkeitsprinzip, was im Umkehrschluss nichts anderes
besagt, als dass jede günstigere als die in der Sprecherausschussvereinbarung getroffene
Regelung rechtlich zulässig und möglich ist.

▶    So hatten wir vor Kurzem einen hochrangigen Banker einer deutschen Groß-
     bank zu betreuen, der nach mehr als 35-jähriger herausragender Tätigkeit auf
     sehr unschöne Art und Weise und ohne sachlich zu rechtfertigenden Grund aus
     seiner Funktion gelöst wurde. Hier war es aufgrund des Alters der Führungs-
     kraft klar, dass die noch zu überbrückenden Jahre bis zum Zeitpunkt der Inan-
     spruchnahme betrieblicher und gesetzlicher Altersversorgungsansprüche auf
     der Basis der Rahmenregelung nicht zu erreichen waren. In langwierigen und
     mehrmonatigen, teilweise schwierigen Verhandlungen erreichten wir es, dass
     eine weit über die üblichen Usancen hinausgehende Vorruhestandsvereinba-
     rung, die in diesem Unternehmen als Wartestand bezeichnet wird, abgeschlos-
     sen werden konnte.

## 2.6  Informationsmöglichkeiten des Sprecherausschusses über wirtschaftliche Angelegenheiten

Nach dem Sprecherausschussgesetz hat das Unternehmen den Sprecherausschuss mindestens einmal pro Quartal über die wirtschaftlichen Angelegenheiten zu unterrichten. Unter wirtschaftlichen Angelegenheiten sind alle Angelegenheiten zu verstehen, über die auch der Wirtschaftsausschuss, der sich aus Mitgliedern des Betriebsrats zusammenzusetzen hat, zu informieren ist.

Hierzu zählen beispielsweise:

- die Wirtschafts- und Finanzlage des Unternehmens,
- die Verlegung von Betrieben oder Betriebsteilen,
- der Zusammenschluss von Betrieben,
- die Änderung der Betriebsorganisation oder des Betriebszwecks,
- Rationalisierungsvorhaben,
- sonstige Vorgänge und Vorhaben, welche die Interessen der Arbeitnehmer des Unternehmens wesentlich berühren können.

Darüber hinaus hat der Sprecherausschuss über geplante Betriebsänderungen im Sinne des § 111 BetrVG, die auch wesentliche Nachteile für leitende Angestellte zur Folge haben können, rechtzeitig und umfassend zu unterrichten.

Informationen über vorgenannte Sachverhalte frühzeitig zu erhalten, ist für Führungskräfte unter Berücksichtigung ihrer weiteren beruflichen Entwicklungsmöglichkeiten umso wichtiger, als die Möglichkeit, etwaige finanzielle Nachteile im Rahmen eines Sozialplans ausgeglichen zu bekommen, nicht bestehen. Die zeitliche Schiene einer beruflichen Umorientierung ist oftmals umso länger, je höher die Führungskraft in der Hierarchieleiter geklettert ist. In vorgenannten Change-Situationen ist daher oftmals folgendes Verhaltensmuster zu beobachten. Echte Top-Performer verlassen das Unternehmen als erste.

Die Ebene darunter ist oftmals hin- und hergerissen, zwischen Hoffen einerseits, den bisherigen Vertragsstatus erhalten zu können, und Bangen, diesen zu verlieren, einhergehend in diesem Fall: bei einem zu schnellen Wechsel in ein etwaiges anderes Unternehmen den möglichen Verlust einer „fetten" Abfindung zu riskieren. Die Führungskraft in diesen schwierigen Situationen zu führen und Entscheidungshilfen zu geben, ist die Aufgabe eines versierten Arbeitsrechtlers.

Mit der rechtzeitigen und umfassenden Unterrichtung nehmen es viele Unternehmen gegenüber dem Sprecherausschuss nicht so genau. Entweder wird der Sprecherausschuss erst informiert, wenn seitens des Unternehmens schon eine abschließende Entscheidung getroffen wurde oder es werden im Vorfeld nur unvollständig und zögerlich Informationen preisgegeben. Eine derartige Informationspolitik gegenüber dem Sprecherausschuss entspricht nicht dem gesetzlichen Leitbild.

Rechtzeitig ist eine Information vielmehr dann, wenn das Stadium von Vorüberlegungen bereits überschritten ist und in Alternativen gedacht wird, jedoch noch keine abschließende Entscheidung darüber getroffen wurde, welcher der in Betracht kommenden Alternativen Vorrang einzuräumen ist.

Der Inhalt der Unterrichtung muss den Sprecherausschuss in die Lage versetzen, sich ein eigenes Bild zu machen, den Sachverhalt im Sprecherausschussgremium zu erörtern, um gegebenenfalls eigene Vorschläge zu entwickeln.

Der Sprecherausschuss ist dabei über Umfang und Ausmaß der Planungen und deren Zweckmäßigkeit zu informieren. Etwaige Unterlagen, die zur Beurteilung des Sachverhalts erforderlich sind, sind dem Sprecherausschuss zur Verfügung zu stellen.

Wie man sich in welcher Situation als Führungskraft richtig verhält, wie der rechtliche Status erhalten werden kann oder aus der gegenwärtigen Situation ein attraktives und flexibles Ausstiegsszenario verhandelt werden kann, sollte die Führungskraft auf gar keinen Fall ohne professionelle rechtliche Unterstützung entscheiden.

Erhält die Führungskraft die nötigen Informationen nicht, die für die Ermittlung des entscheidungserheblichen Sachverhalts von Bedeutung sein könnten, so sollte sich die Führungskraft an den Sprecherausschuss wenden.

Oftmals informieren Sprecherausschussmitglieder in derartigen Situationen mit sehr großem persönlichen Engagement und zeitlichen Aufwand. So habe ich dies bei der Übernahme einer deutschen Großbank erleben können. Erhält der Sprecherausschuss Informationen jedoch nicht umfassend und rechtzeitig, so stellt dieses Verhalten im Verhältnis zum Sprecherausschuss eine Ordnungswidrigkeit dar, die mit einem Bußgeld belegt werden kann. Die wenigsten Unternehmen kümmert dies jedoch, wissen Sie doch allzu genau, dass der Sprecherausschuss dieses Instrument nahezu nicht einsetzt, ja noch nicht einmal damit droht. Viele Sprecherausschüsse vergeben so Chancen! Der Sprecherausschuss hat jedoch auch Möglichkeiten Informationen auf informellem Wege zu erhalten.

Zum einen lohnt es sich, ein gutes Verhältnis zu den Mitgliedern des Betriebsrats zu unterhalten. Der Betriebsrat hat umfassende gesetzliche Informationsansprüche, die arbeitsgerichtlich durchsetzbar sind. Der Arbeitgeber kann sich gegenüber diesen Ansprüchen nicht verweigern, da er andernfalls mit Unterlassungsansprüchen und einstweiligen Verfügungsverfahren sowie Verfahren wegen der Missachtung betriebsverfassungsrechtlicher Ansprüche zu rechnen hat.

Zum anderen können sich Sprecherausschussmitglieder als Vertreter der Leitenden in den Aufsichtsrat wählen lassen. Eine Informationsbeschaffung aus erster Hand ist so gewährleistet.

# Die Vergütung der Führungskraft

3

Die Vergütung der Führungskraft entspricht der gesetzlich normierten arbeitgeberseitigen Hauptleistungspflicht, § 611 BGB. Die Höhe dieser Vergütung ist dabei regelmäßig eines der wesentlichen Bestandteile einer jeden Vertragsverhandlung und auch hier gilt der Grundsatz:

> Gute Ausbildung zahlt sich aus.

Dies zeigt sich besonders an der oft hervorragend ausgebildeten Gruppe von Führungskräften, die zu einem sehr großen Teil einen Hoch- oder Fachhochschulabschluss vorweisen können.

So konnten Führungskräfte selbst im Krisenjahr 2009 durchschnittlich 100.000 €, Führungskräfte im Finanzwesen sogar durchschnittlich 120.000 € verdienen. Dabei lag das durchschnittliche Gehalt einer Führungskraft im Jahr 2004 noch bei (nur) 75.000 €. Auch im Jahr 2010/2011 ging der Trend weiter nach oben, so lag das durchschnittliche Gehalt einer Führungskraft bei 115.000 €, im Finanzwesen bei 160.000 €. In Einzelfällen lagen die Jahresbezüge bei 500.000 €. In 2012 konnten sich die Führungskräfte über eine weitere Gehaltssteigerung von durchschnittlich 3,5 % freuen. Der Trend ist nach einer repräsentativen Studie auch für das laufende Jahr zu prognostizieren. Damit sind innerhalb eines halben Jahrhunderts der Studie nach die Gehälter der Führungskräfte um das Sechsfache gestiegen.

Auch wenn der (einfache) Arbeitnehmer solche Gehaltsteigerungen in den Führungsetagen mit Misstrauen betrachtet, unterscheidet sich rückwirkend die Gehaltsentwicklung der Führungskraft nicht von der des (einfachen) Arbeitnehmers. Nur ist eine Gehaltssteigerung von durchschnittlich 5 % bei einem Gehalt von 100.000 € natürlich etwas anderes als eine Steigerung um 5 % bei 10.000 €. Mit anderen Worten, je höher das Ausgangsgehalt, desto größer ist damit auch die Basis für künftige Gehaltssteigerungen.

Insgesamt dürften die hohen Gehälter – vor allem im Finanzwesen – so manche Führungskraft überraschen, denn gerade was das Gehaltsniveau in den Führungsebenen an-

C. Abeln, *Handbuch für Führungskräfte*,
DOI 10.1007/978-3-658-04029-1_3, © Springer Fachmedien Wiesbaden 2014

geht, triff die von der *Süddeutschen Zeitung* in einer Kolumne vom 6. Februar 2011 in diesem Zusammenhang gefundene Assoziation „Nur Fische sind schweigsamer" den Nagel buchstäblich auf den Kopf. Denn Gehaltsfragen gehören gerade in Deutschland zu den größten Tabuthemen in den Führungsetagen, anders in Ländern wie den USA, wo das Gehalt der Ausdruck des persönlichen Erfolgs ist oder Schweden, wo mangels Steuergeheimnis für jedermann sichtbar ist, wer tatsächlich wie viel Steuern zahlt.

Dabei würden vor allem die Führungskräfte mit einem Blick auf die Gehaltsabrechnung der Kollegen häufig ins Staunen kommen. Denn unsere tägliche Erfahrung zeigt, dass die Gehaltsunterschiede auch bei Führungskräften, die auf derselben Führungsebene angesiedelt sind beziehungsweise eine vergleichbare Tätigkeit ausüben, mitunter gravierend sind.

Grundsätzlich beginnt der Gehaltsunterschied, auch oder gerade bei der Führungskraft, bereits mit dem Einstellungsgespräch. Insoweit ist der vorab zitierte Grundsatz für die Führungskraft aus heutiger Sicht wie folgt zu ergänzen:

> Gute Ausbildung, Diplomatie und Eloquenz zahlen sich aus.

Aus Sicht des Arbeitgebers ist es durchaus verständlich: Warum mehr zahlen, wenn von der zurückhaltenden Führungskraft weniger gefordert wird? Ob dies dem arbeitsrechtlichen Gleichbehandlungsgrundsatz entspricht, kann dabei wegen der ausgeprägten Geheimniskrämerei bezüglich des eigenen Gehalts häufig dahinstehen.

Einer der stärksten Bestimmungsfaktoren für die Gehaltshöhe ist neben der hierarchischen Einordnung und der Dauer der Betriebszugehörigkeit die Größe des Unternehmens. Je größer das Unternehmen gemessen an Umsatz und Beschäftigtenzahl ist, desto höher fallen die Bezüge der Führungskräfte aus. Gemessen an diesen Kriterien kann man sagen, dass die Führungskräfte im Laufe ihres Berufslebens ihr Gehalt mehr als verdoppeln können.

Dabei verdienen Führungskräfte, die variable Vergütungsbestandteile in ihrem Vertrag verankert haben, in der Regel wesentlich mehr als vergleichbare Kollegen, die ausschließlich mit einem fixen Gehalt vergütet werden. Hierbei stellt sich jedoch die Frage, inwiefern sich aus dem Gesetz zur Angemessenheit der Vorstandsvergütung – als Reaktion der Bundesregierung auf die Finanz- und Wirtschaftskrise – auch eine Pflicht zur Anpassung der Vergütung von Führungskräften ergibt. So erhalten einzelne Führungskräfte eines großen deutschen und aufgrund der Finanzkrise zwischenzeitlich von der Bundesregierung geförderten Finanzunternehmens, das auch in Krisenzeiten bereits auf staatliche Unterstützung angewiesen war, eine durchschnittliche Vergütung, welche die des Vorstands erheblich überschreitet.

Die Frage der Angemessenheit stellt sich jedoch angesichts der meist getroffenen einzel-vertraglichen Regelungen gerade in Bezug auf variable Vergütungsbestandteile nicht. Darüber hinaus dürfte sich die Höhe der Vergütung der Führungskraft angesichts der meist hohen wirtschaftlichen Verantwortung und den erbrachten finanziellen Erfolgen zumeist auch rechtfertigen. Letztlich geht die Entwicklung des Vergütungssystems aber eindeutig zu zielorientierten Vergütungssystemen, welche die quantitativen und qualitativen Faktoren kombinieren.

Die nachfolgende Darstellung soll einen Abriss der Möglichkeiten aber auch der Gefahren der Vergütung aufzeigen. Dabei wird zwischen fester und variabler Vergütung sowie zwischen der rein finanziellen Vergütung und Sachzuwendungen unterschieden.

## 3.1  Vergütungsbestandteile

Als Bestandteile der Vergütung sind nicht nur monetäre Leistungen, sondern grundsätzlich alle Einnahmen und Sachzuwendungen zu verstehen, die der Führungskraft aus dem Dienstverhältnis zufließen. Dabei ist es unerheblich, ob die Leistungen regelmäßig, unregelmäßig oder einmalig erfolgen, solange ein tatsächlicher Zusammenhang mit dem Dienstverhältnis besteht.

Ein Zusammenhang zwischen Einnahmen und einem Dienstverhältnis ist anzunehmen, wenn die Einnahmen dem Empfänger nur mit Rücksicht auf das Dienstverhältnis zufließen und sich als Ertrag seiner nichtselbstständigen Arbeit darstellen, das heißt, wenn sich die Einnahmen im weitesten Sinne als Gegenleistung für die Zurverfügungstellung der individuellen Arbeitskraft erweisen. Dabei ist unerheblich, unter welcher Bezeichnung oder in welcher Form die Einnahmen gewährt werden. So kann selbst die von einer großen deutschen Brauerei aus Nordrhein-Westfalen ihren Mitarbeitern gewährte Freimenge des hauseigenen Bieres ein fester Entgeltbestandteil sein.

Darüber hinaus unterscheidet man bei der Vergütung zwischen regelmäßigem und unregelmäßigem Monatseinkommen sowie einmaligen Zuwendungen und Jahreszahlungen. Die Entgeltpalette reicht dabei von der Grundvergütung über Zulagen und Mietzuschüsse bis hin zum Krankengeldzuschuss, dem Jubiläumsgeld, den Kinderbetreuungskosten und der Erfolgsbeteiligung. Dagegen gehören Auslagenersatz und Spesen nicht zum Einkommen.

### 3.1.1  Grundgehalt/Fixgehalt

Bei einem zielorientierten Vergütungssystem wird das Gesamtgehalt unterteilt in einen fixen und einen variablen Anteil. Bei der Gewichtung ist zu berücksichtigen, dass eine Verschiebung in den einen oder anderen Anteil sich auf verschiedenste Weise auswirken kann. So mag ein hoher variabler Anteil zwar einem positiven Einfluss auf Leistung und Qualität der eigenen Arbeit haben, kann aber auch die Führungskraft erheblich unter Druck setzen. Denn der variable Anteil stellt auch bei Abschluss einer Zielvereinbarung eine nicht immer planbare Komponente in den monatlichen beziehungsweise jährlichen Einnahmen dar. Für die Gewissheit, den Lebensunterhalt in angemessener Weise bestreiten zu können, muss damit vor allem der fixe Anteil der Vergütung sorgen.

Der fixe Vergütungsanteil ist grundsätzlich auch das Einzige, was die Führungskraft unmittelbar durch eigene Verhandlungsführung beeinflussen kann. Wir erinnern uns an den vorgenannten Grundsatz: „Gute Ausbildung, Diplomatie und Eloquenz zahlen sich aus".

### 3.1.1.1  Einseitige Gehaltskürzung

Der fixe Vergütungsanteil ist seitens des Arbeitgebers nicht einseitig änderbar und an eine Änderungskündigung einzig zum Zweck der Entgeltreduzierung sind erhebliche Anforderung zu stellen, die ein solches Vorhaben vor den Arbeitsgerichten regelmäßig scheitern lassen.

So war die einseitige Gehaltskürzung im Wege der Änderungskündigung im Jahr 2009 unter Verweis auf die andauernde Wirtschafts- und Finanzkrise für Arbeitgeber verlockend, aber – in den von uns vertretenen Fällen – in der Regel unzulässig. Die Arbeitsgerichte verwiesen auch in diesem Zusammenhang in der Regel nur auf die ständige Rechtsprechung des BAG, wonach es den Unternehmern nicht ohne Weiteres möglich sein darf, das unternehmerische Risiko einseitig auf die Arbeitnehmer zu verlagern.

> **Rechtsprechungshinweis**
> Das BAG (Urteil vom 16. Mai 2002 – 2 AZR 292/01) hält daran fest, dass auch im Falle einer auf Gehaltskürzung gerichteten Änderungskündigung strenge Maßstäbe gelten. So muss der Arbeitgeber einen umfassenden Sanierungsplan vorlegen, der belegt, dass alle milderen Mittel ausgeschöpft sind. Das BAG verlangt insoweit, dass der Unternehmer in solchen Fällen die Finanzlage des Unternehmens, den Anteil der Lohnkosten, die Folgen der erstrebten Einsparungen für den Betrieb und für die Mitarbeiter darstellt und darüber hinaus darlegt und beweist, warum andere Lösungen als die angestrebte Lohnkürzung für ihn nicht mehr in Betracht kommen.

Auch nach der Finanzkrise müssen wir feststellen, dass die Unternehmen weiterhin versuchen, die Gehälter im oberen Führungskräftesegment einseitig zu ändern. So wurden, beispielsweise bei einem großen deutschen Versicherer über – teilweise außerordentliche – Änderungskündigungen Provisionsregelungen geändert, die eine Gehaltsreduzierung von mehr als 50 % zur Folge hatten. Die Änderungskündigungen hielten in den von uns vertretenen Fällen einer gerichtlichen Prüfung nicht stand.

### 3.1.1.2  Überstundenabgeltung

Im Rahmen des Fixgehalts ist auch die Problematik der Überstundenabgeltung, insbesondere bei Führungskräften zu berücksichtigen. Denn die meisten Arbeitsverträge von leitenden Angestellten und Führungskräften sehen eine pauschale Abgeltung durch das gezahlte Bruttogehalt für etwaige Überstunden vor. Eine solche Vereinbarung war nach der Rechtsprechung des BAG bisher dahingehend auszulegen, dass hiervon nur die gesetzlich zulässigen Überstunden erfasst werden.

**Rechtsprechungshinweis**

In seiner Entscheidung vom 1. September 2010 (5 AZR 517/09) hat das BAG aber klargestellt, dass bisher verwendete Klauseln im Anstellungsvertrag zur Überstundenabgeltung unwirksam sind, wenn für den Mitarbeiter nicht erkennbar ist, welchen Umfang die Abgeltung hat. Denn eine solche Klausel genügt nicht dem Transparenzgebot (§ 307 Abs. 1, Seite 2 BGB), da sich der Umfang der danach ohne zusätzliche Vergütung zu leistenden Überstunden nicht aus dem Anstellungsvertrag ergibt. Die Klausel ist daher gänzlich unwirksam, mit der Folge, dass angeordnete, geduldete oder seitens des Arbeitgebers zumindest gebilligte Überstunden abzugelten sind.

Die Entscheidung kann jedoch nicht ohne Weiteres auf alle Anstellungsverträge übertragen werden. So hat das BAG auch bei einer unwirksamen Überstundenklausel einen Abgeltungsanspruch verneint. (BAG, 22. Februar 2012, 5 AZR 406/10). In der Entscheidung knüpft das BAG an die „objektive Vergütungserwartung für Überstunden" an, die beispielsweise bei einem Lagerarbeiter zu bejahen, bei einem Rechtsanwalt aufgrund seiner Tätigkeit „höher Art" und der „deutlich herausgehobenen Vergütung" aber zu verneinen ist. Die Grenze zwischen „Besserverdiener" und „Normalverdiener" zieht das BAG bei der Beitragsbemessungsgrenze in der gesetzlichen Rentenversicherung. Damit dürfte diese Entscheidung für die Mehrzahl der Führungskräfte von Bedeutung sein.

Für die Führungskraftvergütung unterhalb der Beitragsbemessungsgrenze wird die bisher sehr strenge Beweislast zulasten des Arbeitnehmers für den tatsächlichen Anfall der Überstunden durch eine Rechtssprechungsänderung des BAG deutlich entschärft.

**Rechtsprechungshinweis**

Das BAG verlangt in seiner Entscheidung vom 16. Mai 2012 (5 AZR 347/11), ausgehend von dem Grundsatz „Ohne Arbeit kein Lohn", vom Arbeitnehmer nur noch die Darlegung oder im Bestreitensfall den Beweis, dass er Arbeit verrichtet hat beziehungsweise einer der Tatbestände vorgelegen hat, welcher eine Vergütungspflicht ohne Arbeit regelt (zum Beispiel Urlaub, § 1 BUrlG, Krankheit, § 3 Abs. 1 EngeltFG). Da die konkret zu leistende Arbeit in der Regel vom Arbeitgeber durch Weisungen zu bestimmen ist (§ 106 GewO), genügt der Arbeitnehmer seiner Darlegungslast, indem er vorträgt, er habe sich zur rechten Zeit am rechten Ort bereitgehalten, um Arbeitsanweisungen des Arbeitgebers zu befolgen.

Mit diesen Entscheidungen dürften Überstunden wieder deutlich an Bedeutung gewinnen, jedenfalls für den „Normalverdiener".

## 3.1.2  Variable Vergütung

Die variable Vergütung lässt sich vergleichen mit der Provision eines Handelsvertreters. Ohne Leistung keine Provision – leider auch oft ohne Provision keine Leistung. Die Provision ist die klassische Leistungsvergütung, die an einen Erfolg anknüpft. Als individuell leistungsabhängige Vergütung scheidet die Provision aber für all die Angestellten, leitenden Angestellten und – außerhalb von Arbeitsverhältnissen – Organmitglieder aus, die nicht oder nicht primär im Vertrieb eingesetzt werden oder bei denen jedenfalls überwiegend eine nicht umsatz-/gewinnbezogene Arbeitsleistung geschuldet wird.

Die variable Vergütung stellt für die Führungskraft meist den wesentlichen Bestandteil der Vergütung dar. Dabei sind die Verbreitung und die Höhe der variablen Vergütung je nach Hierarchieebene unterschiedlich. Etwa 90 % der Führungskräfte auf der ersten Ebene und 85 % auf der zweiten Ebene sind Tantiemen-Berechtigte.

Im Durchschnitt erzielten leitende Angestellte im Jahr 2011 der ersten Ebene Bonuszahlungen in Höhe von 29.000 € und Mitarbeiter der zweiten Ebene in Höhe von 16.000 €. Im Jahr 2012/2013 ist auch hier eine deutliche Steigerung auf durchschnittlich 40.000 € in der ersten und 20.000 € in den folgenden Führungsebenen zu erwarten.

Bonussysteme lassen die Führungskraft am Geschäftserfolg teilhaben, ohne dass die Fixkosten zu stark ansteigen. Zudem hat sich arbeitgeberseitig die Einsicht durchgesetzt, dass die Mitarbeitenden am Ende eines Geschäftsjahres auf ihrem Gehaltskonto durchaus sehen dürfen, ob das Jahr erfolgreich war und die wichtigsten Ziele erreicht worden sind.

Dabei gestalten sich die vertraglichen Grundlagen gerade bei der variablen Vergütung als sehr vielschichtig. Von einem im Unternehmen allgemein geltenden Bonussystem bis hin zur individuellen Vereinbarung mit jährlich neu festzusetzenden Zielvorgaben.

Gerade das vertragliche Konstrukt des Bonussystems hat in der Krisenzeit 2008/2009 bei den Führungskräften nicht nur von Finanzdienstleistern den entschiedenen Unterschied bei der Durchsetzung des Bonusanspruchs, unabhängig von der wirtschaftlichen Lage des Unternehmens, gemacht. So erhielten 5 % (erste Ebene) beziehungsweise 6 % (zweite Ebene) der Führungskräfte für das Jahr 2009 wegen Nichterreichung der Ziele oder der wirtschaftlichen Lage des Unternehmens keine Zahlung, im Jahr 2008 war die Zahl der Führungskräfte ohne variable Vergütung um ein Vielfaches höher. Im vergangenen und im laufenden Geschäftsjahr ist hier eine deutliche Entspannung zugunsten der Führungskraft zu verzeichnen.

Wie die Vielzahl der allein von unserer Kanzlei geführten Rechtsstreitigkeiten zeigte, waren diese Streichungen beziehungsweise Kürzungen der variablen Vergütung einzig wegen des Verweises auf die Finanzkrise und die damit einhergehende wirtschaftliche Gesamtlage des Unternehmens meist rechtswidrig.

Aus diesem Grund wurden gerade in Unternehmen der Finanzbranche, insbesondere bei deutschen Banken, das Fixgehalt um 15 bis 30 % erhöht, hingegen der variable Anteil der Vergütung gesenkt. Die Höhe der Gesamtbezüge wurde somit nicht berührt. Gleichzeitig wurde vor dem Hintergrund der Institutsvergütungsverordnung (vergleiche Kap. 3.3.2) die Auszahlung des Bonus von den Kriterien der Nachhaltigkeit abhängig gemacht, was zu einer Auszahlung der Boni in verschiedenen Teilbeträgen führen konnte.

### 3.1.2.1 Zielvereinbarungen

Zielvereinbarungen sind ein Instrument der effektiven Mitarbeiterführung. Durch die Zielvereinbarung sollen die individuellen Ziele der Arbeitnehmer mit den Unternehmenszielen weitgehend in Einklang gebracht werden. Ausgehend von dem Idealbild einer mündigen, initiativstarken und einsatzfreudigen Führungskraft werden die Ziele dabei einvernehmlich festgelegt und so die Tätigkeit des Einzelnen und seine Leistung in den Mittelpunkt gerückt, um das eigenverantwortliche Handeln zu stärken. Die Leistung kann in Bezug auf unterschiedliche Ziele gemessen werden:

- marktorientierte Ziele (Auftragsvolumen, Kundenzufriedenheit),
- Produktivitätsziele,
- betriebswirtschaftliche Ziele,
- produktorientierte Ziele (Qualitätsstandards, Verbesserungsvorschläge und so weiter),
- mitarbeiterorientierte Ziele.

Sowohl der Arbeitgeber als auch die Führungskraft können so den Leistungsstand beobachten und beeinflussen. Soweit die Ziele (auch) an den Unternehmenserfolg gekoppelt sind, hat der Mitarbeiter mit der Zielvereinbarung Teil an den Unternehmenschancen und -risiken.

Während bei Zielvorgaben die zu erreichenden Ziele allein vom Arbeitgeber festgelegt werden, erfolgt dies bei Zielvereinbarungen einvernehmlich. Bei der Konkretisierung einer Zielvorgabe hat sich der Arbeitgeber gemäß § 315 BGB in den Grenzen billigen Ermessens zu halten, wohingegen die im Rahmen einer Zielvereinbarung einvernehmlich gesetzten Ziele prinzipiell bis an die Grenze der Sittenwidrigkeit kontrollfrei sind, weil es hier um die gemeinsame Ausgestaltung des Gegenleistungsverhältnisses geht. Insbesondere kommt hinsichtlich der Ziele und des erreichbaren Zielbonus nach überwiegender Auffassung grundsätzlich keine Kontrolle nach den für allgemeine Geschäftsbedingungen geltenden Regeln in Betracht. Wohl aber ist eine solche Kontrolle denkbar im Hinblick auf den weiteren Inhalt einer Zielvereinbarung, wobei insbesondere die Unklarheitenregel sowie das Verbot überraschender Klauseln zu beachten sind.

► **Tipp** Es ist darauf zu achten, dass die Ziele immer präzise formuliert, terminbezogen, quantifiziert, widerspruchsfrei, realistisch und vor allem messbar sind. Folgendes sollte bei der Verhandlung einer Zielvereinbarung von der Führungskraft daher in jedem Fall berücksichtigt werden:

- Der Bonuszeitraum und alle relevanten Ziele sind schriftlich zu fixieren.
- Auswirkungen von Nicht- und Übererfüllung sind eindeutig zu bezeichnen.

- Die einzelnen Ziele sind klar zu definieren, um einen möglichst geringen Raum für Interpretationen zu schaffen.
- Die Ziele sollten in jedem Fall realistisch und die 100-prozentige Zielerreichung tatsächlich auch möglich sein.
- Die vorhandenen Rahmenbedingungen sollten bei der Bewertung der individuellen Zielerreichbarkeit berücksichtigt werden.
- Mögliche Zielkonflikte sind zu beachten.

▶  **Tipp** Die Führungskraft sollte darüber hinaus frühzeitig darauf hinweisen, wenn die Zielvorgaben durch veränderte Rahmenbedingungen nicht mehr erreichbar sind und auf einer Anpassung der Ziele bestehen. Auch hier lässt sich exemplarisch die Wirtschafts- und Finanzkrise nennen.

Gerade bei den individuell getroffenen Zielvereinbarungen zeigte sich in diesem Zusammenhang das fehlende juristische Verständnis des Arbeitgebers. So hat die Führungskraft trotz Erreichung der vereinbarten Ziele eine Streichung beziehungsweise eine erhebliche Reduzierung mit eben diesem Verweis auf die wirtschaftliche Lage des Unternehmens hinnehmen müssen, obwohl dieser Vorbehalt der Zielvereinbarung nicht zu entnehmen beziehungsweise im Kleingedruckten als freiwillige Leistung ohne Rechtsanspruch für einseitig widerruflich erklärt wurde.

Das Prinzip, eine Leistung unter bestimmen Voraussetzungen vertraglich zu vereinbaren, um dann anschließend trotz Erfüllung der Vorrausetzungen diese wegen Missmanagement oder sonstigen wirtschaftlichen Einflüssen von außen zu widerrufen, wurde nicht zum ersten Mal von den Arbeitsgerichten kassiert.

Wird eine Leistung unter Widerrufsvorbehalt gewährt, so wird zwar ein Anspruch des Arbeitnehmers begründet, doch kann dieser Anspruch vom Arbeitgeber leichter als eine unwiderrufliche Zusage mit Wirkung für die Zukunft beseitigt werden. Die Wirksamkeit eines solchen Widerrufsvorbehalts kann unter verschiedenen Gesichtspunkten fraglich sein. Ein formularmäßiger Widerrufsvorbehalt ist nach der Rechtsprechung des BAG vor dem Hintergrund des Rechts der Allgemeinen Geschäftsbedingungen (§ 307 ff. BGB) nur wirksam, wenn aus dem Widerrufsvorbehalt selbst erkennbar ist, in welchen Sachverhaltskonstellationen von ihm Gebrauch gemacht werden kann. Grundsätzlich besteht zwar angesichts der Ungewissheit über die künftige Unternehmensentwicklung ein anerkennenswertes Interesse daran, bestimmte Leistungen flexibel auszugestalten. Allerdings darf nach der Wertung des §§ 307 ff. BGB nicht in den Kernbereich des Arbeitsvertrags eingegriffen werden. Insoweit hat das BAG mittlerweile zu einer vergleichsweise sicheren Linie gefunden, wonach die Vereinbarung eines Widerrufsvorbehalts nur zulässig ist, soweit der im Gegenseitigkeitsverhältnis stehende widerrufliche Teil des Gesamtverdienstes unter 25 % liegt und der Tariflohn nicht unterschritten wird.

Ist der Widerrufsvorbehalt wirksam vereinbart worden, ist ein darauf gestützter Widerruf nur wirksam, wenn seine Ausübung die Grundsätze billigen Ermessens gemäß § 315

BGB beachtet. Die Vereinbarung eines freien Widerrufsrechts zugunsten des Arbeitgebers ist nach ständiger Rechtsprechung des BAG nicht gestattet.

Allerdings hat das BAG den Vorbehalt eines Rechts zum freien Widerruf in der Vergangenheit nicht als gänzlich unwirksam behandelt, sondern ihn im Wege der geltungserhaltenden Reduktion dahingehend umgestaltet, dass der Widerruf nur innerhalb der Grenzen billigen Ermessens erfolgen dürfe. Daran kann nach Erstreckung der Regeln über die Kontrolle von allgemeinen Geschäftsbedingungen auf Arbeitsverträge nicht festgehalten werden.

Ein Widerruf dürfte billigem Ermessen jedenfalls dann nicht entsprechen, wenn es nur um die Reaktion auf solche Änderungen geht, denen auch im Rahmen der Zielvorgabe beziehungsweise Zielvereinbarung angemessen Rechnung getragen werden kann. So wird etwa die schlechte wirtschaftliche Lage des Unternehmens den Widerruf eines unternehmensgewinnabhängigen Bonus grundsätzlich nicht rechtfertigen können.

In einem von uns vor dem Arbeits- und Landesarbeitsgericht Hamburg verhandelten Fall, hatte ein großer Arbeitgeber aus der Finanzbranche eine durch individuelle Zielvereinbarung geregelte Prämie trotz einer Gesamtzielerreichung von etwa 80 % einseitig unter Verweis auf die Wirtschafts- und Finanzkrise um 95 % gekürzt. Die Berechtigung für eine solche Kürzung begründete das Finanzunternehmen unter anderem mit der in der Zielvereinbarung enthaltenen Klausel, wonach aus dem vereinbarten Zielbonus kein Rechtsanspruch erwachsen soll. Ob diese Klausel letztlich einen Widerrufsvorbehalt mit der Möglichkeit des Widerrufs der Leistung oder einen Freiwilligkeitsvorbehalt mit der Folge, dass erst überhaupt kein Anspruch auf den Zielbonus entsteht, darstellt, konnte in diesem Fall offengelassen werden. Denn ein Widerrufsvorbehalt ist, wie bereits ausgeführt, nur dann wirksam, wenn aus dem Vorbehalt selbst erkennbar ist, in welchen Sachkonstellationen von ihm Gebrauch gemacht werden kann. Infolgedessen haben beide Instanzen der Führungskraft den Bonus zugesprochen.

> **Rechtsprechungshinweis**
> Das BAG hat in seiner Entscheidung vom 27. August 2012, 10 AZR 385/11 diese Entscheidungen trotz der bisherigen Rechtsprechung überraschend aufgehoben und dem Arbeitgeber unter Verweis auf die „Wirtschafts- und Finanzkrise" und wegen des „öffentlichen Interesses an der Abwehr von schweren Gefahren für die Volkswirtschaft" recht gegeben.

Das BAG hat damit den eigenen rechtlichen Rahmen verlassen und sich offenkundig von politischen Geschehnissen leiten lassen. Das dem BGB zugrundeliegende Prinzip „Verträge sind zu halten", wird zum Wohle der Volkswirtschaft aufgeweicht. Nach dieser Entscheidung trägt künftig nicht mehr der Arbeitgeber, sondern die Führungskraft unabhängig vom Inhalt der Zielvereinbarung und dessen Höhe das allgemeine Wirtschaftsrisiko. Die Zielvereinbarung, an die das BAG zugunsten des Arbeitnehmers bisher hohe Anforderungen gestellt hat, ist entwertet und nunmehr von der wirtschaftlichen Gesamtsituation abhängig. Eine Konkretisierung, wie sie das BAG im Rahmen von Zielvereinbarungen geforderte hat, ist offensichtlich nicht mehr erforderlich. Im Hinblick auf die wirtschaftliche Situation in Europa kann die Führungskraft nicht mehr darauf vertrauen, dass seine Leistungen trotz eindeutiger Zielvorgaben honoriert werden.

Beim Freiwilligkeitsvorbehalt braucht dies dagegen nicht erkennbar sein, vielmehr muss dieser zum einen transparent sein und darf zum anderen den Arbeitnehmer nicht unangemessen benachteiligen. Mit anderen Worten, was der Arbeitgeber der Führungskraft auf der einen Seite schwarz auf weiß verspricht, kann er nicht mehr im Kleingedruckten unter den Vorbehalt der Freiwilligkeit stellen. Der in diesem Fall betroffene Arbeitgeber musste daher antragsgemäß den Bonus auf Basis der individuellen Zielvereinbarung bezahlen.

Eine besondere Aufmerksamkeit verdienen arbeitsvertraglich zugesagte Zielvereinbarungen, deren Ziele jährlich neu festzusetzen sind, immer dann, wenn die Zielfestlegung für einen oder mehrere Zeiträume nicht erfolgt. Diesbezüglich besteht weitgehend Einigkeit, dass allein das Fehlen einer Zielvorgabe oder Zielvereinbarung noch nicht dazu führt, dass der Arbeitnehmer den Bonus nicht beanspruchen kann. Andernfalls hätte es der Arbeitgeber in der Hand, durch die Verweigerung einer Zielvereinbarung den Anspruch auf den Bonus zu beseitigen. Dass die unterbliebene Zielvereinbarung bis zum Abschluss einer Folgevereinbarung weiter gilt, schließt einen Schadenersatzanspruch des Arbeitnehmers aber nicht aus (BAG, Urteil vom 12. Mai 2010 – 10 AZR 390/09). Die Frage, ob bei nicht getroffener Zielvereinbarung ein Schadensersatzanspruch wegen der entgangenen erfolgsabhängigen Vergütung besteht, kann jedoch pauschal nicht beantwortet werden, da Gründe für das Nichtzustandekommen der Zielvereinbarung in jedem Fall zu berücksichtigen sind (BAG, Urteil vom 12. Dezember 2007 – 10 AZR 97/07). Das BAG hat damit die Rechtssprechung der Instanzgerichte, einen 100-prozentigen Bonus als Schadensersatz zu gewähren, wenn der Arbeitgeber den Abschluss der Zielvereinbarung verweigert, ausdrücklich nicht bestätigt. Es bleibt damit weiter bei einer Betrachtung der Umstände des Einzelfalls.

▶   **Tipp** Die vertraglichen Ausschlussfristen für die Geltendmachung von Ansprüchen aus dem Arbeitsverhältnis sollten auch bei Bonusansprüchen immer präsent sein. Denn Ausschlussfristen müssen nicht an die Beendigung des Arbeitsverhältnisses anknüpfen, sondern können bereits den Fristlauf mit der Fälligkeit des Anspruchs im bestehenden Arbeitsverhältnis auslösen.

### 3.1.2.2  Vertragliche Bonusregelungen

Neben der individuellen, in der Regel jährlich neu festzusetzenden Zielvereinbarung finden sich häufig sehr abstrakte arbeitsvertragliche Regelungen zu Bonuszahlungen, die im Ermessen des Arbeitsgebers jährlich neu festgesetzt werden. Wonach sich die Höhe eines solchen Bonusanspruchs bemisst, wird meist nicht definiert.

Eine solche Regelung fand sich auch in den Arbeitsverträgen der im September 2009 vor dem Arbeitsgericht Frankfurt am Main klagenden Investmentbanker, die von der deutschen und internationalen Presse gern als Sündenbock der Wirtschafts- und Finanzkrise dargestellt wurden, die nun auch noch hohe Bonuszahlungen fordern. Dabei verkannte aber leider nicht nur die Presse, dass es sich unabhängig von den Schuldzuweisungen um einen vertraglichen Anspruch des Einzelnen handelt.

Im Rahmen dieser Prozesse stellte sich dabei weniger die Frage der Wirksamkeit der abstrakten arbeitsvertraglichen Bonusregelung, sondern vielmehr galt es zu klären, ob der aufgrund der arbeitsvertraglichen Regelung bereits zuvor festgesetzte Bonus erstmalig unter einen Vorbehalt gestellt werden durfte, um dann aufgrund dieses Vorbehalts den bereits festgesetzten Bonus auf quasi null zu reduzieren, ohne dabei die individuellen Leistungen des Einzelnen zu berücksichtigen. Aus unserer Sicht überraschte sowohl das Arbeitsgericht als auch das Landesarbeitsgericht mit einer Abweisung der Klage beziehungsweise deren Bestätigung. Dabei führten die Gerichte aus, dass der bereits aufgrund des Arbeitsvertrags festgesetzte Bonus keine feste Zusage, sondern lediglich eine unverbindliche Mitteilung ohne Rechtsanspruch gewesen sein soll.

Im direkten Vergleich zu den hier erwähnten Bonusstreitigkeiten zeigt sich ein im Grundsatz gleicher Sachverhalt mit unterschiedlichem Ausgang. So sind die Zusagen aufgrund der individuellen Zielvereinbarung nach gefestigter Rechtsprechung des BAG nur unter strengen Voraussetzungen unter einen Vorbehalt zu stellen. Dagegen ist eine individuelle Mitteilung über den Bonus für das laufende Geschäftsjahr, der sogar bis auf die genaue Kommastelle einen Monat vor Ende des Geschäftsjahres genau benannt werden kann, nach dem Frankfurter Arbeitsgericht beziehungsweise dem Hessischen Landesarbeitsgericht keine individuelle Zusage und kann dessen ungeachtet auch unter einen nicht näher definierten Vorbehalt gestellt werden. Ob dies tatsächlich rechtlich miteinander zu vereinbaren ist, wird das jetzt in der Revisionsinstanz angerufene BAG zu entscheiden haben.

### 3.1.2.3  Stock-Options

Eine weitere Form der variablen Vergütung ist die Mitarbeiterbeteiligung, bei der man zwischen immaterieller und materieller Beteiligung unterscheidet. Unter immaterieller Beteiligung versteht man beispielsweise die Delegation unternehmerischer Verantwortung.

Im Mittelpunkt des Interesses dürfte aber in jedem Fall die materielle Mitarbeiterbeteiligung in Form der Kapitalbeteiligung stehen. Die in der Praxis wohl am häufigsten gewählte Form dafür sind die Stock-Options.

Als Stock-Options werden Aktienoptionen für Führungskräfte bezeichnet, die diesen das Recht geben, innerhalb eines festgelegten Zeitraumes und zu einem vorher festgelegten Preis Aktien des eigenen oder eines verbundenen Unternehmens zu erwerben. Dadurch wird ein Anreiz geschaffen, auf eine Steigerung des Aktienkurses hinzuarbeiten und es trägt dabei gleichzeitig zur Verringerung des „Prinzipal-Agent-Konflikts" zwischen Anteilseignern und dem Management bei. Für den Arbeitgeber bieten Stock-Options darüber hinaus die Möglichkeit, hochqualifizierte Führungskräfte zu engagieren, ohne durch hohe Personalkosten belastet zu werden.

Wesentliche Bestandteile einer jeden Optionsvereinbarung sollten sein:

- Gewährung der Aktienoptionen (Stückzahl und Nennwert)
- Ausübung der Optionen:
    - Erstausübungsfrist
    - Ausübung auf einmal oder in mehreren Etappen
    - Abhängigkeit der Ausübung von der Steigerung des Aktienkurses
    - Festlegung bestimmter Ausübungszeiträume
    - Ausübungspreis
    - Art der Ausübung
    - Möglichkeit der Weiterveräußerung
- Weitere Bedingungen:
    - (Un-)Übertragbarkeit
    - Verfall der Optionsrechte
    - Kündigungsmöglichkeiten
    - Anpassungsmöglichkeiten

Dabei wird die Stock-Options-Vereinbarung in der Regel gesondert zum Arbeitsvertrag geschlossen.

Auch hier werden seitens des Arbeitgebers – wie auch bei der Zielvereinbarung – immer wieder die arbeitsrechtlichen Besonderheiten missachtet, die nicht selten zu unliebsamen Überraschungen führen. Denn auch hier gilt neben dem AGB-Recht, dem darin enthaltenen Transparenzgebot und dem Verbot der unangemessenen Benachteiligung auch der arbeitsrechtliche Gleichbehandlungsgrundsatz. In einer aktuellen Entscheidung des BAG wurde ein Arbeitgeber im Zusammenhang mit der Teilhabe an einem Aktienoptionsprogramm für Führungskräfte vom Gericht regelrecht „belehrt", den arbeitsrechtlichen Gleichbehandlungsgrundsatz missachtet zu haben und verurteilt, zwei durch das Aktienoptionsprogramm benachteiligten Arbeitnehmern einen individuellen Schadensersatz für den insoweit entgangenen Gewinn von jeweils einer halben Million Euro zu zahlen (BAG, Urteil vom 21. Oktober 2009 – 10 AZR 664/08).

Aber auch die Führungskraft sollte gerade bei den häufig sehr komplexen Regelungen die Details des Aktienprogramms genau beachten und die Einzelheiten sorgfältig prüfen, um dieses auch tatsächlich gewinnbringend nutzen zu können.

▶    **Tipp** Bei dem Stock-Option-Plan sollten folgende Punkte in jedem Fall berücksichtigt beziehungsweise schriftlich fixiert werden:

- Wer übernimmt die Zusagen?
    - Die optionsgewährende Gesellschaft kann auch die Konzernmutter sein.
- Sofern keine anderweitigen vertraglichen Beziehungen bestehen, steht die Abrede selbstständig neben dem Arbeitsvertrag

- Welche Regelungen wurden zur Ausübung der Optionen getroffen?
  - Ist der Ausübungspreis festgelegt?
  - Gibt es eine Regelung für eine Mindestwartezeit?
- Dürfen die Optionsrechte an Dritte verkauft werden?
  - Gibt es Verfügungsbeschränkungen?
- Wie ist das Schicksal der Stock-Options bei Beendigung des Arbeitsverhältnisses geregelt?
- Gibt es Bindungs- und/oder Verfallsklauseln?

Diese Art der Mitarbeiterbeteiligung gewinnt immer mehr an Bedeutung und wird bereits bei einer Vielzahl der DAX-Unternehmen als festes Vergütungsmodell für das Management genutzt – nicht zuletzt wegen des Synergieeffekts: geringere (fixe) Personalkosten für den Arbeitgeber und finanzielle Chancen für die Führungskraft.

### 3.1.3  Sachbezüge/Dienstwagen

Nach § 107 Gewerbeordnung (GewO) können Arbeitgeber und Arbeitnehmer neben der monetären Vergütung auch Sachbezüge als Teil des Arbeitsentgelts vereinbaren, wenn dies dem Interesse des Arbeitnehmers oder der Eigenart des Arbeitsverhältnisses entspricht. Der Sachbezug ist ein geldwerter Vorteil, der die Führungskraft bereichert und der als Entgelt für das Erbringen der Arbeitskraft gewährt wird. Die wohl geläufigste Art des Sachbezugs ist der Dienst- beziehungsweise Firmenwagen.

#### 3.1.3.1  Allgemeines zum Dienstwagen

Der Dienstwagen ist nicht nur ein Statussymbol der Führungskraft, sondern hat insbesondere für Außendienstmitarbeiter einen ganz realen Nutzen. Leider war aber auch dieser während der Krisenzeit für den Arbeitgeber ein beliebter Streichposten. Vom Entzug des Dienstwagen bis zum Wechsel der Fahrzeugklasse, ob als vermeintliches Direktionsrecht oder durch einseitige Änderungen der Dienstwagenordnungen, die Arbeitgeber ließen kaum einen Versuch ungenutzt, Einsparungen auf Kosten der Führungskraft vorzunehmen. Allerdings waren diese Maßnahmen nur in den seltensten Fällen rechtmäßig.

Insgesamt lässt sich auch nach der Wirtschaftskrise weiterhin eine weite Verbreitung des Dienstwagenprivilegs bei deutschen Unternehmen feststellen. Denn nicht zuletzt ist dieses auch ein sehr geschätztes Benefit der Führungskräfte. So erhalten rund 80 % der Führungskräfte in der ersten Ebene einen Dienstwagen, der ihnen auch zur privaten Nutzung zur Verfügung steht. In der zweiten Ebene sind es noch 70 % der Führungskräfte, die diesen geldwerten Vorteil nutzen dürfen, und in der dritten Ebene noch 60 %.

Gerade wenn es um den Dienstwagen geht, sollte die Führungskraft die Regelung zur Nutzung kennen, insbesondere um den Entzug, den Abstieg auf die Golfklasse oder aber die Fahrt in die Arbeitslosigkeit zu verhindern.

### 3.1.3.2  Anspruch

Der Anspruch auf einen Dienstwagen resultiert in der Regel aus dem Arbeitsvertrag, einer Dienstwagennutzungsvereinbarung oder aus einer im Unternehmen geltenden Richtlinie. Welche Form der Regelung für die Führungskraft besser ist, lässt sich pauschal nicht beantworten.

Unabhängig von der Form, sollte die Führungskraft ihre besondere Aufmerksamkeit auf den vertraglichen Inhalt der Regelung richten, die der Dienstwagennutzung zugrunde liegt. Denn ohne die vertragliche Regelung zu kennen, kann die Nutzung des Dienstwagens schnell zur arbeitsrechtlichen Stolperfalle werden.

►     **Tipp**  Folgende Punkte sollten im Rahmen der Nutzung des Dienstwagens schriftlich fixiert werden beziehungsweise der Führungskraft bekannt sein:

- Ist die Privatnutzung erlaubt?
  - Wenn ja, in welchem Umfang?
- Ist im Rahmen der Privatnutzung die Überlassung an Dritte (Ehe-/Lebenspartner) erlaubt?
- Gibt es Regelungen zur Art und Ausstattung des Dienstwagens?
- Ist ein Widerruf der Nutzungsmöglichkeit vereinbart?
- Wer trägt die Unterhalts- und Reparaturkosten bei der dienstlichen und/oder privaten Nutzung?
- Gibt es Regelungen zur Haftung bei Schäden am Dienstwagen?
- Ist die Nutzung während der Urlaubszeit geregelt, insbesondere bezüglich Auslandsfahrten?
- Gibt es Regelungen für den Fall der Freistellung?

Kann der Dienstwagen nach den vereinbarten Regelungen auch zu privaten Zwecken genutzt werden, ist der Dienstwagen als Sachleistung ein fester Teil der laufenden, steuerpflichtigen Vergütung. In diesem Fall kann der Arbeitgeber das Nutzungsrecht nicht mehr einseitig widerrufen. Er muss sich diese Möglichkeit vielmehr vertraglich vorbehalten haben oder den Weg über eine Änderungskündigung suchen.

Der Dienstwagen ist damit rechtlich wie die Gehaltzahlung selbst zu behandeln. Somit ist der Dienstwagen als Naturalbezug zum Beispiel auch im Rahmen eines nachvertraglichen Wettbewerbsverbots bei der Berechnung der Karenzentschädigung zu berücksichtigen oder in die Berechnung der angemessenen Abfindung mit einzubeziehen.

Ob die private Nutzung eines Dienstfahrzeugs dagegen auch bei der Ruhegeldberechnung zu berücksichtigen ist, richtet sich nach der Ausgestaltung der jeweiligen Versorgungsordnung und dem darin zugrunde gelegten ruhegeldfähigen Einkommen.

### 3.1.3.3  Steuerliche Behandlung des Dienstwagens

Für die Einkommensteuer stellt die private Nutzung eines Geschäftswagens eine Sachzuwendung dar, die beim Arbeitnehmer der Lohnsteuer zu unterwerfen ist. Bei der unentgeltlichen Überlassung des Wagens zur privaten Nutzung ist der darin liegende Sachbezug als geldwerter Vorteil bei der Lohnsteuer zu berücksichtigen.

Mit dem Gesetz zur Eindämmung missbräuchlicher Steuergestaltungen vom 28. April 2006 wurde die pauschale Ermittlungsmethode für die private Kraftfahrzeugnutzung rückwirkend zum 1. Januar 2006 (§ 6 Abs. 1 Nr. 4 EStG) geändert.

Zur Ermittlung des geldwerten Vorteils sind die folgenden Methoden zugelassen, wobei man für jedes Kraftfahrzeug pro Kalenderjahr an das gewählte Verfahren gebunden ist:

- Ein-Prozent-Regelung

Danach wird als geldwerter Vorteil monatlich 1 % des Brutto-Inlands-Listenpreises zum Zeitpunkt der Erstzulassung angesetzt. Bei Sonderausstattungen muss jedoch differenziert werden, da beispielsweise das Autotelefon nicht einbezogen werden muss (§ 3 Nr. 45 EStG).

- tatsächliche Aufwendungen

Alternativ zur Ein-Prozent-Regelung kann der private Nutzungswert auch erfasst werden, indem die für das Kraftfahrzeug entstehenden Aufwendungen durch geeignete Belege und vor allem das Verhältnis der privaten zu den dienstlichen Fahrten durch ein Fahrtenbuch nachgewiesen werden.

▶ **Tipp**  Es ist möglich und rechtlich zulässig, die Privatnutzung des Dienstwagens zunächst nach der Ein-Prozent-Methode abzurechnen und mit der Einkommensteuererklärung am Jahresende die tatsächlichen Aufwendungen anhand geeigneter Belege und eines Fahrtenbuches für die Besteuerung anzusetzen. Die endgültige Wahl der Besteuerungsmethode ist jedoch bei Abgabe der Steuererklärung bei demselben Dienstwagen einheitlich zu treffen. Dagegen kann das Wahlrecht für jeden, von mehreren gleichzeitig genutzten Dienstwagen verschieden ausgeübt werden.

### 3.1.3.4  Entzug des Dienstwagens

Die einseitige Änderung von Arbeitsbedingungen birgt gerade für den Arbeitgeber ein hohes Risikopotenzial, da auch hier die Wirksamkeit der getroffenen Regelungen grundsätzlich am AGB-Recht zu messen sind. Gerade in diesem Zusammenhang stellt sich immer wieder die Frage, ob ein entsprechender Freiwilligkeits- oder Widerrufsvorbehalt wirksam vereinbart wurde.

Gerade in dem Fall, in dem die Privatnutzung des Dienstwagens nicht eindeutig und umfassend geregelt wurde, kommt es zwischen Arbeitgeber und Führungskraft zu Problemen hinsichtlich der Frage der Herausgabe des Dienstwagens im laufenden Arbeitsverhältnis. Hierbei sind folgende Konstellationen zu unterscheiden:

**Freiwilligkeits- und Widerrufsvorbehalt**

In den Regelungen zur Dienstwagennutzung tauchen immer wieder Klauseln auf, mit denen der Arbeitgeber versucht die Dienstwagennutzung als eine freiwillige Leistung darzustellen.

Ein Freiwilligkeitsvorbehalt in Form einer als AGB zu bewertenden formularvertraglichen Klausel ist grundsätzlich unzulässig. Denn wenn der Dienstwagen als Bestandteil der laufenden Vergütung anzusehen ist, würde ein Freiwilligkeitsvorbehalt mit dem grundsätzlichen Bestehen eines Anspruchs auf einen auch privat zu nutzenden Dienstwagen nicht zu vereinbaren sein. Im Übrigen würde ein solcher Freiwilligkeitsvorbehalt den Arbeitnehmer auch unangemessen benachteiligen, da er ihm seinen Rechtsanspruch auf Vergütung entzieht und damit den Vertragszweck gefährdet (BAG, Urteil vom 25. April 2007 – 5 AZR 627/06).

Entsprechendes muss auch für die Vereinbarung eines Widerrufs gelten. Denn auch dieser würde dem Arbeitgeber die Möglichkeit geben, dem Arbeitnehmer einen Teil seiner laufenden Vergütung jederzeit nach Belieben beziehungsweise ohne Begründung einseitig zu entziehen und damit den Arbeitnehmer unangemessen benachteiligen (BAG, Urteil vom 12. Januar 2005 – 5 AZR 364/04).

Möglich und rechtlich zulässig ist es allerdings, eine den Arbeitgeber zum Widerruf berechtigende Klausel so zu fassen, dass die Gründe für einen künftig möglichen Widerruf der Dienstwagenberechtigung benannt werden. Denn die Angabe von Gründen für den Widerruf der Dienstwagenberechtigung soll den Arbeitnehmer in die Lage versetzen, sich auf einen künftigen Widerruf einzustellen und die Rechtmäßigkeit eines konkret erklärten Widerrufs zu beurteilen.

Widerrufsgründe können zum Beispiel wirtschaftliche Gründe sein, wobei es nicht ausreicht, dass diese vom Arbeitgeber lediglich behauptet werden, obwohl nach einer Entscheidung des BAG (Urteil vom 11. Oktober 2006 – 5 AZR 721/05) hätte angenommen werden können, dass allein die Benennung von „wirtschaftlichen Gründen" als Widerrufsgrund ausreichend ist. Dies stellt das BAG in seiner jüngsten Entscheidung aber klar, in der es ausführt, dass ein Widerrufsvorbehalt im Rahmen einer Dienstwagenregelung, die sich allein auf „wirtschaftliche Gründe" beruft, ohne diese zu definieren, nicht ausreicht (Urteil vom 13. April 2010 – 9 AZR 113/09). Insofern konkretisiert das BAG seine bisherige Rechtsprechung hinsichtlich der Anforderungen an einen Widerrufsvorbehalt.

Es ist daher anzuraten, die vertragliche Gestaltung der Dienstwagennutzung sehr sorgfältig zu prüfen oder prüfen zu lassen. Im Übrigen kann es nach der Entscheidung des BAG zudem für die Frage der Wirksamkeit auch entscheidend sein, in welcher Form die Reglung getroffen wurde.

**Arbeitsunfähigkeit/Krankheit**

Aus dem Entgeltcharakter des auch zur Privatnutzung überlassenen Dienstwagens folgt, dass der Dienstwagen auch bei Krankheit zur privaten Nutzung überlassen werden muss. Dies jedoch nicht unbegrenzt, denn als Teil des geschuldeten Arbeitsentgelts ist sie regelmäßig nur so lange geschuldet, wie der Arbeitgeber überhaupt Arbeitsentgelt schuldet.

Das ist für Zeiten der Arbeitsunfähigkeit, für die keine Entgeltfortzahlungspflicht nach § 3 Abs. 1 EFZG mehr besteht, nicht der Fall (BAG, Urteil vom 14. Dezember 2010 – 9 AZR 631/09).

Danach kann der Arbeitgeber den Dienstwagen zurückverlangen. Etwas anderes mag sich im jeweiligen Einzelfall aus vertraglichen Vereinbarungen ergeben.

In jedem Fall ist zu beachten, dass allein die Nutzung des Dienstwagens über den Entgeltfortzahlungszeitraum hinaus ohne Herausgabeverlangen des Arbeitgebers noch keine Duldung der weiteren Nutzung durch den Arbeitgeber darstellt (LAG Köln, Urteil vom 22. Juni 2001 – 11 (6) Sa 391/01).

Sofern die Arbeitsunfähigkeit auf einem Beschäftigungsverbot beruht, ist die Frage der Nutzung des Dienstwagens differenziert zu beantworten. So schuldet die Schwangere mit Beginn der Mutterschutzfrist keine Arbeitsleistung, der Arbeitgeber aber auch wegen der Suspendierung der Hauptleistungspflichten keine Vergütung mehr. In diesem Fall macht das BAG eine Ausnahme und lässt die Dienstwagennutzung nicht mit dem Schicksal des Arbeitsentgelts einhergehen. Denn anders als bei Krankheit über den Entgeltfortzahlungszeitraum hinaus, tritt beim Mutterschutz an die Stelle des Vergütungsanspruchs der Arbeitnehmerin als lohnähnlicher Ersatzanspruch der Anspruch auf Zahlung eines Zuschusses zum Mutterschaftsgeld. Dies lässt das BAG für eine weitere Nutzung des Dienstwagens genügen (BAG, Urteil vom 11. Oktober 2000 – 5 AZR 240/99). Dies gilt jedoch nicht für die Dauer der Elternzeit.

## Urlaub

Nicht erst seit dem Diebstahl des Dienstwagens der Bundesgesundheitsministerin im Spanienurlaub im Jahr 2009 stellt sich die Frage, ob die Nutzung des Dienstwagens auch während des Urlaubs erlaubt ist.

Dies kann meist mit einem Blick in die vorhandene Regelung zur Dienstwagennutzung beantwortet werden. Im Allgemeinen gilt, der Anspruch auf bezahlten Urlaub erfasst auch Sachbezüge, wie die Nutzung des Dienstwagens.

Wird also die Privatnutzung aufgrund einer vertraglichen Regelung während der Urlaubszeit untersagt, muss nach § 11 Absatz 1 Satz 4 Bundesurlaubsgesetz (BUrlG) eine angemessene Ausgleichszahlung gezahlt werden, weil zum Arbeitsentgelt eben auch Sachbezüge zählen.

▶ **Tipp** Sofern die Nutzung des Dienstwagens auch im Urlaub gestattet beziehungsweise nicht verboten ist, prüfen Sie, ob die generelle Nutzung des Dienstwagens auch im Ausland gestattet ist oder nur auf Deutschland beschränkt wurde.

Wichtig ist auch zu wissen, wer die Benzinkosten während des Urlaubs trägt. Denn werden Benzinbelege zur Abrechnung eingereicht, die wegen ihres Anlasses nicht erstattungsfähig sind, kommt wiederum eine Abmahnung, gegebenenfalls auch eine Kündigung, in Betracht.

## Aufgabenänderung

Schon die dienstliche Nutzung des Dienstfahrzeugs ist unabhängig von der Möglichkeit der Privatnutzung eine Maßnahme des Direktionsrechts und unterliegt damit billigem Ermessen. Der Entzug des Dienstwagens erfordert daher in jedem Fall eine sachliche Rechtfertigung.

Das BAG hat bereits in einer Entscheidung aus dem Jahr 1995 die Verknüpfung des Dienstwagens und damit seiner Privatnutzung an eine bestimmte arbeitsvertragliche Aufgabe grundsätzlich für zulässig erachtet (BAG, Urteil vom 16. November 1995 – 8 AZR 240/95).

Auch in anderen Bereichen hat das BAG den Widerruf von Vergütungsbestandteilen für zulässig erachtet, die an eine bestimmte Tätigkeit gebunden sind, und hierin keine Umgehung des Kündigungsschutzes gesehen. Das wird in aller Regel dann der Fall sein, wenn wesentliche Elemente des Arbeitsvertrags einer einseitigen Änderung unterliegen sollen, durch die das Gleichgewicht zwischen Leistung und Gegenleistung grundlegend gestört würde (BAG, Urteil vom 15. November 1995 – 2 AZR 521/95).

Daher ist eine Vereinbarung, die einen entschädigungslosen Entzug des Nutzungsrechts am Dienstwagen vorsieht, wenn die damit verbundene Aufgabe dem Arbeitnehmer tatsächlich und rechtswirksam entzogen wird, als noch zulässig anzusehen.

## Kündigung und Freistellung

Die häufigsten Probleme im Zusammenhang mit dem Dienstwagen treten im Zuge der Beendigung des Arbeitsverhältnisses auf. Dabei gilt grundsätzlich: Wird das Arbeitsverhältnis beendet, hat die Führungskraft den Dienstwagen herauszugeben. Dies ist in der Regel unproblematisch, wenn das Arbeitsverhältnis einvernehmlich oder durch eine berechtigte arbeitgeberseitige Kündigung beendet wird.

Ist die Beendigung des Arbeitsverhältnisses zwischen den Arbeitsvertragsparteien streitig, ist wieder die Art der Nutzung zu unterscheiden:

Sofern die Privatnutzung des Dienstwagens nicht vereinbart wurde, kann der Arbeitgeber den Dienstwagen jederzeit zurückverlangen, also auch vor einer Beendigung des Arbeitsvertrags.

Ist dagegen eine Privatnutzung vereinbart worden, kann der Dienstwagen bis zum Beendigungszeitpunkt, das heißt grundsätzlich bis zum Ablauf der Kündigungsfrist, genutzt werden. Da die Privatnutzung ein fester Vergütungsbestandteil ist, besteht hierauf auch ein durchsetzbarer Anspruch.

Die Kündigungen gehen jedoch häufig mit einer Freistellung von der Arbeitsleistung einher. Selbst wenn die Freistellung rechtmäßig ist – was regelmäßig zu verneinen ist –, ist der Entzug von Dienstfahrzeugen meist unzulässig. Nur wenn der Dienstwagen ausschließlich für dienstliche Zwecke zur Verfügung gestellt wurde, ist das Dienstfahrzeug mit Beginn der rechtmäßigen Freistellung zurückzugeben.

Ist dagegen die Privatnutzung erlaubt und der Dienstwagen damit zum Einkommensbestandteil geworden, kann der Dienstwagen durch eine Freistellung genauso wenig entzogen werden wie andere Gehaltsbestandteile. Es sei denn, es wurde ein wirksamer Widerruf vereinbart, was angesichts obiger Ausführungen zum Widerrufsvorbehalt nur in den wenigsten Fällen vorkommt.

In diesem Zusammenhang ist jedoch denkbar, dass bei einer entsprechend formulierten Vertragsklausel, die den Anlass zum Widerruf der Dienstwagennutzung genau regelt, auch ein Widerruf während der Freistellung in Betracht kommt. Denn wie bereits oben ausgeführt, kann der Arbeitgeber sich auch den Widerruf von Entgeltbestandteilen vorbehalten, sofern diese 25 % der Gesamtvergütung nicht übersteigen.

### 3.1.3.5 Ersatzanspruch

Verlangt der Arbeitgeber zu Unrecht die vorzeitige Rückgabe des Dienstwagens, hat der Mitarbeiter einen Anspruch auf Ersatz des entzogenen Vorteils.

Die Höhe des Schadensersatzanspruchs bei unberechtigtem Entzug von privat genutzten Arbeitsmitteln richtet sich beim Dienstwagen nicht nach den Nutzungsausfalltabellen (Sanden/Danner/Küppersbusch), sondern nach der steuerlichen Bewertung der privaten Nutzungsmöglichkeit (vergleiche § 6 Abs. 1 Nr. 4 EStG) mit monatlich 1 % des Listenpreises des Kraftfahrzeugs im Zeitpunkt der Erstzulassung (BAG, Urteil vom 19. Dezember 2006 – 9 AZR 294/06). Alternativ kann auch hier der tatsächliche, durch Belege nachgewiesene Aufwand als Schadensersatz geltend gemacht werden.

## 3.2 Sonstige Entgeltsbestandteile

Neben den bereits komplexen Vergütungsarten und der Altersversorgung bieten viele Arbeitgeber ihren Führungskräften eine Vielzahl anderer Vorteile, die im Einzelfall auch zum Entgeltbestandteil werden können.

Hierbei spielen vor allem Maßnahmen zur Gesundheitsvorsorge eine entscheidende Rolle. So erhalten bereits mehr als 25 % der Führungskräfte eine Kostenerstattung für medizinische Vorsorgeuntersuchungen, die entweder jährlich oder alle zwei Jahre gewährt werden. Auch die Absicherung durch eine Berufsunfähigkeits- und Unfallversicherung auf Kosten des Arbeitgebers wird ein zunehmend wichtiger Bestandteil des Vergütungspakets der Führungskraft.

Die weiteren Möglichkeiten des Arbeitgebers, seine Führungskräfte zu entlohnen beziehungsweise an das Unternehmen zu binden, können wegen der Vielzahl der bestehenden Möglichkeiten hier nicht abschließend erläutert werden. Vom Freibier bis zum Restaurantcheck sind die Möglichkeiten vielfältig. Im Zweifel ist die Leistung des Arbeitgebers, ob finanzieller oder tatsächlicher Art, im Einzelfall auf den Entgeltcharakter hin zu überprüfen.

## 3.3 Regulierung der Vergütung

Gerade im Verlauf der Wirtschafts- und Finanzkrise wurde das Thema Vergütung, insbesondere die Vergütungsregelungen für Finanzinstitute, medienpräsent aufgearbeitet. Dabei wurden vor allem die Vergütungssysteme der nationalen und internationalen Finanzunternehmen als vermeintliche Auslöser der Finanzmarktkrise stigmatisiert. Durch eine zu kurzfristige Ausrichtung der Vergütungssysteme seien die verantwortlichen Akteure zur Eingehung unmäßiger Risiken verleitet worden, hieß es vor allem in der Presse.

Um diesen Fehlentwicklungen entgegenzuwirken, wurden international und national Änderungen bestehender Regelwerke vorgenommen sowie neue Gesetze beschlossen. Auf europäischer Ebene haben die Richtlinien des Europäischen Parlaments und des Rates 2006/48/EG und 2006/49/EG Änderungen erfahren und in Deutschland wurde das Gesetz zur Angemessenheit der Vorstandsvergütung sowie die Verordnung über die aufsichts-rechtlichen Anforderungen an die Vergütungssysteme von Instituten und Versicherungs-unternehmen beschlossen.

Die Verordnungen sollen der Vergütungspolitik, die auf kurzfristige Parameter ausge-richtet ist und einseitig Erfolg belohnt, ohne Misserfolg ausreichend zu sanktionieren, ent-gegenwirken. Die Regelungen der Verordnungen basieren auf Prinzipien und Standards des Financial Stability Boards (FSB) für solide Vergütungspraktiken in der Finanzbranche.

Diese Änderungen und Neuregelungen zielen insbesondere darauf ab, die Vergütungs-strukturen stärker auf den längerfristigen Erfolg des Unternehmens auszurichten und die eingegangenen Risiken angemessen zu berücksichtigen.

### 3.3.1   Gesetz zu Angemessenheit der Vorstandsvergütung

Im August 2009 ist das Gesetz zur Angemessenheit der Vorstandsvergütung (VorstAG) in Kraft getreten. Das Gesetz soll es Aktiengesellschaften ermöglichen, die Bezüge ihrer Vor-standsmitglieder in wirtschaftlichen Krisenzeiten zu reduzieren. Zu diesem Zweck wurde vor allem das AktG umgestaltet.

Eine absolute Obergrenze für Vorstandsbezüge wurde entgegen aller Erwartung durch das VorstAG nicht festgelegt. Vielmehr wurde versucht, die Kriterien zur Festsetzung der Gehälter im Hinblick auf Langfristigkeit der Anreize und Nachhaltigkeit des Vorstands-handelns zu konkretisieren und fortzuentwickeln. So ist nun im AktG ausdrücklich ge-regelt, dass die Vergütung des Vorstandsmitglieds in einem angemessenen Verhältnis zu seinen Leistungen stehen muss und die übliche Vergütung nicht ohne besondere Gründe übersteigen darf. Ziel soll es sein, durch ein angemessenes Vergütungssystem den Vorstand zu einer nachhaltigen Unternehmensführung anzuhalten.

Aufgrund dieser Regulierung und vor allem des damit verfolgten Ziels, stellt sich die Frage nach der Auswirkung auf die Vergütung der Führungskräfte. Eine unmittelbare An-wendung des VorstAG für die Führungskräfte unterhalb der Vorstandsebene muss bereits aufgrund des eindeutigen Wortlauts verneint werden. Auch eine mittelbare Anwendung kann mangels einer Verpflichtung des Vorstands zur Einführung eines Vergütungssys-tems für die dem Vorstand unterstellten Führungskräfte ausgeschlossen werden. Letztlich scheitert auch eine analoge Anwendung an einer planwidrigen, vom Gesetzgeber nicht gesehenen Regelungslücke. Denn in § 193 AktG wurde ausdrücklich eine Regelung für Arbeitnehmer und damit auch für Führungskräfte geschaffen.

Der Anwendungsbereich der Vergütungsregelungen des VorstAG auf Arbeitnehmer ist damit sehr überschaubar, er beschränkt sich mit der Regelung in § 193 Abs. 2 Nr. 4 AktG auf eine auch für die Führungskraft geltende Verlängerung der Mindestausübungsfrist bei Aktienoptionsplänen von zwei auf vier Jahre.

Da die Unternehmenserfolge und die nachhaltige Unternehmensführung regelmäßig auch durch die Führungskräfte mitbestimmt, in jedem Fall durch diese aber erheblich beeinflusst werden, ist langfristig zu erwarten, dass künftige Vergütungsmodelle für die Vorstände nach dem VorstAG und die Vergütungsmodelle der ihnen nachgeordneten Führungskräfte gleichgerichtete Anreize beinhalten. Es ist daher zu erwarten, dass das VorstAG zumindest die Vergütungsmodelle für die Führungsebene beeinflussen wird.

## 3.3.2   Institutsvergütungsverordnung

Im Oktober 2010 sind die Verordnung über die aufsichtsrechtlichen Anforderungen an Vergütungssysteme von Instituten (InstitutsVergV) sowie die Verordnung über die aufsichtsrechtlichen Anforderungen an Vergütungssysteme im Versicherungsbereich (Vers-VergV) in Kraft getreten. Die beiden Verordnungen sind der letzte Schritt eines dreistufigen Maßnahmenpakets der Bundesregierung zur Umsetzung der FSB-Standards und -Prinzipien.

Die Verordnung gilt gemäß § 1 Abs. 1 InstitutsVergV für alle inländischen Institute, deren ausländische Tochtergesellschaften und Niederlassungen sowie inländische Zweigstellen von Unternehmen mit Sitz im Ausland.

Die Verordnung unterscheidet zwischen Anforderungen, die für alle Institute und für die Vergütungssysteme sämtlicher Geschäftsleiter und Mitarbeiter gelten (§§ 3, 4, 7) und besonderen, deutlich anspruchsvolleren Anforderungen (§§ 5, 6, 8), die nur für bedeutende Institute und die Vergütungssysteme, deren Geschäftsleiter und Mitarbeiter gelten. Ein Institut ist dann bedeutend, wenn seine Bilanzsumme im Durchschnitt zu den Stichtagen der letzten drei abgeschlossenen Geschäftsjahre 10 Mrd. € erreicht oder überschritten hat und es auf der Grundlage einer Risikoanalyse zu der Einschätzung gelangt, dass es bedeutend ist.

Die Anforderungen an Vergütungssysteme sind gemäß § 25a Abs. 1 Seite 3 Nr. 4 Kreditwesengesetz (KWG) nicht anzuwenden, soweit Vergütungen durch Tarifvertrag oder in seinem Geltungsbereich durch Vereinbarung der Arbeitsvertragsparteien über die Anwendung der tarifvertraglichen Regelungen oder aufgrund eines Tarifvertrags in einer Betriebs- oder Dienstvereinbarung vereinbart sind.

Vergütung im Sinne der Verordnung umfasst neben finanziellen Leistungen und Sachbezügen jeder Art auch Leistungen von Dritten, die ein Geschäftsleiter oder ein Mitarbeiter im Hinblick auf seine oder ihre berufliche Tätigkeit bei dem Institut erhält.

### 3.3.2.1  Allgemeine Anforderungen

Die Vergütungssysteme sind angemessen auszugestalten. Angemessen sind sie dann, wenn Anreize für Geschäftsleiter und Mitarbeiter zur Eingehung unverhältnismäßig hoher Risiken vermieden werden und die Vergütungssysteme nicht der Überwachungsfunktion der Kontrolleinheiten zuwiderlaufen.

Anreize zur Eingehung verhältnismäßig hoher Risiken können nach § 3 Abs. 4 Seite 1 Nr. 1 durch eine signifikante Abhängigkeit der Geschäftsleiter und Mitarbeiter von variabler Vergütung entstehen. Eine solche Abhängigkeit besteht nicht, wenn der Anteil der fixen Vergütung so hoch ist, dass das Institut eine in jeder Hinsicht flexible Vergütungspolitik betreiben kann, was ein vollständiges Abschmelzen der variablen Vergütung mit einschließt.

§ 3 Abs. 5 bestimmt, dass fixe und variable Vergütung in einem angemessenen Verhältnis zueinander stehen müssen. Das ist dann der Fall, wenn einerseits keine signifikante Abhängigkeit von der variablen Vergütung besteht, diese aber andererseits einen wirksamen Verhaltensanreiz setzen kann.

Garantierte variable Vergütungen sind nur im Rahmen der Aufnahme des Dienst- oder Arbeitsverhältnisses und längstens ein Jahr zulässig, § 3 Abs. 7.

Aufgrund dieser Vorgaben ist zu erwarten und in Einzelfällen auch schon zu beobachten, dass speziell in der Finanzbranche der variable Vergütungsanteil reduziert und die fixe Vergütung dafür im gleichen Maß erhöht wird. Diese Entwicklung wird aufgrund der Vorteile des variablen Vergütungssystems aus unserer Sicht nicht lange anhalten.

### 3.3.2.2  Besondere Anforderungen

Bedeutende Institute müssen ermitteln, ob sie Mitarbeiter beschäftigen, deren Tätigkeiten einen wesentlichen Einfluss auf das Gesamtrisikoprofil haben. Bei der variablen Vergütung von Geschäftsleitern und solchen Mitarbeitern ist nach § 5 Abs. 2 Nr. 1 neben dem Gesamterfolg des Instituts auch der individuelle Erfolgsbeitrag zu berücksichtigen, soweit dies nicht mit einem unverhältnismäßigen Aufwand verbunden ist.

§ 5 Abs. 2 Nr. 4 schreibt vor, dass mindestens 40 % der variablen Vergütung über einen Zurückbehaltungszeitraum zu strecken sind, der mindestens drei bis mindestens fünf Jahre beträgt, und über diesen Zurückbehaltungszeitraum zeitanteilig auszuzahlen ist. Dabei gilt grundsätzlich, dass je höher die variable Vergütung, die Stellung des Begünstigten oder das begründbare Risiko, desto größer muss der variable Vergütungsanteil sein, der zurückbehalten wird. Bei Geschäftsleitern und Mitarbeitern der unmittelbar nachgelagerten Führungsebene sind dies in der Regel mindestens 60 %.

Jeweils 50 % der verzögert auszuzahlenden als auch der nicht verzögert zu zahlenden Vergütung müssen von der nachhaltigen Wertentwicklung des Instituts abhängen, § 5 Abs. 2 Nr. 5 a und b. Dem Gebot der Nachhaltigkeit soll bei börsennotierten Instituten in der Rechtsform der Aktiengesellschaft durch aktienbasierte Vergütungsformen entsprochen werden.

### 3.3.3 Versicherungsvergütungsverordnung

Die Versicherungsvergütungsverordnung ist in weiten Teilen mit der Institutsvergütungsverordnung vergleichbar.

Sie ist bei allen in § 1 genannten Unternehmen anwendbar. Auch in dieser Verordnung sind Regelungen enthalten, die allgemein gelten (§ 3), und andere, die besondere, anspruchsvollere Anforderungen an bedeutende Unternehmen (§ 4) stellen. Maßgeblich für das Vorliegen eines bedeutenden Unternehmens sind das Unter- beziehungsweise Überschreiten von Schwellenwerten und das Ergebnis einer Risikoanalyse, die bei einer Bilanzsumme von mindestens 45 Mrd. € vorzunehmen ist.

Nach § 3 Abs. 1 Seite 2 Nr. 3 sollen bei Geschäftsleitern Fehlanreize zum Aufbau eines großen Geschäftsvolumens anstelle eines soliden und nachhaltigen Bestands vermieden werden, indem die variable Vergütung nicht maßgeblich von der Gesamtbeitragseinnahme, vom Neugeschäft oder von der Vermittlung einzelner Versicherungsverträge abhängig gemacht wird.

Um die Nachhaltigkeit des Erfolgs berücksichtigen zu können, enthält § 4 Abs. 3 Nr. 4 die Möglichkeit eines Malussystems, mit dem effektiv die verzögert zu zahlenden variablen Vergütungsbestandteile abgeschmolzen oder ganz gestrichen werden können. Dadurch besteht während des Zurückbehaltungszeitraums kein Anspruch auf den zurückbehaltenen Teil der variablen Vergütung. Der Begünstigte hat jedoch einen Anspruch auf die fehlerfreie Ermittlung der variablen Vergütung als Merkposten. Erst mit Ablauf des Zurückbehaltungszeitraums besteht ein Anspruch auf diese variable Vergütung.

### 3.3.4 Ergebnis

Das VorstAG und die hier genannten Verordnungen haben lediglich Bedeutung auf zukünftige Arbeitsverträge beziehungsweise Auswirkungen auf zu ändernde Verträge. Speziell die § 6 VersVergV beziehungsweise § 10 InstitutsVergV bestimmen, dass die Versicherungen beziehungsweise Institute darauf hinzuwirken haben, dass die mit Geschäftsleitern und Mitarbeitern bestehenden Verträge sowie betriebliche Übungen, die mit den Verordnungen nicht vereinbar sind, anzupassen sind. Hierbei ist jedoch zu beachten, dass die Einwirkungsmöglichkeiten auf bereits bestehende Verträge rechtlich sehr beschränkt sind. Insoweit verweisen wir auf den Abschn. 3.1.1.

▶ **Tipp** Angebote zu Vertragsänderungen, insbesondere wenn diese Auswirkungen auf den finanziellen Teil der Vertragsverpflichtungen haben, sollten immer kritisch bewertet und gegebenenfalls rechtlich geprüft werden.

# Optimierung der Altersversorgung

**4**

Neben der gesetzlichen Rente und der privaten Altersvorsorge spielt die betriebliche Altersversorgung (bAV) die wichtigste Rolle. Dies gilt für Arbeitnehmer, Geschäftsführung und Vorstände gleichermaßen. Die zukünftigen Rentenbezüge sollten schon im aktiven Arbeitsverhältnis geregelt, überprüft und optimiert werden. Bei der Beendigung von Arbeits- oder Dienstverträgen ist eine erneute Prüfung durchzuführen; dies gilt insbesondere für Aufhebungsverträge, Abwicklungsverträge und Vorruhestandsverträge.

## 4.1 Regelaltersrente – Neuerung ab 2012

Eine wichtige Neuerung trat 2012 in Kraft. Ab 2012 wurde die Regelaltersgrenze vom 65. Lebensjahr schrittweise auf das 67. Lebensjahr angehoben. Jeder Jahrgang ab 1949 unterliegt nun einer Anhebung. Eine Tabelle für jedes Geburtsjahr findet sich in § 236 SGB IV (Stichworte im Internet eingeben). Beispielsweise kann die gesetzliche Regelaltersrente für den Jahrgang 1958 erst mit 66 Jahren beansprucht werden (Anhebung um 12 Monate), für den Jahrgang 1963 erst mit 66 Jahren und zehn Monaten (Anhebung um 22 Monate).

Eine Übersicht über die zu erwartende gesetzliche Altersrente wird durch die Deutsche Rentenversicherung erteilt. Die gesetzliche Altersrente wird berechnet, indem man Entgeltpunkte mit dem Rentenwert multipliziert. Entgeltpunkte erlangt man aus dem Vergleich des statistischen Durchschnittsbruttoarbeitsentgelts aller Versicherten. Liegt das Einkommen über dem Durchschnitt, ergibt sich ein Wert über einem Punkt für das Rentenkonto. Maximal zwei Punkte pro Jahr können erreicht werden. Der Rentenwert wird jedes Jahr neu ermittelt. Er beträgt für 2013 28,14 € (West) beziehungsweise 25,74 € (Ost).

C. Abeln, *Handbuch für Führungskräfte*,
DOI 10.1007/978-3-658-04029-1_4, © Springer Fachmedien Wiesbaden 2014

## 4.2 Vorgezogene Rente – Rentenabschläge

Wurde eine Wartezeit von 35 Jahren erfüllt, kann auch vorgezogene Altersrente beansprucht werden. Die vorgezogene Rente wird meist dann gewählt, wenn der Mitarbeiter
mithilfe seines Anwalts mit dem Arbeitgeber einen angemessenen Vorruhestandsvertrag
verhandelt hat. Zu beachten ist aber, dass durch die dann fehlenden Arbeitsjahre Ren-
tenverluste eintreten. Durch die oben genannte Anhebung der Altersgrenzen werden die
Abschläge größer. Der Abschlag beträgt 0,3 % für jeden Monat vor angehobener Regelaltersgrenze zuzüglich der dann noch fehlenden Beitragsjahre. Hier sollte in einem Ausstiegsszenario über eine angemessene Kompensation nachgedacht werden.

## 4.3 Betriebliche Altersversorgung

Die betriebliche Altersversorgung ist für Führungskräfte die wichtigste Zusatzleistung, da
die gesetzliche Sozialversicherungsrente nicht mehr ausreicht, um nach der Pensionierung
den gewohnten Lebensstandard zu sichern. Diese zusätzliche Leistung ist für Unternehmen jedoch unbestritten die teuerste, für die Führungskraft in der Regel die attraktivste
Leistungsform. Dennoch bieten mehr als 70 % der deutschen Unternehmen ihren Führungskräften eine betriebliche Altersversorgung an.

Die betriebliche Altersversorgung kann auf verschiedene Arten durchgeführt werden.
Das Betriebsrentengesetz bestimmt hierzu die folgenden fünf zulässigen Durchführungs-
wege:

- Direktzusage: Der Arbeitgeber verpflichtet sich, dem Arbeitnehmer oder dessen Hinterbliebenen bei Eintritt des Versorgungsfalles (Altersrente, Berufsunfähigkeit, Tod) die
jeweils vereinbarte Leistung zu zahlen.
- Direktversicherung: Der Arbeitgeber schließt als Versicherungsnehmer eine Lebensversicherung auf das Leben des Arbeitnehmers bei einem in Deutschland zugelassenen
Versicherer ab. Bezugsberechtigt sind der Arbeitnehmer oder seine Hinterbliebenen.
- Pensionsfonds: Der Arbeitgeber gliedert ein Sondervermögen zum Zweck der Finanzierung der betrieblichen Altersversorgung aus.
- Pensionskasse: Dabei werden Beiträge entweder durch den Arbeitgeber (arbeitgeber-
finanzierte Beiträge) oder direkt durch den Arbeitnehmer im Rahmen der Entgeltum-
wandlung an einen eigenständigen Versorgungsträger abgeführt, der daraus spätere
Versorgungsleistungen finanziert.
- Unterstützungskasse: Sie ist eine mit Sondervermögen ausgestattete, rechtlich selbst-
ständige Versorgungseinrichtung und wird von einem oder mehreren Unternehmen
(Trägerunternehmen) getragen.

Bei diesen Leistungen handelt es sich um sogenannte Anwartschaften. Diese sind gesetzlich gut abgesichert. Der Gesetzgeber hat beispielsweise einen weitgehenden Insolvenz-

schutz festgeschrieben. Die durch den Arbeitgeber finanzierte Altersversorgung ist nach fünf Jahren unverfallbar.

Übernimmt der Arbeitgeber nicht selbst die Finanzierung, so hat jeder Arbeitnehmer einen Anspruch auf Entgeltumwandlung, auch Deferred Compensation genannt, um so eine eigene Altersversorgung zu erreichen. Im Wege der Entgeltumwandlung wird das Bruttogehalt entsprechend der monatlichen oder jährlichen Einzahlungen gekürzt; der Mitarbeiter übernimmt also selbst die Finanzierung. Die Anwartschaften dieser Entgelt-umwandlung sind sofort unverfallbar und stehen dem Vermögen des Mitarbeiters zu (§ 1b Abs. 5 BetrAVG). Durch das geminderte Brutto wird die monatliche Steuerlast reduziert. Eine Besteuerung erfolgt später beim Rentenbezug nachgelagert.

## 4.4 Steuerliche Behandlung

### 4.4.1 Direktversicherung, Pensionskasse, Pensionsfonds

Bei der Direktversicherung, der Pensionskasse und dem Pensionsfonds sind 4 % der gel-tenden Beitragsbemessungsgrenze in der Rentenversicherung in der Ansparphase steuer- und sozialversicherungsfrei.

Wurden Zusagen zur Altersversorgung ab 2005 erteilt, sind weitere 1.800 € pro Jahr zusätzlich steuerfrei (aber nicht sozialabgabenfrei) zu berücksichtigen.

Da es sich bei den steuerfreien Beträgen um Jahresbeträge handelt, ist es egal, ob das Arbeitsverhältnis unterjährig begonnen oder beendet wird. Hieran sollte bei Vertrags-schluss, aber insbesondere auch bei Vertragsbeendigung gedacht werden.

Für Altzusagen, also Versorgungszusagen, die vor 2005 erteilt wurden, gilt die frühere Pauschalversteuerung nach § 40b EStG a. F. weiter.

Ein weiterer Anreiz ist die sogenannte Vervielfältigungsregelung. Diese gilt wieder nur für die Direktversicherung, Pensionskasse und den Pensionsfonds. Wird ein Dienstver-hältnis beendet (etwa durch Kündigung oder Aufhebungsvertrag), dann kann ein weite-rer Betrag steuerfrei in die Altersversorgung eingezahlt werden. Er besteht in Höhe von 1.800 € multipliziert mit den Jahren, in denen – ab 2005– das Dienstverhältnis bestanden hat. Hat das Arbeitsverhältnis 20 Jahre bestanden, gilt also nur die Zeit ab 2005. Endet ein Arbeitsverhältnis 2013, so können weitere (1.800 € mal 8 Jahre) 14.400 € steuerfrei ein-gezahlt werden. Dieser steuerfreie Betrag vermindert sich allerdings um die steuerfreien Beiträge, die der Arbeitgeber in den vorangegangenen sieben Jahren erbracht hat.

▶   **Tipps** zur Steuerfreiheit bei der betrieblichen Altersversorgung

- 4 % der Beitragsbemessungsgrenze in der Rentenversicherung sind steuer- und sozial-abgabenfrei.
- 1.800 € mal Dienstjahre sind ab 2005 steuerfrei.

- Bei Beendigung greift die Vervielfältigungsregelung.
- Weiterhin gilt eine Pauschalversteuerung bei Altzusagen vor 2005.

## 4.4.2  Entgeltumwandlung (Deferred Compensation)

Finanziert der Mitarbeiter selbst seine Altersversorgung, spricht man von einer Entgeltumwandlung oder Deferred Compensation. Die Entgeltumwandlung kann über eine Direktzusage, Direktversicherung Pensionskasse, Pensionsfonds oder eine Unterstützungskasse durchgeführt werden. Der Arbeitgeber hat folgende Vereinbarungen zu treffen, wenn die Direktzusage gewählt wird:

- Verzichtserklärung des Mitarbeiters auf künftige Gehaltsbestandteile
- Leistungszusage über Versorgungsanwartschaft des Arbeitgebers
- Vereinbarung rückgedeckt über Kapitalanlage
- Verpfändungserklärung der Rückdeckung durch Arbeitgeber

Bei Einzahlungen in eine Pensionskasse, einen Pensionsfonds oder in eine Direktversicherung besteht – wie oben bereits ausgeführt – ebenso Steuerfreiheit bis zu 4 % der jeweiligen Beitragsbemessungsgrenze in der Rentenversicherung.

Bei Einzahlungen in eine Direktzusage oder Unterstützungskasse besteht kein Zufluss von Arbeitslohn. Das hat zur Folge, dass die Lohnsteuer nur aus dem um die Entgeltumwandlung geminderten Gehalt abgezogen wird. Erst die späteren Versorgungsleistungen werden versteuert, wobei auch hier Versorgungsfreibeträge bestehen können.

Die Entgeltumwandlung oder Deferred Compensation ist stets bei der Beendigung von Arbeitsverhältnissen durch Aufhebungs- oder Abwicklungsverträge (vergleiche Kap. 10.2) sowie beim Vorruhestandsvertrag (vergleiche Kap. 10.3.3) zu beachten. Hier lohnt sich oft die freiwillige Aufstockung der später zu erwartenden Leistungen.

## 4.5  Auskunftsanspruch

Seit 2005 hat jeder Arbeitnehmer einen Anspruch auf Auskunft über seine Anwartschaften aus der betrieblichen Altersversorgung. Der Auskunftsanspruch ist in § 4 a BetrAVG geregelt. Hat der Arbeitnehmer ein berechtigtes Interesse, muss der Arbeitgeber beziehungsweise der Versorgungsträger dem Arbeitnehmer mitteilen, wie hoch seine Anwartschaft auf Versorgungsleistungen bei Erreichen der Altersgrenze ist. Der Begriff „berechtigtes Interesse" ist jedoch nicht weiter definiert.

Weiter kann ein Arbeitnehmer in Erfahrung bringen, wie hoch der Übertragungswert bei einem Dienstaustritt wäre.

Auch der neue Arbeitgeber beziehungsweise der alte Versorgungsträger muss dem Arbeitnehmer auf dessen Verlangen mitteilen, in welcher Höhe aus dem Übertragungswert ein Anspruch auf Altersversorgung besteht und ob eine Invaliditäts- oder Hinterbliebenenversorgung bestehen würde (§ 4 a Abs. 2 BetrAVG). Dies setzt jedoch einen entsprechenden Antrag des Arbeitnehmers voraus, der am besten schriftlich gestellt werden sollte. Die Auskunft hat der Arbeitgeber oder der Versorgungsträger schriftlich zu erteilen.

Die Auskünfte werden regelmäßig jährlich erteilt. Sie sind jedoch grundsätzlich nicht bindend. Es handelt sich bei den Auskünften nur um sogenannte Wissenserklärungen. Erst bei Rentenbezug erfolgt eine „richtige" Berechnung. Erteilt der Arbeitgeber beziehungsweise der Versorger eine Auskunft mit zu geringer Rentenhöhe, so gilt die „richtige" Höhe ab Bezugsbeginn. Wird eine zu hohe Betriebsrente ausgewiesen, so gilt auch nur die geringere „richtige" Rente.

Der Arbeitgeber kann in Einzelfällen bei falscher Auskunft haftbar gemacht werden. Dies muss vorher aufgeklärt und geprüft werden.

## 4.6  Übertragungsanspruch

Bei Beendigung des Arbeitsverhältnisses und Wechsel zum neuen Arbeitgeber sollte die Übertragung der Altersversorgung geregelt werden, soweit dies möglich ist. Es gibt ein Übertragungsrecht, das schriftlich vereinbart werden sollte. Das Übertragungsrecht wurde durch das Alterseinkünftegesetz zum 1. Januar 2005 geändert. Der Anspruch auf Übertragung von Versorgungsanwartschaften besteht daher nur für Fälle arbeitgeberfinanzierter Altersversorgung ab dem 1. Januar 2005 und nur für unverfallbare Zusagen. Ein Rechtsanspruch kann daher erst seit dem 1. Januar 2010 bestehen. Zu beachten ist aber, dass der Übertragungsanspruch nicht für die Direktzusage oder Zahlungen in eine Unterstützungskasse besteht.

Bei einem Wechsel des Arbeitgebers sollte die Führungskraft die einvernehmliche Übertragung (§ 4 Abs. 2 Nr. 1 BetrAVG) oder den Übertragungsanspruch (§ 4 Abs. 3 BetrAVG) begehren. Hiervon zu unterscheiden ist die generelle Möglichkeit, dass der Arbeitnehmer die bestehende Versicherung nach Beendigung des Arbeitsverhältnisses mit eigenen Beiträgen selbst fortführt.

▶   **Tipp** Im Rahmen der Übernahme durch den neuen Arbeitgeber muss stets darauf geachtet werden, dass die Zusage mit unverändertem Inhalt übernommen wird, um die vereinbarte Risikoverteilung nicht zu umgehen.

Die Übertragung der Zusage hat keine Auswirkungen auf die Unverfallbarkeit oder den Insolvenzschutz. Lediglich eine Änderung des Durchführungswegs ist nach der Übertragung durch Vereinbarung denkbar.

Der Gesetzgeber sieht aber auch vor, den kapitalisierten Anwartschaftswert zu übertragen. Dies ist der Wert der unverfallbaren Anwartschaft. Erforderlich ist eine Vereinbarung zwischen dem alten Arbeitgeber, dem neuen Abreitgeber und dem Arbeitnehmer. Der neue Arbeitgeber ist in diesem Fall verpflichtet, dem Arbeitnehmer eine wertgleiche Zusage anzubieten. Der Arbeitnehmer sollte hier prüfen, wie sich dann das Risiko verteilt, denn das Gesetz spricht nur vom gleichen Wert. Es verbietet gerade nicht, vom Leistungsplan, dem Durchführungsweg oder vom Versorgungsträger abzuweichen.

Stockt der neue Arbeitgeber die Leistungen zur betrieblichen Altersversorgung auf, so ist die bisherige Anwartschaft unverändert unverfallbar. Für die Aufstockungsbeträge gelten die allgemeinen Regeln zur Unverfallbarkeit und zum Insolvenzschutz: Die Unverfallbarkeit für die erweiterten Beiträge tritt erst nach fünf Jahren ein.

## 4.7   Änderungen durch den Arbeitgeber

Es kommt nicht selten vor, dass Versorgungsleistungen, die der Arbeitgeber finanziert, geändert werden, indem ein anderer Durchführungsweg gewählt wird. Hier kommt es auf die jeweilige Versorgung an und wie diese erteilt wurde (etwa individuell oder über eine Gesamtzusage). Die unverfallbaren Anwartschaften sind in jedem Fall im Wert zu erhalten. Das muss geprüft und bestätigt werden. Interessant ist bei derartigen Veränderungen aber auch die Zukunft der Leistungen (Was kommt später wirklich für mich raus?). Dieses Thema ist überaus komplex und kann in diesem Rahmen nicht abschließend dargestellt werden. Einzelheiten sollten durch einen Fachanwalt geprüft und bewertet werden. Gegebenenfalls muss sogar ein Versicherungsmathematiker konsultiert werden.

Wird ein Unternehmen liquidiert, das kommt im Wege von Umstrukturierungen im Konzern oft vor, kann unter bestimmten Voraussetzungen die Altersversorgung auch ohne Zustimmung des Arbeitnehmers von einer Pensionskasse oder einem Lebensversicherer übernommen werden. Auch dies ist im Einzelfall zu überprüfen. Es kann vorkommen, dass eine Übertragung ohne Zustimmung nicht wirksam wäre oder Rechte des zukünftigen Betriebsrentners verändert und beschränkt werden. Ein Beispiel wäre, dass die spätere Pflicht zur Anpassung – also Erhöhung der Betriebsrente – zulasten des Betriebsrentners verändert oder sogar ausgeschlossen wird.

▶   **Tipp** Die betriebliche Altersversorgung darf bei Verhandlungen im Rahmen von Aufhebungs-, Abwicklungs- und Vorruhestandsverträgen nicht stiefmütterlich behandelt werden. Es bedarf mitunter genauer Regelungen zum weiteren Verlauf der Altersversorgung beziehungsweise der Übertragung, um nicht mit Beginn des Bezugs eine böse Überraschung zu erleben. Durch die Anhebung der Altersgrenzen, die sicherlich auch bald die Betriebsrenten erfassen dürfte, sind Anpassungen und Kompensationen zu bedenken.

## 4.8   Anpassungsanspruch

Betriebsrentner haben einen Anspruch auf Anpassung der Betriebsrente nach § 16 BetrAVG. Danach hat der Arbeitgeber alle drei Jahre eine Anpassung der laufenden Leistungen der betrieblichen Altersversorgung zu prüfen und nach billigem Ermessen zu entscheiden. Billiges Ermessen heißt jedoch nicht freies Ermessen.

Bei der Anpassungsprüfung sind die Belange des Betriebsrentners und die wirtschaftliche Lage des Arbeitgebers zu berücksichtigen. Die Belange des Betriebsrentners werden durch den Anpassungsbedarf bestimmt. Der jeweilige Bedarf ergibt sich aus dem eingetretenen Kaufkraftverlust. Dieser ist durch den Verbraucherpreisindex zu ermitteln (Tabellen sind im Internet zu finden).

Diese Anpassungsverpflichtung gilt als erfüllt, wenn die vorgenommene Anpassung nicht geringer ist als der Anstieg des Verbraucherpreisindex für Deutschland oder die Nettolöhne vergleichbarer Arbeitnehmergruppen (§ 16 Abs. 2 BetrAVG).

**Rechtsprechungshinweis**

Der maßgebliche Bemessungszeitraum im Sinne des § 16 BetrAVG ist der Zeitraum seit Rentenbeginn bis zum Anpassungsstichtag (BAG vom 21.08.2007 – 3 AZR 330/06; BAG vom 30.08.2005 – 3 AZR 395/04).

Dies gilt sowohl für die Teuerungsrate des Verbraucherpreisindex als auch für die Nettoreallohnentwicklung. Es ist daher der volle nicht gedeckte Anpassungsbedarf zu ermitteln. Der Prüfungszeitraum steht nicht zur Disposition des Arbeitgebers. In der Praxis gab es immer wieder Streitigkeiten um die Anwendung und Auslegung von § 16 BetrAVG. So beschäftigte jüngst IBM in Stuttgart ganze Kammern des Arbeits- und Landesarbeitsgerichts. Die Verfahren wurden zugunsten der Betriebsrentner entschieden.

Weigert sich der Arbeitgeber, die Betriebsrente turnusgemäß anzupassen, muss er nachweisen, dass er aus seinen Eigenmitteln die monatlichen Erhöhungen nicht leisten kann, nicht der Betriebsrentner. Hierzu muss er seine Eigenkapitalausstattung offenlegen und eine hinreichende Prognose nachvollziehbar darlegen. Kann oder möchte er das nicht, ist die Betriebsrente anzupassen.

Die Verpflichtung zu dieser Form der Anpassung besteht nicht, wenn sich der Arbeitgeber von vornherein verpflichtet hatte, die laufenden Leistungen jährlich um 1 % anzuheben.

# Umstrukturierungen im Unternehmen und ihre Folgen für Führungskräfte

5

Angesichts des stetig steigenden Kostendrucks müssen sich Unternehmen ständig neuen Herausforderungen und Wettbewerbssituationen stellen. Eine Folge sind Unternehmensumstrukturierungen der unterschiedlichsten Art. Am zahlreichsten treten Betriebsänderungen, Betriebsübergänge und Unternehmensumwandlungen auf. Für den Arbeitnehmer gehen mit diesen Umstrukturierungen nur schwer überschaubare Änderungen einher und für die im Unternehmen beschäftigten Führungskräfte führen sie nicht selten über kurz oder lang zu einem Verlust des Arbeitsplatzes.

Im Folgenden werden die im Falle einer Umstrukturierung für die Führungskraft wesentlichen Fragen unter Berücksichtigung der aktuellen Rechtsprechung geklärt.

## 5.1 Betriebsänderung

Eine Betriebsänderung ist eine, auf einem Entschluss des Arbeitgebers beruhende, grundlegende Veränderung der betrieblichen Struktur. § 111 des Betriebsverfassungsgesetzes (BetrVG) zählt eine Reihe von Maßnahmen auf, die eine Betriebsänderung darstellen:

- die Einschränkung oder Stilllegung des ganzen Betriebs oder von wesentlichen Betriebsteilen,
- die Verlegung des ganzen Betriebs oder von wesentlichen Betriebsteilen,
- der Zusammenschluss mit anderen Betrieben oder die Spaltung von Betrieben,
- grundlegende Änderungen der Betriebsorganisation, des Betriebszwecks oder der Betriebsanlagen,
- die Einführung grundlegend neuer Arbeitsmethoden und Fertigungsverfahren.

Die für die Führungskraft wichtigsten Vorschriften über Betriebsänderungen finden sich in § 111 BetrVG und § 32 Abs. 2 Sprecherausschussgesetz (SprAuG).

C. Abeln, *Handbuch für Führungskräfte*,
DOI 10.1007/978-3-658-04029-1_5, © Springer Fachmedien Wiesbaden 2014

§ 111 BetrVG findet nur dann Anwendung, wenn in dem Unternehmen, zu dem der Betrieb gehört, mindestens 21 wahlberechtigte Arbeitnehmer beschäftigt sind und die geplanten Änderungen für die Belegschaft oder zumindest für erhebliche Teile der Belegschaft wesentliche Nachteile zur Folge haben können. Sind diese Voraussetzungen erfüllt, ist der Arbeitgeber gesetzlich verpflichtet, den Betriebsrat rechtzeitig und umfassend über die geplante Betriebsänderung zu unterrichten und sich mit ihm zu beraten. Erforderlich ist eine Darlegung aller wirtschaftlichen und sozialen Gründe, die nach Auffassung des Arbeitgebers für die geplante Betriebsänderung sprechen.

Betriebsrat und Arbeitgeber können beziehungsweise müssen sodann einen Interessenausgleich und einen Sozialplan verhandeln (§ 112 BetrVG). Der Interessenausgleich dient der Mitbestimmung bei der Planung und Durchführung der betrieblichen Änderungen. Der Sozialplan bestimmt Art und Umfang der Entschädigung der Arbeitnehmer, die durch die Betriebsänderung wirtschaftliche Nachteile erleiden oder gar ihren Arbeitsplatz verlieren. Die Vereinbarung eines Interessenausgleichs ist optional, der Sozialplan kann hingegen nach § 112 Abs. 4 BetrVG durch Einschaltung einer sogenannten Einigungsstelle erzwungen werden. Den betroffenen Arbeitnehmern ist so zumindest eine Milderung der durch die Betriebsänderung erlittenen Nachteile sicher.

**Rechtsprechungshinweis**
Grundsätzlich muss die Milderung der Nachteile für die Arbeitnehmer spürbar sein. Ober- und Untergrenze des Sozialplanvolumens sind grundsätzlich unabhängig von den wirtschaftlichen Verhältnissen des Unternehmens zu ermitteln. Jedoch darf der Arbeitgeber die Untergrenze ausnahmsweise unterschreiten, wenn das Sozialplanvolumen für das Unternehmen wirtschaftlich sonst nicht vertretbar wäre. (BAG, Urteil vom 24. August 2004 – 1 ABR 23/03)

§ 10 Satz 3 Nr. 6 AGG erlaubt es dem Arbeitgeber rentennahe Arbeitnehmer bei betriebsbedingten Entlassungen von jeglichen Abfindungsansprüchen auszuschließen. Der Europäische Gerichtshof entschied im Jahr 2010, dass diese Regelung nicht mit der Richtlinie 2000/78/EG vereinbar ist. (EuGH, Urteil vom 12.10.2010 – C-499/08)

Dementsprechend wird es künftig dem Arbeitgeber wohl nicht mehr möglich sein, rentennahe Arbeitnehmer bei der Sozialplangestaltung schlechter zu stellen als jüngere. Das schließt aber nicht aus, dass bei der Festlegung von Sozialplänen berücksichtigt werden kann, dass rentennahe Arbeitnehmer besser als jüngere Kollegen wirtschaftlich abgesichert sind.

Für die Führungskraft, die gesetzlich als leitender Angestellter gilt (vergleiche Abschn. 1.1), ist § 32 Abs. 2 SprAuG einschlägig. Dieser Paragraf bestimmt, dass der Arbeitgeber, der eine Betriebsänderung im Sinne von § 111 BetrVG plant, bereits im Planungsstadium dazu verpflichtet ist, den Sprecherausschuss umfassend über die geplanten Änderungen zu unterrichten. Eine Pflicht des Arbeitgebers, sich mit dem Sprecherausschuss zu beraten, besteht nach § 32 Abs. 2 S. 2 SprAuG nur, wenn zumindest einem leitenden Angestellten infolge der geplanten Betriebsänderung wirtschaftliche Nachteile drohen könnten. Wesentliche Nachteile können zum Beispiel Gehaltskürzungen, Kündigungen sowie erhebliche Umzugs- oder Fahrtkosten aufgrund einer Verlegung der Betriebsstätte sein. Die Beratungspflicht beschränkt sich auf Maßnahmen zum Ausgleich oder zur Milderung der möglichen wirtschaftlichen Nachteile.

Anders als dem Betriebsrat, ist es dem Sprecherausschuss nicht möglich, den Abschluss eines Sozialplans zu erzwingen. Erzielbar sind nur freiwillige Vereinbarungen im Sinne von § 28 SprAuG, die sich inhaltlich an den Regelungen für Sozialpläne nach § 112 BetrVG orientieren können. So kann zum Beispiel eine Vereinbarung über die Zahlung von Abfindungen getroffen werden.

**Rechtsprechungshinweis**
Sprecherausschuss und Arbeitgeber können im Sozialplan festlegen, dass Arbeitnehmer, die ihr Arbeitsverhältnis zu einem früheren Zeitpunkt als durch die Betriebsänderung geboten, selbst kündigen, ohne hierzu vom Arbeitgeber veranlasst zu sein, durch die Betriebsänderung keine oder sehr viel geringere wirtschaftliche Nachteile erleiden als diejenigen, die eine Kündigung durch den Arbeitgeber abwarten. (BAG, Urteil vom 10. Februar 2009 – 1 AZR 767/07)

Die Verletzung der Unterrichtungspflicht kann gemäß § 36 Abs. 1 SprAuG als Ordnungswidrigkeit geahndet werden.

Die Betriebsänderung ist vom Betriebsübergang abzugrenzen. Im Falle eines Betriebsübergangs gemäß § 613a BGB bestehen keine Mitbestimmungsrechte des Betriebsrats und des Sprecherausschusses. Nach Auffassung der Rechtsprechung sind im Falle eines Betriebsübergangs die Rechte der Arbeitnehmer umfassend durch § 613a BGB geschützt.

▶ **Tipp** Beschränkt sich die Änderungsmaßnahme nicht nur auf einen Betriebsinhaberwechsel, sondern nutzt der Erwerber die Gelegenheit auch zur Durchführung von Änderungen im Sinne des § 111 BetrVG, liegt immer auch eine Betriebsänderung vor. Mit der Folge, dass die vorstehend genannten Nachteilsausgleichsvorschriften Anwendung finden.

## 5.2 Betriebsübergang

Für den Arbeitnehmer oft besonders beunruhigend ist eine Umstrukturierung, die einen Arbeitgeberwechsel mit sich bringt. Ein sogenannter Betriebs- oder Betriebsteilübergang findet statt, wenn Betriebe oder Betriebsteile auf ein anderes Unternehmen übertragen werden. Für die vom Übergang betroffenen Arbeitnehmer stellt sich die Frage, welche Änderungen aus dem Übergang resultieren und welchen Risiken sie durch ihn ausgesetzt sind.

Das Gesetz regelt den (Teil-)Betriebsübergang in § 613a BGB. Dieser regelt die Rechte und Pflichten zwischen Arbeitgeber und Arbeitnehmer bei einem Betriebsübergang.

### 5.2.1  Geltung des § 613a BGB für Führungskräfte

Vom Anwendungsbereich des § 613a BGB werden alle Arbeitnehmer und deren Arbeitsverhältnisse erfasst, also auch leitende Angestellte.

### 5.2.2  Voraussetzungen für die Anwendbarkeit des § 613a BGB

Damit die gesetzliche Regelung des § 613a BGB greift, muss ein Betrieb oder ein Betriebsteil durch Rechtsgeschäft den Inhaber wechseln.

#### 5.2.2.1  Übergang eines Betriebs oder eines Betriebsteils

In der Rechtsprechung wurde in den vergangenen Jahren heftig über die Definition von Betrieb und Betriebsteil im Zusammenhang mit der Frage, wann von einem Übergang die Rede sein kann, gestritten.

Wechselt ein kompletter Betriebsstandort den Arbeitgeber, so ist zunächst unschwer zu erkennen, dass es sich um einen ganzen Betrieb handelt. Ein Betriebsteil kann hingegen eine Abteilung sein, eine Filiale, eine Geschäftsstelle oder auch eine bestimmte Funktion, selbst wenn diese nur von einer einzigen Person ausgeübt wird.

Ein Arbeitgeberwechsel stellt aber nur dann einen Betriebsübergang nach § 613a BGB dar, wenn die „wirtschaftliche Einheit" des (Teil-)Betriebs übergeht. Das heißt, die für den jeweiligen Betrieb zu bestimmende Identitätseinheit muss nach der Übertragung unverändert fortbestehen. Ob dies der Fall ist, kann stets nur eine Gesamtabwägung unter Berücksichtigung sämtlicher Umstände des Einzelfalls zeigen. Für die Beurteilung sind nach der Rechtsprechung folgende Fragen relevant:

- Bleibt die Art der Tätigkeit des Betriebs oder Betriebsteils erhalten? Das heißt, inwieweit sind Arbeitsorganisation und Betriebsmethoden vor und nach der Übernahme vergleichbar?
- Wird der Großteil der den Betrieb prägenden Mitarbeiter übernommen?
- Findet eine Übernahme des Kundenstamms statt?
- Ist die etwaige Unterbrechung der Geschäftstätigkeit nur von kurzer Dauer?
- Werden zur Verfügung stehende Betriebsmittel übernommen?

Kann die Mehrheit dieser Fragen mit „Ja" beantwortet werden, liegt mit großer Wahr-
scheinlichkeit ein Betriebsübergang vor, sodass die besonderen Schutzbestimmungen des
§ 613a BGB anwendbar sind.

---

**Rechtsprechungshinweis**
Wie das BAG im Mai 2011 klarstellte, kann auch eine grenzüberschreitende Betriebs-
verlagerung einen Betriebsübergang darstellen, mit der Folge, dass betriebsbedingte
Kündigungen nicht auf Basis einer Betriebsstilllegung erfolgen können. Da deutsche
Gerichte aber nicht den Fortbestand des Arbeitsverhältnisses im Ausland feststellen
können, ist es in einem solchen Fall angebracht eine Kündigungsschutzklage mit
einem Widerspruch (vergleiche Kap. 5.2.3.9) zu verbinden und sich etwaige Weiterbeschäftigungsmöglichkeiten zu sichern. (BAG, Urteil vom 26. Mai 2011 – 8 AZR
37/10)

---

### 5.2.2.2   Durch Rechtsgeschäft

Der Betrieb oder Betriebsteil muss durch Rechtsgeschäft übergehen. Rechtsgeschäfte, die
zum Betriebsübergang führen, sind beispielsweise ein Verkauf oder eine Verpachtung
des Betriebs, eine Unternehmensspaltung oder Unternehmensverschmelzung sowie eine
Funktionsübertragung vom bisherigen Unternehmen auf ein anderes Unternehmen.

### 5.2.2.3   Abgrenzung zur Funktionsnachfolge

Nicht selten überträgt ein Unternehmen eine bestimmte Aufgabe auf ein externes Unternehmen (sogenanntes Outsourcing). Wird von dem externen Unternehmen lediglich eine
bestimmte Tätigkeit fortgeführt, ohne dass sonstige Betriebsmittel oder Teile der Belegschaft übernommen werden, liegt oftmals eine bloße Funktionsnachfolge und kein Betriebsübergang vor.

### 5.2.3   Folgen der Anwendbarkeit des § 613a BGB

### 5.2.3.1   Übergang des Arbeitsverhältnisses

Ein (Teil-)Betriebsübergang hat für den Arbeitnehmer zur Folge, dass er einen neuen
Arbeitgeber erhält, ohne gefragt zu werden. Dies wirft bei dem Arbeitnehmer nicht zuletzt
die Frage auf, was mit seinem Arbeitsverhältnis geschieht. § 613a BGB stellt eine Ergänzung zum allgemeinen Kündigungsschutz dar und stellt sicher, dass weder der bisherige
noch der neue Betriebsinhaber wegen eines Betriebsübergangs eine betriebsbedingte Kündigung aussprechen können. Das Arbeitsverhältnis geht mit seinen Rechten und Pflichten
auf den Betriebserwerber über. Der Betriebserwerber tritt ab dem Zeitpunkt des Übergangs in die Stellung des Arbeitgebers. Er kann beispielsweise das Weisungs- und Direk-

tionsrecht im gleichen Umfang ausüben wie der alte Betriebsinhaber. Diesen Übergang des Arbeitsverhältnisses können weder der bisherige Arbeitgeber noch der zukünftige Arbeitgeber verhindern. § 613a BGB ist eine zwingende Schutzvorschrift, von der nur zugunsten des Arbeitnehmers abgewichen werden kann.

---

**Rechtsprechungshinweis**
Es stellt jedoch keine Umgehung des § 613a BGB dar, wenn Arbeitnehmer des veräußerten Betriebs zum Ausspruch von Kündigungen veranlasst werden, ohne dass der Betriebserwerber konkrete Zusagen hinsichtlich der weiteren Beschäftigung einzelner Arbeitnehmer gemacht hat. Dies gilt auch dann, wenn der Erwerber zwei Drittel der Belegschaft kurze Zeit nach dem Ausspruch der Eigenkündigungen einstellt. (BAG, Urteil vom 27. September 2012 – 8 AZR 826/11)

---

▶   **Tipp** Der Übergang des Arbeitsverhältnisses auf einen neuen Arbeitgeber bedeutet nicht, dass der Arbeitnehmer einen neuen Arbeitsvertrag erhält. Der bestehende Arbeitsvertrag gilt ab dem Zeitpunkt des Übergangs gegenüber dem neuen Betriebsinhaber. Der Arbeitnehmer sollte sich auch weigern, einen neuen Arbeitsvertrag zu unterzeichnen. Denn der neue Arbeitsvertrag wird häufig schlechter sein als der alte.

Natürlich hat der Betriebsübergang keine Auswirkung auf die Berechnung von Betriebszugehörigkeitszeiten. Die Zeiten beim alten Betriebsinhaber sind hinzuzurechnen.

Auch Urlaubsansprüche sind so zu erfüllen, als ob der Betriebsübergang nicht stattgefunden hätte. Dies gilt auch für vom alten Inhaber bewilligten, aber noch nicht gewährten Sonderurlaub. Soweit ein Abgeltungsanspruch entsteht, richtet sich auch dieser gegen den Erwerber.

Bei der Entgeltfortzahlung im Krankheitsfall sind bei der Ermittlung einer Fortsetzungserkrankung Fehlzeiten des Arbeitnehmers bei dem alten Arbeitgeber zu berücksichtigen.

Selbstverständlich hat auch der übergegangene Arbeitnehmer gegenüber seinem neuen Arbeitgeber die gleichen Rechte und Pflichten wie gegenüber seinem alten Arbeitgeber und negative Ereignisse wirken ebenfalls nach dem Betriebsübergang fort:

- Eine vom alten Inhaber wirksam erklärte Abmahnung wird durch den Betriebsübergang nicht berührt. Vielmehr kann sie der neue Inhaber im Falle wiederholten Fehlverhaltens des Arbeitnehmers bei einer künftigen Kündigung berücksichtigen.
- Eine vom alten Inhaber ausgesprochene wirksame Kündigung des Arbeitsverhältnisses zum Beispiel wegen Krankheit oder Verstoßes gegen Pflichten aus dem Arbeitsverhältnis bleibt wirksam, auch dann, wenn das Ende der Kündigungsfrist in die Zeit nach dem Betriebsübergang fällt. Das gilt ebenso für Eigenkündigungen durch die Beschäftigten.

**Rechtsprechungshinweis**

Ein Wiedereinstellungsanspruch eines zum Beispiel aus betrieblichen Gründen wirksam gekündigten Arbeitnehmers kommt in Betracht, wenn sich die für die Kündigung maßgebenden Umstände noch während des Laufes der Kündigungsfrist ändern, das heißt, wenn aufgrund des Betriebsübergangs wieder eine Beschäftigungsmöglichkeit für den Arbeitnehmer besteht. Entsteht die Weiterbeschäftigungsmöglichkeit erst nach Ablauf der Kündigungsfrist, kommt nur ausnahmsweise ein Wiedereinstellungsanspruch in Betracht. Der gekündigte Arbeitnehmer hat diesen Anspruch unverzüglich nach Kenntniserlangung gegenüber dem bisherigen Arbeitgeber beziehungsweise nach erfolgtem Betriebsübergang gegenüber dem Betriebserwerber geltend zu machen. (BAG, Urteil vom 21. August 2008 – 8 AZR 201/07)

- Auch Aufhebungsverträge, die einen Beendigungszeitpunkt nach dem Übergang des Betriebs oder Betriebsteils vorsehen, sind wirksam, soweit sie keine unzulässige Umgehung des § 613a Abs. 4 BGB darstellen.
- Ein befristetes Arbeitsverhältnis endet zum vereinbarten Termin, auch wenn dieser nach dem Übergang des Arbeitsverhältnisses liegt. Etwas anderes gilt nur, wenn eine Umgehung der Schutzrechte des § 613a Abs. 1 BGB mit der Befristung bezweckt wurde.

▶ **Tipp** Es kann vorkommen, dass Zweifel darüber bestehen, welche Arbeitsverhältnisse im Rahmen eines (Teil-)Betriebsübergangs auf den Erwerber übergehen, zum Beispiel weil im Zuge eines Teilbetriebsübergangs unklar ist, ob ein bestimmtes Arbeitsverhältnis dem Teilbetrieb zugeordnet werden kann. In diesen Fällen besteht für die betroffenen Arbeitnehmer die Möglichkeit, eine Feststellungsklage (§ 256 ZPO) zu erheben. Diese kann, wenn nötig, mit einem Antrag auf Weiterbeschäftigung kombiniert werden.

**Rechtsprechungshinweis**

Bleibt die Zuordnung des Arbeitnehmers in Ausnahmefällen unklar, steht dem betroffenen Arbeitnehmer in Anlehnung an sein Widerspruchsrecht ein Wahlrecht dahingehend zu, ob er dem verbleibenden oder dem übernommenen Betriebsteil zugeordnet werden möchte. (LAG Thüringen, Urteil vom 14. November 2011 – 6 Sa 41/11)

Demnach kann dem Gesetzgeber durchaus zugestimmt werden, wenn er sagt, § 613a BGB würde den Arbeitnehmer ausreichend vor den Folgen eines Betriebsübergangs schützen. So birgt die Regelung des § 613a BGB für den normalen Arbeitnehmer tatsächlich einen gewissen Schutz und Rechtssicherheit. Man darf jedoch nicht vergessen, dass der § 613a BGB nur für einen bestimmten Zeitraum einen Veränderungs- beziehungsweise Kündigungsschutz garantiert. Insbesondere Führungskräfte sollten aufgrund ihrer exponierten Stellung im Unternehmen, das heißt aufgrund ihrer Nähe zum bisherigen Arbeitgeber, vorsichtig sein mit der Annahme, ihrem Arbeitsverhältnis drohe durch einen Betriebsübergang keine Gefahr. Nicht selten ersetzt der Betriebserwerber die Führungskräfte des Veräußerers zu gegebener Zeit durch eigene. Frei nach dem Motto *„The winner takes it all"* ist dem Betriebserwerber häufig daran gelegen, Vertrauenspositionen mit seinen „eigenen Leuten" zu besetzen. Daher sollte sich die Führungskraft nach Kenntniserlangung vom bevorstehenden Betriebsübergang mit dem Gedanken auseinandersetzen, ob eine berufliche Neuorientierung sinnvoll sein könnte.

### 5.2.3.2   Übergang von Entgeltansprüchen und Sachbezügen

Die bisherigen Entgeltansprüche bestehen in vollem Umfang gegenüber dem neuen Inhaber. Auch Ansprüche auf Sonderleistungen, die Teil des Arbeitsentgelts sind, gehen grundsätzlich mit dem Arbeitsverhältnis über. Im Folgenden werden kurz einige Sonderleistungen genau betrachtet:

- Gratifikationen und Bonuszahlungen
  - Die Verpflichtung zur Zahlung von zum Beispiel Weihnachtsgratifikation beruht in aller Regel auf einer arbeitsvertraglichen Vereinbarung oder auf einer anderen individualrechtlichen Grundlage und besteht daher nach einem Betriebsübergang beim neuen Arbeitgeber fort. Gleiches gilt, wenn die Rechtsgrundlage eine kollektivrechtliche ist.

**Rechtsprechungshinweis**
Hat der Veräußerer seinem Arbeitnehmer vertraglich die Zahlung von Gratifikationen entsprechend den Richtlinien der Gesellschaft zugesagt, kann eine ergänzende Auslegung des Arbeitsvertrags ergeben, dass der Arbeitnehmer auch gegenüber dem Erwerber Anspruch auf die nach der jeweiligen Vergütungsordnung zu zahlende Gratifikation hat.

So entschied das BAG im Falle eines Objektverwalters, dessen Arbeitsverhältnis durch Betriebsteilübergang auf ein anderes Unternehmen überging, welches der Auffassung war, nicht dauerhaft an Gratifikationszusagen des ursprünglichen Unternehmens gebunden zu sein. Die Höhe des Anspruchs richtet sich nach Auffassung des BAG in einem derartigen Fall nach der Gesamtbetriebsvereinbarung des Erwerbers, die die Gratifikationsrichtlinie des Veräußerers abgelöst hat. (BAG, Urteil vom 18. April 2012 – 10 AZR 47/11)

  - Bonuszahlungen knüpfen in der Regel an die Leistung der Führungskraft sowie an den wirtschaftlichen Erfolg des Unternehmens an. Mit dem Übergang eines Betriebs(-teils) erlischt die Zusage des Bonus nicht, sie richtet sich nur an ein anderes

Unternehmen. Da Bonusvereinbarungen aber regelmäßig auf bestimmte Umsatz-
und Ergebnisgrößen des bisherigen Unternehmens Bezug nehmen, können sowohl
der Arbeitgeber als auch die Führungskraft/der Arbeitnehmer eine Anpassung des
Vertrags verlangen.

• Personalrabatt

**Rechtsprechungshinweis**
Das BAG hat festgestellt, dass die Möglichkeit, vom Arbeitgeber hergestellte Waren
zu einem gegenüber dem Marktpreis geminderten Preis zu erwerben, zwar grund-
sätzlich als Entgeltbestandteil zu werten ist, die Zusage des Arbeitgebers zum Per-
sonaleinkauf aber regelmäßig unter dem vertraglichen Vorbehalt steht, dass der
Arbeitgeber die Waren selbst herstellt. Veräußert der Arbeitgeber sodann einen
Betriebsteil oder findet ein Betriebsübergang statt, ohne dass der Betriebserwerber
die Produktion der vom Personalkauf umfassten Waren übernimmt, erlischt der
Anspruch auf deren verbilligten Bezug. (BAG, Urteil vom 7. September 2004 – 9
AZR 631/03)

• Versorgungsansprüche
  – Der neue Inhaber übernimmt auch Ansprüche aus betrieblichen Versorgungsrege-
    lungen (Anwartschaften) sowie durch betriebliche Übung oder aus einer Gesamt-
    zusage begründete Ansprüche.
  – Betriebsrentenansprüche übernimmt der Erwerber, soweit das Arbeitsverhältnis
    zum Zeitpunkt des Übergangs noch aktiv bestanden hat. Verpflichtungen aus bereits
    laufenden Versorgungsleistungen und aus unverfallbaren Ansprüchen ausgeschie-
    dener Arbeitnehmer hat weiterhin der bisherige Betriebsinhaber zu erfüllen.
• Vermögensbeteiligungen
  – Ein bestehender Anspruch auf die Gewährung von unternehmensneutralen, das
    heißt allgemein zugänglichen Anlageformen, geht mit dem Arbeitsverhältnis auf
    den Betriebserwerber über.
  – Problematisch ist die Frage des Übergangs von unternehmensbezogenen Anlage-
    formen, wie zum Beispiel die Beteiligung durch Aktienoptionen. Prinzipiell kann
    ein noch nicht erfüllter Anspruch auf die Gewährung von Aktienoptionen mit
    dem Arbeitsverhältnis übergehen. Da der Betriebserwerber der Sache nach aber
    nicht in der Lage sein wird, die Pflichten aus dem Aktienoptionsvertrag zu erfül-
    len, erlischt diese Pflicht wegen Unmöglichkeit ihrer Erbringung. Dem Arbeitneh-
    mer steht aber unter Umständen ein wertgleicher Ersatzanspruch (zum Beispiel
    Geldanspruch, Teilnahme an einem vergleichbaren Mitarbeiterprogramm) gegen
    den Erwerber zu.

**Rechtsprechungshinweis**
Eine Erfolgsbeteiligung von Arbeitnehmern durch die Gewährung von Aktienoptionen kann von der Zugehörigkeit zum Unternehmen abhängig gemacht werden. Existiert eine solche Verfallsregelung, ist der Betriebserwerber bei einem (Teil-) Betriebsübergang nicht zur Einlösung der Aktien verpflichtet. (LAG München, Urteil vom 21. Juni 2007 – 2 Sa 1351/06)

- Verfallsklauseln, die für den Fall der Beendigung des Arbeitsverhältnisses getroffen wurden, greifen bei einem Betriebsübergang nicht ein.
- Bereits gewährte Aktienoptionen bleiben von einem Betriebsübergang unberührt. Der Arbeitnehmer kann die Aktienoption gegenüber dem Betriebsveräußerer ausüben, soweit keine wirksame Verfallregelung getroffen wurde.

**Rechtsprechungshinweis**
Eine Einstandspflicht des Arbeitgebers für etwaige von der Konzernmutter gewährte Aktienoptionen gegenüber dem Arbeitnehmer kommt nur in Betracht, wenn der Arbeitgeber im Arbeitsverhältnis eine entsprechende Verpflichtung eingegangen ist. (BAG, Urteil vom 03. Mai 2006 – 10 AZR 310/05)

- Eine Bindung des Betriebserwerbers besteht auch hinsichtlich des Anspruchs auf Werkswohnungen, Dienstwagen und Sozialeinrichtungen. Wobei auch hier der Arbeitnehmer im Wege des Schadensersatzes so zu stellen ist, als würde der neue Arbeitgeber die Leistungen weiter gewähren, sollte er dazu nicht in der Lage sein.

**Rechtsprechungshinweis**
Ein Erlassvertrag, der abgeschlossen wird, um die zwingenden gesetzlichen Rechtsfolgen des § 613a Abs. 1 BGB zu umgehen, ist nach § 134 BGB nichtig. (BAG, Urteil vom 19. März 2009 – 8 AZR 722/07)

### 5.2.3.3   Haftung für Ansprüche

Da der neue Betriebsinhaber erst ab dem Zeitpunkt des Betriebsübergangs der neue Arbeitgeber wird, ist der Irrglaube weit verbreitet, er müsse nur für Ansprüche haften, die nach dem Zeitpunkt des Betriebsübergangs entstanden sind. Dies ist nicht richtig. Zum Schutz der Arbeitnehmer bestimmt § 613a Abs. 1 S. 1 BGB, dass der Betriebserwerber für alle, aus den übernommenen Arbeitsverhältnissen, in der Vergangenheit entstandenen und noch offenen Ansprüche haftet. Voraussetzung für einen Haftungsanspruch ist, dass das Arbeitsverhältnis zum Zeitpunkt der Übergabe noch bestanden hat.

Obwohl der bisherige Arbeitgeber mit dem Betriebsübergang aus seiner Arbeitgeberstellung ausscheidet, haftet auch er gemäß § 613a Abs. 2 BGB für alle Verpflichtungen, die noch vor dem Zeitpunkt des Betriebsübergangs entstanden sind und vor Ablauf von einem Jahr nach diesem Zeitpunkt fällig werden.

**Haftungsbeispiel** Der Arbeitnehmer A hat mit der V-GmbH eine Pensionsvereinbarung getroffen. Vier Monate vor seinem Rentenbeginn überträgt die V-GmbH den Betrieb an die E-GmbH. Die V-GmbH hat in diesem Fall nur die ersten acht monatlichen Zahlungen vorzunehmen.

Aufgrund von derartigen Fällen vereinbaren Betriebsveräußerer und Betriebserwerber im Innenverhältnis häufig eigene Haftungsregelungen.

### 5.2.3.4 Änderungs- und Kündigungsschutz

Der Tätigkeitsbereich des Arbeitnehmers, der nicht vom Direktionsrecht umfasst ist (vergleiche Abschn. 6.3.2.2), verändert sich durch den Betriebsübergang nicht. Er ist in gleicher Weise zu beschäftigen wie vor dem Inhaberwechsel. Der neue Arbeitgeber kann die arbeitsvertraglichen Bestimmungen vom Zeitpunkt des Übergangs an nur so weit ändern wie der bisherige Arbeitgeber. Die Änderung kann durch Änderungsvertrag, durch Abschluss eines neuen Arbeitsvertrags oder durch Änderungskündigung erfolgen. Eine Kündigung aufgrund des Betriebsübergangs ist nach § 613a Abs. 4 S. 1 BGB unwirksam. Dieses Kündigungsverbot gilt für alle Arbeitnehmer, auch solche, die in einem Kleinbetrieb arbeiten oder noch nicht sechs Monate beschäftigt sind und selbstverständlich auch für leitende Angestellte. Das Recht zur Kündigung des Arbeitsverhältnisses aus anderen Gründen und unter Beachtung des Kündigungsschutzgesetzes bleibt jedoch unberührt.

Wurde eine unrechtmäßige Kündigung ausgesprochen ist zu beachten, dass die dreiwöchige Klagefrist des § 4 KSchG keine Anwendung findet, da § 13 Abs. 3 KSchG einschlägig ist. Die Unwirksamkeit der Kündigung ergibt sich nicht aus dem KSchG, sondern aus dem Verstoß gegen § 613a Abs. 4 BGB. § 613a Abs. 4 BGB und stellt ein eigenständiges Kündigungsverbot dar.

▶ **Tipp** Das Klagerecht kann jedoch durch zu langes Zögern und die damit verbundene Schaffung eines Vertrauenstatbestands beim Arbeitgeber, dass keine Klage beabsichtigt ist, verwirkt werden. Wann das Klagerecht konkret verwirkt ist, beurteilt sich stets nach den Umständen im Einzelfall. In der Regel wird davon ausgegangen, dass dafür ein Zeitraum von mehreren Monaten erforderlich ist.
Im Falle eines Fortsetzungs- oder Wiedereinstellungsanspruchs nach wirksamer betriebsbedingter Kündigung ist allerdings eine sofortige Geltendmachung geboten.

### 5.2.3.5 Weitergeltung von kollektivrechtlichen Regelungen

Zu den primären Normzwecken des § 613a BGB gehört die Gewährleistung der Kontinuität des Betriebsrats. Wechselt ein ganzer Betrieb den Inhaber und behält der Betrieb auch nach dem Übergang seine Identität, dann geht auch ein vorher gewählter Betriebsrat mit über. Ebenso gelten die vor dem Übergang abgeschlossenen Betriebsvereinbarungen auch gegenüber dem neuen Inhaber als kollektive Normen. Zu einer Transformation der in der Betriebsvereinbarung geregelten Rechte und Pflichten in den Arbeitsvertrag kommt es nicht. Unerheblich für die kollektivrechtliche Weitergeltung ist, ob es sich um eine freiwillige oder erzwingbare Betriebsvereinbarung handelt; ferner spielt es keine Rolle, ob eine erzwingbare Betriebsvereinbarung zum Zeitpunkt des Betriebsübergangs nach § 77 Abs. 4 S. 1 Betriebsverfassungsgesetz (BetrVG) noch unmittelbar und zwingend gilt oder ob sie nach § 77 Abs. 6 BetrVG nur nachwirkt.

Wird der Betrieb oder ein Teil des Betriebs des Veräußerers in einen Betrieb des Erwerbers eingegliedert oder mit einem Betrieb des Erwerbers zu einem neuen Betrieb zusammengelegt und verliert dadurch seine Identität, werden die in einer Betriebsvereinbarung geregelten Rechte und Pflichten nach § 613a Abs. 1 S. 2 BGB zum Inhalt des Arbeitsverhältnisses zwischen dem Arbeitnehmer und dem Erwerber. Diese in Individualrecht transformierten Regelungen dürfen gemäß § 613a Abs. 1 S. 2 BGB für die Dauer von einem Jahr nicht zum Nachteil des Arbeitnehmers geändert werden. Selbst nach Ablauf dieser Änderungssperre enden die transformierten Regelungen nicht automatisch; es bedarf entweder einer einvernehmlichen Vertragsänderung oder einer ordentlichen Änderungskündigung.

Eine kollektivrechtliche Weitergeltung oder individualrechtliche Transformation der Betriebsvereinbarung scheidet aus, wenn beim Erwerber die Rechte und Pflichten in einer Betriebsvereinbarung geregelt werden, die den gleichen Regelungsgegenstand hat.

Fraglich ist, ob Gleiches auch für Richtlinien des Sprecherausschusses gilt. Ihr Weitergeltungsschicksal im Falle eines Betriebsübergangs ist gesetzlich nicht geregelt. Der Gesetzgeber hat bei der Schaffung des Sprecherausschussgesetzes (SprAuG) keine Bestimmung darüber getroffen, was aus den Richtlinien nach § 28 SprAuG im Fall des rechtsgeschäftlichen Betriebsübergangs werden soll. § 613a BGB enthält hierzu ebenfalls keinen Hinweis. Die Frage ist also, wie der Bestandschutz für die leitenden Angestellten zu erreichen ist.

Zwar ist ein Übergangs- oder Restmandat im SprAuG für den Betriebsübergang nicht angeordnet, es ist jedoch nicht klar, warum die Kontinuität eines Sprecherausschusses anders bewertet werden sollte als die vom Gesetzgeber gewünschte Kontinuität des Betriebsrats. Es ist insoweit davon auszugehen, dass im Wege einer Gesetzesanalogie zum BetrVG bei Erhalt der Betriebsidentität auch die Organfunktion des Sprecherausschusses erhalten bleibt. Somit finden auf die unmittelbar und zwingend geltenden Sprecherausschussvereinbarungen nach § 28 Abs. 2 SprAuG dieselben Grundsätze wie für Betriebsvereinbarungen Anwendung. Sie bestehen als kollektivrechtliche Vereinbarung weiter, wenn die Identität des Betriebs beim neuen Rechtsträger erhalten bleibt. Andernfalls ist auch auf sie § 613a Abs. 1 S. 2 bis 4 BGB entsprechend anzuwenden. Richtlinien nach § 28 Abs. 1 SprAuG kommt keine normative Wirkung zu. Solange sie noch nicht umgesetzt wurden, verlieren sie mit dem Betriebsübergang ihre Bedeutung. Ist hingegen eine einzelvertragliche Umsetzung erfolgt, werden sie Inhalt des Arbeitsverhältnisses, sodass der neue Rechtsträger daran nach § 613a Abs. 2 S. 1 BGB gebunden bleibt.

### 5.2.3.6 Weitergeltung von tarifvertraglichen Regelungen

Eine kollektivrechtliche Bindung des Betriebserwerbers an den bestehenden Verbandsta-rifvertrag tritt ein, wenn der Erwerber und die übernommenen Arbeitnehmer tarifgebun-den sind. Ein allgemeinverbindlicher Tarifvertrag gilt unabhängig von der Tarifgebunden-heit der Parteien fort.

> **Rechtsprechungshinweis**
> Ist der Erwerber eines Betriebs an einen Tarifvertrag gebunden, lebt dieser Tarif-vertrag in Arbeitsverhältnissen entsprechend gewerkschaftlich organisierter Arbeit-nehmer wieder auf, auch wenn er bei dem Veräußerer des Betriebs durch einen Haustarifvertrag verdrängt war. In diesem Fall werden die Inhalte des Haustarifver-trags nicht zum Inhalt der Arbeitsverträge. (BAG, Urteil vom 07. Juli 2010 – 4 AZR 1023/08)

Genießt kein unmittelbar und zwingend geltender Tarifvertrag Vorrang, gilt § 613a Abs. 1 S. 2 BGB mit der Folge, dass der beim Veräußerer geltende Tarifvertrag in arbeitsvertrag-liche Bedingungen transformiert wird.

> **Rechtsprechungshinweis**
> Nach Auffassung des BAG behalten Tarifnormen ihren kollektivrechtlichen Cha-rakter und gelten zwingend als Mindestarbeitsbedingungen. Die Bindung des nicht tarifgebundenen Erwerbers an die transformierten Normen entspricht der eines aus einem tarifschließenden Arbeitgeberverband ausgetretenen Arbeitgebers nach § 3 Abs. 3 TVG. Das Ende der Sperrfrist nach § 613a Abs. 1 S. 2 und 4 BGB entspricht dem Ende des nachbindenden Tarifvertrags. (BAG, Urteil vom 22. April 2009 – 4 AZR 100/08)

Endet ein Tarifvertrag aufgrund von Fristablauf oder Kündigung vor Ablauf dieser Jahres-frist, so entfällt auch seine zwingende Wirkung im Erwerberbetrieb. Die transformierte Regelung hat sodann nur im Falle der Nachwirkung des Tarifvertrags Bestand, ist aber auch dann abänderbar. Endet der Tarifvertrag hingegen ohne Nachwirkung, entfällt die trans-formierte Regelung. Die transformierten Normen teilen damit weitgehend das Schicksal des ihnen zugrunde liegenden Tarifvertrags, weshalb auch eine Kündigung des Tarifver-trags durch eine Tarifvertragspartei Auswirkungen auf das übergegangene Arbeitsverhält-nis hat.

Die Führungskraft wird als leitender Angestellter im Sinne von § 5 Abs. 3 BetrVG zu-meist aus dem persönlichen Geltungsbereich von Tarifverträgen ausgenommen. Verein-baren Arbeitnehmer und Arbeitgeber aber in Kenntnis des Status der Führungskraft als leitender Angestellter eine Verweisung auf einen Tarifvertrag, so wird davon ausgegangen, dass es dem übereinstimmenden Willen der Parteien entspricht, die inhaltlichen Normen des Tarifvertrags auf das Arbeitsverhältnis anzuwenden, obwohl die Führungskraft an sich nicht dem persönlichen Geltungsbereich des Tarifvertrags unterfallen würde. In diesem Fall bewirkt die sogenannte Bezugnahmeklausel eine Geltung des Tarifvertrags für die Führungskraft. Was aus einer solchen Bezugnahmeklausel bei einem Betriebsübergang wird, hängt von ihrer Formulierung ab.

Handelt es sich um eine statische Bezugnahmeklausel, das heißt verweist die Klausel auf eine bestimmte Fassung eines Tarifvertrags, so gelten die Regelungen dieses bestimmten Tarifvertrags individualrechtlich weiter. Sie werden Inhalt des Arbeitsvertrags. Der Führungskraft werden lediglich die im Zeitpunkt des Betriebsübergangs bestehenden tariflichen Rechte erhalten, indem sie auf der arbeitsvertraglichen Ebene fortgelten. An einer tariflichen Weiterentwicklung nimmt die Führungskraft jedoch nicht mehr teil.

Handelt es sich aber um eine dynamische Bezugnahmeklausel, das heißt die Klausel verweist auf einen Tarifvertrag in seiner jeweils geltenden Fassung, so liegt nach neuer Rechtsprechung des BAG eine unbedingte zeitdynamische Verweisung vor, die durch einen Verbandsaustritt des Arbeitgebers oder einen sonstigen Wegfall seiner Tarifgebundenheit nicht berührt wird. Es sei denn, die Tarifgebundenheit des Arbeitgebers wurde in einer für den Arbeitnehmer erkennbaren Weise zur auflösenden Bedingung der Vereinbarung gemacht. Diese neue Rechtsprechung gilt für alle Arbeitsverträge, die nach dem 31. Dezember 2001 geschlossen wurden. Für Alt-Verträge gilt die Rechtsprechung zur Gleichstellungsabrede, mit der Folge, dass dynamische Verweisungen das gleiche Schicksal erleiden wie statische Verweisungen.

### 5.2.3.7  Zeugnisanspruch

Arbeitnehmer haben mit dem Übergang des Arbeitsverhältnisses einen Anspruch auf Erteilung eines Zwischenzeugnisses gegen den alten Betriebsinhaber.

**Rechtsprechungshinweis**

Im Falle eines leitenden Angestellten hat das BAG im Jahr 2007 entschieden, dass bei der Erteilung eines Endzeugnisses der Betriebserwerber an den Inhalt eines zuvor vom Betriebsveräußerer erteilten Zwischenzeugnisses gebunden ist, soweit die zu beurteilenden Zeiträume identisch sind. Schließt sich nach der Erteilung des Zwischenzeugnisses ein weiterer im Endzeugnis zu beurteilender Zeitraum an, darf der Arbeitgeber vom Inhalt des Zwischenzeugnisses nur abweichen, wenn die späteren Leistungen und das spätere Verhalten des Arbeitnehmers das rechtfertigen.

Fehlen dem Betriebserwerber selbst die nötigen Informationen, um die Tätigkeit, die Leistung und das Verhalten des Arbeitnehmers vor dem Betriebsübergang zu beurteilen, steht ihm in der Regel ein Auskunftsanspruch gegenüber dem Betriebsveräußerer zu. Der neue Arbeitgeber kann sich deshalb im Verhältnis zu seinem Arbeitnehmer nicht auf die Unkenntnis der zeugnisrelevanten Tatsachen vor dem Betriebsübergang berufen. (BAG, Urteil vom 16. Oktober 2007 – 9 AZR 248/07)

### 5.2.3.8 Unterrichtungspflicht

Liegt ein Betriebsübergang vor, besteht unabhängig von der Betriebsgröße und dem Vorhandensein eines Betriebsrats oder Sprecherausschusses eine Unterrichtungspflicht des alten und des neuen Arbeitgebers gegenüber den betroffenen Arbeitnehmern. Ist die Unterrichtung fehlerhaft oder erfolgt erst gar nicht, beginnt die Widerspruchsfrist nicht zu laufen. Sinn der Unterrichtung ist nämlich, dass die Betroffenen die erforderlichen Informationen als Entscheidungsgrundlage für die Ausübung ihres Widerspruchsrechts erhalten.

Die Informationspflicht nach § 613a Abs. 5 BGB umfasst die Pflicht zur Unterrichtung über:

- den tatsächlich vorgesehenen Zeitpunkt des Übergangs oder falls dieser noch nicht konkret bestimmt ist, über den geplanten Zeitpunkt. Die Arbeitnehmer sollen erkennen können, ab wann sie aller Voraussicht nach bei einem neuen Arbeitgeber angestellt sein werden.
- den Grund für die Übertragung. Sowohl über den Rechtsgrund, beispielsweise Kaufvertrag oder Abspaltung, als auch über die Beweggründe des Unternehmers für den Betriebsübergang.
- die rechtlichen, wirtschaftlichen und sozialen Folgen des Übergangs für die Arbeitnehmer. Auf der individualrechtlichen Ebene ist für die Arbeitnehmer von Bedeutung, dass arbeitsvertragliche Bindungen und eine bestehende betriebliche Übung bei dem neuen Erwerber fortbestehen. Auf der kollektivrechtlichen Ebene kann es jedoch bezüglich der Weitergeltung von Sprecherausschussvereinbarungen – wie oben beschrieben – zu erheblichen Änderungen kommen.
- alle, die Arbeitnehmer betreffenden, geplanten Maßnahmen seitens des Erwerbers. Es soll also Auskunft gegeben werden über alle absehbaren Veränderungen für die Arbeitnehmer. Insbesondere gilt dies für negative Änderungen wie zum Beispiel einen Personalabbau, aber zum Beispiel auch für erforderliche Weiterbildungsmaßnahmen im Zusammenhang mit einer geplanten Produktionsumstellung oder Umstrukturierung.

Die Unterrichtung kann sowohl durch den Erwerber als auch durch den Veräußerer erfolgen. Erfolgt sie durch den Veräußerer, hat dieser auch über die Identität des neuen Betriebsinhabers aufzuklären sowie gegebenenfalls über die Unternehmensgröße, die Geschäftsfelder und eine vorhandene Konzernzugehörigkeit. Die Unterrichtung muss lediglich in Textform (§ 126b BGB) erfolgen. Diese erfordert nicht, anders als die sogenannte Schriftform, dass jedem einzelnen betroffenen Arbeitnehmer ein eigenhändig unterzeichnetes Schriftstück des Arbeitgebers zugeleitet werden muss. Es genügt vielmehr, dass die vom Betriebsübergang betroffenen Arbeitnehmer vom bisherigen oder künftigen Arbeitgeber ein Schriftstück an die Hand bekommen, das sie über den Betriebsübergang und dessen Auswirkungen informiert und auf dessen Grundlage sie darüber befinden können, ob sie dem Übergang ihres Arbeitsverhältnisses widersprechen wollen oder nicht. Sie kann also via Telefax, Intranet oder E-Mail zugehen. Die Frage, ob und wann sie zugegangen ist, liegt aber im Risikobereich des Arbeitgebers. Im Zweifel muss dieser beweisen, dass er rechtzeitig und vollumfänglich unterrichtet hat.

### 5.2.3.9  Widerspruchsrecht

Die betroffenen Arbeitnehmer können dem Übergang ihres Arbeitsverhältnisses gegenüber dem Veräußerer oder gegenüber dem Erwerber in der Regel innerhalb eines Monats

> **Rechtsprechungshinweis**
> Die Einwendung des Verfalls von Vergütungsansprüchen ist für jeden Schuldner
> gesondert zu prüfen. Der Betriebserwerber ist nach Treu und Glauben (§ 242 BGB)
> gehindert, sich auf den Verfall des Vergütungsanspruchs zu berufen, wenn weder
> er noch der Betriebsveräußerer die Unterrichtungspflicht nach § 613a Abs. 5 BGB
> erfüllt hat und ein innerer Zusammenhang zwischen dieser Pflichtverletzung und
> der Fristversäumung besteht. (BAG, Urteil vom 22. August 2012 – 5 AZR 526/11)

nach der Unterrichtung widersprechen. Die Frist zum Widerspruch beginnt mit der vollständigen ordnungsgemäßen Unterrichtung. Ist also über den Betriebsübergang gar nicht unterrichtet worden oder nicht im gesetzlich vorgeschriebenen Umfang, beginnt die Frist nicht zu laufen. Die Folge einer unvollständigen Unterrichtung ist, dass auch noch Monate nach dem Betriebsübergang ein Widerspruch eingelegt werden könnte.

▶   **Tipp**  Jedoch kann das Widerspruchsrecht trotz fehlender oder mangelhafter
     Unterrichtung bei zu langem Zögern verwirkt werden. Eine starre zeitliche
     Grenze gibt es dafür allerdings nicht. So hat das BAG bereits die Ausübung des
     Widerspruchs nach über einem Jahr zugelassen. Es ist aber anzuraten, nach
     einer Kenntniserlangung vom Betriebsübergang trotz fehlender Unterrichtung
     innerhalb der Monatsfrist zu widersprechen.

> **Rechtsprechungshinweis**
> Darüber hinaus kann das Recht auf Widerspruch bei einem Betriebsübergang verwirkt werden, wenn der Arbeitnehmer einen Aufhebungsvertrag mit dem Betriebserwerber geschlossen oder eine nach dem Betriebsübergang ausgesprochene Kündigung hingenommen hat. (BAG, Urteil vom 22. April 2010 – 8 AZR 805/07)
> Beim Abschluss eines Aufhebungsvertrags ist aber zu beachten, dass es als Umgehung des § 613a BGB gilt, wenn der Aufhebungsvertrag die Beseitigung der Kontinuität des Arbeitsverhältnisses bei gleichzeitigem Erhalt des Arbeitsplatzes bezweckt. Dabei kommt es vor allem darauf an, dass der Arbeitnehmer freiwillig einen Aufhebungsvertrag abschließt, obwohl er keine sichere Aussicht darauf hat, bei dem Erwerber eingestellt zu werden. (LAG Niedersachsen, Urteil vom 21. April 2010 – 7 Sa 779/09)

Der Widerspruch gegen den Betriebsübergang muss schriftlich (i. S. v. § 126 BGB) abgegeben werden. Das bedeutet, dass der Widerspruch zu Papier gebracht und persönlich
unterschrieben werden muss.

Natürlich ist die Ausübung des Widerspruchsrechts für den Arbeitnehmer mit besonderen Risiken verbunden. Denn ein Widerspruch gegen einen Betriebsübergang bedeutet
nicht automatisch, dass die Betroffenen damit ihren alten Arbeitsplatz gerettet haben. In der
Regel wird in dem abgebenden Betrieb der Arbeitsplatz durch den Betriebsübergang verloren sein. Dies ermöglicht dem bisherigen Arbeitgeber die betriebsbedingte Kündigung.

**Rechtsprechungshinweis**
Das BAG erachtet eine Regelung für zulässig, die einen Abfindungsanspruch aus
einem beim Betriebsveräußerer bestehenden Rahmensozialplan ausschließt für den
Fall, dass dem Arbeitnehmer nach Widerspruch gegen den Übergang seines Arbeitsverhältnisses auf den Betriebserwerber betriebsbedingt gekündigt wird. Grund-
gedanke einer derartigen Regelung ist nämlich, dass dem Arbeitnehmer, dessen
Arbeitsverhältnis übergehen soll, der Arbeitsplatz erhalten bleibt und ihm deshalb
keine sozialplanrelevanten Nachteile entstehen. (BAG, Urteil vom 24. Mai 2012 – 2
AZR 62/11)

Möchte der Arbeitnehmer dem Übergang nicht widersprechen, so kann er mit dem
Arbeitgeber eine Überleitungsvereinbarung abschließen. In dieser kann bestätigt werden,
dass die Beschäftigten mit dem neuen Arbeitgeber zum Übergangszeitpunkt den Arbeitsvertrag fortführen. In einer solchen Vereinbarung liegt gleichzeitig die Erklärung, dass
dem Betriebsübergang nicht widersprochen wird.

### 5.2.3.10  Widerspruchsfolgen
Wurde der Widerspruch wirksam vor dem Übergang erklärt, tritt der Betriebserwerber
nicht nach § 613a BGB in die Rechte und Pflichten aus dem Arbeitsverhältnis ein. Das
Arbeitsverhältnis bleibt mit dem bisherigen Arbeitgeber bestehen. Da jedoch der Arbeitsplatz selbst übergeht, kann der Arbeitgeber das Arbeitsverhältnis durchaus ordentlich betriebsbedingt kündigen.

Erfolgt der Widerspruch erst nach dem Betriebsübergang, so wird das nach § 613a
Abs. 1 S. 1 BGB zum Betriebserwerber entstandene Arbeitsverhältnis rückwirkend beendet und das Arbeitsverhältnis zum bisherigen Arbeitgeber wiederhergestellt, sodass auch
kein nur vorübergehender Arbeitgeberwechsel stattgefunden hat. Ein Entgeltanspruch
gegen den Erwerber für die dort erbrachte Arbeitsleistung besteht auf der Grundlage des
sogenannten faktischen Arbeitsverhältnisses. Auch in diesem Fall kommt eine betriebsbedingte Kündigung infrage.

Kündigt der bisherige Arbeitgeber das Arbeitsverhältnis betriebsbedingt und besteht
tatsächlich keine Weiterbeschäftigungsmöglichkeit, so ist zugunsten des widersprechen-

den Arbeitnehmers nur dann eine Sozialauswahl durchzuführen, wenn die Ausübung des Widerspruchsrechts sachlich begründet gewesen ist.

Mit dem Widerspruch wird also in der Regel nicht eine Weiterbeschäftigung beim bisherigen Arbeitgeber erreicht, sondern die Kündigung provoziert. Da auch eine Regelabfindung nicht gesichert ist, sollte dieser Schritt im Vorhinein gut abgewogen werden.

## 5.3   Betriebsstilllegung

Eine Betriebsstilllegung ist gemäß § 111 S. 3 Nr. 1 BetrVG ein Unterfall der Betriebsänderungen. Unter einer Betriebsstilllegung ist die Auflösung der zwischen Arbeitgeber und Arbeitnehmer bestehenden Betriebs- und Produktionsgemeinschaft zu verstehen, die ihren unmittelbaren Ausdruck darin findet, dass der Unternehmer die bisherige wirtschaftliche Betätigung in der ernstlichen Absicht einstellt, die Verfolgung des bisherigen Betriebszwecks dauernd oder für eine ihrer Dauer nach unbestimmte, wirtschaftlich nicht unerhebliche Zeitspanne nicht weiter zu verfolgen.

Ein Betriebsübergang und eine Betriebsstilllegung schließen sich gegenseitig aus. Nicht selten wird versucht, die Rechtsfolgen des § 613a BGB durch eine sogenannte Scheinstilllegung zu umgehen. Eine Scheinstilllegung liegt vor, wenn der Arbeitgeber erklärt, den Betrieb stilllegen zu wollen, aber gleichzeitig seine Fortsetzung zu einem späteren Zeitpunkt plant oder ein neuer Inhaber in den Betriebsräumen den bisherigen Geschäftszweck weiterverfolgen will. Um zu verhindern, dass die Rechtsfolgen des § 613a BGB durch eine Scheinstilllegung umgangen werden, lässt das BAG es nicht genügen, wenn nur vorübergehend die Produktion eingestellt wird. Erforderlich ist vielmehr ein endgültiger Entschluss, die zwischen Arbeitgeber und Arbeitnehmer bestehende Betriebs- und Produktionsgemeinschaft für unbestimmte, nicht nur vorübergehende Zeit aufzulösen. Andernfalls handelt es sich um eine Betriebspause oder Betriebsunterbrechung. Eine länger als jede gesetzliche Kündigungsfrist von Arbeitsverhältnissen nach § 622 Abs. 2 BGB währende Unterbrechung der Betriebstätigkeit gilt als Indiz für eine Stilllegung.

**Rechtsprechungshinweis**
Das BAG stellte 2012 klar, dass auch die Fortführung des Betriebs durch einen Betriebserwerber nach Ablauf der Kündigungsfrist eine gegen die Stilllegungsabsicht sprechende Vermutung begründen kann. Der Arbeitgeber muss sodann beweisen, dass die Veräußerung zum Zeitpunkt des Ausspruches der Kündigung weder voraussehbar noch geplant war. (BAG, Urteil vom 16. Februar 2012 – 8 AZR 693/10)

Die Betriebsstilllegung berechtigt zur betriebsbedingten Kündigung der Arbeitnehmer. Eine gesetzliche Pflicht zur Fortführung oder Aufrechterhaltung eines Betriebs gibt es nicht, auch nicht eines profitablen Betriebs.

**Rechtsprechungshinweis**

Ein Arbeitnehmer, dem aufgrund einer geplanten Betriebsstilllegung gekündigt wurde, kann seine Wiedereinstellung verlangen, wenn der Betrieb nicht planmäßig stillgelegt, sondern während der Kündigungsfrist an einen neuen Inhaber übergeht. (LAG Hamm, Urteil vom 10. März 2010 – 2 Sa 924/09)

## 5.4 Umwandlungssachverhalte

Der Rechtsbegriff der Umwandlung beschreibt die gesellschaftsrechtliche Umstrukturierung von Unternehmen. Grundsätzlich obliegt die Entscheidung, in welcher rechtlichen Struktur ein Unternehmen geführt werden soll, den Eigentümern, die aus der Vielzahl der vom Gesetzgeber angebotenen Organisationsformen wählen können. Diese Wahlfreiheit besteht indes nicht nur bei der Gründung des Unternehmens, sondern fortlaufend. Es kann zum Beispiel eine GmbH in eine AG umgewandelt werden. Die Motive für eine Umwandlung sind zahlreich. Eine Umwandlung erscheint notwendig, wenn sich die wirtschaftlichen und rechtlichen Faktoren, die bei der Gründung eines Betriebes zur Wahl einer bestimmten Rechtsform geführt haben, grundlegend geändert haben. Durch derartige Umwandlungen werden die Interessen der Arbeitnehmer und ihrer Vertretungen in vielfacher Hinsicht berührt.

Den rechtlichen Rahmen für Umwandlungen bietet das Umwandlungsgesetz (UmwG). Mit dem UmwG hat der Gesetzgeber ein einheitliches Instrumentarium bereitgestellt, mit dem sich die Nachteile des Betriebsübergangs vermeiden lassen. So hat der Gesetzgeber neben dem rechtsgeschäftlichen Betriebsübergang für Rechtsträger (Unternehmen, Gesellschaften oder Ähnliches) mit Sitz im Inland mit der Verschmelzung, Spaltung, Vermögensübertragung und dem Formwechsel insgesamt vier abschließende Grundformen zugelassen, nach denen Rechtsträger auf der Grundlage des UmwG umgewandelt werden können. Die Grundlage dafür bildet § 1 Abs. 1 und 2 UmwG.

Soweit individuelle Rechtspositionen der Arbeitnehmer in Rede stehen, enthalten die §§ 322 und 323 Abs. 1 UmwG Regelungen, die die kündigungsrechtliche Stellung der Arbeitnehmer bei denjenigen Umwandlungsarten absichern sollen, die aus Arbeitnehmersicht mit den größten Gefahren verbunden sind.

### 5.4.1 Voraussetzungen für die Anwendbarkeit des UmwG

Das UmwG benennt in § 1 Abs. 1 UmwG vier Arten der Umwandlung:

- Eine *Verschmelzung* kann durch Aufnahme oder Neugründung stattfinden.
  Im Fall der Verschmelzung durch Aufnahme wird das Vermögen eines oder mehrerer Rechtsträger als Ganzes auf einen anderen bestehenden Rechtsträger übertragen (§ 2 Nr. 1 UmwG).

Gegenstand der Verschmelzung durch Neugründung ist die Übertragung des Vermögens zweier oder mehrerer Rechtsträger jeweils als Ganzes auf einen neuen, von ihnen mit der Verschmelzung gegründeten Rechtsträger (§ 2 Nr. 2 UmwG).

Dies geschieht jeweils gegen Gewährung von Anteilen oder Mitgliedschaften des übernehmenden oder neuen Rechtsträgers an die Anteilsinhaber (Gesellschafter, Aktionäre oder Ähnliches) der übertragenden Rechtsträger sowie unter Auflösung des verschmolzenen Rechtsträgers ohne Abwicklung.

- Eine *Spaltung* sieht das UmwG in drei verschiedenen Varianten vor:

  Bei der Aufspaltung erlischt der bisherige Rechtsträger und überträgt sein gesamtes Vermögen auf mindestens zwei bestehende oder neu gegründete Rechtsträger (§ 123 Abs. 1 UmwG).

  Bei der Abspaltung bleibt der übertragende Rechtsträger existent und überträgt lediglich Vermögensteile (in der Regel einzelne Betriebe) auf einen oder mehrere bestehende oder neu gegründete Rechtsträger (§ 123 Abs. 2 UmwG).

  Das Gleiche gilt für die Ausgliederung lediglich mit dem Unterschied, dass die als Gegenleistung gewährten Anteile nicht den Anteilseignern zustehen, sondern unmittelbar in das Vermögen des übertragenden Rechtsträgers selbst gelangen (§ 123 Abs. 3 UmwG).

- Eine *Vermögensübertragung* kann wie die Verschmelzung als Vollübertragung oder wie die Abspaltung und Ausgliederung als Teilübertragung erfolgen. Der Unterschied zu den erstgenannten Umwandlungsarten besteht lediglich darin, dass die Gegenleistung nicht in der Gewährung von Anteilen besteht (§ 174 UmwG).

- Ein *Formwechsel* ist schließlich nur eine Änderung der Rechtsform des Unternehmens, die keine Auswirkungen auf die rechtliche und wirtschaftliche Identität des Unternehmens hat (§ 190 UmwG).

## 5.4.2   Verhältnis zu § 613a BGB

§ 613a BGB erfasst ausschließlich Fälle der Einzelrechtsnachfolge. Darunter versteht man einen Übertragungsvorgang, bei dem sämtliche Einzelteile einer Vermögensmasse jeweils einzeln vom abgebenden auf den aufnehmenden Rechtsträger kraft Rechtsgeschäft übertragen werden. Bei einem Betriebsübergang findet daher eine Veräußerung sämtlicher den Betrieb ausmachender materieller wie immaterieller Vermögensgegenstände statt.

Im Unterschied hierzu erfasst das UmwG Fälle der Gesamtrechtsnachfolge. Der Gesamtrechtsnachfolge liegt ein Übertragungsvorgang zugrunde, der ohne besonderen, auf die einzelnen Vermögensgegenstände gerichteten Übertragungsakt das Vermögen einer natürlichen oder juristischen Person als Ganzes unmittelbar kraft Gesetzes übergehen lässt, wie beispielsweise bei einem Erbfall.

Zwar wird die Gesamtrechtsnachfolge grundsätzlich nicht von § 613a BGB erfasst. § 324 UmwG enthält jedoch eine Regelung, nach der § 613a Abs. 1, 4 bis 6 BGB durch die Wirkungen der Eintragung einer Verschmelzung, Spaltung oder Vermögensübertragung unberührt bleiben sollen. Die Regelung des § 324 UmwG klärt damit das Konkurrenzverhältnis zwischen dem Vermögensübergang im Wege der Gesamtrechtsnachfolge und der Einzelrechtsnachfolge bei Übertragung eines Betriebs(-teils). Es kann also im Falle einer Verschmelzung, Spaltung oder Teilübertragung ein Betriebsübergang nach § 613a BGB gegeben sein, soweit die Voraussetzungen erfüllt werden. Daher sind auch im Umwandlungsfall die Voraussetzungen des § 613a Abs. 1, 4 bis 6 BGB zu prüfen. Durch eine Verschmelzung, Spaltung oder Teilübertragung zwischen einem übertragenden Rechtsträger und einem übernehmenden Rechtsträger ist regelmäßig davon auszugehen, dass ein Betrieb oder Betriebsteil auf den Erwerber übergeht. Lediglich das Merkmal „durch Rechtsgeschäft" ist bei einer Gesamtrechtsnachfolge nicht erfüllt. Da aber § 324 UmwG ausdrücklich anordnet, dass § 613a Abs. 1, 4 bis 6 BGB rechtsgrundverweisend Anwendung finden, kommt es darauf nicht an. Um eine Umgehung des Arbeitnehmerschutzes nach § 613a BGB zu verhindern, gelten die Rechtsfolgen des § 613a Abs. 1, 4 bis 6 BGB entsprechend, sofern ein Betrieb oder Betriebsteil übergeht.

Werden lediglich einzelne Vermögensbestandteile oder aber einzelne Arbeitsverhältnisse übertragen, ohne dass Grundlage der Übertragung ein (Teil-)Betriebsübergang ist, ist § 613a Abs. 1, 4 bis 6 BGB nicht anwendbar. In diesem Fall verbleibt es bei den umwandlungsrechtlichen Bestimmungen. Die Arbeitsverhältnisse können dann als Folge der Gesamtrechtsnachfolge übergehen.

### 5.4.3 Rechtsfolgen einer Verschmelzung, Spaltung oder Teilübertragung

#### 5.4.3.1 Weitergeltung von kollektivrechtlichen Vereinbarungen

Das Schicksal von Betriebs- beziehungsweise Sprecherausschussvereinbarungen richtet sich gemäß § 324 UmwG im Fall einer Verschmelzung, Spaltung oder Teilübertragung nach § 613a Abs. 1 S. 2 bis 4 BGB. Sie gelten immer dann kollektivrechtlich fort, wenn die Betriebsidentität trotz der Umwandlung gewahrt bleibt. Anderenfalls greift § 613a Abs. 1 S. 2 BGB mit der dort normierten Transformationswirkung ein, mit der Folge, dass die Vereinbarungen zum Bestandteil des Arbeitsvertrags werden (vergleiche Abschn. 5.2.3.5).

#### 5.4.3.2 Haftung

Das UmwG enthält besondere Haftungsvorschriften, die in ihrem Umfang über die Haftung nach § 613a Abs. 2 BGB hinausgehen. § 613a Abs. 3 BGB stellt dementsprechend klar, dass § 613a Abs. 2 BGB in Fällen des Erlöschens durch Umwandlung nicht gilt.

Da der neue Rechtsträger bei Verschmelzung und Vermögensvollübertragung in vollem Umfang in die Rechtsstellung des übertragenden Rechtsträgers eintritt, haftet er für alle gegenwärtigen und künftigen Ansprüche aus den von der Umwandlung betroffenen Arbeitsverhältnissen. Zusätzlichen Schutz räumt § 22 UmwG in bestimmten Fällen hinsichtlich noch nicht fälliger Ansprüche ein.

Bei Spaltungen und Vermögensteilübertragungen ordnet § 133 Abs. 1 UmwG die gesamtschuldnerische Haftung der beteiligten Rechtsträger für solche Ansprüche an, die vor der Umwandlung begründet wurden. Im Übrigen haftet der übernehmende Rechtsträger für Verbindlichkeiten, die nicht im Spaltungs- und Übernahmevertrag zugewiesen sind, nur, soweit diese vor Ablauf von fünf Jahren nach der Spaltung fällig und daraus Ansprüche gerichtlich geltend gemacht werden. Für Versorgungsverpflichtungen gilt eine Frist von zehn Jahren.

### 5.4.3.3  Unterrichtungspflicht

Die in § 613a Abs. 5 BGB enthaltene Verpflichtung des bisherigen Arbeitgebers sowie des Betriebserwerbers zur Unterrichtung der von einem Betriebsübergang betroffenen Arbeitnehmer gilt über § 324 UmwG uneingeschränkt auch für alle Umwandlungsfälle.

In einem Umwandlungsvertrag hat eine Darstellung aller umwandlungsbedingten Auswirkungen auf die betroffenen Arbeitnehmer zu erfolgen. In diesem Umwandlungsvertrag sind auch die Auswirkungen auf die Arbeitnehmervertretungen (Betriebsrat, Jugend- und Auszubildendenvertretung, Schwerbehindertenvertretung, Sprecherausschuss) anzugeben.

### 5.4.3.4  Widerspruchsrecht

Das in § 613a Abs. 6 BGB gesetzlich normierte Widerspruchsrecht des von einem Betriebsübergang betroffenen Arbeitnehmers gilt gemäß § 324 UmwG für Fälle der Umwandlung gleichermaßen. Zu beachten ist lediglich, dass es mangels verbleibenden Restunternehmens bei der Verschmelzung, der Aufspaltung und der Vermögensvollübertragung regelmäßig ins Leere geht.

### 5.4.3.5  Sonderschutz des § 323 Abs. 1 UmwG

§ 323 Abs. 1 UmwG gilt sachlich nur für die Umwandlungsfälle der Spaltung (Aufspaltung, Abspaltung, Ausgliederung) und Teilübertragung. In diesen Fällen kann es typischerweise vorkommen, dass sich der kündigungsrechtliche Bestandsschutz verschlechtert, weil sich etwa die Betriebsgröße verringert oder der Betrieb beziehungsweise Betriebsteil in dem Betrieb eines übernehmenden Rechtsträgers aufgeht. Bei einem Formwechsel hingegen sind Bestimmungen zur Beibehaltung der kündigungsrechtlichen Stellung überflüssig, weil sich weder die Identität des Betriebs ändert, noch ein Wechsel des Arbeitgebers eintritt.

Persönlich sind alle Arbeitnehmer des übertragenden Rechtsträgers erfasst, deren kündigungsrechtliche Stellung sich verschlechtern würde – also auch Führungskräfte. Die Verschlechterung muss im direkten Zusammenhang mit der Spaltung oder Teilübertragung stehen. Lediglich zeitlich nachfolgende Entwicklungen bleiben unberührt und können sich ohne Weiteres nachteilig für den Arbeitnehmer auswirken. Unerheblich ist, ob das Arbeitsverhältnis infolge der Umwandlung auf einen neuen Rechtsträger übergeht oder beim bisherigen Rechtsträger verbleibt, weil auch durch eine reduzierte Betriebsgröße eine Verschlechterung eintreten kann.

Die Arbeitnehmer des übernehmenden Arbeitgebers schützt Abs. 1 nicht.

Für den Bestandsschutz von Arbeitsverhältnissen bei Unternehmensumwandlungen ist neben der umwandlungsgesetzlichen Bestimmungen des § 323 Abs. 1 UmwG auch das Kündigungsverbot des § 613a Abs. 4 BGB von Bedeutung. Das Kündigungsverbot des § 613a Abs. 4 BGB gilt uneingeschränkt, soweit im Rahmen einer Unternehmensumwandlung auch ein (Teil-)Betriebsübergang erfolgt.

**Rechtsprechungshinweis**

§ 323 Abs. 1 UmwG gilt nicht analog für die Fälle des § 613a BGB. Im Falle eines Betriebsübergangs nach § 613a BGB geht der im Arbeitsverhältnis mit dem Betriebsveräußerer aufgrund der Zahl der beschäftigten Arbeitnehmer erwachsene Kündigungsschutz nicht mit dem Arbeitsverhältnis auf den Betriebserwerber über, wenn in dessen Betrieb die Voraussetzungen des § 23 Abs. 1 KSchG nicht vorliegen. (BAG, Urteil vom 15. Februar 2007 – 8 AZR 397/06)

§ 323 Abs. 1 UmwG schreibt seinem Wortlaut nach die kündigungsrechtliche Stellung eines Arbeitnehmers, wie sie vor Wirksamwerden einer Spaltung oder Teilübertragung besteht, für einen Zeitraum von zwei Jahren insoweit fest, als aufgrund der Umwandlungsmaßnahme keine Verschlechterungen eintreten dürfen. Die Zweijahresfrist beginnt mit dem Wirksamwerden der Spaltung oder der Teilübertragung.

Bei jeder Kündigung eines vom sachlichen und persönlichen Schutzbereich des § 323 Abs. 1 UmwG erfassten Arbeitsverhältnisses ist somit zu prüfen, ob die Kündigung vor Wirksamwerden der Spaltung oder Teilübertragung rechtmäßig gewesen wäre. Wäre sie unwirksam gewesen, läge ein Verstoß gegen § 323 Abs. 1 UmwG vor, mit der Folge, dass die Kündigung unwirksam wäre. Allerdings wird nicht jede Regelung zum Kündigungsschutz vom Tatbestand des § 323 Abs. 1 UmwG erfasst. So wird das Unterschreiten der Mindestarbeitnehmerzahl nach § 23 Abs. 1 KSchG unstreitig von § 323 Abs. 1 UmwG erfasst, der Sonderkündigungsschutz für Betriebsratsmitglieder, die aufgrund der Abspaltung ihr Amt verlieren, hingegen nicht.

Etwaige tarifvertragliche oder auf einer Betriebsvereinbarung beruhende Verbesserungen der kündigungsrechtlichen Stellung wirken zunächst fort. Folgt die kündigungsrechtliche Stellung vor Wirksamwerden der Spaltung oder der Teilübertragung aus einer Betriebs- beziehungsweise Sprecherausschussvereinbarung, so verschlechtert sich diese auch dann nicht, wenn ein Betriebsübergang im Sinne von § 613a BGB vorliegt und die Weitergeltung aufgrund einer Vereinbarung mit dem gleichen Regelungsgegenstand ausscheidet.

▶   **Tipp** Von § 323 Abs. 1 UmwG erfasst werden ausschließlich Vorschriften, die die Kündigung erschweren, nicht hingegen bloße Ordnungsvorschriften oder Vorschriften, die eine wirksame Kündigung voraussetzen. So ist Abs. 1 nicht auf die Mitwirkung des Sprecherausschusses gemäß § 31 SprAuG anwendbar, wenn im neuen Betrieb kein Sprecherausschuss besteht.

## 5.5   Change-of-Control-Klauseln

In Verträgen von Führungskräften, Vorstandsmitgliedern oder Geschäftsführern findet man oftmals Bestimmungen, die einer Partei bei dem Eintritt bestimmter Ereignisse ein Sonderkündigungsrecht oder einen Abfindungsanspruch einräumen. Derartige Vereinbarungen sind im Rahmen der Vertragsfreiheit grundsätzlich zulässig. So werden vielfach Vereinbarungen getroffen, die einen beträchtlichen Abfindungsanspruch daran knüpfen, dass die Führungskraft ihre Stelle anlässlich eines Kontrollwechsels, zum Beispiel durch eine Verschmelzung des Unternehmens mit einem anderen Rechtsträger, verliert oder der Vertrag vorzeitig aufgelöst wird. Der Abfindungsanspruch umfasst häufig Boni, Aktienoptionen oder Kombinationen verschiedener Vergütungen.

▶   **Tipp** Werden derartige Vorteile anlässlich einer Verschmelzung fällig, müssen sie im Verschmelzungsvertrag offengelegt werden, § 5 Abs. 1 Nr. 8 UmwG.

Eine solche Klausel ermöglicht es dem Unternehmen oder der Führungskraft, sich von nicht mehr erwünschten Führungskräften zu trennen, obwohl die Vertragslaufzeit noch nicht beendet ist und obwohl der Führungskraft kein Fehlverhalten vorgeworfen werden kann, das zu einer vorzeitigen Kündigung des Vertrags berechtigen würde. Andererseits bietet diese Klausel der Führungskraft eine finanzielle Absicherung für den Fall, dass ihre Dienste in dem Unternehmen nicht mehr erwünscht sind.

Nicht selten wird dem Betroffenen für den Fall eines Kontrollwechsels (Change of Control) auch ein Sonderkündigungsrecht eingeräumt. Bei einer Change-of-Control-Klausel (Change-in-Control- oder Kontrollwechselklausel) handelt es sich demnach um eine Regelung im Anstellungsvertrag, die der Führungskraft im Falle eines Kontrollwechsels die Möglichkeit bietet, gegen Zahlung einer fest vereinbarten Abfindung und oft auch einer entsprechenden Pensionsregelung durch eigenen Entschluss das Unternehmen zu verlassen.

Change-of-Control-Klauseln betreffen insbesondere Vorstands- und Geschäftsführungsmitglieder, die im Falle einer Änderung der Kontroll- oder Mehrheitsverhältnisse in der Gesellschaft die Beendigung ihres Anstellungsvertrags oftmals von sich aus anstreben. Die Change-of-Control-Klausel kann ihnen sodann zu einem rechtssicheren und komfortablen Ausstieg verhelfen. In der Presse werden Change-of-Control-Klauseln deshalb auch oft als „goldener Fallschirm" bezeichnet.

Welche Art von Kontrollwechsel die Rechte im jeweiligen Fall auslöst, muss in der Change-of-Control-Klausel näher bestimmt werden. Weit verbreitet sind in Deutschland sogenannte „Double Trigger"-Klauseln, die den Abfindungsanspruch an zwei Voraussetzungen knüpfen. Zum einen an den Kontrollwechsel und zum anderen an den konkreten Verlust der Vorstandsposition. Selten sind hingegen Vereinbarungen, die nur aufgrund eines Kontrollwechsels eine Zahlung an das Vorstandmitglied vorsehen. Gängig sind Klauseln, die dem Vorstandsmitglied das Recht einräumen, im Fall eines Kontrollwechsels einseitig den Vertrag vorzeitig zu beenden, sofern der Wechsel seine Vorstandsposition wesentlich berührt.

Beispiele für Änderungen in der Geschäftsführung, die zum Auslösen der Change-of-Control-Klausel führen können:

„Die Parteien haben sich darauf geeinigt, dass, …

- … wenn ein Dritter oder mehrere gemeinsam handelnde Dritte mehr als 50 % der Geschäftsanteile an der Gesellschaft erwerben und die Stellung von Herrn/Frau XY als Geschäftsführer infolge der Änderung der Mehrheitsverhältnisse mehr als nur unwesentlich berührt wird, …
- … wenn wesentliche Veränderungen in der Strategie des Unternehmens vorgenommen werden, …
- … wenn erhebliche Veränderungen im Tätigkeitsbereich des Betroffenen erfolgen sollen (zum Beispiel wesentliche Verringerung der Kompetenzen, wesentliche Veränderung der Ressortzuständigkeit), …
- … wenn der Dienstsitz verlegt werden soll, …

…dann dem Geschäftsführer/Arbeitnehmer das Recht zusteht, diesen Anstellungsvertrag mit einer Kündigungsfrist von zwei Monaten außerordentlich zu kündigen. In diesem Fall erhält der Geschäftsführer/Arbeitnehmer eine Abfindung in Höhe von zehn Monatsbezügen."

▶  **Tipp** Die Voraussetzungen des Kontrollwechsels und der Kriterien, die den Anspruch aus der Klausel auslösen, sollten in der vertraglichen Abrede möglichst präzise formuliert werden, sodass sie im Streitfall leicht bestimmbar sind.

Die Zulässigkeit der Vereinbarung einer Change-of-Control-Klausel in einem Vorstandsvertrag ist durchaus umstritten. Zuständig dafür ist der Aufsichtsrat. Da es sich bei der Change-of-Control-Klausel um eine schuldrechtliche Abfindungsregelung für Fälle der Beendigung des Vorstandsvertrags und mithin um einen Vergütungsbestandteil handelt, darf sie den Regeln zur Angemessenheit der Vorstandsvergütung nicht zuwiderlaufen. Darüber hinaus muss sie nach dem Vorstandsvergütungsoffenlegungsgesetz offengelegt werden.

Entsprechend einer Anregung des „Deutschen Corporate Governance Kodex" sollte bei Abschluss von Vorstandsverträgen darauf geachtet werden, dass die vereinbarte Abfindungszahlung einschließlich Nebenleistungen den Wert von zwei Jahresvergütungen nicht übersteigt und nicht mehr als die Restlaufzeit des Anstellungsvertrags vergütet. Dementsprechend ist Sinn und Zweck einer Kontrollwechselklausel eigentlich, die Ansprüche des Vorstandsmitglieds im Fall seines vorzeitigen Ausscheidens zu beschränken und nicht, eine hinreichende Absicherung zu gewährleisten. Da es sich bei der vorstehenden Regelung aber nur um eine nicht bindende Empfehlung handelt, ist zweifelhaft, ob sich eine derartige Begrenzung in den Unternehmen durchsetzt.

Nicht selten wird vereinbarten Change-of-Control-Klauseln eine Verhinderungseignung beigemessen, weil sie dazu führen können, dass die Zielgesellschaft für den Bieter unattraktiv wird, etwa weil im Falle eines Kontrollwechsels ein erheblicher Refinanzierungsbedarf ausgelöst wird. In diesem Zusammenhang taucht oftmals auch der Begriff „Poison-Pills" auf.

## 5.6   Fazit

Im Zusammenhang mit Umwandlungen und Betriebsübernahmen wird immer wieder über den Erhalt von Arbeitnehmerrechten und insbesondere den Fortbestand des Kündigungsschutzes, aber auch aller arbeitnehmerseitigen Besitzstände und Fragen der Altersversorgung diskutiert. Die Berichterstattung und Aufklärung über diese Formen der Umstrukturierung ist oftmals unvollständig oder gar fehlerhaft. So zum Beispiel die Berichterstattung zur Übernahme der Dresdner Bank durch die Commerzbank. In zahlreichen Medien wurde berichtet, dass die zu übernehmenden Arbeitnehmer nicht anders als bei einer Neueinstellung behandelt und zahlreiche Kündigungen aufgrund des Betriebsübergangs drohen würden. Die Rechtslage gemäß § 323 UmwG und § 613a BGB ist jedoch sehr eindeutig. Beide garantieren einen hinreichenden Kündigungsschutz und den Fortbestand von Arbeitnehmerrechten. Entgegen der medialen Berichterstattung verhält es sich also keineswegs so, dass der Arbeitnehmer alle seine im ursprünglichen Betrieb erworbenen Ansprüche und Rechte verliert oder gar die im Erwerberbetrieb geltenden Bedingungen von einem Tag auf den anderen widerspruchslos hinnehmen muss. Vielmehr ist das Gegenteil der Fall: Solange nichts anderes vertraglich vereinbart ist, besteht das Arbeitsverhältnis grundsätzlich fort, wie es gegenüber dem alten Arbeitgeber bestand. Die vertraglichen Ansprüche bleiben zunächst erhalten.

Dennoch haben wir es immer wieder mit unseriösen Vorgehensweisen zu tun. So kommt es häufig vor, dass die übernehmenden Betriebe versuchen, mit den Arbeitnehmern neue, angeblich erforderliche Arbeitsverträge abzuschließen, um zum Beispiel eine bessere Altersversorgung zu garantieren. In der Regel erfolgt dies über etwaige Aufhebungsverträge. Nicht selten werden diese Aufhebungsverträge mit einer kurzen Annahmefrist versehen. Uns lag auch schon ein Fall vor, bei dem diese Vertragsänderung kurz vor Weihnachten übersandt wurde und noch vor Neujahr unterzeichnet zurückgesandt werden musste, sodass dem Arbeitnehmer/der Führungskraft kaum eine Möglichkeit gegeben wurde, sich beraten zu lassen.

Oftmals stellt sich dann heraus, dass der neue Arbeitsvertrag wesentlich schlechtere Konditionen enthält. Bevor der Arbeitnehmer einen derartigen abgeänderten Arbeitsvertrag, bei dem sich „eigentlich" nichts ändert beziehungsweise sich nur partiell etwas verbessert, anderes aber verschlechtert, unterzeichnet, sollte er lieber zweimal hinsehen. Im Zweifel sollte sich der Arbeitnehmer nicht scheuen, rechtliche Beratung in Anspruch zu nehmen, und sich erst danach für oder eben auch gegen einen solchen Vertrag entscheiden. Zumal der Arbeitgeber entsprechende Arbeitsbedingungen einseitig nur nach

Maßgabe der allgemeinen Bestimmungen abändern kann und Aufhebungsverträge oder Änderungskündigungen zur Anpassung von Arbeitsbedingungen, die im Zuge einer Betriebsänderung angeboten beziehungsweise ausgesprochen werden, oftmals eine unzulässige Umgehung des § 613a BGB beinhalten.

# Aufgabenänderungen und Versetzungen 6

Arbeitgeber wünschen sich flexible Mitarbeiter, und die meisten Arbeitnehmer behaupten von sich, flexibel und anpassungsfähig zu sein. Doch Arbeitnehmer wünschen sich auch ein gewisses Maß an Kontinuität und Planungssicherheit. Solange Änderungen im Arbeitsverhältnis einvernehmlich, im Interesse von Arbeitgeber *und* Arbeitnehmer geschehen, gibt es keine Probleme. Führungskräfte sind oft bereit, alle paar Jahre den Einsatzort zu wechseln und neue Aufgaben und Herausforderungen anzunehmen.

Schwierig wird es erst, wenn der Arbeitgeber die Arbeitsbedingungen ändern möchte und die vermeintliche Flexibilität von seiner Führungskraft einfordert, die Führungskraft damit aber nicht einverstanden ist. Nun beginnt oft ein für alle langes und ressourcenvernichtendes Ringen, welches regelmäßig zur Beendigung des Arbeitsverhältnisses führt.

Die Gründe für den Wunsch nach Änderungen sind vielfältig: Umstrukturierungen im Unternehmen, Bündelung von Hierarchieebenen, Eigentümerwechsel, Wechsel in der Geschäftsführung, das Hinzukommen oder Wegfallen von Aufgabengebieten oder die Weiterentwicklung von Mitarbeitern. In der Praxis ausschlaggebend ist leider oft auch der Wunsch des Arbeitgebers, bestimmte Mitarbeiter loszuwerden. Sie sind entweder in Ungnade gefallen oder passen nicht mehr in die Führungsstruktur, sie sind zu alt oder nach Meinung des Arbeitgebers schlicht unfähig. Manchmal ließen nach einigen Jahren auch die Leistungen nach, weil den Mitarbeitern „der Biss" fehle. Oft kommen auch neue Vorgesetzte mit den seit Jahren etablierten Führungskräften nicht zurecht. Sie möchten angeblich verstaubte Hierarchien und verkrustete Strukturen beseitigen, um einen Neuanfang mit ihren „eigenen" Leuten zu starten. Die Liste ließe sich beliebig fortsetzen. Eines haben all diese Punkte gemeinsam: Der Arbeitgeber hat den Wunsch, das Arbeitsverhältnis zu beenden. Aber aus mindestens ebenso vielen Gründen traut er sich nicht, die Beendigung des Arbeitsverhältnisses offen anzusprechen: Die Kündigungsfrist der Führungskraft ist zu lang, es gibt keinen wirklichen Kündigungsgrund, aufgrund der langen Betriebszugehörigkeit fürchtet er hohe Abfindungsforderungen oder die erforderliche Beteiligung des Sprecherausschusses oder Betriebsrats ist ihm ein Graus.

C. Abeln, *Handbuch für Führungskräfte*,
DOI 10.1007/978-3-658-04029-1_6, © Springer Fachmedien Wiesbaden 2014

Natürlich markiert nicht jede Aufgabenänderung den Anfang vom Ende eines Arbeitsverhältnisses. Gerade Führungskräfte verbringen selten die gesamte Zeit ihres Arbeitslebens in derselben Funktion. Sidesteps, Beförderungen, Auslandsentsendungen und Projektaufgaben bringen einerseits Abwechslung, andererseits gehen sie immer mit der Änderung des Aufgabenbereichs einher. Konflikte entstehen, wenn der Tätigkeitswechsel nach dem Empfinden der Führungskraft ein „Abstieg" ist oder der Mitarbeiter sich auf ein Abstellgleis geschoben sieht.

Aus unserer Erfahrung sind Aufgabenänderungen und Versetzungen eine der Hauptstreitigkeiten. Hierzu gehört auch der schleichende Entzug von Aufgaben und Kompetenzen, die sogenannte Entleitung. Leider kommen viele Führungskräfte während des Laufs ihrer Karriere mindestens einmal in den zweifelhaften „Genuss" einer solchen unerwünschten Versetzung.

Für die betroffenen Mitarbeiter bricht dann oft eine Welt zusammen, weil nach ihrem Empfinden plötzlich ihre Aufopferung und Loyalität für den Arbeitgeber mit Füßen getreten wird. Es sollte daher für jede Führungskraft zum Grundwissen gehören, welche Rechte sie in derartigen Situationen hat und wie sie sich taktisch am klügsten verhält. Falsch verstandene Loyalität kann in dieser Situation für die Führungskraft eine monate- oder jahrelange quälende Entwicklung bedeuten, an deren Ende der berufliche Scherbenhaufen steht.

Es gilt daher, frühzeitig Warnsignale und taktische Manöver des Arbeitgebers zu erkennen. Dieses Kapitel unterstützt die Führungskraft dabei, sich adäquat vorzubereiten und in Konfliktsituationen einen kühlen Kopf zu bewahren. Hierzu ist es wichtig, die Grundzüge des arbeitgeberischen Weisungsrechts (das sogenannte Direktionsrecht) und deren Grenzen zu kennen.

## 6.1  Status quo – der Arbeitsvertrag und der aktuelle Arbeitsplatz

Jeder Arbeitnehmer hat einen Arbeitsvertrag, entweder mündlich oder schriftlich.

▶   **Tipp** Unbefristete Arbeitsverträge dürfen mündlich geschlossen werden. Befristete Arbeitsverträge müssen nach § 14 Abs. 4 Teilzeit- und Befristungsgesetz (TzBfG) schriftlich abgeschlossen werden, sonst ist es ein unbefristetes Arbeitsverhältnis (§ 16 TzBfG). Der Arbeitgeber wird durch das Nachweisgesetz verpflichtet, dem Arbeitnehmer spätestens einen Monat nach Beginn des Arbeitsverhältnisses die wesentlichen Vertragsbedingungen schriftlich mitzuteilen. Macht er das nicht, kann das in Gerichtsprozessen für den Arbeitgeber nachteilig werden, weil er dann bestimmte für ihn günstige Vertragsregeln nicht nachweisen kann.

Die Arbeitsaufgaben und Tätigkeitsbereiche von Führungskräften sind in schriftlichen Arbeitsverträgen selten konkret beschrieben. Dafür lassen sich regelmäßig sogenannte Änderungs- oder Versetzungsklauseln finden, die dem Arbeitgeber das Recht geben sollen, dem Mitarbeiter andere Aufgaben zuzuweisen.

Fehlende Aufgabenbeschreibungen haben einen Grund: Der Arbeitgeber möchte sich bei seiner Führungskraft nicht von vornherein auf einen bestimmten Aufgabenbereich festlegen, um flexibel zu bleiben. Oft werden die Arbeitsaufgaben nur mündlich besprochen oder es wird lediglich der Titel (beispielsweise „Direktor", „Mitglied im Managementkreis") am Anfang des Arbeitsvertrags aufgenommen. Ein Titel ist normalerweise keine Aufgabe oder Funktion; er wird im Zusammenhang mit bestimmten Aufgaben oder als Auszeichnung verliehen. In manchen Unternehmen dient der Titel auch lediglich der Illustration aus historischen Gründen gegenüber dem Kunden, etwa im Bankenbereich.

In fast jedem Arbeitsvertrag einer Führungskraft findet sich außerdem eine sogenannte „Versetzungsklausel". In älteren Verträgen heißt es dann oft lapidar: „Der Arbeitgeber behält sich das Recht vor, dem Mitarbeiter andere zumutbare Tätigkeiten zuzuweisen." In neueren Verträgen (seit 2002) sind häufiger komplexere Klauseln zu finden, von denen wir einige in dem Abschnitt „Erweitertes Direktionsrecht" unter 6.3.2.2 vorstellen möchten. Diese Versetzungsklauseln haben eines gemeinsam: Der Arbeitgeber möchte seine Mitarbeiter möglichst breit gefächert einsetzen und betont diesen Wunsch im Arbeitsvertrag.

Jede Führungskraft sollte wissen: Nur weil der Arbeitgeber den Wunsch hat, seine Mitarbeiter vielfältig einzusetzen, bedeutet dies nicht, dass er auch das Recht hat. Viele Versetzungsklauseln genügen nämlich nicht den heutigen Anforderungen des Gesetzes und der Rechtsprechung. Ein vom Arbeitgeber einseitig gestellter Arbeitsvertrag ist nach deutschem Recht eine Allgemeine Geschäftsbedingung, die der gesetzlichen und gerichtlichen Kontrolle unterliegt. Allgemeine Geschäftsbedingungen (kurz: AGB) sind Vertragsbedingungen, die vom Arbeitgeber einseitig vorgegeben werden. Dies ist dann immer der Fall, wenn einzelne Klauseln nicht individuell ausgehandelt sind oder vom Arbeitgeber ernsthaft zur Verhandlung gestellt werden. In den wenigsten Fällen wird ein Arbeitgeber über eine Versetzungs-/Direktionsrechtsklausel verhandeln, sodass diese Klauseln praktisch immer als Allgemeine Geschäftsbedingungen gelten.

Solche AGB müssen verständlich sein und dürfen den Arbeitnehmer nicht unangemessen benachteiligen. Unklarheiten gehen immer zulasten des Arbeitgebers. Ist auch nur ein Teil der Klausel unwirksam, reißt dieser unwirksame Teil meist auch die gesamte Rest-Klausel mit in den „Abgrund".

## 6.2   Einvernehmliche Aufgabenänderungen

Will ein Arbeitgeber die Aufgaben eines Mitarbeiters ändern, sollte er zunächst an diesen herantreten und ihm diesen Wunsch mitteilen. Vielleicht erkennt der Mitarbeiter eine Karrierechance oder die Möglichkeit einer interessanten Abwechslung. Doch auch wenn das Angebot des Arbeitgebers attraktiv klingt, empfiehlt sich eine eingehende Prüfung der Aufgabenänderung. Handelt es sich etwa um ein befristetes Projekt, muss geklärt werden, wie lang dieses Projekt realisiert werden soll und zu welchen Bedingungen der Mitarbeiter aussteigen kann. Sehr wichtig ist, die Rückkehroption zu klären. Dabei darf sich die Führungskraft nicht allein auf herzliche Worte und Lippenbekenntnisse verlassen, sondern sollte auch in Zeiten voller Einvernehmlichkeit darauf bestehen, diese Punkte vertraglich zu fixieren. Oft lassen sich anfangs die Konsequenzen einer einvernehmlichen Aufgabenänderung nicht völlig abschätzen. Dies ist zu einem gewissen Maß normal, doch wenn der Arbeitnehmer auch nur leichte Unsicherheit verspürt, sollte er seinen Arbeitgeber hierzu ansprechen. Ein Arbeitgeber, der nach einem gewissen Maß an Führungsleitsätzen lebt, wird die Bedenken seiner Führungskraft ernst nehmen und versuchen, diese in einem Gespräch (besser: schriftlich!) auszuräumen. Wer im Hintergrund fachanwaltlich beraten wird, kann sich auch bereits in guten Zeiten auf etwaige Krisen vorbereiten oder Fallstricke erkennen, die er sonst nicht entdeckt hätte.

Geschieht die Aufgabenänderung des Mitarbeiters einvernehmlich, braucht der Arbeitgeber sich nicht auf die Versetzungsklausel zu berufen. Denn beide sind sich einig, dass der Arbeitnehmer die neue Funktion übernehmen wird. Der Arbeitnehmer kann allerdings eine einmal vertraglich vereinbarte Versetzung kaum gerichtlich angreifen oder gar rückgängig machen. Hierfür müsste er vom Arbeitgeber über den Inhalt der neuen Aufgabe bewusst getäuscht oder von ihm gar bedroht worden sein.

Stellt sich die neue Aufgabe als nicht attraktiv heraus, ist der Weg zurück zu der alten Position oft versperrt, wenn die Vertragsänderung erst einmal unterschrieben ist. Auch vor einem Arbeitsgericht lässt sich der Weg zurück dann nicht mehr erstreiten.

Bevor eine Führungskraft eine neue Aufgabe übernimmt, sollte sie sich genau ansehen, was sich ändern wird. Arbeitgeber erliegen leider immer wieder der Versuchung, gemeinsam mit der Aufgabenänderung auch andere Vertragsbestandteile ändern zu wollen. Ein Beispiel aus der Praxis: Wer nicht aufpasst, hat plötzlich anstelle einer Kündigungsfrist von sechs Monaten zum Quartalsende eine kürzere Kündigungsfrist von sechs Monaten zum Monatsende oder nur noch von drei Monaten. Je nach Kündigungstermin im Jahr kann dies eine erhebliche Verkürzung der Kündigungsfrist bedeuten. Weiterhin ändern sich oft auch die variablen Vergütungsbestandteile. Es müssen aufgrund der neuen Aufgabe neue Zielvereinbarungen abgeschlossen werden. Wird nicht genau aufgepasst, kann das Bruttoeinkommen hierdurch absinken. Da der Arbeitgeber Versetzungen gern nutzt, um den Ausstieg seiner Mitarbeiter vorzubereiten, ist besondere Aufmerksamkeit gefordert. Wird man auf eine Solitärfunktion gesetzt, also eine Stelle, die es nur einmal im Unternehmen gibt, kann diese Stelle aufgrund einer „Umstrukturierung" gestrichen werden und der Arbeitsplatz des Mitarbeiters wegfallen. Da es aufgrund der Einzigartigkeit der Funktion keine vergleichbaren Mitarbeiter im Unternehmen mehr gibt, muss der Arbeitgeber im für den Mitarbeiter schlimmsten Fall bei einer betriebsbedingten Kündigung keine Sozialauswahl mehr durchführen. Wäre der Mitarbeiter auf seiner bisherigen Funktion geblieben, wäre er vermutlich mit den anderen Führungskräften auf seiner Ebene vergleichbar gewesen, und der Arbeitgeber hätte im Falle einer betriebsbedingten Kündigung eine Sozialauswahl zwischen den Mitarbeitern vornehmen müssen. Er hätte also prüfen müssen, wer von den Führungskräften sozial weniger schutzbedürftig ist und gekündigt werden kann. Zwar lassen sich derart konstruierte Rausschmisse im Nachhinein erkennen und auch gerichtlich anfechten. Allerdings ist die Führungskraft erst einmal in einer defensiven Position und muss sich den Weg zurück ins Unternehmen (oder zur Abfindung) erst langwierig und kostspielig erkämpfen.

Es gilt daher: Jede dauerhafte Aufgabenänderung bedarf aufseiten der Führungskraft ein genaues Abwägen der Folgen. Dies gilt auch für vorübergehende Aufgabenänderungen, bei denen das Ende offen ist oder wenn die Rückkehrmöglichkeit in den früheren Job auch nur geringste Zweifel hervorruft.

Hier sind einige Punkte, die jede Führungskraft aus arbeitsrechtlicher Sicht beachten sollte, wenn Aufgabenänderungen anstehen:

- Was ist der Grund für die Aufgabenänderung? Ist die Begründung des Arbeitgebers nachvollziehbar?
- Handelt es sich um eine dauerhafte oder nur um eine vorübergehende Aufgabenänderung?
- Gibt es eine Rückkehroption im Falle einer vorübergehenden Aufgabenänderung?
- Ändern sich die Berichtslinie oder die Hierarchieebene?
- Ändert sich die Personalverantwortung (fachlich oder disziplinarisch?)
- Wie viele vergleichbare Mitarbeiter gibt es vorher/nachher?
- Gibt es eine Stellenbeschreibung? Wie sehen die neuen Aufgaben konkret aus?
- Ändert sich die Teilhabe an der unternehmerischen Kommunikation? (Das Abschneiden von Kommunikationskanälen ist ein häufiges Anzeichen für ein Abdrängen auf das arbeitsrechtliche „Abstellgleis".)
- Ändern sich Gehaltshöhe oder Gehaltszusammensetzung?
- Sind Änderungen im Bereich der variablen Vergütungsbestandteile zu erwarten?
- Ändert sich die Dienstwagenberechtigung?
- Bleibt der Status als leitender Angestellter (nach Ansicht des Unternehmens) erhalten?
- Welche Klauseln des Arbeitsvertrags sollen geändert werden (besonders auf Kündigungsfristen achten!)
- Wird die bisherige Vereinbarung zur betrieblichen Altersversorgung angetastet?
- Welche Einarbeitungszeit und Einarbeitungsmechanismen gibt es?
- Gibt es für die bisherige Aufgabe ein Zwischenzeugnis? Falls ja, muss dieses konkret und verbindlich vereinbart werden.
- Gibt es bei geografischer Veränderung Umzugsbeihilfen und Relocation-Angebote (Kita, Schule, Arbeitsplatz, Wohnung, Arbeitsplatz für Partner)?

Dies sind nur einige Punkte, die bei der Abwägung einer neuen Aufgabe beachtet werden wollen. Ihre Gewichtung verschiebt sich je nach Lebenssituation. Jeder Arbeitnehmer muss ferner prüfen, welche Folgen sich für ihn ergeben, wenn er das „Angebot" seines Arbeitgebers ausschlägt.

Noch einmal der Hinweis: Hat sich die Führungskraft erst einmal auf die neue Aufgabe mit dem Arbeitgeber geeinigt, ist der Weg zurück oft verwehrt.

Die Abwägung über die einvernehmliche Übernahme neuer oder anderer Verantwortungsbereiche sollte daher niemand ohne professionelle und objektive Beratung selbst
vornehmen. Andererseits kann ein einvernehmlicher Aufgabenwechsel für beide Vertragspartner psychologisch vorteilhaft sein, weil der Mitarbeiter die neue Aufgabe dann
möglicherweise leichter (weil freiwillig) annimmt und der Arbeitgeber einen Konflikt vermieden hat.

## 6.3    Einseitige Aufgabenänderungen

Bei Führungskräften sind es weniger Kündigungen, über die man sich außergerichtlich
oder vor den Arbeitsgerichten streitet. Eines der Hauptgefechtsfelder sind vielmehr einseitige Aufgabenänderungen durch den Arbeitgeber. Die Gründe hierfür haben wir bereits
am Beginn dieses Kapitels aufgeführt.

Diese Aufgabenänderungen kommen vielgestaltig daher:

- fest terminierte Versetzungen mit klar umschriebenem neuen Aufgabenbereich,
- reiner Aufgabenentzug zu einem festen Termin ohne näher definierte Anschlussbeschäftigung wegen angeblicher Arbeitsmängel,
- schleichende Entleitung über einen längeren Zeitraum,
- Ausspruch einer Änderungskündigung,
- Umstrukturierung mit anschließendem „Bewerbungsprozess" auf die „neuen Funktionen" und dann Zuweisung einer neuen Aufgabe,
- Entzug der bisherigen Aufgabe, Zuweisung einer befristeten Projekttätigkeit mit der
  Aussage: „Danach schauen wir mal, ob wir was Passendes für Sie finden."

Dies sind nur wenige Beispiele, die in der Praxis jedoch häufig vorkommen. Während der
Fusion zweier deutscher Großbanken wurde jüngst das letztgenannte Modell gewählt. So
mussten Filialleiter (und andere Führungskräfte) sich nach der Fusion auf ihre bisherige
Stelle erneut bewerben und teilweise sogar ein Assessment-Center durchlaufen. Diejenigen, die den Bewerbungsprozess und das Assessment-Center nicht erfolgreich abgeschlossen haben, verloren teilweise ihren Posten als Filialleiter. Ihnen wurde vorgegaukelt, sie
seien nicht für den Posten als Filialleiter in der neuen Struktur geeignet und sollten sich
fortan mit anderen Aufgaben zufriedengeben oder das Unternehmen verlassen. Nicht wenige haben sich zum Sachbearbeiter herabstufen lassen. Damit verletzte das Unternehmen
die Arbeitsverträge der betroffenen Führungskräfte, denn es wäre verpflichtet gewesen, jedem einen gleichwertigen Arbeitsplatz anzubieten oder zuzuweisen. Ein Bewerbungsprozess oder Assessment-Center waren lediglich die Vehikel, mit denen man den betroffenen
Mitarbeitern einzureden versuchte, dass sie nicht geeignet für den Job seien, den sie bisher
erfolgreich – teilweise seit Jahrzehnten – ausgeübt hatten.

Für eine einseitige Aufgabenänderung durch den Arbeitgeber gibt es klare gesetzliche Regeln, an die er sich halten muss. Hier geht es um die Frage, welche Art von Beschäftigung der Mitarbeiter ausüben muss und wie weit das Weisungsrecht des Arbeitgebers geht.

## 6.3.1 Die Änderungskündigung

Sie ist zwar in der Praxis nicht die erste Wahl, aber für den Mitarbeiter das deutlichste Zeichen, dass der Arbeitgeber das Arbeitsverhältnis nicht wie gewohnt fortsetzen will: die Änderungskündigung. Zunächst einige Erläuterungen zum besseren Verständnis, was eine Änderungskündigung ist.

Sie besteht aus zwei Teilen: einer Kündigung des Arbeitsverhältnisses (1. Teil), verbunden mit dem Angebot des Arbeitgebers, das Arbeitsverhältnis zu geänderten Arbeitsbedingungen fortzusetzen (2. Teil).

Der Arbeitnehmer kann sich entscheiden, ob er nach Ablauf der Kündigungsfrist zu den neuen Bedingungen arbeiten will oder aber das Unternehmen verlässt. Akzeptiert er die neuen Arbeitsbedingungen nicht, bleibt nur die Kündigung übrig und das Arbeitsverhältnis endet nach Ablauf der Kündigungsfrist. Lehnt er das Änderungsangebot ab und klagt gegen die Kündigung, dann geht es in dem folgenden Kündigungsschutzprozess um die Frage, ob er künftig zu den alten Bedingungen weiterarbeiten darf oder ob die Kündigung das Arbeitsverhältnis beendet hat, weil der Arbeitnehmer ja in keinem Fall zu den geänderten Bedingungen arbeiten möchte. Der Arbeitnehmer trägt hier also das Risiko, dass er seinen Arbeitsplatz verliert, wenn sich vor Gericht herausstellt, die Änderung der Arbeitsbedingungen wäre gerechtfertigt gewesen.

Der Arbeitnehmer hat aber noch mehr Möglichkeiten, auf den Ausspruch einer solchen Kündigung zu reagieren. Er kann das Änderungsangebot des Arbeitgebers unter dem Vorbehalt annehmen, dass die Änderung der Arbeitsbedingungen „nicht sozial ungerechtfertigt" ist. Diesen Vorbehalt muss er allerdings innerhalb der Kündigungsfrist, spätestens jedoch innerhalb von drei Wochen nach Zugang der Kündigung gegenüber dem Arbeitgeber erklären (§ 2 Kündigungsschutzgesetz).

In beiden Fällen, in denen er entweder das Änderungsangebot endgültig ablehnt oder aber das Angebot nur unter dem Vorbehalt der sozialen Rechtfertigung annimmt, kann der Arbeitnehmer innerhalb von drei Wochen nach Zugang der Kündigung eine Kündigungsschutzklage beim Arbeitsgericht einreichen, wenn er sich die Möglichkeit offen halten will, die Kündigung gerichtlich überprüfen zu lassen.

▶ **Tipp** Es genügt nicht, einfach nur eine Kündigungsschutzklage zu erheben und den Vorbehalt in der Klage zu formulieren, denn entscheidend ist, dass der Arbeitgeber (nicht das Arbeitsgericht) innerhalb von drei Wochen den Vorbehalt erhält! Es sollte daher immer der Arbeitgeber angeschrieben werden und zugleich eine Kündigungsschutzklage eingereicht werden. Auch kann ein einmal erklärter Vorbehalt nicht mehr einseitig zurückgenommen werden.

Die Entscheidung für den Vorbehalt *kann* dem Arbeitnehmer einen taktischen Vorteil verschaffen, denn dieser Vorbehalt bedeutet, dass das Arbeitsverhältnis fortgesetzt wird. Es geht fortan nicht mehr um die Frage, ob die Kündigung gerechtfertigt war, sondern nur noch um die Frage, zu welchen Arbeitsbedingungen der Arbeitnehmer künftig arbeiten muss: Gewinnt er den Kündigungsschutzprozess, darf er zu den alten Arbeitsbedingungen weiterarbeiten. Verliert er, muss er sich den neuen Arbeitsbedingungen beugen und zu den neuen Bedingungen arbeiten. In dem Gerichtsverfahren geht es dann nur noch um die Frage, ob die Änderung der Arbeitsbedingungen gerechtfertigt war oder ob es vielleicht mildere oder andere Mittel (Versetzung!) gegeben hätte. Richtigerweise sollte das Klageverfahren denn auch nicht „Kündigungsschutzprozess", sondern „Änderungsschutzprozess" heißen. Wenn der Arbeitnehmer sich nicht 100-prozentig sicher ist, ob die Änderung der Arbeitsbedingungen nicht doch gerechtfertigt sein könnte, dann bietet sich die Vorbehaltsvariante als Sicherheitspuffer an – das Arbeitsverhältnis ist gesichert, nur die Art der Beschäftigung unklar.

Diese Variante hat jedoch leider auch einen taktischen Nachteil für die Arbeitnehmer: Nach Ablauf der Kündigungsfrist muss er erst einmal zu den neuen Arbeitsbedingungen arbeiten, auch nach einem erstinstanzlichen Urteil zu seinen Gunsten! Denn erst, wenn es ein rechtskräftiges – also nicht mehr anfechtbares – Urteil gibt, steht fest, ob der Arbeitnehmer zu den alten oder den neuen Arbeitsbedingungen arbeiten muss. Rechtskräftig wird ein erstinstanzliches Urteil aber erst, wenn der Verlierer nicht in die Berufung geht. Dafür hat er einen Monat Zeit. Die Uhr läuft allerdings nicht schon ab dem Tag der Urteilsverkündung, sondern erst ab dem Tag, an dem ihm das schriftlich begründete Urteil zugestellt wird. Dies kann – je nach Arbeitsgericht – einige Wochen bis Monate dauern. Kommt es dann noch zu einem Berufungsverfahren vor dem Landesarbeitsgericht, kann leicht noch einmal ein Dreivierteljahr oder mehr ins Land gehen, bis es eine Entscheidung gibt. Somit kann es geschehen, dass der Mitarbeiter bereits seit vielen Monaten die neuen, ungeliebten Aufgaben ausführen muss, obwohl er in erster Instanz bereits gewonnen hat.

Ein Arbeitnehmer, der hingegen von vornherein die Änderung der Arbeitsbedingungen durch die Änderungskündigung rundheraus ablehnt und gegen die Kündigung klagt, darf auch nach Ablauf der Kündigungsfrist zu den alten Arbeitsbedingungen arbeiten oder – je nach Situation – zu Hause bleiben. Dieses Vorgehen ist jedoch weitaus risikoreicher. Denn wenn das Arbeitsgericht feststellt, dass die Änderung der Arbeitsbedingungen in Ordnung war, endet das Arbeitsverhältnis, weil der Arbeitnehmer nicht bereit war, alternativ zu den neuen Bedingungen zu arbeiten.

Der Arbeitnehmer steckt also in einem Dilemma – da die meisten Führungskräfte ihrem Beruf zum Broterwerb und zur Bestreitung ihres Lebensunterhalts nachgehen, können Sie sich risikoreiche Entscheidungen in Bezug auf ihr Arbeitsverhältnis nicht leisten. Im Zweifel werden sie sich daher für die sichere Vorbehaltsvariante entscheiden müssen, um ihre Einkommensquelle nicht zu riskieren.

Die Arbeitgeber kennen dieses Dilemma genau und können es gezielt einsetzen, um Mitarbeiter unter Druck zu setzen. Da kaum ein Arbeitnehmer eine Änderungskündigung rundheraus ablehnt (von wenigen Ausnahmen einmal abgesehen), bleibt ihm nur die Annahme der Änderungen oder die Annahme der Änderungen unter dem beschriebenen Vorbehalt. Nimmt er ohne Vorbehalt an, freut sich der Arbeitgeber, denn er lässt seinen Mitarbeiter künftig nach den neuen Bedingungen arbeiten. Nimmt der Arbeitnehmer mit Vorbehalt an, freut sich der Arbeitgeber ebenfalls, denn auch dann arbeitet der Mitarbeiter künftig zu den neuen Bedingungen und muss nebenher noch einen Prozess vor dem Arbeitsgericht führen. Solange der Prozess nicht rechtskräftig beendet ist, arbeitet der Mitarbeiter ebenfalls in der neuen Funktion, sogar wenn er in der ersten Instanz bereits gewonnen hat. Hier ist der Punkt, an dem der Arbeitgeber Druck aufbauen kann: Durch geschicktes Agieren ist es ihm möglich, den Prozess vor dem Arbeitsgericht und Landesarbeitsgericht erheblich zu verzögern. Die Uhr läuft gegen den Arbeitnehmer, und er hat nur wenige bis keine Möglichkeiten, den Prozess von sich aus zu beschleunigen. Im ungünstigsten Fall muss er mehrere Jahre auf der neuen Funktion arbeiten, sodass eine Rückkehr am Ende möglicherweise trotz Sieg vor dem Arbeits- und Landesarbeitsgericht ausgeschlossen ist. Gerade in Führungspositionen bedeutet eine „Auszeit" von einem Jahr und mehr auch das faktische Aus für die Führungskraft. Somit bleibt der Mitarbeiter trotz Sieg vor den Arbeitsgerichten auf der Strecke.

**Rechtsprechungshinweis**

Das Bundesarbeitsgericht (BAG) hat kein Problem damit und meint seit jeher, dass Arbeitnehmer, die eine Änderungskündigung unter Vorbehalt annehmen damit signalisieren, die Weiterbeschäftigung zu geänderten Bedingungen sei für sie zumutbar (so beispielsweise das BAG in seinem Urteil vom 25. September 2009 - *2 AZR 844/07*). Das Bundesarbeitsgericht verschließt mit dieser Haltung die Augen vor der Realität und gibt den Arbeitgebern ohne Beachtung der Folgen ein Mittel in die Hand, mit dem sie den effektiven Kündigungsschutz aushebeln können.

Inzwischen gibt es jedoch vereinzelt Arbeitsgerichte, die sich der Auffassung des Bundesarbeitsgerichts entgegenstellen. Hierzu gehört das Arbeitsgericht Hamburg, das in einer Entscheidung vom 17. September 2009 (*17 Ca 179/09*) entschieden hat, dass ein Arbeitnehmer auch nach Ablauf der Kündigungsfrist und nach erstinstanzlich positiver Entscheidung nicht zu den geänderten, sondern grundsätzlich zu den bisherigen Arbeitsbedingungen weiterzubeschäftigen ist.

Damit verliert der Arbeitgeber ein erhebliches Druckmittel und kann die Änderungskündigung schlechter als taktisches Mittel einsetzen. Das Arbeitsgericht Hamburg hält es nicht für interessengerecht, wenn der Arbeitnehmer trotz gewonnenem Prozess zu den geänderten Arbeitsbedingungen arbeiten muss. Der Arbeitnehmer ist nicht irgendwie weiterzubeschäftigen, sondern zu den bisherigen arbeitsvertraglichen Bedingungen. Wenn ein Arbeitnehmer die Änderung unter dem Vorbehalt der Rechtmäßigkeit annimmt, dann geschieht dies regelmäßig aus dem Grund, weil ihm dieses Vorgehen als rechtssicherer erscheint. Denn bei der Vorbehaltsannahme sind die geänderten Arbeitsbedingungen

im ungünstigsten Fall wirksam, dagegen verliert der Arbeitnehmer bei der rigorosen Ablehnung der Änderungen im ungünstigsten Fall seinen Arbeitsplatz. Es gibt auch keinen
Grund, einen risikobereiteren Arbeitnehmer, der ein Änderungsangebot ablehnt, gegenüber einem risikobewussten Arbeitnehmer zu bevorzugen, der das Angebot nur unter
einem Vorbehalt angenommen hat. Das Urteil des Arbeitsgerichts Hamburg ist sehr le-
senswert und ein positives Beispiel für eine Justiz, die sich ernsthaft mit der effektiven
Interessenwahrnehmung der Arbeitnehmer befasst. Das grundsätzliche Verständnis des
Kündigungsschutzgesetzes ist das eines Arbeitnehmerschutzgesetzes. Es dient nicht dem
Arbeitgeberschutz. Deshalb sollte das BAG seine Rechtsprechung zu der vorstehenden
Problematik überdenken und revidieren.

Die Änderungskündigung hat für Arbeitgeber nicht nur Vorteile: Sie bringt fast zwangs-
läufig ein arbeitsgerichtliches Verfahren mit sich und damit auch Prozesskosten und ein
Prozessrisiko. Außerdem muss ein Arbeitgeber beim Ausspruch der Änderungskündigung
die gesetzliche oder vertragliche Kündigungsfrist des Mitarbeiters beachten. Meist scheu-
en Arbeitgeber genau aus diesem Grund den Griff zur Kündigung. Die geplante Aufgabenänderung soll meist zügig vonstattengehen – mit einer Änderungskündigung kann die
Aufgabenänderung in den meisten Fällen jedoch erst nach Ablauf der Kündigungsfrist in
Kraft treten. Weitere Gründe für die relative Unbeliebtheit der Änderungskündigung bei
Arbeitgebern sind die begrenzten Einsatzmöglichkeiten, da stets ein Kündigungsgrund im
Sinne des Kündigungsschutzgesetzes vorliegen muss. Die Kündigung muss also entweder
aus betriebsbedingten, seltener aus personenbedingten oder verhaltensbedingten Gründen erfolgen. Es ist also nicht möglich, eine Änderungskündigung auszusprechen, wenn
die Arbeitsaufgaben des Mitarbeiters gar nicht wegfallen. Ebenso wenig ist es erlaubt, lediglich zur Gehaltsreduzierung zu kündigen oder zur Änderung der Gehaltsstruktur, nur
weil man es gern möchte. Stets muss ein relevanter Änderungsgrund vorliegen, und der
Arbeitgeber muss diesen Grund vor Gericht auch beweisen können, sonst verliert er.

Arbeitgeber erliegen oft der Versuchung, zusammen mit der eigentlichen Änderung
der Arbeitsbedingungen auch andere Vertragsbestandteile zu ändern. Es kommt immer
wieder vor, dass beispielsweise die Vergütung und Urlaubstage gekürzt werden sollen oder
der Dienstwagen wegfallen oder eine Klasse geringer ausfallen soll. Was anwaltlich nicht
beratene Arbeitgeber oft nicht wissen: Für jede einzelne Änderung muss ein Kündigungsgrund gemäß des KSchG gegeben sein, also zum Beispiel ein betriebsbedingter Grund
vorliegen. Ist nur eine Änderung unwirksam, ist die ganze Änderungskündigung hinfällig.

Ferner produziert eine Änderungskündigung höhere Kosten, da in einem arbeitsgerichtlichen Prozess jede Partei ihre außergerichtlichen Kosten (also Anwaltskosten beispielsweise) selbst tragen muss, auch wenn sie gewinnt (§ 12a Arbeitsgerichtsgesetz). Die
höheren Kosten entstehen deshalb, weil ein Arbeitnehmer durch den Ausspruch einer
Kündigung sich fast immer genötigt sieht, eine Klage gegen die Kündigung einzureichen
(§ 4 Kündigungsschutzgesetz). Hierfür hat er nur drei Wochen seit Zugang der Kündigung
Zeit. Er wird also in vielen Fällen „pro forma" Klage einreichen, um diese Frist nicht zu
versäumen. Dadurch steigt das Kostenrisiko für den Arbeitgeber; und da eine betriebsbedingte Änderungskündigung an sehr strenge Voraussetzungen geknüpft ist, wagen nur

wenige Arbeitgeber diesen Schritt, sondern setzen lieber ein anderes Mittel ein, von dem sie sich mehr versprechen: die Versetzung.

## 6.3.2 Die Versetzung

Wir fassen alle einseitigen und dauerhaften (länger als einen Monat) Aufgabenänderungen als Versetzung zusammen. Hierunter fallen auch örtliche Umsetzungen, die Übertragung zusätzlicher Aufgaben, der Entzug von Arbeitsaufgaben sowie die (schleichende) Entleitung.

Sind sich Arbeitgeber und Arbeitnehmer über Änderungen im Arbeitsverhältnis uneins, so hat der Arbeitgeber die Möglichkeit, einseitig Anpassungen vorzunehmen und auch ohne Einverständnis des Mitarbeiters diese Anpassungen durchzusetzen. Gelegentlich wird der Mitarbeiter vorher konsultiert und um Zustimmung gebeten. Kündigt der Arbeitgeber Änderungen im Arbeitsbereich der Führungskraft an oder sind sie sogar schon angeordnet worden, so beginnt nun eine sensible Zeit, in der es aus Sicht des Arbeitnehmers gilt, keine Fehler zu machen.

▶ **Tipp** Aufgabenänderungen können sich mittel- und langfristig erheblich auf die Karriere der Führungskraft auswirken, auch wenn dies anfangs noch unrealistisch erscheinen mag. Es ist daher sehr wichtig, wesentliche Änderungen frühzeitig zu erkennen und adäquat darauf zu reagieren, um spätere Nachteile zu vermeiden.

Jeder Arbeitgeber, der einseitig die Arbeitsaufgaben seiner Mitarbeiter ändern möchte, benötigt hierfür ein Recht. Dieses Recht hat er nicht automatisch, nur weil er der Arbeitgeber ist. Ein solches Recht kann sich aus einem Gesetz ergeben oder aus dem Arbeitsvertrag. Man nennt es Weisungs- oder Direktionsrecht.

### 6.3.2.1 Änderungskündigung oder Direktionsrecht?

Bevor ein Arbeitgeber eine Kündigung aussprechen kann, muss er immer prüfen, ob er das gewünschte Resultat nicht auch auf anderem Wege erreichen kann. Er muss auch prüfen, ob es andere, mildere Mittel gibt, die er vor einer Kündigung einsetzen muss. Gegenüber einer Beendigungs- oder Änderungskündigung ist ein vorrangiges und milderes Mittel die Versetzung, also die Ausübung des arbeitgeberischen Weisungs- oder Direktionsrechts. Wenn der Arbeitgeber bereits nach dem Arbeitsvertrag oder dem Gesetz berechtigt ist, die gewünschte Aufgabenänderung durchzusetzen, braucht er keine Änderungskündigung auszusprechen, sondern kann die Aufgabenänderung einseitig anordnen. Eine trotzdem ausgesprochene Änderungskündigung ist unwirksam.

Als überflüssig gilt eine Änderungskündigung, wenn der Arbeitgeber sein Ziel, eine Änderung der Arbeitsbedingungen auf einfacherem Wege erreichen kann oder bereits erreicht hat. Diese Konstellation hat für den Kündigungsschutzprozess vor dem Arbeitsge-

richt erhebliche Bedeutung und führt zu einer seltsamen Situation für die Führungskräfte
und andere Arbeitnehmer.

**Rechtsprechungshinweis**

Das Bundesarbeitsgericht (*so zum Beispiel im Urteil vom 6. September 2007 – Akten-zeichen 2 AZR 368/06*) fragt danach, ob der Arbeitnehmer das Änderungsangebot des Arbeitgebers abgelehnt oder unter Vorbehalt angenommen hat. Lehnt der
Arbeitnehmer das Änderungsangebot ab, ist die überflüssige Änderungskündigung
unwirksam, weil sie als Kündigung unverhältnismäßig ist gegenüber dem einfache-
ren Weg des Direktionsrechts. Nimmt der Arbeitnehmer aber das Änderungsangebot
unter dem Vorbehalt an, geht es nicht mehr um die Beendigung des Arbeitsverhältnisses, sondern nur noch um die Frage, zu welchen Bedingungen der Arbeitnehmer
künftig arbeiten wird. Eine solche Kündigung ist nicht mehr unverhältnismäßig,
weil die Änderung der Arbeitsbedingungen bereits aufgrund des Arbeitsvertrags
und des arbeitgeberischen Direktionsrechts durchgesetzt werden konnte.

Die auf den ersten Blick absurde Folge daraus ist: Obwohl der Arbeitgeber eine überflüssige Kündigung in die Welt gesetzt hat, verliert der Arbeitnehmer das Kündigungsschutzverfahren, weil seine Klage unbegründet ist. Zwar behält er seinen Arbeitsplatz (allerdings zu
geänderten Bedingungen), aber gleichzeitig muss er die Kosten für seinen eigenen Rechtsanwalt und auch die Gerichtskosten in der ersten Instanz tragen.

Diese Herangehensweise des Bundesarbeitsgerichts und der Instanzgerichte ist schwer
verständlich, weil ein Arbeitnehmer mit einer unsinnigen Kündigung überzogen wird und
vorsichtshalber den Weg zum Gericht beschreitet. Das Gericht teilt ihm mit, die Kündigung sei überflüssig gewesen, aber trotzdem verliert der Arbeitnehmer. Der Arbeitnehmer
muss reagieren, denn wenn er gegen die Kündigung nicht gerichtlich innerhalb von drei
Wochen vorgeht, wird die Kündigung automatisch wirksam. Zwar kann der Arbeitnehmer
versuchen, seine Gesamtlage zu analysieren, *bevor* er klagt. Doch auch eine sorgfältige
Vorfeldprüfung lässt beim Arbeitnehmer immer noch das Risiko, eine Klage einreichen zu
müssen, die mit großer Gewissheit nur Kosten produziert, wohingegen das Risiko für den
Arbeitgeber mit einer überflüssigen Änderungskündigung gegen null tendiert. Ohne fach-
kundige Beratung ist es für eine Führungskraft nicht möglich, die eigene Vertragssituation
richtig einzuschätzen. Es ist daher wichtig, frühzeitig die eigenen Chancen zu erkennen
und zügig auf „Angebote" des Arbeitgebers zu reagieren.

### 6.3.2.2   Das Direktionsrecht

Ist der Arbeitnehmer mit der anstehenden Aufgabenänderung nicht einverstanden, muss
der Arbeitgeber Möglichkeiten suchen, die geplante Aufgabenänderung einseitig durchzusetzen. Dafür steht ihm sein Weisungsrecht („Direktionsrecht") zur Verfügung, um sein

Ziel zu erreichen. Man unterscheidet gemeinhin zwischen dem allgemeinen und dem besonderen, vertraglich erweiterten Direktionsrecht.

Was ist das Direktionsrecht? Arbeitgeber und Arbeitnehmer sind durch einen Arbeitsvertrag verbunden. Aus dem Vertrag resultieren für beide Seiten Verpflichtungen. Diese Verpflichtungen werden üblicherweise in die Kategorien Haupt- und Nebenpflichten eingeteilt. Die Hauptpflichten aus dem Arbeitsvertrag sind die Arbeitspflicht des Arbeitnehmers und die Pflicht des Arbeitgebers, den Arbeitnehmer für die Arbeit zu bezahlen. Einhergehend mit der Arbeitspflicht des Arbeitnehmers gibt das Direktionsrecht dem Arbeitgeber die Möglichkeit, diese Arbeitspflicht näher und flexibel auszugestalten.

**Allgemeines Direktionsrecht**

Der Ausgangspunkt für dieses arbeitgeberische Weisungsrecht ist § 106 Gewerbeordnung (GewO). Diese Vorschrift gestattet dem Arbeitgeber, Inhalt, Ort und Zeit der Arbeitsleistung näher zu bestimmen, soweit diese Arbeitsbedingungen nicht schon durch den Arbeitsvertrag (oder Tarifvertrag, Betriebsvereinbarungen oder Gesetz) näher bestimmt sind. Je genauer der Arbeitsvertrag die Aufgaben des Arbeitnehmers bereits umschreibt, umso geringer wird der Spielraum des Arbeitgebers, dem Arbeitnehmer auch andere Aufgaben zuweisen zu können.

Führungskräfte müssen flexibel eingesetzt werden. Arbeitsverträge von Führungskräften umschreiben deshalb die Arbeitsbedingungen regelmäßig nur sehr allgemein oder gar nicht. Damit kann der Arbeitgeber durch § 106 GewO die Arbeitsleistung nach Inhalt, Zeit und Ort näher bestimmen. Dies ist im Grunde eine Selbstverständlichkeit, doch hat der Gesetzgeber es für nötig erachtet, diese Selbstverständlichkeit zur Klarstellung in Gesetzesform zu bringen.

Der Arbeitgeber ist aufgrund des Nachweisgesetzes verpflichtet, dem Arbeitnehmer innerhalb von einem Monat nach Beginn des Arbeitsverhältnisses die wesentlichen Vertragsbedingungen schriftlich mitzuteilen (§ 2 NachwG). Dazu gehören:

- der Name und die Anschrift der Vertragsparteien,
- der Zeitpunkt des Beginns des Arbeitsverhältnisses,
- bei befristeten Arbeitsverhältnissen: die vorhersehbare Dauer des Arbeitsverhältnisses,
- der Arbeitsort oder, falls der Arbeitnehmer nicht nur an einem bestimmten Arbeitsort tätig sein soll, ein Hinweis darauf, dass der Arbeitnehmer an verschiedenen Orten beschäftigt werden kann,
- eine kurze Charakterisierung oder Beschreibung der vom Arbeitnehmer zu leistenden Tätigkeit,
- die Zusammensetzung und die Höhe des Arbeitsentgelts einschließlich der Zuschläge, der Zulagen, Prämien und Sonderzahlungen sowie anderer Bestandteile des Arbeitsentgelts und deren Fälligkeit,
- die vereinbarte Arbeitszeit,
- die Dauer des jährlichen Erholungsurlaubs,
- die Fristen für die Kündigung des Arbeitsverhältnisses,

- ein in allgemeiner Form gehaltener Hinweis auf die Tarifverträge, Betriebs- oder Dienstvereinbarungen, die auf das Arbeitsverhältnis anzuwenden sind.

Bei der Ausübung seines Direktionsrechts muss der Arbeitgeber immer das sogenannte
billige Ermessen beachten. Er darf also keine willkürlichen Anordnungen treffen („freies Ermessen"), sondern muss die Interessen und Rechte des Arbeitnehmers bei der Wahl
seiner Anordnung immer berücksichtigen. Vor seiner Anordnung muss er die Umstände
des Einzelfalles abwägen und die beiderseitigen Interessen angemessen berücksichtigen.
Wenn man prüfen will, ob eine Aufgabenänderung rechtmäßig ist, muss zunächst der
Arbeitsvertrag überprüft werden. Findet sich in dem Arbeitsvertrag keine Aufgabenbe-
schreibung, dann kann der Arbeitgeber unter Berücksichtigung des § 106 Gewerbeordnung die Arbeitsleistung näher bestimmen.

**Erweitertes Direktionsrecht**
Sind die Arbeitsaufgaben oder die Funktionsbezeichnung der Führungskraft im Arbeitsvertrag oder an anderer Stelle konkret vereinbart, kann der Arbeitgeber zur Änderung dieser Aufgaben sich nicht mehr auf sein allgemeines Direktionsrecht berufen. Er kann dann
nur die bestehende Aufgabe konkretisieren, aber keine anderen Arbeitsaufgaben zuweisen.
Will er dem Arbeitnehmer andere Aufgaben zuweisen, die nicht mehr der Beschreibung im Arbeitsvertrag entsprechen, bedarf es einer vertraglichen Regelung, die es dem
Arbeitnehmer gestattet, einseitige Aufgabenänderungen anzuordnen. Ein solcher Ände-
rungsvorbehalt beschreibt das erweiterte Direktionsrecht des Arbeitgebers. Er wird land-
läufig als „Versetzungsklausel" bezeichnet. Der Arbeitgeber muss sich im Arbeitsvertrag
die Änderung der Arbeitsaufgaben ausdrücklich vorbehalten. Nur dann kann er dem Angestellten andere Arbeiten auferlegen, die nicht mehr vom allgemeinen Direktionsrecht
umfasst sind. Gibt es eine solche Erweiterung des Direktionsrechts nicht, kann der Arbeitgeber den Arbeitnehmer nicht einseitig auf eine andere Stelle versetzen. Er muss dann auf
eine Änderungskündigung zurückgreifen oder sich mit dem Arbeitnehmer einigen.
Typische Direktionsrechtsklauseln sind:

> Der Arbeitgeber darf dem Arbeitnehmer innerhalb des Unternehmens jederzeit eine andere,
> gleichwertige Tätigkeit zuweisen.
> Die Bank ist berechtigt, der Mitarbeiterin innerhalb der Bank eine andere als in § [...]
> genannte Aufgabe zu übertragen und/oder sie auf einen anderen Arbeitsplatz an einem
> anderen als in § [...] genannten Tätigkeitsort umzusetzen. Diese Rechte werden auch durch
> längere Tätigkeit der Mitarbeiterin in ein und demselben Aufgabenbereich oder an ein und
> demselben Tätigkeitsort nicht beschränkt. Bei der Übertragung einer anderen Aufgabe und/
> oder der Umsetzung an einen anderen Tätigkeitsort werden die beruflichen Erfahrungen,
> Fähigkeiten und Kenntnisse sowie wichtige persönliche Belange angemessen berücksichtigt.
> Das Unternehmen behält sich vor, Ihnen eine andere zumutbare Tätigkeit zuzuweisen.
> Der Arbeitgeber ist berechtigt, dem Arbeitnehmer anderweitige, seinen Fähigkeiten und
> Kenntnissen entsprechende gleichwertige Tätigkeiten zu übertragen.
> Der Arbeitgeber ist berechtigt, dem Arbeitnehmer dauerhaft eine geringerwertige Tätigkeit
> zuzuweisen. Die vereinbarte Vergütung bleibt davon unberührt.

Es gibt unzählige derartige Vertragsklauseln, die alle den Zweck haben, dem Arbeitgeber größtmögliche Flexibilität bei der Zuweisung neuer Arbeitsaufgaben zu ermöglichen.

Diese Versetzungsklauseln haben jedoch ein großes Problem: Wo ist die Grenze zwischen erlaubter Aufgabenänderung und einem unzulässigen einseitigen Eingriff in das vertragliche Gleichgewicht? Bei Abschluss des Arbeitsvertrags haben sich Arbeitgeber und Arbeitnehmer auf Vertragsbedingungen geeinigt, zu denen beide arbeiten wollen. Der Arbeitnehmer weiß in der Regel, für welche Tätigkeit er eingestellt wurde und welche Arbeiten im Großen und Ganzen auf ihn zukommen. Dafür wird er vom Arbeitgeber vergütet. Leistung (Arbeit) und Gegenleistung (Lohn) stehen in einem direkten Austauschverhältnis und sollen ausgewogen sein.

Die hier vorgestellten Versetzungsklauseln wollen dem Arbeitgeber ermöglichen, die ursprünglich vereinbarte vertragliche Arbeitsleistung des Arbeitnehmers zu ändern. Der Arbeitgeber kann bei Vertragsschluss nicht immer abschätzen, welche Arbeitsaufgaben sich in den nächsten Jahren ergeben werden. Führungskräfte arbeiten erfahrungsgemäß nicht 20 oder mehr Jahre in ein und derselben Funktion. Die Gestalt der Branchen ändert sich, ebenso ändern sich die Anforderungen an die Arbeitsaufgaben einer Führungskraft. Dadurch und durch den arbeitsvertraglichen Versetzungsvorbehalt entsteht aufseiten des Arbeitnehmers eine Unsicherheit. Er weiß nicht mehr, welche Arbeiten möglicherweise für ihn künftig in Frage kommen. Die Führungskraft ist üblicherweise recht flexibel und bereit, neue Herausforderungen anzunehmen. Doch jede Führungskraft ist auch bestrebt, ihren Lebensweg halbwegs planbar zu gestalten. Mit steigendem Lebensalter nimmt erfahrungsgemäß die Flexibilität ab, weil familiäre und andere soziale Bindungen sich verfestigt haben. Die Bereitschaft zur Veränderung sinkt. Gleichzeitig besteht bei Arbeitsverhältnissen meist ein strukturelles Verhandlungsungleichgewicht – der Arbeitgeber diktiert oft die Vertragsbedingungen, und der Arbeitnehmer muss diese Vertragsbedingungen akzeptieren oder sich einen andern Arbeitgeber suchen. Der Gesetzgeber und die Arbeitsgerichte versuchen, dieses Ungleichgewicht durch gesetzliche Schutzmechanismen und strenge Anforderungen an die Vertragsklauseln auszugleichen. Er hat daher Grenzen und Kontrollregeln geschaffen, an denen sich Arbeitsverträge – und Versetzungsklauseln – messen lassen müssen. Nur, wenn der Arbeitgeber sich an diese gesetzlichen und richterlichen Vorgaben hält, darf er seine Mitarbeiter mithilfe der Versetzungsvorbehalte flexibel einsetzen.

Er hat dabei zwei große Hürden zu nehmen:

- Die Versetzungsklausel muss wirksam sein und
- die Versetzung muss rechtlich einwandfrei vollzogen werden.

### 6.3.2.3 Die erste Hürde: Inhaltskontrolle

Die Versetzungsklauseln in Arbeitsverträgen werden üblicherweise nicht zwischen den Vertragspartnern ausgehandelt. Der Arbeitgeber stellt sie einseitig, Korrekturen an Versetzungsklauseln finden so gut wie nie statt. Solche einseitig gestellten Vertragsklauseln nennt der Gesetzgeber „Allgemeine Geschäftsbedingungen". Sie werden nach strengen gesetzlichen Regeln kontrolliert (§§ 305–310 BGB). Unklare, den Arbeitnehmer einseitig belastende sowie unangemessene oder überraschende Vertragsklauseln sind unwirksam. In den vergangenen Jahren hat sich eine detaillierte Rechtsprechung herausgebildet, die sich mit vielen Facetten der Arbeitsvertragsgestaltung und ihrer Kontrolle durch das Recht der Allgemeinen Geschäftsbedingungen befasst. Diese Rechtsprechung ist jedoch teilweise uneinheitlich und gleichzeitig auch noch nicht in allen Punkten ausgereift. Dennoch gibt es inzwischen handhabbare Richtungsvorgaben, an die sich Arbeitgeber halten müssen, wenn sie eine wirksame Versetzungsklausel haben wollen.

Versetzungsklauseln sind dann wirksam, wenn sie § 106 der Gewerbeordnung – dem allgemeinen Direktionsrecht – nachgebildet sind. Klauseln, die dem Arbeitgeber die Möglichkeit geben wollen, dem Arbeitnehmer eine andere als die vertraglich vereinbarte Tätigkeit zuzuweisen, sind nur dann wirksam, wenn sich der Arbeitgeber die Zuweisung einer *gleichwertigen*, den Fähigkeiten und Kenntnissen des Arbeitnehmers entsprechende Aufgabe vorbehält.

Die oben geschilderten Vertragsbeispiele dienen nur der Illustration – es sind wirksame und unwirksame Klauseln dabei – und die Rechtsprechung wird sich auch in diesem Bereich noch weiterentwickeln, sodass man vor allem als Arbeitgeber nicht sicher sein kann, eine wirksame Versetzungsklausel vereinbart zu haben.

> Das Unternehmen behält sich vor, Ihnen eine andere zumutbare Tätigkeit zuzuweisen.

Es sieht auf den ersten Blick vernünftig aus, wenn der Arbeitgeber sich bereit erklärt, dem Arbeitnehmer nur zumutbare Tätigkeiten zuzuweisen. Doch eine solche Klausel ist überflüssig. Dass der Arbeitgeber seinen Mitarbeitern keine unzumutbaren Tätigkeiten zuweisen darf, liegt auf der Hand. Es ist eine Selbstverständlichkeit, die keiner gesonderten Erwähnung im Arbeitsvertrag bedarf. Eine Versetzungsklausel, die sich auf „zumutbare Tätigkeiten" beschränkt, ist daher keine Versetzungsklausel. Der Arbeitgeber kann sich zur Zuweisung einer anderen Aufgabe nicht auf diese Klausel berufen.

> Der Arbeitgeber ist berechtigt, dem Arbeitnehmer anderweitige, seinen Fähigkeiten und Kenntnissen entsprechende gleichwertige Tätigkeiten zu übertragen.

Schon besser. Der Arbeitgeber hat mit solch einer Klausel nach heutigen Maßstäben die Möglichkeit, dem Mitarbeiter eine andere Funktion zuzuweisen. Dieses Versetzungsrecht ist jedoch eingeschränkt – der Arbeitgeber darf dem Arbeitnehmer nur eine gleichwertige Aufgabe zuweisen, die seinen Fähigkeiten und Kenntnissen (Ausbildung, Berufserfahrung) entspricht. Die Rechtsprechung hält eine solche Klausel für wirksam, doch ist ein Wechsel oder eine Weiterentwicklung der Rechtsprechung nicht auszuschließen.

> Der Arbeitgeber ist berechtigt, dem Arbeitnehmer dauerhaft eine geringerwertige Tätigkeit zuzuweisen. Die vereinbarte Vergütung bleibt davon unberührt.

Die Versetzung auf eine geringerwertige Tätigkeit ist nur in wenigen Ausnahmefällen möglich. Das allgemeine Direktionsrecht (§ 106 GewO) gestattet eine solche Änderung nicht, hierfür bedarf es eines ausdrücklichen vertraglichen Vorbehalts. Die Versetzung auf eine geringerwertige Tätigkeit greift normalerweise schwerwiegend in das Austauschverhältnis von Leistung und Gegenleistung ein. Der Arbeitnehmer hat nicht nur einen Anspruch auf angemessene Vergütung; er hat auch einen Anspruch auf eine adäquate Beschäftigung. Eine qualitativ oder quantitativ negative Änderung der Arbeitsaufgaben ist immer höchst problematisch. Soll dem Arbeitnehmer zugleich das Gehalt gekürzt werden, wäre eine solche Klausel von vornherein unwirksam, da sie den Arbeitnehmer unangemessen benachteiligt. Dies ist insbesondere dann der Fall, wenn die Klausel keine Grenze enthält, bis zu der eine Vergütungsreduzierung möglich sein soll.

Klauseln, die eine Zuweisung von geringerwertigen Tätigkeiten erlauben, stellen nach Auffassung des Autors eine unzulässige Umgehung des gesetzlichen Kündigungsschutzes dar. Negative Abweichungen von der vertraglich vereinbarten Arbeit dürfen, wenn überhaupt, nur im Wege einer Änderungskündigung durchgesetzt werden. Dabei sind Kündigungsfristen und die Anforderungen des Kündigungsschutzgesetzes zu beachten. Zwar werden derartige Versetzungsklauseln teilweise als wirksam angesehen, sie sind jedoch meist nicht transparent und benachteiligen den Arbeitnehmer einseitig, der bei Vertragsschluss strategisch dem Arbeitgeber „unterlegen" ist. Auch die Beibehaltung der bisherigen Vergütung ist problematisch, da die Vergütung nicht der einzige Maßstab für die Beurteilung eines ausgewogenen Leistung-Gegenleistung-Verhältnisses ist.

Aus Sicht des Arbeitgebers sind solche Klauseln höchst problematisch, und sie finden sich glücklicherweise auch nicht in vielen Anstellungsverträgen. Aus Sicht des Arbeitnehmers ist eine konkrete Beratung schon vor Abschluss des Arbeitsvertrags zu empfehlen, um sich über den aktuellen Stand der Rechtsprechung zu informieren und die sich aus der Vertragsgestaltung ergebenden strategischen Möglichkeiten in künftigen Konflikten herauszuarbeiten.

> Der Arbeitgeber darf dem Arbeitnehmer innerhalb des Unternehmens jederzeit eine andere, gleichwertige Tätigkeit zuweisen.

Diese Klausel ist nach heutigem Stand der Rechtsprechung wirksam, doch kann sich dies in der Zukunft wieder ändern. Es wird teilweise empfohlen, Zusätze wie *„entsprechend den Fähigkeiten und Kenntnissen und bei mindestens gleichbleibender Vergütung"* aufzunehmen, was sicherlich nicht schädlich ist.

Um die Wirksamkeit derartiger Direktionsrechts- oder Versetzungsklauseln drehen sich viele außergerichtliche und gerichtliche Streitigkeiten zwischen Arbeitgebern und Arbeitnehmern in Deutschland. Schon bei der Vertragsgestaltung muss der Arbeitgeber strategische Erwägungen anstellen, wie weit er sein Direktionsrecht ausdehnen will. Sein Risiko steigt, je weiter er gehen will. Überschreitet der Arbeitgeber die engen gesetzlichen und richterlichen Vorgaben, ist das erweiterte Direktionsrecht gänzlich hinfällig. Für den Arbeitnehmer stellt diese Situation einen kleinen taktischen Vorteil dar, denn er kann im

Zweifel jede Versetzungsklausel im Arbeitsvertrag zunächst akzeptieren. Kommt es im Laufe der Karriere zu einer Versetzung, die der Führungskraft missfällt, lohnt es sich, noch einmal einen Blick in den Arbeitsvertrag zu werfen. Ist die Versetzungsklausel unwirksam, bietet sich eine strategische Vorgehensweise an, die immer mit einem Fachanwalt für Arbeitsrecht erarbeitet werden sollte, um keine Kündigung wegen Arbeitsverweigerung zu riskieren, wenn der Arbeitnehmer der Anordnung eines Arbeitgebers keine Folge leisten möchte.

> Im Rahmen der Managementplanung und im Konzerninteresse kann es notwendig werden, Ihnen nach vorheriger Anhörung eine andere zumutbare gleichwertige Funktion oder Tätigkeit, die Ihren Kenntnissen und Fähigkeiten entspricht, innerhalb unseres Unternehmens oder des (…)-Konzerns zu übertragen.

Bei dieser Versetzungsklausel handelt es sich um eine Konzern-Versetzungsklausel. Ein Konzern ist eine Verbindung mehrerer Unternehmen zu einem Gesamtgebilde, wobei die Unternehmen trotzdem ihre rechtliche Eigenständigkeit behalten. Der Konzern-Arbeitgeber kann daran interessiert sein, seine Mitarbeiter auch in anderen Unternehmen des Konzerns zu beschäftigen. Das allgemeine Weisungsrecht aus § 106 GewO gibt eine solche Versetzung nicht her. Das Grundproblem für den Arbeitgeber: Der Arbeitnehmer hat einen Arbeitsvertrag mit einer Konzerngesellschaft und nicht mit den anderen Unternehmen. In der Regel besteht das Arbeitsverhältnis daher auch nur zu diesem Unternehmen und nicht zu dem Konzern insgesamt. Dem kann der Arbeitgeber abhelfen, indem er von Anfang an Anstellungsverträge verwendet, bei denen auf Arbeitgeberseite ausdrücklich mehrere Unternehmen genannt sind. Dies gibt den Unternehmen die theoretische Möglichkeit, die Angestellten untereinander „auszutauschen". Ansonsten gilt: Der Austausch des Arbeitgebers durch eine Versetzungsklausel ist praktisch kaum möglich. Denn die Vorschrift des § 309 Nr. 10 lit. a BGB verbietet den Wechsel des Vertragspartners bei Dienstverträgen, es sei denn, der künftige potenzielle Arbeitgeber ist in der Versetzungsklausel ausdrücklich benannt. Wird im Arbeitsvertrag nur vom (…)-Konzern gesprochen, ist dem Arbeitnehmer nicht klar, welche Unternehmen hierzu gehören. Zwar sind Konzernstrukturen nicht statisch, aber der Arbeitnehmer muss beim Abschluss des Arbeitsvertrags wissen, wer künftig als sein Arbeitgeber in Frage kommt. Im Zweifel bleibt für den Arbeitgeber nur die Möglichkeit, sich mit dem Arbeitnehmer auf eine neue Funktion zu einigen.

**Rechtsprechungshinweis**
Teilweise fordert die Rechtsprechung außerdem eine angemessene Ankündigungsfrist in der Konzernversetzungsklausel, damit der Arbeitnehmer sich rechtzeitig auf den tiefgreifenden Wechsel vorbereiten kann (*so beispielsweise das LAG Hamm, Urteil vom 11. Dezember 2008 – 11 Sa 817/08*).

Keine dauerhafte Versetzung ist eine nur vorübergehende Entsendung des Mitarbeiters in ein anderes Konzernunternehmen. Die Führungskraft verbringt lediglich einige Zeit in einem anderen Konzernunternehmen. Eine solche Entsendungsklausel könnte so aussehen:

> Der Arbeitgeber ist berechtigt, dem Angestellten vorübergehend auch andere gleichwertige Tätigkeiten, die seinen Fähigkeiten und Kenntnissen entsprechen, in einem anderen, zum (…)-Konzern gehörenden Unternehmen zu übertragen. Eine solche Abordnung hat auf die Vergütung keinen Einfluss.

Der Arbeitgeber wird nicht gewechselt. Jedoch geht das arbeitgeberische Weisungsrecht für die Dauer der Entsendung auf den Arbeitgeber über, der den Entsandten vorübergehend aufnimmt. Da die Klausel die Zeitspanne für die „vorübergehende" Tätigkeit nicht definiert, könnte der Arbeitgeber auf Probleme stoßen. Es ist denkbar, dass Arbeitsgerichte diese pauschale Zeitbeschreibung als intransparent ansehen und die Klausel für unwirksam erklären. Aus Arbeitgebersicht wäre es daher ratsam, konkrete Zeitabschnitte (ein bis zwei Monate) aufzunehmen, wenn sich dies mit der Art der Tätigkeit vereinbaren lässt.

Will der Arbeitgeber mit den Konzernversetzungsklauseln den Mitarbeiter nicht zu einem anderen Arbeitgeber „versetzen", bleibt er als Vertragspartner erhalten und ordnet den Mitarbeiter lediglich ab. Der Arbeitnehmer erbringt in diesem Fall seine Arbeitsleistung für ein anderes Konzernunternehmen, während er in der Regel sein Gehalt weiterhin von seinem Arbeitgeber erhält. Ob eine derartige Abordnungsklausel zulässig ist, wurde bisher noch nicht abschließend entschieden. Für den Arbeitgeber besteht jedoch bei Konzernversetzungs- und Abordnungsklauseln ein großes Risiko – im Falle einer betriebsbedingten Kündigung muss er die Auswahl der zu kündigenden Arbeitnehmer (die sogenannte Sozialauswahl) möglicherweise auf den gesamten Konzern erstrecken. Dies bedeutet, dass die ohnehin schwer handhabbaren betriebsbedingten Kündigungen nochmals um einiges erschwert werden.

▶   Arbeitsverträge, die vor dem 1. Januar 2002 geschlossen wurden

Sind die Versetzungsklauseln unwirksam, dann bleiben sie es auch. Die Arbeitsgerichte überlegen nicht, was die Vertragspartner vielleicht hätten regeln wollen, wenn sie gewusst hätten, dass die Klausel unwirksam ist. Eine solche „ergänzende Vertragsauslegung" gibt es nicht für Verträge, die nach dem 31. Dezember 2001 geschlossen wurden, weil am 1. Januar 2002 das Recht der Allgemeinen Geschäftsbedingungen auch für Arbeitsverträge in Kraft trat. Doch viele Führungskräfte haben teilweise Jahrzehnte alte Arbeitsverträge, die seit Beginn ihrer Tätigkeit nicht geändert wurden. Ältere Verträge sind nach Auffassung des Hessischen Landesarbeitsgerichts (Urteil vom 31. Oktober 2008 – 10 Sa 2096/06) so auszulegen, dass sie wirksam sind. In diesem Fall findet also doch eine ergänzende Vertragsauslegung statt. Es wird unterstellt, beide Vertragspartner wollten eine wirksame Versetzungsklausel vereinbaren. Die von ihnen gewählte Klausel ist jedoch im Lichte der neuen Gesetzgebung seit 1. Januar 2002 nicht (mehr) wirksam. Das Landesarbeitsgericht Hessen möchte dann die „alte" Klausel so auslegen, als hätten die Vertragspartner eine wirksame Klausel vereinbart. Diese Auslegung wird durch das Gericht vorgenommen. Dies bedeutet, die Arbeitsgerichte überlegen sich, welche Vertragsklausel die Arbeitsvertragspartner wohl gewählt hätten, wenn sie eine wirksame Klausel hätten schaffen wollen. Dies führt dazu, dass ein Arbeitnehmer, der sich mit einer Versetzung konfrontiert sieht, eine professionelle Beratung in Anspruch nehmen sollte, weil sehr viele Faktoren seine taktische Entscheidung beeinflussen können und es gilt, am Anfang die richtigen Weichen zu stellen.

### 6.3.2.4  Die zweite Hürde: Ausübung des Direktionsrechts/Überprüfung

Hat der Arbeitgeber mit seinem erweiterten Direktionsrecht die erste Hürde der Inhaltskontrolle genommen, wartet ein weiteres juristisches Dickicht auf ihn. Zwar hat er nun eine (vermutlich) wirksame Versetzungsklausel, doch muss er davon auch im angemessenen Rahmen Gebrauch machen. Diese zweite Hürde bei der Ausübung des Direktionsrechts ist meist noch schwieriger zu bewerkstelligen als die Formulierung einer wirksamen Versetzungsklausel. Die Rechtsprechung ist hier von einer Vielzahl von Einzelfallentscheidungen geprägt, die sich oft nur begrenzt auf neue Fälle übertragen lässt. Jeder Sachverhalt weist im Detail Unterschiede auf, und oft sind es diese Details, die die Waage zugunsten des Arbeitgebers oder Arbeitnehmers ausschlagen lassen.

Der Arbeitgeber muss darlegen und beweisen können, dass die Aufgabenänderung gerechtfertigt war. Er muss also nachweisen, dass die Versetzungsklausel im Arbeitsvertrag allen Anforderungen genügt und dass er bei der Anordnung der Aufgabenänderung „billiges Ermessen" ausgeübt hat. Kann er es nicht, ist die Versetzung unwirksam und es bleibt bei dem zuletzt erteilten Arbeitsauftrag. Der Arbeitnehmer hat dann einen Anspruch auf die bisherige vertragsgemäße Beschäftigung.

### Wie beurteilt man, ob eine neue Funktion gleichwertig ist?

Dies ist die Kernfrage vieler Arbeitsrechtsstreitigkeiten. Von ihr hängt auch ab, ob ein Arbeitnehmer die Aufnahme der neuen Tätigkeit verweigern kann, ohne dass er eine ordentliche oder fristlose Kündigung wegen Arbeitsverweigerung riskiert.

Relativ leicht ist der Vergleich, wenn dem Mitarbeiter ein Teil seiner Aufgaben ohne Kompensation entzogen wird. Die künftigen Aufgaben sind bereits quantitativ nicht gleichwertig, und damit einhergehend möglicherweise auch qualitativ ungleichwertig. Schwieriger wird es, wenn Aufgaben nur im geringen Umfang entzogen werden. Hier muss dann eine Einzelfallabwägung vorgenommen werden, doch vor allem muss der Arbeitnehmer bei jeder Aufgabenentziehung sensibilisiert werden, kann sich dahinter doch eine schleichende Entleitung verbergen, die oftmals erst zu spät erkannt wird (vergleiche Abschn. 6.3.2.6 „Schleichende Entleitung").

Die Vergütung ist dann ein Gradmesser für die Unwirksamkeit der Versetzung, wenn sie zugleich mit dem Aufgabenentzug reduziert werden soll. Eine einseitige Vergütungsreduzierung ist nicht per Versetzung möglich, sodass die Versetzung dann bereits aus diesem Grunde unwirksam wäre.

Wird dem Mitarbeiter ein völlig anderes Aufgabengebiet übertragen, ist der Vergleich alt/neu sehr schwer, da man oft „Äpfel mit Birnen" vergleicht. Nach der Rechtsprechung des Bundesarbeitsgerichts bestimmt sich die Gleichwertigkeit anhand der „Verkehrsanschauung und des Sozialbildes der Tätigkeit" (BAG 30. August 1995 – 1 AZR 47/95). Dabei kommt es auf die Sozialanschauung der Tätigkeit *in dem jeweiligen Unternehmen* an. Als Kriterien nennt die Rechtsprechung die Anzahl der unterstellten Mitarbeiter, den Umfang der Entscheidungsbefugnisse über den Einsatz von Sachmitteln oder einer Personalkapazität sowie die Einordnung in die Unternehmenshierarchie.

Der Entzug oder die Reduzierung von Personalführungsbefugnis ist ein schwerwiegender Einschnitt, der eine Versetzung unwirksam machen kann. Gleichfalls ist das Herausnehmen aus der bisherigen Hierarchieebene ein Indiz für die Unwirksamkeit der Versetzung. Bei inhaltlich grundverschiedenen Tätigkeiten könnte ein Anhaltspunkt etwa der Wechsel von operativer, verantwortungsvoller Tätigkeit hin zu bloßen „strategischen" Aufgaben sein, die von Unternehmensseite selbstverständlich als ebenso wichtig dargestellt werden. Es sollte dann eine Kontrollüberlegung stattfinden: Was geschähe, wenn der Arbeitnehmer auf der bisherigen Funktion ausfiele oder diese Funktion gänzlich gestrichen würde? Würde das Unternehmen den Unterschied merken? Falls ja, dann spricht einiges dafür, dass die neue Funktion ungleichwertig ist.

Dies sind nur wenige Punkte, die eine ungefähre Orientierung geben sollen. Tatsächlich muss jede Aufgabenänderung für sich genommen und in dem Kontext der Ziele und Vorstellungen der Führungskraft als Einzelfall betrachtet werden. Danach lassen sich gemeinsame Strategien entwickeln, wie auf eine solche Änderung reagiert werden muss.

### 6.3.2.5 Beispielsfälle

#### Änderung des Einsatzorts

Mitunter bringt es der Beruf mit sich, an wechselnden Einsatzorten tätig zu sein. Um einen Mitarbeiter innerhalb eines Standorts in ein anderes Büro umzusetzen, bedarf es normalerweise keiner Versetzungsklausel. Der Arbeitgeber kann sich auf sein allgemeines Direktionsrecht aus § 106 GewO stützen. Ist der Arbeitsort im Arbeitsvertrag festgelegt, muss der Arbeitgeber eine wirksame Versetzungsklausel vorweisen können, um einen Mitarbeiter an einen geografisch anderen Ort versetzen zu können. Es gibt in der Rechtsprechung keine festen Kilometergrenzen, ab denen der Ortswechsel unzumutbar ist. Entfernungen von mehr als 170 km werden teilweise jedoch schon als unzulässig angesehen, teilweise auch geringere Entfernungen. Eine Rolle spielt die verkehrstechnische Erreichbarkeit. Orte, die gut per Straße oder Bahn zu erreichen sind, dürfen auch ein wenig weiter auseinanderliegen. Jedoch sollte die Führungskraft besonders darauf achten, ob zusammen mit dem Ortswechsel nicht auch eine Änderung der Arbeitsaufgaben an sich durchgeführt werden soll. Gerade kurzfristig angeordnete Ortswechsel können die Führungskraft erheblich unter Druck setzen, weil sie dann gegebenenfalls monatelang als Pendler unter der Woche von der Familie und dem früheren Einsatzort getrennt ist. In besonderen Extremsituationen bietet es sich daher an, über eine *einstweilige Verfügung*

beim Arbeitsgericht nachzudenken. Mit solch einem Eilverfahren können besonders kras-
se Vertragsverletzungen des Arbeitgebers zügig korrigiert werden, wenn ein Abwarten der
eigentlichen Klage nicht zuzumuten wäre. Innerhalb von wenigen Wochen kann somit ein
erstes Urteil erreicht werden. Die Führungskraft muss dann nicht befürchten, in der neuen
Funktion eingesetzt zu werden. Allerdings ist ein solches einstweiliges Verfügungsverfahren mit einigen inhaltlichen Hürden ausgestattet. So muss eine besondere Dringlichkeit
vorliegen. Die Sache wird nicht allein deshalb besonders dringend, weil der Arbeitnehmer
vorübergehend an einem anderen Arbeitsort seine Leistung erbringen muss. Liegt dieser
Arbeitsort jedoch im Ausland oder mehrere hundert Kilometer entfernt, kann es für den
Arbeitnehmer möglicherweise nicht zuzumuten sein, auch nur einen Tag in dem neuen
Betrieb zu erscheinen. Weigert er sich jedoch zunächst, der Versetzung nachzukommen,
drohen eine Abmahnung und eine verhaltensbedingte Kündigung wegen Arbeitsverweigerung.

Eine unternehmensweite Versetzung an andere Orte bedeutet für Führungskräfte jedoch noch ein weiteres Problem: Im Falle einer betriebsbedingten Kündigung muss der
Arbeitgeber nur die Mitarbeiter miteinander vergleichen, die in einem Betrieb tätig sind
(„Sozialauswahl"). Eine unternehmensweite Sozialauswahl, die sich also auch auf andere
Betriebe an anderen Standorten erstreckt, muss der Arbeitgeber seit einem Urteil des Bundesarbeitsgerichts vom 5. Dezember 2005 (9 AZR 199/05) nicht mehr durchführen. Das
bedeutet, die Führungskraft könnte von einem taktisch versierten Arbeitgeber aus ihrem
bisherigen Betrieb herausgelöst werden, in dem sie aufgrund ihrer Sozialdaten (Alter, Fa-
milienstand, Betriebszugehörigkeit) einen hohen Schutz im Vergleich zu ihren Kollegen
genießt. Im Gegenzug wird die Führungskraft in einen Betrieb versetzt, in dem sie vielleicht allein ist („Solitärfunktion") oder in der Vergleichbarkeit mit anderen Mitarbeitern
schlechter dasteht. Kündigt nun der Arbeitgeber nach Abwarten einer Schamfrist, ist die
Führungskraft aufgrund der auf den Betrieb beschränkten Sozialauswahl nun schlechter
gestellt als zuvor im „alten" Betrieb. Dies spricht dafür, Ortsversetzungen mit besonderer
Vorsicht zu begegnen und weder vorschnell zuzustimmen noch abzulehnen. In jedem Fall
ist schnelles Handeln erforderlich, da die Führungskraft ansonsten zwischen Wohn- und
Arbeitsort pendeln muss, wenn sie nicht gewillt ist, ihren Lebensmittelpunkt an den neuen
Arbeitsort zu verlagern. Ein Gerichtsverfahren um eine Versetzung kann Monate, in mehreren Instanzen, sogar leicht zwei Jahre dauern. Um das Risiko einer Kündigung wegen Arbeitsverweigerung zu minimieren, kann der Arbeitnehmer gezwungen sein, zunächst am
neuen Ort zu arbeiten, während das Gerichtsverfahren läuft. Gleichzeitig sollte der Arbeitnehmer im Falle seines Ausstiegsinteresses erwägen, die Verhandlungen mit seinem Arbeitgeber voranzutreiben. Oft werden Ortsversetzungen genutzt, um ins Stocken geratene
Gespräche über die Beendigung des Arbeitsverhältnisses zu beschleunigen. Führungskräfte mit starken Bindungen an ihren bisherigen Arbeitsort (Familie, Pflege von Angehörigen
und so weiter) müssen prüfen, welche taktischen Möglichkeiten sie ausschöpfen können,
um der unliebsamen Ortsversetzung zu entgehen.

▶  **Tipp** Checken Sie Ihre rechtliche und tatsächliche Belastungsfähigkeit.

Hierfür sind einige relevante Faktoren zu beachten:

- die aktuelle Arbeitsvertragssituation,
- die Aggressivität des Arbeitgebers im Falle eines Konflikts (Kündigt er gleich?),
- Erfolgsaussichten einer einstweiligen Verfügung,
- die Aussichten auf dem Arbeitsmarkt,
- die jeweilige soziale (speziell familiäre) Situation,
- der Leidensdruck der Führungskraft,
- die Arbeitgeber- oder Arbeitnehmernähe des zuständigen Arbeitsgerichts,
- die Rechtsprechungstendenz der Landesarbeitsgerichte, des Bundesarbeitsgerichts,
- der Wunsch, das Arbeitsverhältnis fortzusetzen oder zu beenden.

Ergibt die rechtliche Prüfung, dass das Risiko des Arbeitnehmers vertretbar ist, dann kann dieser durch die Ausübung seines Zurückbehaltungsrechts an der Arbeitsleistung Druck auf den Arbeitgeber ausüben. Er folgt also der Versetzung nicht, sondern bleibt zu Hause, bis der Arbeitgeber ihm eine adäquate Beschäftigung zuweist. Ein solches Zurückbehaltungsrecht ist jedoch nur vorsichtig dosiert einzusetzen, da der Arbeitnehmer sich im Falle der unberechtigten Ausübung des Zurückbehaltungsrechts dem Risiko einer außerordentlichen, fristlosen Kündigung aussetzt. Es empfiehlt sich daher, mit der Geltendmachung des Zurückbehaltungsrechts bis nach Abschluss der ersten Arbeitsgerichtsinstanz abzuwarten.

**Übertragung von zusätzlichen Aufgaben**
Auf den ersten Blick erfreulich, aber am Ende nicht immer positiv, ist die einseitige Übertragung höherwertiger Aufgaben durch den Arbeitgeber. Genauso wenig, wie sich jemand ohne Weiteres auf geringerwertige Arbeiten einlassen muss, hat niemand als Arbeitnehmer *per se* einen Anspruch auf eine höherwertigere Aufgabe als die derzeit ausgeübte.

Höherwertige Arbeitsaufgaben verheißen Wertschätzung und soziales Ansehen sowie einen Aufstieg auf der „Karriereleiter". Vermehrt sich jedoch nur der Aufgabenbereich oder soll eine zusätzliche, komplexe und möglicherweise verantwortungsschwere Aufgabe übernommen werden, muss die Führungskraft sich einiges fragen. Insbesondere, wenn der Übertragung der neuen Aufgabe ein Konflikt mit dem Arbeitgeber vorangegangen ist, sollte man vorsichtig sein. Im ungünstigsten Fall „befördert" der Arbeitgeber unliebsame Mitarbeiter auf eine neue Solitärfunktion, die einmalig im Unternehmen ist. Es gibt dann keine hierarchisch vergleichbaren Mitarbeiter, sodass im Falle einer betriebsbedingten Kündigung der Arbeitgeber keine Sozialauswahl durchführen muss. Ist die Arbeitsaufgabe inhaltlich zu anspruchsvoll für den Mitarbeiter und gewährt der Arbeitgeber diesem auch keine Einarbeitungs- oder Anlernzeit, dann kann auch dies auf einen programmierten Rauswurf hinauslaufen. Das Selbstwertgefühl des Betroffenen leidet, weil er seinen Aufgaben nicht mehr gewachsen ist. Dem Arbeitgeber gelingt es somit relativ leicht, einen unliebsamen Mitarbeiter preisgünstig loszuwerden.

Der Arbeitgeber kann dann gut argumentieren, der Mitarbeiter sei für seine Arbeitsaufgaben nicht geeignet, und vielleicht stimmt das auch: Die Führungskraft ist im neuen Job überfordert, und der Arbeitgeber hat nun Argumente, die seinen Wunsch nach einer Trennung von dem Mitarbeiter untermauern.

Möchte der Arbeitnehmer keine zusätzliche Verantwortung übernehmen, bleibt die Frage, ob der Arbeitgeber ihm dies einseitig zuweisen darf.

Die Zuweisung höherwertigerer Arbeitsaufgaben, ohne gleichzeitige Anpassung der Vergütung, beeinträchtigt das Verhältnis von Leistung und Gegenleistung. Der Arbeitnehmer leistet mehr (quantitativ oder qualitativ) für das gleiche Geld. Dies ist nicht interessengerecht. Die größere „Fallhöhe" des Mitarbeiters sollte sich dieser durch entsprechende vertragliche Verbesserungen kompensieren lassen. Diese können monetärer Art sein oder eine Rückfallklausel, für den Fall, dass der Mitarbeiter sich in dem neuen Job nicht bewährt.

Der Arbeitgeber ist bei neuen Aufgaben verpflichtet, dem Mitarbeiter eine Einarbeitungszeit zu gewähren und angemessene Schulungsmaßnahmen durchzuführen oder die Kosten hierfür zu übernehmen. Die Führungskraft muss sich jedoch nicht über das im Arbeitsvertrag vereinbarte Maß ihrer Arbeitsleistung hinaus qualifizieren lassen. Der Mitarbeiter muss also keine Fremdsprachen erlernen oder Berufsabschlüsse nachholen, wenn dies nicht Bestandteil seines Arbeitsvertrags war.

Vorsicht ist geboten, wenn die bisherige Sachbearbeiterin oder Sekretärin nunmehr Vorstandsassistentin oder Vorstandssekretärin werden soll. Gelegentlich wird die Funktion dann an die Person oder die Amtszeit des Vorstands gekoppelt und nicht an das Vorstandsamt. Verlässt der Vorstand – was schnell geschehen kann – das Unternehmen oder endet seine Amtszeit, soll sodann auch die Tätigkeit der Vorstandsassistentin enden. Eine solche Verknüpfung dürfte wegen eines Verstoßes gegen das Teilzeit- und Befristungsgesetz (§ 14) unwirksam sein. Außerdem stellt solch eine Klausel wahrscheinlich eine unangemessene Benachteiligung der Mitarbeiterin dar.

**Rechtsprechungshinweis**
Der Arbeitgeber kann sich bei der Ausübung des Direktionsrechts durch Erklärungen gegenüber dem Arbeitnehmer selbst binden, insbesondere die Ausübung seines Direktionsrechts auf bestimmte Fälle beschränken. Überträgt der Arbeitgeber dem Arbeitnehmer vorläufig eine höherwertige Aufgabe und macht er die Übertragung auf Dauer nur davon abhängig, dass sich der Arbeitnehmer fachlich bewährt, so darf er dem Arbeitnehmer die höherwertige Aufgabe nicht aus anderen Gründen wieder entziehen (BAG, Urteil vom 17. Dezember 1997 – 5 AZR 332/96).

## Änderung des Vertriebsgebiets
Im Außendienst tätige Vertriebsmitarbeiter betreuen normalerweise verschiedene Vertriebsgebiete (Städte, Gemeinden, Landkreise oder ganze Bundesländer). Gelegentlich re-

strukturieren Arbeitgeber ihre Vertriebsgebiete. Die Änderung der Vertriebsgebiete kann für die Vertriebsmitarbeiter ebenfalls Änderungen bedeuten. So werden Vertriebsgebiete getauscht oder es kommen neue hinzu. Der Arbeitgeber darf selbstverständlich seine Vertriebsgebiete so organisieren, wie er möchte. Eine solche Organisationsentscheidung ist arbeitsgerichtlich so gut wie nicht überprüfbar. Wenn sich allerdings die Organisationsentscheidung auf die Arbeit der Mitarbeiter auswirkt, dann sind diese Auswirkungen überprüfbar.

- Werden einer Führungskraft die bisherigen Vertriebsgebiete entzogen, ohne dass sie neue erhält, so ist dies mit einem einseitigen Aufgabenentzug gleichzusetzen. Indirekt hat dieser Entzug von Vertriebsgebieten auch Auswirkungen auf die Vergütung des Mitarbeiters. Seine variablen Vergütungsbestandteile sind oft an die Einnahmen aus den Vertriebsgebieten gekoppelt. Werden diese gestrichen, sinkt mittelfristig auch das Einkommen des Mitarbeiters. Mit einer einseitigen Anordnung kann ein Arbeitgeber eine solche Änderung nicht durchsetzen, wenn ein direkter Vorher-Nachher-Vergleich zu dem Ergebnis kommt, dass es sich um eine quantitative Verminderung der bisherigen Arbeitsaufgaben handelt. Hier wäre eine Änderungskündigung oder eine einvernehmliche Aufgabenänderung notwendig. Auch die „Verlagerung" der Vertriebsgebiete auf andere oder neue Mitarbeiter stellt einen unzulässigen Eingriff in das Arbeitsverhältnis durch den Arbeitgeber dar.
- Erhält die Führungskraft anstelle des Entzugs der Vertriebsgebiete zusätzliche zugewiesen, so geht dies ebenfalls nur einvernehmlich oder per Änderungskündigung. Denn mehr Vertriebsgebiete bedeuten mehr Arbeit (und eventuell mehr Gehalt). Wenn die neuen Vertriebsgebiete geografisch sehr weit von den bisherigen Gebieten entfernt sind, muss der Mitarbeiter sich die Frage stellen, ob die Zuweisung der neuen Gebiete eher dazu dient, ihm den Weggang aus dem Unternehmen „schmackhaft" zu machen. Die ohnehin umfangreiche Reisetätigkeit würde sich durch die nun weit auseinanderliegenden Vertriebsgebiete noch einmal erhöhen und die Effektivität des Mitarbeiters wahrscheinlich sinken.
- Eine weitere Möglichkeit ist der Entzug einiger Vertriebsgebiete und die Zuteilung neuer Gebiete. Hier muss genau beachtet werden, ob sich durch die geografische Zuordnung auch quantitativ und qualitativ Änderungen ergeben. Der Arbeitgeber könnte – im schlechtesten Fall – sämtliche wenig ertragsreiche Vertriebsgebiete bündeln und sie einem Mitarbeiter zudenken, während ein anderer Mitarbeiter die „lohnenden" Vertriebsgebiete erhält. Ergibt ein Vorher-Nachher-Vergleich eine unterwertige Beschäftigung des Mitarbeiters, ist auch eine solche Zuweisung rechtswidrig.

Problematisch ist jedoch, dass sich der Arbeitnehmer in der Regel gegen die Organisationsentscheidung des Arbeitgebers nicht wehren kann. Er kann nicht direkt in die Verteilung der Vertriebsgebiete eingreifen. Hier kann nur der Betriebsrat helfen – sofern er existiert. Die Änderung der Vertriebsgebiete könnte nämlich eine mitbestimmungspflichtige

Maßnahme im Sinne des Betriebsverfassungsgesetzes sein; hierbei hätte der Betriebsrat ein Mitbestimmungsrecht.

Der Arbeitnehmer selbst kann sich nur indirekt gegen die Verringerung oder Vergröße-rung seiner Arbeitsaufgaben zur Wehr setzen, indem er die quantitative Veränderung ge-richtlich angreift und die Rechtswidrigkeit dieser Veränderung feststellen lässt. Dies ebnet ihm den Weg, gegebenenfalls seine Arbeitsleistung ganz zurückzubehalten, bis der Arbeit-geber ihm wieder eine quantitativ gleichwertige Arbeitsaufgabe zuweist.

### Der Trick mit der Hierarchieebene

Für viele Führungskräfte, die anwaltlichen Rat suchen, hat der Erhalt der Hierarchie- und Führungsebene im Unternehmen oberste Priorität. Denn die Stellung im Organigramm ist häufig das Spiegelbild ihrer Wertigkeit und Wertschätzung und auch des Selbstwertgefühls der betroffenen Manager. Das wissen natürlich auch die Arbeitgeber und lassen im Falle von Versetzungen die Zuordnung des Mitarbeiters zu einer bestimmten Hierarchieebene unberührt. Die Führungskraft ist vielleicht ein wenig beruhigt, da die neue Funktion ja auf derselben Ebene wie bisher angesiedelt ist und daher in der Unternehmenswahrnehmung als gleichwertig gilt. Oft hören wir vor den Arbeitsgerichten daher auch das Argument der Arbeitgeber: *„Die hierarchische Anbindung des Mitarbeiters bleibt unberührt. Er berichtet nach wie vor direkt an den Vorstand. Die Aufgabe ist daher aufgrund der Sozialanschauung in unserem Unternehmen gleichwertig.“*

Wenn man einen Schritt weiter denkt, dann stellt man fest, dass der Erhalt der bisheri-gen hierarchischen Anbindung ein Indiz für die Gleichwertigkeit der neuen Funktion sein kann. Sie begründet jedoch die Gleichwertigkeit in keinem Fall. Denn der Arbeitgeber hat es Kraft seiner Organisationsgewalt in der Hand, seine Hierarchiestrukturen weitgehend frei zu gestalten und bestimmte Funktionen und Aufgaben auch bestimmten Hierarchie-ebenen zuzuweisen. Dadurch hat der Arbeitgeber die Möglichkeit, auch inhaltlich wesent-lich niedriger zu bewertende Tätigkeiten in einer viel höheren Hierarchiestufe anzusie-deln. Damit wird klar, dass der Erhalt der Hierarchiestufe zwar eine psychologisch positive Wirkung auf den Mitarbeiter entfalten kann, doch steht damit noch längst nicht fest, dass dieser Mitarbeiter auch tatsächlich gleichwertig beschäftigt wird. Die „Sozialanschauung" in dem Unternehmen ist daher mit Vorsicht zu genießen. Ändert sich hingegen die Hie-rarchiestufe zum Nachteil des Mitarbeiters, so wird man in der Regel annehmen können, dass die neue Funktion ungleichwertig im Vergleich zu den bisherigen Aufgaben ist. Ein gut beratener Arbeitgeber wird daher bis auf Ausnahmefälle die Hierarchieebene des zu versetzenden Mitarbeiters unangetastet lassen. Andererseits sollte ein Arbeitnehmer sich von Hierarchiestrukturen und Funktions*bezeichnungen* nicht blenden lassen, sondern hin-ter diese Fassade schauen und sich auf den Kern konzentrieren: Welche Arbeitsaufgaben habe ich und in welchem Verhältnis stehen meine neuen Aufgaben zu meinen bisherigen?

### Entzug von Personalverantwortung

Fachliche und disziplinarische Führungsverantwortung sind wesentliche Bestandteile einer Führungsaufgabe. Dabei ist es nicht notwendig, selbst Personal einzustellen oder zu entlassen. Verringert sich die Führungsverantwortung mit Übernahme einer neuen Funktion, muss der Verlust durch andere, adäquate Verantwortlichkeiten oder Aufgaben kompensiert werden. Auch hier ist ein direkter Vergleich sehr schwierig, weshalb die Arbeitsgerichte dazu neigen, den Entzug von Personalverantwortung als nicht vom Direktionsrecht gedeckt anzusehen.

Die Mitarbeiterin in einem von uns betreuten Fall hat als Führungskraft in einem weltweit tätigen Automobilkonzern über Jahrzehnte hinweg Mitarbeiter geführt, die an sie berichtet hatten und für die sie als Vorgesetzte verantwortlich war. Nun sollte sie wegen angeblicher Führungsschwäche auf eine Position versetzt werden, die ausdrücklich keine Personalverantwortung mehr beinhaltete.

Der Arbeitgeber argumentierte in dem Prozess, die Mitarbeiterin sei erstens nicht geeignet, Personal zu führen und außerdem sei der Status als Führungskraft bei ihm nicht zwingend mit eigener Personalverantwortung verbunden. Andere Führungskräfte auf der Ebene der Mitarbeiterin hatten in der Tat keine Führungsverantwortung für Personal. Doch das Arbeitsgericht Braunschweig wie auch das Landesarbeitsgericht Niedersachsen ließen sich richtigerweise auf diese Argumentation nicht ein.

Bei der Beantwortung der Frage, ob eine neue Aufgabe gleichwertig ist, kommt es nicht darauf an, ob andere Mitarbeiter der Führungsebene Personalverantwortung haben oder nicht. Es kommt allein darauf an, ob der betroffene Arbeitnehmer konkret Personalverantwortung hatte.

**Rechtsprechungshinweis**
Die Gerichte stellen also einen Vergleich „alte Stelle/neue Stelle" an, und nicht „betroffener Mitarbeiter/andere Mitarbeiter". Ein Vergleich mit anderen Arbeitsverhältnissen hat demnach zu unterbleiben. In dem konkreten Fall wurde der Verlust der Personalverantwortung nicht kompensiert, die Versetzung war unwirksam (LAG Niedersachsen, 14. Juni 2010 – 12 Sa 1251/09).

## Alte Arbeitsaufgaben
Gelegentlich verfallen Arbeitgeber auf die Idee, den uralten Arbeitsvertrag des Mitarbeiters hervorzuholen und darauf zu verweisen, dass er laut Arbeitsvertrag ja nur als Assistent des Abteilungsleiters (oder Ähnliches) angestellt sei. Der Arbeitgeber ist dann der Meinung, er könne den seit 25 Jahren als Bereichsleiter (der dem Abteilungsleiter überstellt ist) arbeitenden Arbeitnehmer wieder auf die Stelle als Assistenten des Abteilungsleiters herabstufen, weil dies ja ursprünglich vertraglich vereinbart worden war. Zumindest, so seine Argumentation, müsse die neue Aufgabe höchstens mit der ursprünglich vertraglich vereinbarten Funktion vergleichbar sein. Doch auch diese Argumentation läuft ins Leere. Es kommt immer auf einen Vergleich zwischen der zuletzt ausgeübten und der vom Arbeitgeber gewünschten neuen Funktion an. Aufgaben, auf die man sich vor vielen Jahren einmal geeinigt hatte, und die der Mitarbeiter durch seinen Karriereaufstieg schon

längst hinter sich gelassen hat, sind bei der Beurteilung der Gleichwertigkeit der neuen Aufgabe nicht zu berücksichtigen.

**Projekttätigkeit**

Eine vorübergehende Projekttätigkeit ist selten zu beanstanden. Aufmerksamkeit ist jedoch gefordert, wenn der Arbeitgeber den Mitarbeiter aus seiner bisherigen Funktion löst, einen Nachfolger benennt und dem Mitarbeiter eine längerfristige oder dauerhafte Projekttätigkeit zuweist. Oft ist dies verbunden mit dem freundlichen Hinweis: „Und danach schauen wir mal, was Sie machen!"

Wer in solch einer Situation nicht schnell reagiert, verliert den Anspruch, in seiner bisherigen Tätigkeit weiter zu arbeiten. Außerdem wird bei künftigen Aufgabenänderungen nur noch die Projekttätigkeit als Maßstab für die Frage der Gleichwertigkeit der neuen Aufgabe herangezogen. Mancher Arbeitgeber spekuliert darauf, dass die Führungskraft nach einigen Monaten das Interesse verliert und von sich aus kündigt. Dies kann gerade in einer Situation nach dem Ende der Projekttätigkeit geschehen, wenn der Arbeitgeber der Führungskraft keine adäquate Anschlussbeschäftigung anbietet, sondern wieder nur eine befristete Projekttätigkeit, selbstverständlich mit graduell abnehmender Verantwortung und Wichtigkeit. Nicht selten weiß der Mitarbeiter, dass das Projekt, an dem er arbeitet, nur eine Beschäftigungstherapie ist, ohne dem Unternehmen wirklich zu nutzen. Er arbeitet „für den Papierkorb", und das frustriert. Dazu kommt, dass die variable Vergütung sinkt, weil die Führungskraft nicht operativ tätig ist und nicht den Umsatz des Arbeitgebers steigert.

Der so demotivierte Mitarbeiter wird sich spätestens nach einigen Monaten fruchtloser Projektarbeit nach Alternativen umsehen und sogar vom Arbeitgeber präsentierte Jobs *außerhalb des Unternehmens* dankbar annehmen. Einer solchen Entwicklung kann er jedoch entgegensteuern, indem er das Angebot einer Projekttätigkeit aufmerksam studiert und vor allem für die Zeit nach dem Ende der Projekttätigkeit vorsorgt. Keinesfalls akzeptiert werden kann in solch einem Fall ein Herauslösen aus der bisherigen Funktion ohne Rückkehrmöglichkeit. Da ein Arbeitgeber mit derartigen Strategien gerade Top-Führungskräfte effizient demotivieren kann, muss frühzeitig gegengesteuert werden.

### 6.3.2.6  Schleichende Entleitung

Ein für die Führungskraft gefährlicher Prozess ist die *schleichende Entleitung*. Darunter versteht man einen über einen längeren Zeitraum hinweg kontinuierlichen Abbau der Befugnisse und Arbeitsaufgaben. Die ersten Anzeichen werden oft nicht erkannt, weil sie für sich genommen nicht als gravierend angesehen werden. Oft erst nach mehreren Monaten erkennt die Führungskraft dann, dass sie keine Führungsaufgabe mehr hat und im Unternehmen weitgehend isoliert ist. Ein arbeitsgerichtliches Verfahren wird in solch einer Situation zunehmend schwerer, da der Arbeitgeber sich darauf berufen kann, der Arbeitnehmer habe den Änderungen zugestimmt. Oft wehren sich die Arbeitnehmer in der Frühphase der Entleitung nicht, weil sie nicht kleinlich wirken wollen oder die Beschneidung der Funktionen nicht als problematisch ansehen. Im schlimmsten Fall wird die

Führungskraft vollkommen aus ihrer bisherigen Rolle herausgedrängt und auf ein „Abstellgleis" geschoben.

Mittelfristig bedeutet dies auch den Verlust von variablen Vergütungsbestandteilen, weil etwa die personenbezogenen Erfolge bei der Bemessung der Bonizahlungen heruntergerechnet oder gar nicht mehr berücksichtigt werden. Hierdurch sinkt das Einkommen, was wiederum zur Folge hat, dass potenzielle Abfindungszahlungen geringer ausfallen, weil sich diese an dem Einkommen des Mitarbeiters orientieren.

Außerdem wird auch heute noch das widerspruchslose Hinnehmen der Demontage als Zeichen von Führungsschwäche angesehen. Die Mitarbeiter sind dann bald selbst der Meinung, dass sie nicht in der Lage sind, ihren Posten auszufüllen.

Um Sie zu sensibilisieren, finden Sie hier einige Anzeichen, anhand derer Sie erkennen können, ob eine schleichende Entleitung einsetzt.

## Indikatoren für eine schleichende Entleitung

- Die Berichtsebene ändert sich langsam, gegebenenfalls wird eine neue Führungsebene zwischengeschaltet.
- Untergeordnete Mitarbeiter berichten nicht mehr an die Führungskraft, sondern an deren Vorgesetzte.
- Bisher unterstellte Mitarbeiter werden anderen Abteilungen zugeordnet.
- Die Kommunikation von Seiten der Vorgesetzten nimmt ab; es kommt kein Feedback mehr zur eigenen Leistung.
- Die Führungskraft wird teilweise nicht mehr zu Meetings eingeladen, an denen sie bisher teilgenommen hat.
- Personelle Änderungen in den Teams der Führungskraft werden nicht mehr mit ihr besprochen und ohne deren Beteiligung umgesetzt.
- relevante Unternehmensinformationen erreichen den Betroffenen nicht oder nur auf Umwegen oder zu spät.
- Bisherige Key-Account-Kunden werden anderen Führungskräften zugeordnet.
- Man bietet der Führungskraft „zur Weiterentwicklung" eine befristete Projektarbeit an. Während der Projektarbeit wird die Abteilung der Führungskraft umorganisiert; der Weg zurück wird durch organisatorische Maßnahmen faktisch versperrt.
- Mitarbeiterbeurteilungen fallen schlechter aus als in den Vorjahren, ohne dass sich die Arbeitsleistung verschlechtert hätte.
- Bei internen Restrukturierungen wird die Führungskraft gebeten, sich einem Assessment-Center zu stellen; im Laufe des AC wird dann festgestellt, dass die Führungskraft für die Aufgabe, die sie unter Umständen seit Jahrzehnten ausgeübt hat, plötzlich nicht mehr geeignet sein soll.
- Der Führungskraft wird ein „Kollege" zur Seite gestellt, mit dem sie sich die bisherigen Aufgaben teilen soll; nach und nach übernimmt der Kollege immer mehr von der Arbeit der Führungskraft und wird Ansprechpartner für alle Mitarbeiter (Isolation).
- Die Führungskraft erhält ein neues Büro, entweder mit mehreren Mitarbeitern zusammen und/oder am Ende des Gangs, weitab vom Geschehen im Bürogebäude.

- Bisherige Selbstverständlichkeiten wie Home-Office-Tage werden nicht mehr genehmigt; es werden Anwesenheitszeiten „zur Steigerung der Effektivität" verlangt.

Dies sind nur einige wenige Punkte. Jede Entleitung stellt sich anders dar. Gemein ist jedoch den meisten Entleitungen, dass sich die interne Kommunikation gegenüber der Führungskraft verschlechtert und stetig kleine Aufgabenbereiche herausgelöst und anderen übertragen werden. Dies erfolgt oft unter dem Deckmantel der Reorganisation. Wer hier nicht aufpasst, steht schnell im Abseits. Die einzelnen Einschnitte sind für sich genommen vielleicht noch keine rechtswidrige Versetzung. Addiert man jedoch die Maßnahmen, die sich über Monate hinweg erstrecken können, ergibt sich ein Gesamtbild, das eine deutliche Aufgabenänderung zum Nachteil des Mitarbeiters widerspiegelt.

Diese schleichende Entleitung erfolgreich gerichtlich anzugreifen, ist ungleich schwerer als bei einer Einzelmaßnahme, die sämtliche negativen Änderungen in einem Zeitpunkt bündelt. Dem Gericht muss verständlich gemacht werden, wann die Änderung der Aufgaben begann und dass der Mitarbeiter von Anfang an nicht damit einverstanden war, und er muss darlegen, dass die Änderung der Arbeitsaufgaben in der Summe aus seiner Sicht eine rechtswidrige Versetzung darstellt. Zwar obliegt dem Arbeitgeber die Darlegungs- und Beweislast für von ihm durchgeführte Maßnahmen und er muss auch nachweisen, dass die Maßnahmen rechtmäßig waren. Für den Arbeitnehmer ist es jedoch problematisch, eine über mehrere Monate hinweg kontinuierlich durchgeführte Maßnahme als solche zu identifizieren und in ein Verhältnis zu den bisherigen Arbeitsaufgaben zu setzen. Dies wird ihm nur mit qualifizierter anwaltlicher Hilfe gelingen.

**Wie setzt man sich gegen eine schleichende Entleitung zur Wehr?**
Hat die Führungskraft einige der oben benannten Anzeichen erkannt, ist schon viel erreicht. Je früher der Mitarbeiter die negativen Änderungen bemerkt, umso Erfolg versprechender sind taktische Pläne, um gegen diese Änderungen juristisch anzugehen. Sind schon Monate verstrichen, steht die Führungskraft oft nur noch vor einem Schatten ihrer früheren Aufgaben. Ihr fehlt die Motivation, einen längeren Streit mit dem Arbeitgeber durchzustehen, und sie hofft möglicherweise, alles werde sich doch noch zum Besseren wenden. Damit setzt sich eine negative Abwärtsspirale in Gang, die letztlich dazu führt, dass die Führungskraft früher oder später von sich aus das Handtuch wirft und das Unternehmen frustriert und ohne Abfindung verlässt. Es ist daher wichtig, *frühzeitig* zu agieren und auch für kleine negative Änderungen sensibilisiert zu sein. Die Führungskraft sollte sich die Mühe machen, eine Auflistung der bisherigen Arbeitsaufgaben zu erstellen und diese chronologisch geordnet darzustellen, um den fortschreitenden Entzug der Führungsaufgaben sichtbar zu machen. Wer hat wann welche Änderungen angeordnet? Wann habe ich das erste Mal gemerkt, dass ich keine Rund-Mails der Geschäftsleitung mehr erhalte? Seit wann berichtet mein Mitarbeiter an meinen Vorgesetzten?

Die Ziele des Arbeitgebers müssen in dieser Situation erforscht werden, sodass in dieser Phase ein juristischer Vertreter des Angestellten die Gespräche mit dem Arbeitgeber führt. Er kann dem Arbeitgeber die Maßnahmen vor Augen halten und eine Klärung der Situation herbeiführen. Die Führungskraft selbst ist oft in ihrer Rolle als loyaler Arbeitnehmer gefangen und kann nicht so frei agieren, wie sie es in dieser Situation müsste. Sollten diese Gespräche nicht zu einer Rückkehr zum vorherigen Status führen, wird in vielen Fällen eine Klage gegen die einzelnen Maßnahmen angezeigt sein. Dies erhöht den Druck auf den Arbeitgeber, der sich im Prozess zu den durchgeführten Änderungen erklären muss. Letztlich ist auch eine schleichende Entleitung nichts anderes als eine rechtswidrige Versetzung. Sie ist nur ungleich schwerer zu identifizieren, und die juristische Rückabwicklung dieser einzelnen Maßnahmen ist ebenfalls weitaus schwerer zu bewerkstelligen. Schließlich ist die Verhandlung einer Aufhebungsvereinbarung oder einer Vorruhestandsvereinbarung eine sinnvolle Alternative, über die nachgedacht werden sollte.

▶   **Tipp** Wichtig ist für die Führungskraft auch, dass sie grundsätzlich keine Aufgabenänderungen schriftlich bestätigen und damit ihr Einverständnis signalisieren sollte, wenn sie auch nur den leisesten Zweifel an der Berechtigung der Änderung hat.

### 6.3.2.7   Gerichtliche Eilverfahren gegen Versetzungen

Ein risikoreicher, aber effektiver Weg zur Abwehr einer ungerechtfertigten Versetzung kann ein einstweiliges Verfügungsverfahren sein. Das ist ein gerichtliches Eilverfahren, in dem die Führungskraft innerhalb weniger Tage bis maximal weniger Wochen eine vorläufige gerichtliche Entscheidung erwirken kann. Diese hindert den Arbeitgeber daran, seine Versetzung umzusetzen, bis das Gericht in dem Hauptsacheverfahren sein Urteil gefällt hat. Der Weg über die einstweilige Verfügung ist deshalb risikoreich, weil das Gesetz neben dem eigentlichen Anspruch auf Beschäftigung in der bisherigen Funktion zusätzlich eine besondere Eilbedürftigkeit voraussetzt. Diese Eilbedürftigkeit wird in aller Regel nur bei Tätigkeiten anerkannt, bei denen ständige aktive Tätigkeit erforderlich ist, um die eigenen Fertigkeiten zu erhalten und den Anschluss an das Marktgeschehen nicht zu verlieren. Das ist bei den wenigsten Tätigkeiten wirklich der Fall, beispielsweise bei einem Chirurgen oder allenfalls noch bei Piloten, die ständig in Übung sein müssen. Eine Führungskraft im Vertrieb eines Automobilzulieferers oder ein Abteilungsleiter einer Bank wird ein Gericht nur selten von der besonderen Eilbedürftigkeit einer Entscheidung überzeugen können. Es gibt zwar hin und wieder Gerichtsentscheidungen, die eine einstweilige Verfügung gegen Versetzungen positiv bescheiden, doch sind solche Entscheidungen die Ausnahme und nicht verallgemeinerungsfähig. Normalerweise sind die Gerichte der Meinung, dass es den Führungskräften zuzumuten ist, abzuwarten, bis das Arbeitsgericht im Hauptsacheverfahren entschieden hat (so auch das LAG Schleswig-Holstein am 10. November 2011 in dem Verfahren 5 SaGa 12/11).

### 6.3.2.8   Zulässige Nadelstiche

Es gibt einige arbeitgeberseitige Maßnahmen, die für sich betrachtet zulässig sind. Dazu gehört der Entzug der Prokura. Diese ist nach § 52 HGB jederzeit widerruflich. Freilich sollte man bei solch einer Maßnahme nach den Gründen fragen. Handelt es sich bei dem betroffenen Mitarbeiter nur um einen „Titularprokuristen", macht er also in seiner täglichen Arbeit von der Prokura nicht oder nur sehr selten Gebrauch, dürfte der Entzug derselben keine benachteiligende Maßnahme sein. Sicherlich kann ihr Verlust schmerzhaft für das Ansehen der Führungskraft sein; eine vertragswidrige Versetzung ist es jedoch noch nicht.

Wird der Mitarbeiter gebeten, künftig ein anderes Büro zu nutzen, ist dies ebenfalls nicht automatisch unzulässig. Kein Mitarbeiter hat Anspruch auf ein bestimmtes Büro – es sei denn, dies ist vertraglich konkret fixiert. Dies kommt in der Praxis jedoch so gut wie nie vor. Unzulässig wäre, den Mitarbeiter in ein leeres Büro zu setzen, in dem vielleicht gerade einmal ein Stuhl steht, sonst aber weder ein Schreibtisch noch ein Telefon zu finden ist.

Auch die Einstellungs- und Entlassungsbefugnis darf der Arbeitgeber relativ frei gestalten. Nur, wenn diese konkreter Bestandteil des Arbeitsvertrags sind, können sie nicht einseitig geändert werden. Die Einstellungs- und Entlassungsbefugnis hat Auswirkungen auf die Beantwortung der Frage, ob ein Angestellter leitender Angestellter ist oder nicht. Der Status ergibt sich nicht aus dem Vertrag, sondern aus den tatsächlichen Kompetenzen. Der „Entzug" des Status als leitender Angestellter ist somit nur Augenwischerei, denn weder der Arbeitsvertrag noch irgendeine Erklärung oder Vereinbarung des Arbeitgebers kann den Status als Leitender begründen oder aufheben.

Der Arbeitgeber kann, wenn hierzu keine vertraglichen Regelungen bestehen, konkrete Mindestanwesenheitszeiten im Büro verlangen. Hierbei muss er lediglich den Gleichbehandlungsgrundsatz berücksichtigen, doch kann er damit einen bisher frei agierenden Mitarbeiter etwas enger an die Leine nehmen.

Gleiches gilt für Formalien zur Urlaubsgewährung oder zur Abzeichnung von Home-Office-Zeiten. Hier kann der Arbeitgeber ebenfalls lästige Formalien aufstellen, an die sich die Führungskraft halten muss.

Auch sind Mitarbeiter gegebenenfalls zu Notarbeiten verpflichtet, wenn es zu unvorhersehbaren, äußeren Ereignissen kommt. Die Arbeitnehmer müssen in diesem Fall vorübergehend auch fachfremde Arbeiten leisten.

Auch Nebenarbeiten müssen die Arbeitnehmer in gewissem Umfang dulden. Dazu gehört, die Arbeitsmittel zu pflegen und sauber zu halten oder auch mal dienstliche Besorgungen zu tätigen; es sei denn, es handelt sich um reine Schikane. Im Kontakt mit Kunden kann der Arbeitnehmer angewiesen werden, bestimmte Kleidung zu tragen. Allerdings muss hierbei das allgemeine Persönlichkeitsrecht des Arbeitnehmers berücksichtigt werden. Ob der Arbeitgeber seinen Mitarbeitern die Farbe der Unterwäsche vorgeben darf – wie jüngst die UBS es in der Schweiz getan hat – darf bezweifelt werden.

## 6.4  Betriebsrats-/Sprecherausschussbeteiligung

Existiert ein Betriebsrat und handelt es sich bei dem betroffenen Mitarbeiter nicht um einen echten leitenden Angestellten im Sinne des BetrVG (vergleiche Abschn. 1.1 „Was macht die Führungskraft zum leitenden Angestellten?), so ist der Betriebsrat vor der Durchführung einer Versetzungsmaßnahme zu beteiligen. Anders als beim Ausspruch

einer Kündigung ist er nicht nur anzuhören, er muss der beabsichtigten Versetzung vielmehr zustimmen, § 99 BetrVG. Verweigert er seine Zustimmung, darf der Arbeitgeber
die Maßnahme nicht umsetzen. In diesem Fall kann der Arbeitnehmer sich ohne großes
Risiko weigern, der Versetzung nachzukommen, bis der Betriebsrat der Versetzung zugestimmt hat. Will der Arbeitgeber die Zustimmung des Betriebsrats forcieren, muss er
beim Arbeitsgericht ein Zustimmungsersetzungsverfahren durchführen. Ein reiner Aufgabenentzug wird von der Rechtsprechung technisch nicht als Versetzung im Sinne des
Betriebsverfassungsgesetzes angesehen; der Betriebsrat ist danach bei einer vollständigen
Aufgabenentziehung nicht zu beteiligen.

Der Betriebsrat kann nach § 99 Abs. 2 BetrVG die Zustimmung verweigern, wenn der
betroffene Arbeitnehmer durch die personelle Maßnahme benachteiligt wird, ohne dass
dies aus betrieblichen oder in der Person des Arbeitnehmers liegenden Gründen gerechtfertigt wäre. Das Gesetz zählt noch eine Reihe weiterer Verweigerungsmöglichkeiten für
den Betriebsrat auf. Doch der hier genannte Grund dürfte in den meisten Fällen derjenige
sein, mit dem der Betriebsrat seine Zustimmung verweigert.

Verweigert der Betriebsrat seine Zustimmung, so hat er dies unter Angabe von Gründen innerhalb einer Woche nach Unterrichtung durch den Arbeitgeber diesem schriftlich
mitzuteilen. Teilt der Betriebsrat dem Arbeitgeber die Verweigerung seiner Zustimmung
nicht innerhalb der Frist schriftlich mit, so gilt die Zustimmung als erteilt (§ 99 Abs. 3
BetrVG).

Da viele Führungskräfte in ihren Unternehmen als „leitende Angestellte" angesehen
werden, unterläuft den Arbeitgebern hier gelegentlich der Fehler, dass sie im Falle einer
Versetzung den Betriebsrat nicht ordnungsgemäß beteiligen. Die meisten Führungskräfte
sind jedoch tatsächlich nicht leitende Angestellte, weil sie keine eigenständigen Einstellungen und Entlassungen vornehmen dürfen. Es ist dabei egal, ob die Mitarbeiter per Arbeitsvertrag zu Leitenden ernannt werden, denn es kommt allein darauf an, welche Kompetenzen die Mitarbeiter in Wirklichkeit haben und ob sie diese Kompetenzen auch tatsächlich
ausüben. Vergisst der Arbeitgeber, den Betriebsrat vor Ausspruch einer Versetzung zu
beteiligen, eröffnen sich für den Arbeitnehmer taktische Möglichkeiten, diese Versetzung
auch unter dem formalen Aspekt der fehlenden Betriebsratsbeteiligung anzufechten. Je
nach Situation kann man sich diesen Fehler des Arbeitgebers für einen späteren Zeitpunkt
in dem Verfahren gegen die Versetzung aufheben, um den Arbeitgeber unter Druck zu
setzen. Es ist jedoch nicht klug, von Anfang an die eigene Position als „leitender Angestellter" aufzugeben, nur um unter die Fittiche des Betriebsrats zu kommen. Viele Betriebsräte
empfinden Führungskräfte nicht als einen der Ihren und sehen sich bereits auf einer emo-
tionalen Ebene als nicht zuständig für diese Mitarbeiter an.

Existiert in dem Unternehmen ein Sprecherausschuss, also das Vertretungsorgan der
(echten) leitenden Angestellten, so ist dieser bei personellen Maßnahmen gemäß § 31
Sprecherausschussgesetz nur rechtzeitig zu informieren. Ein Vetorecht wie der Betriebsrat
hat er nicht. Doch können die Leitenden in einer konzertierten Aktion den Verhandlungs-
druck auf den Arbeitgeber erhöhen. Der Sprecherausschuss kann hierbei eine bündelnde
Funktion ausüben, der die Interessen der Leitenden vertritt.

## 6.4.1   Handlungsoptionen

Es gibt eine Vielzahl von Möglichkeiten, wie man auf eine anstehende oder bereits durch-geführte Aufgabenänderung reagieren kann. Zunächst muss der Mitarbeiter sich über sei-ne Ziele im Klaren sein – will er im Unternehmen verbleiben oder wünscht er, möglichst gegen Zahlung einer Abfindung das Unternehmen zu verlassen oder eventuell eine Vorru-hestandsregelung zu vereinbaren?

Akzeptiert der Mitarbeiter die Aufgabenänderung, wird er sich später hiergegen nicht mehr zur Wehr setzen können. Wenn sich allerdings erst nach einiger Zeit herausstellt, dass die Arbeitsaufgaben doch nicht so umfassend und hochwertig sind, besteht noch im-mer eine Restmöglichkeit, die Änderung anzugreifen. Deshalb ist auch noch nicht alles zu spät, wenn der Mitarbeiter – aus welchen Gründen auch immer – die Änderung der Aufgaben zunächst akzeptiert hat. Dieser Weg ist jedoch erheblich steiniger als eine von Anfang an anwaltlich begleitende Beratung.

Akzeptiert der Mitarbeiter ein Angebot des Arbeitgebers zur Aufgabenänderung nicht, kann er auch einfach schweigen und seine bisherige Arbeit weitermachen, denn Schwei-gen bedeutet im deutschen Arbeitsrecht keine Zustimmung. Erst, wenn der Mitarbeiter zwar schweigt, aber die neue Arbeit aufnimmt, könnte eine sogenannte konkludente Zu-stimmung zur Vertragsänderung vorliegen. Der Arbeitnehmer hat durch sein Verhalten gezeigt, dass er die neuen Aufgaben annimmt.

Schließlich kann der Arbeitnehmer die neuen Aufgaben ausdrücklich zurückweisen, weil er der Auffassung ist, sie sind nicht gleichwertig. Wer diese Handlungsoption wählt, sollte sich im Klaren über seine nächsten Schritte sein und eine Handlungsstrategie ausge-arbeitet haben. Besteht der Arbeitgeber auf der neuen Aufgabe, gefährdet der Mitarbeiter sein Arbeitsverhältnis, wenn er die neue Aufgabe nach wie vor verweigert.

Er riskiert eine Abmahnung oder gar eine Kündigung wegen Arbeitsverweigerung. Irrt er sich nämlich, und die Änderung der Aufgaben war gerechtfertigt, verliert er so seinen Arbeitsplatz. Aus diesem Grunde ist die rigorose Ablehnung der neuen Tätigkeit oft nicht das beste taktische Mittel, da man sich damit selbst unter Druck setzt.

Weiter besteht die Möglichkeit, die neuen Tätigkeiten quasi „unter Protest" zunächst aufzunehmen und zügig ein arbeitsgerichtliches Verfahren einzuleiten. In diesem Ge-richtsverfahren versucht der Arbeitnehmer dann, die Zuweisung der neuen Tätigkeit als rechtswidrig anerkennen zu lassen. Stellt das Gericht die Rechtswidrigkeit fest, darf der Arbeitgeber den Arbeitnehmer nicht beschäftigen. Ein derartiges Verfahren ist oft kom-plexer und aufwändiger als ein klassischer Kündigungsrechtsstreit und sollte daher nur mit erfahrener Hilfe angegangen werden.

Dem Arbeitnehmer zugutekommt, dass der Arbeitgeber die vollständige Darlegungs- und Beweislast dafür trägt, dass er überhaupt ein Direktionsrecht hat und dass die konkre-te Maßnahme auch von seinem Direktionsrecht gedeckt ist. Er muss also beweisen, dass er alle Formalien und Vorschriften berücksichtigt hat. Dennoch lassen es viele Arbeitgeber auf solch einen Prozess ankommen, in der Hoffnung, sich entweder mit dem Arbeitneh-mer zu einigen oder den Prozess zu verschleppen, um den Arbeitnehmer möglichst lang in der ungeliebten neuen Position arbeiten zu lassen. Strukturiert er zudem noch seine Organisation um, sodass der bisherige Job des Arbeitnehmers in Einzelteile zerfällt, ist der Weg zurück für den Arbeitnehmer oft schwer.

Es gibt aber einige gute Möglichkeiten, diese Drucksituation für die Arbeitnehmer zu entschärfen. Hierzu gehört die Beantragung eines Zurückbehaltungsrechts für den Arbeitnehmer. Solange der rechtswidrige Versetzungszustand anhält, darf der Arbeitnehmer nach Zuspruch eines Zurückbehaltungsrechts durch das Gericht zu Hause bleiben, während der Arbeitgeber das Gehalt weiter zahlen muss.

**Rechtsprechungshinweis**

Das Landesarbeitsgericht Niedersachsen hat in einem aktuellen Fall einer Mitarbeiterin ein solches Zurückbehaltungsrecht zugebilligt (LAG Niedersachsen, Urteil vom 14. Juni 2010 – 12 Sa 1251/09). Ihre bisherige Stelle fiel weg und sie wurde nicht mehr adäquat beschäftigt. Der Arbeitgeber sah sich außerstande, ihr eine andere adäquate Beschäftigung zu geben, war aber der Meinung, die gefundene Ersatzbeschäftigung sei gleichwertig. Das LAG Niedersachsen sah es als erwiesen an, dass der erfolgte Wechsel von der operativ hoch verantwortlichen Tätigkeit hin zur rein administrativen Büroarbeit keine gleichwertige Beschäftigung darstellte. Damit die Mitarbeiterin risikolos die neue Arbeit verweigern konnte, gestand ihr das Gericht das Zurückbehaltungsrecht zu.

Dies gelingt jedoch nicht in jedem Fall, und es hängt vor allem von den Umständen des Einzelfalls und auch von dem Gericht ab, an dem man sich mit seinem Rechtsstreit befindet. Ein erfahrener Arbeitsrechtler kann das Verfahren zugunsten des Arbeitnehmers so steuern, dass es zeitlich optimal abläuft und auch dem Mitarbeiter die Möglichkeit gibt, flexibel zu bleiben und den Druck auf den Arbeitgeber zu erhöhen.

In besonders krassen Fällen, wenn etwa der Arbeitgeber einfach die bisherigen Aufgaben entzieht, aber keine neuen Aufgaben zuweist, kann man auch über die Beantragung einer sogenannten einstweiligen Verfügung nachdenken. Während ein normales Gerichtsverfahren in erster Instanz sechs Monate oder länger dauern kann, wird ein gerichtliches Eilverfahren innerhalb weniger Wochen erledigt. Eine solche einstweilige Verfügung sollte auch erwogen werden, wenn der Arbeitgeber seinen Mitarbeiter ins Ausland versetzen möchte oder an einen geografisch sehr weit entfernten und schlecht erreichbaren Ort im Inland. Zusätzlich können dringende persönliche Belange (Pflege kranker Angehöriger, alleinerziehend mit kleinen Kindern) es notwendig machen, ein Eilverfahren durchzuführen. Die Erfolgsaussichten von einstweiligen Verfügungen gegen unrechtmäßige Versetzungen variieren je nach Arbeitsgericht. Generell gilt, dass die Gerichte eher zögerlich damit umgehen. Sie stellen hohe Anforderungen, denn zumeist muss der Arbeitnehmer nachweisen, warum er eine besonders schnelle Entscheidung benötigt (Dringlichkeit) und das normale Verfahren nicht abwarten kann. Dazu muss er dem Gericht Nachteile glaubhaft machen, die ihm durch das Abwarten des normalen Gerichtsverfahrens entstehen würden. Dies ist der schwierigste Part, denn selten gibt es im Falle einer Versetzung Dinge, die unwiederbringlich verloren gehen. Dennoch sollte man sich diese Option offen halten, um in besonderen Ausnahmesituationen schnell reagieren zu können.

Hat der Arbeitnehmer seinen Prozess gewonnen, muss der Arbeitgeber ihn in der bisherigen Funktion beschäftigen oder in einer anderen vergleichbaren, gleichwertigen Aufgabe. Leider bedeutet das Ende des einen Prozesses nicht, dass damit auch der Konflikt beseitigt ist. Gelegentlich ist das Gegenteil der Fall – die Fronten verhärten sich, die Einigungsbereitschaft sinkt zunächst. Es dauert seine Zeit, bis auch aufseiten des Arbeitgebers die Einsicht gewachsen ist, dass er sich von dem „streitlustigen" Mitarbeiter nur mit einer einvernehmlichen Vereinbarung trennen kann.

## 6.4.2  Folgen rechtswidriger Versetzungen

Steht fest, dass der Arbeitgeber den Arbeitnehmer nicht mehr vertragsgemäß beschäftigt, so kann der Arbeitnehmer seinen Beschäftigungsanspruch geltend machen und auf vertragsgemäße Beschäftigung klagen. Wird der Mitarbeiter nicht mehr beschäftigt, kann gemäß §§ 61 Abs. 2 Arbeitsgerichtsgesetz auch eine Entschädigungszahlung beantragt werden. In extremen Fällen ist auch eine Schmerzensgeldklage wegen erheblicher Schädigung der Reputation des Mitarbeiters möglich oder eine Klage auf Entschädigungszahlung wegen Altersdiskriminierung bei der Durchführung bestimmter Maßnahmen. Nach unseren Erfahrungen sind es meist Manager zwischen 50 und 55 Jahren, die von Versetzungen und Aufgabenentzug betroffen sind. Schließlich löst eine rechtswidrige Versetzung unter bestimmten Voraussetzungen ein Zurückbehaltungsrecht aus. Dies kann genutzt werden, um den Arbeitgeber wieder an den Verhandlungstisch zurückzuholen, denn der Mitarbeiter darf zu Hause bleiben, während der Arbeitgeber das Gehalt weiterzahlen muss.

# Beförderung zum Geschäftsführer: Chance oder Fallstrick?

Gerade in Konzerngesellschaften kommt es hin und wieder vor, dass besonders geeignete Führungskräfte dazu auserkoren werden, die Geschäftsführung einer Tochtergesellschaft zu übernehmen. Mit der Übernahme der neuen Funktion ändern sich fast alle Arbeitnehmerrechte des betroffenen Mitarbeiters grundlegend.

Was unterscheidet einen Geschäftsführer von einem Arbeitnehmer? Beide haben typischerweise einen Anstellungsvertrag, der beim Arbeitnehmer „Arbeitsvertrag", beim Geschäftsführer „Dienstvertrag" genannt wird. Der Arbeitsvertrag ist juristisch gesehen eine Sonderform des Dienstvertrags.

## 7.1 Abgrenzung Arbeitnehmer/Geschäftsführer

Eine Gesellschaft mit beschränkter Haftung (GmbH) ist eine sogenannte juristische Person, also ein Kunstgebilde, das sich selbst nicht artikulieren und auch selbst nicht handeln könnte. Dafür benötigt es eine Person von Fleisch und Blut, welche die Gesellschaft vertritt. Diese Person ist der Geschäftsführer. Der Geschäftsführer einer GmbH ist nach § 35 GmbH-Gesetz das Vertretungsorgan der Gesellschaft. Der Geschäftsführer vertritt die Gesellschaft selbst, er agiert gegenüber den Arbeitnehmern der Gesellschaft als Arbeitgeber beziehungsweise als Vertreter des Arbeitgebers.

Leitende Angestellte sind Arbeitnehmer und genießen damit regelmäßig Kündigungsschutz nach dem Kündigungsschutzgesetz, sofern sie länger als sechs Monate im Unternehmen beschäftigt werden und das Unternehmen seinerseits mehr als zehn Arbeitnehmer beschäftigt.

► **Tipp** Arbeitnehmer, deren Arbeitsverhältnis vor 2004 begann, genießen bereits ab mehr als fünf Arbeitnehmern Kündigungsschutz. Bei der Ermittlung der Anzahl der Mitarbeiter gilt Folgendes: Teilzeitkräfte zählen erst bei mehr als 30 Wochenstunden als ein voller Mitarbeiter, bei nicht mehr als 30 h werden sie

C. Abeln, *Handbuch für Führungskräfte*,
DOI 10.1007/978-3-658-04029-1_7, © Springer Fachmedien Wiesbaden 2014

mit 0,75 berücksichtigt, bei nicht mehr als 20 h mit 0,5. Sinkt zwischenzeitlich die Mitarbeiterzahl auf fünf oder weniger und steigt sie danach wieder, dann gilt auch für vor 2004 angestellte Mitarbeiter die Schwelle von mehr als zehn Arbeitnehmern.

Kündigungsschutz bedeutet: Das Unternehmen darf die Arbeitsverhältnisse durch eine Kündigung nur beenden, wenn entweder ein verhaltens-, personen- oder betriebsbedingter Kündigungsgrund vorliegt.

Geschäftsführer sind im Gegensatz zu Arbeitnehmern (und leitenden Angestellten) *per se* keine Arbeitnehmer, sondern wie bereits festgestellt Vertretungsorgane der Gesellschaft. Sie genießen daher regelmäßig *keinen* Kündigungsschutz. Es gibt jedoch Ausnahmen, die im Abschn. 7.5.1 „Kündigungsschutz" läutert werden. Gleichzeitig gelten die vielfältigen Haftungserleichterungen und Privilegien für Arbeitnehmer nicht für Geschäftsführer. Im Gegenteil, das GmbH-Gesetz und die Rechtsprechung der Zivilgerichte erlegen den Geschäftsführern schwerwiegende Kontroll- und Haftungsregeln auf. Wer dagegen verstößt, haftet unter Umständen mit seinem gesamten Privatvermögen. Auch macht sich ein Geschäftsführer schnell wegen Insolvenzverschleppung strafbar, wenn er eine bevorstehende Insolvenz ignoriert oder zu lange hinauszögert (§ 15a Insolvenzordnung). Für Geschäftsführer gilt auch das Arbeitszeitgesetz nicht, es gibt also keine Höchstarbeitszeiten. Ebenso gilt das Bundesurlaubsgesetz nicht oder das Entgeltfortzahlungsgesetz, das den Einkommenserhalt während der Krankheit absichert.

## 7.2  Verschiedene Konstellationen

### 7.2.1  Ausgangslage

Gerade in den Fällen der Beförderung eines Arbeitnehmers zum Geschäftsführer ist auf den ersten Blick nicht immer klar, welchen Status der Mitarbeiter nun innehat – Arbeitnehmer oder Geschäftsführer oder gar beides? Daher gilt: Wer Geschäftsführer werden soll, muss seinem Status als Arbeitnehmer ganz besondere Aufmerksamkeit widmen. Durch unbedachte Vertragsverhandlungen und -gestaltungen kann jeder künftiger Geschäftsführer seine Arbeitnehmerstellung – und damit so gut wie sämtliche arbeitsrechtlichen Schutzmechanismen – verlieren. Und selbst wenn ein Arbeitsverhältnis bestehen bleiben sollte, ist damit noch längst nicht garantiert, dass der Geschäftsführer auch Kündigungsschutz genießt.

Das Geschäftsführeramt ist zweigeteilt – der Geschäftsführer ist einerseits Angestellter der Gesellschaft und gleichzeitig Vertretungsorgan der Gesellschaft. Sein Dienstverhältnis und seine Organstellung sind zwei verschiedene Dinge, die nicht notwendig parallel laufen. Es kann sein, dass ein Geschäftsführer sein Amt niederlegt oder abberufen wird, sein Dienstvertrag aber noch weiterläuft und er auf Basis des Vertrags weiter beschäftigt wird, obwohl er nach dem Ende seiner organschaftlichen Amtszeit nicht mehr das Vertretungsorgan der Gesellschaft ist. Der Widerruf der Bestellung zum Geschäftsführer kann jederzeit erfolgen, es bedarf keines Grundes. Ein Widerruf der Bestellung zum Geschäftsführer bedeutet aber nicht automatisch die Kündigung des Dienstvertrags. Dies wird allerdings in der Praxis üblicherweise miteinander verknüpft. Entweder sieht der Dienstvertrag eine sogenannte „Koppelungsklausel" vor, nach der ein Widerruf der Bestellung zum Geschäftsführer gleichzeitig auch als Kündigung des Dienstvertrags gilt oder das Dienstverhältnis wird zusammen mit dem Widerruf der Bestellung gekündigt. Weiterhin kann mitgeteilt werden, dass der befristete und am Tag X auslaufende Dienstvertrag nicht verlängert wird.

Nimmt der Arbeitnehmer seine Tätigkeit als Geschäftsführer auf, ohne zuvor Arbeitnehmer der Tochter- oder der Muttergesellschaft gewesen zu sein, wird mit dem Abschluss des Dienstvertrags kein Arbeitsverhältnis begründet. In Konzerngesellschaften kommt es häufiger vor, dass die Muttergesellschaft die Geschäftsführer für ihre Konzerntöchter aus dem eigenen Arbeitnehmerbestand rekrutiert. Die Kandidaten sind meist seit Jahren im Unternehmen bekannt und man ist sich ihrer Fähigkeiten und Schwächen bewusst. Die Gesellschaft kann sich so einen langwierigen und kostspieligen Bewerbungsprozess mit externen Bewerbern sparen.

Hat vor der Geschäftsführerbestellung ein Arbeitsverhältnis bestanden, stellt sich die Frage, was mit dem Arbeitsverhältnis geschieht, wenn der Geschäftsführer sein Amt antritt.

In früheren Jahren hat das Bundesarbeitsgericht immer angenommen, das ursprüngliche Arbeitsverhältnis „ruhe" nur, und das neue Dienstverhältnis trete neben das ruhende, ursprüngliche Arbeitsverhältnis. Begründet wurde dies unter anderem damit, dass der bisherige Arbeitnehmer im Zweifel auf den Bestandsschutz seines Arbeitsverhältnisses vertrauen dürfe. Nur wenn Arbeitgeber und Arbeitnehmer sich ausdrücklich auf die Beendigung des Arbeitsverhältnisses verständigt hätten, wäre damit auch das Arbeitsverhältnis beendet worden. Aber auch durch indirekte Zeichen, etwa eine wesentlich höhere Vergütung der Geschäftsführertätigkeit gegenüber der bisherigen Arbeitnehmervergütung, sollten nach dem Willen der Rechtsprechung ausreichen, um eine Aufhebung des ursprünglichen Arbeitsverhältnisses auszulösen. Dies war in der Praxis wenig handhabbar und führte zu Unsicherheiten und häufig zu Gerichtsprozessen. Das Bundesarbeitsgericht ist daher seit Anfang der 90er Jahre der Meinung, der Abschluss eines Geschäftsführerdienstvertrags beende in der Regel ein zuvor bestehendes Arbeitsverhältnis.

Der Gesetzgeber hat am 1. Mai 2000 eine neue Vorschrift in das BGB aufgenommen, den § 623 BGB. Danach kann ein Arbeitsverhältnis schriftlich aufgelöst werden. Eine nur mündliche Absprache genügt damit nicht mehr, um ein Arbeitsverhältnis zu beenden. Aufgrund dieser Gesetzesänderung hat sich die Rechtsprechung der Gerichte ein wenig angepasst. Das Arbeitsverhältnis muss nun immer schriftlich beendet werden. Es reicht aber auch aus, wenn Arbeitgeber und Arbeitnehmer einen schriftlichen Geschäftsführerdienstvertrag abschließen (BAG, Urteil vom 16. Juli 2007 – 6 AZR 774/06), ohne dass dabei in dem Vertrag selbst ausdrücklich steht, das Arbeitsverhältnis werde beendet. Durch den Abschluss eines schriftlichen Geschäftsführer-Dienstvertrags geben nach Ansicht des

Bundesarbeitsgerichts beide Vertragspartner zu erkennen, dass ein vorher bestehendes Arbeitsverhältnis beendet werden soll.

Nur, wenn die Vertragspartner ausdrücklich – etwa im Geschäftsführervertrag – vereinbaren, dass das Arbeitsverhältnis *nicht* beendet werden soll, bleibt das Arbeitsverhältnis auch bei einem schriftlichen Geschäftsführer-Dienstvertrag bestehen. Wird nichts hierzu geregelt und ein schriftlicher Dienstvertrag abgeschlossen, endet nach der heutigen Rechtsprechung auch das Arbeitsverhältnis. Das Bundesarbeitsgericht findet in dem eben genannten Urteil klare Worte:

> Mit dem Abschluss des Geschäftsführerdienstvertrags und der damit einhergehenden Bestellung zum Geschäftsführer werden für den Beschäftigten bereits von Gesetzes wegen zahlreiche neue Rechte und Pflichten aus dem GmbHG begründet. Einem Arbeitnehmer muss deshalb klar sein, dass mit dem Abschluss eines Geschäftsführerdienstvertrags und der Bestellung zum Geschäftsführer sein Arbeitsverhältnis endet. […] Schließt ein Arbeitnehmer mit dem Arbeitgeber einen schriftlichen Dienstvertrag, der Grundlage der Bestellung zum Geschäftsführer ist, findet der Wille der Vertragsparteien, das zuvor begründete Arbeitsverhältnis zu beenden, in dem schriftlichen Geschäftsführerdienstvertrag hinreichend deutlich Anklang.

Wird ein Arbeitnehmer ohne schriftlichen Dienstvertrag Geschäftsführer, bleibt sein Arbeitsverhältnis erhalten. Wenn keine besonderen Umstände hinzukommen (er also beispielsweise parallel als Geschäftsführer und Angestellter arbeitet), ruht das Arbeitsverhältnis für die Dauer des Geschäftsführeramts.

### 7.2.2   Warum ist das Arbeitsverhältnis erhaltenswert?

Nachdem nun klar ist, dass das Arbeitsverhältnis nur bei Abschluss eines schriftlichen Geschäftsführer-Dienstvertrags automatisch endet, bleibt offen, was der künftige Geschäftsführer tun kann, um sein Arbeitsverhältnis nicht aufgeben zu müssen. Doch warum sollte er sich darum bemühen?

Ist man erst einmal zum Geschäftsführer bestellt, führt in der Regel kein Weg mehr zurück in das Arbeitnehmerdasein beim derzeitigen Arbeit-/Dienstgeber. Die Schutzrechte aus dem Arbeitsverhältnis sind unwiederbringlich verloren, allen voran der Kündigungsschutz. Tarifverträge und Betriebsvereinbarungen gelten für den Geschäftsführer nicht mehr, er hat als ehemals leitender Angestellter auch keinen Vertreter mehr im Sprecherausschuss. Nicht zu vernachlässigen ist auch die Haftungsproblematik. Als Geschäftsführer haftet man grundsätzlich in vollem Umfang mit seinem Privatvermögen auch für leichte Fahrlässigkeit, wohingegen Arbeitnehmer weitgehende Haftungsprivilegien genießen.

## 7.3   Konzerngestaltungen

Unter bestimmten Umständen ist es denkbar, dass der Geschäftsführer auch auf der Grundlage eines Arbeitsverhältnisses tätig wird. Bei Konzernarbeitsverhältnissen kann es vorkommen, dass neben dem Organverhältnis zu der einen Gesellschaft noch ein Arbeitsverhältnis mit *einer anderen* Konzerngesellschaft besteht.

**Beispiel 1** Zur Muttergesellschaft besteht als Ausgangslage ein Arbeitsverhältnis. Die Führungskraft wird nun zum Geschäftsführer einer Tochtergesellschaft bestellt, ohne dass der Arbeitsvertrag geändert wird und ohne dass ein schriftlicher Geschäftsführer-Dienstvertrag abgeschlossen wird. Der Geschäftsführer bleibt Arbeitnehmer der Muttergesellschaft und wird auf Basis seines Arbeitsvertrags mit der Muttergesellschaft für die Tochtergesellschaft tätig. Gleichzeitig arbeitet er noch für die Muttergesellschaft. In diesem Fall geht die Rechtsprechung davon aus, dass die Geschäftsführertätigkeit auf der Grundlage des Arbeitsvertrags erbracht wird (BAG, Urteil vom 25. Oktober 2007 – 6 AZR 1045/06). Zur Tochtergesellschaft besteht jedoch kein Arbeitsverhältnis. Wenn sie den Geschäftsführervertrag kündigt, hat der Geschäftsführer keinen Kündigungsschutz gegenüber der Tochtergesellschaft. Ihm bleibt jedoch noch das Arbeitsverhältnis mit der Muttergesellschaft. Dieses wird von der Kündigung durch die Tochter nicht berührt und besteht weiterhin. Der Geschäftsführer behält im Verhältnis zur Muttergesellschaft also seinen Kündigungsschutz.

**Beispiel 2** Der Geschäftsführer aus unserem Beispiel 1 wird diesmal ausschließlich für die Tochtergesellschaft tätig. Seine Aufgaben bei der Muttergesellschaft enden mit Beginn des Geschäftsführeramts. Auch hier wird kein gesonderter Geschäftsführervertrag geschlossen und der Arbeitsvertrag bleibt Grundlage der Geschäftsführertätigkeit. Nur weil der Geschäftsführer nicht mehr parallel für die Muttergesellschaft arbeitet, endet nicht automatisch das Arbeitsverhältnis. Das Arbeitsverhältnis zur Muttergesellschaft kann also auch in dieser Konstellation fortbestehen und wird nicht beendet. Mit der Tochtergesellschaft wird kein Arbeitsverhältnis begründet.

**Beispiel 3** In diesem Fall gibt es einen schriftlichen Geschäftsführerdienstvertrag, der mit der Tochtergesellschaft abgeschlossen wird. Mit der Muttergesellschaft besteht ein Arbeitsvertrag. Da die Muttergesellschaft und Tochtergesellschaft zwei unterschiedliche Unternehmen sind, ruht im Zweifel das Arbeitsverhältnis zur Muttergesellschaft während der Tätigkeit für die Tochtergesellschaft. Es wird jedoch nicht automatisch beendet, da die Tochtergesellschaft keine Befugnis hat, das Arbeitsverhältnis zur Muttergesellschaft zu beenden. Dies wäre ein sogenannter Vertrag zulasten Dritter. Endet das Dienstverhältnis mit der Tochtergesellschaft, lebt das Arbeitsverhältnis zur Muttergesellschaft wieder auf.

## 7.4    Ein Rat für die Praxis

Der Dienstvertrag bedarf keiner besonderen Form und kann auch mündlich geschlossen werden. Freilich ist es aus Beweisgründen sinnvoll, die vertraglichen Absprachen schriftlich festzuhalten. Aus Sicht des Arbeitnehmers ist es nicht immer sinnvoll, auf einen schriftlichen Dienstvertrag zu bestehen, denn mit dem Abschluss eines schriftlichen Geschäftsführer-Dienstvertrags endet nach heutiger Rechtsprechung im Zweifel ein zuvor bestehendes Arbeitsverhältnis.

Wenn der Arbeitnehmer in Konzernkonstruktionen zum Geschäftsführer einer Tochtergesellschaft ernannt werden soll, bietet es sich an, konkret mit seinem Arbeitgeber zu vereinbaren, dass das Arbeitsverhältnis während der Zeit als Geschäftsführer entweder fortgeführt wird (wenn der Arbeitnehmer nebenher noch für die Muttergesellschaft arbeitet) oder aber zumindest nur ruht. Endet dann das Geschäftsführeramt bei der Tochtergesellschaft – gleich aus welchem Grund – muss das Arbeitsverhältnis wieder aufleben. Mit solch einer Konstruktion lassen sich viele Streitfragen von Beginn an vermeiden und beide Seiten wissen, wie der Vertragsstatus des Mitarbeiters ist. Überhaupt ist es generell ratsam, bei Änderungen im Arbeitsverhältnis auch an die Zukunft zu denken und nicht völlig abwegige künftige Ereignisse bereits in dieser frühen Phase zu berücksichtigen und mit dem Vertragspartner darüber zu sprechen.

## 7.5    Problemfelder

### 7.5.1    Kündigungsschutz

Wer Geschäftsführer wird, verliert seinen Kündigungsschutz. Von diesem *Grundsatz* kann jedoch in bestimmten Konstellationen abgewichen werden. Als Führungskraft sollte man diese Möglichkeiten kennen, um sich auf die neue Aufgabe als Geschäftsführer vorbereiten zu können.

#### 7.5.1.1    Das ursprüngliche Arbeitsverhältnis bleibt erhalten

Es gibt Fälle, in denen die Tätigkeit des Geschäftsführers auf einem Arbeitsvertrag basiert, weil er etwa als Angestellter eines Unternehmens zum Geschäftsführer der Gesellschaft oder zum Geschäftsführer einer Tochtergesellschaft berufen wurde. Gleichzeitig hat man es versäumt, einen schriftlichen Geschäftsführer-Dienstvertrag abzuschließen. Damit ist das Arbeitsverhältnis beziehungsweise der bestehende Arbeitsvertrag die Grundlage für das Geschäftsführer-Dienstverhältnis. Man könnte auf die Idee kommen, dem Geschäftsführer in solchen Fällen Kündigungsschutz nach dem Kündigungsschutzgesetz (KSchG) zu geben. Leider sieht jedoch § 14 Abs. 1 Nr. 1 KSchG vor, dass Organmitglieder keinen Kündigungsschutz genießen. Der Geschäftsführer ist aufgrund seiner Doppelstellung (Dienstvertrag und Organstellung) ein Organmitglied, der die Gesellschaft als juristische Person gesetzlich vertritt (§ 35 Abs. 1 GmbHG).

Solange der Geschäftsführer als Organ der Gesellschaft bestellt ist, gelten für ihn nicht die Kündigungsschutzvorschriften des KSchG. Wird ein Geschäftsführer gekündigt, *bevor* er sein Amt niedergelegt hat oder bevor seine Bestellung zum Geschäftsführer von der Gesellschaft widerrufen wird, hat er keinen Kündigungsschutz. Anders sieht es aus, wenn der Geschäftsführer zuerst abberufen und anschließend gekündigt wird. Diese scheinbar unbedeutende Änderung der Reihenfolge führt dazu, dass der Geschäftsführer ab dem Moment der Abberufung nicht mehr Organ der Gesellschaft ist. In diesem Augenblick unterliegt er gemäß § 14 Abs. 1 Nr. 1 KSchG wieder den Kündigungsschutzvorschriften, weil die Grundlage seiner gesamten Arbeit das nach wie vor bestehende Arbeitsverhältnis war und ist.

Wer noch nicht abberufen, dafür aber schon gekündigt wurde, kommt zwar nicht in den Genuss des Kündigungsschutzgesetzes, andere Arbeitnehmerschutzrechte, etwa das SGB IX (Schwerbehindertenschutz), gelten aber trotzdem. Ist der Geschäftsführer schwerbehindert, muss die Gesellschaft vor Ausspruch der Kündigung die Zustimmung des Integrationsamts einholen (§ 85 SGB IX). Macht sie das nicht, ist die Kündigung deshalb unwirksam.

▶ **Tipp** Aus taktischen Gründen könnte ein Geschäftsführer, der bereits sicher weiß, dass die Gesellschaft ihn abberufen will, der Kündigung zuvorkommen, indem er sein Amt mit sofortiger Wirkung niederlegt. Damit wäre er zum Zeitpunkt des Zugangs der Kündigung nicht mehr „Organ" der Gesellschaft und ein eventuell bestehendes Arbeitsverhältnis würde das Aufleben des Kündigungsschutzes für ihn bedeuten. Dies ist jedoch ein sehr riskantes Unterfangen und sollte nur als letztes Mittel der Wahl und auch nur mithilfe professioneller Unterstützung durch einen versierten Arbeitsrechtsanwalt angegangen werden. Denn eine sofortige Amtsniederlegung kann eine fristlose Kündigung durch die Gesellschaft provozieren. Sie muss daher gut vorbereitet werden.

Aber auch ein Geschäftsführer, der gekündigt, aber noch nicht abberufen wurde, sollte sich schnell entscheiden, ob er nicht selbst dafür sorgt, dass er sein Amt niederlegt. Denn auch wenn er in einem Arbeitsverhältnis stehen sollte, kann er aufgrund einer gesetzlichen Sperre nicht zum Arbeitsgericht gehen und müsste seine Kündigungsschutzklage bei einem Landgericht erheben. Dieses wäre nicht nur weitaus teurer als eine Klage vor dem Arbeitsgericht, auch die prozessualen Risiken sind ungleich höher, da die Zivilgerichte oft nicht die Sachnähe zum Arbeitsrecht haben, wie man es bei einem Arbeitsgericht erwarten dürfte.

„Verschleppt" also eine Gesellschaft die Abberufung des Geschäftsführers, muss er schnell agieren. Er hat nur drei Wochen Zeit, um nach dem Ausspruch einer Kündigung eine Kündigungsschutzklage zu erheben. Solange er jedoch sein Amt nicht niedergelegt hat, kann er nicht zum Arbeitsgericht. Er muss also schleunigst dafür sorgen, dass sein Amt endet und er innerhalb der drei

Wochen Klage einreicht, sonst hat er keine Möglichkeit mehr, seinen Kündigungsschutz vor dem Arbeitsgericht durchzusetzen.

Bizarrerweise fordert die Rechtsprechung, dass die Amtsniederlegung ins
Handelsregister eingetragen werden muss, bevor der Weg zum Arbeitsgericht
eröffnet ist. Diese Eintragung kann nur durch einen Notar auf elektronischem
Wege vermittelt werden. Bevor man jedoch diesen Schritt geht, sollte man sich
beraten lassen, um nicht etwa durch eine unbedachte Niederlegung wiederum
eine fristlose Kündigung zu riskieren. Denn wer mit einer Kündigungsfrist von
mehreren Monaten gekündigt ist, aber sein Amt mit sofortiger Wirkung niederlegt, kann für die Restlaufzeit des Geschäftsführerdienstvertrags faktisch nicht
mehr als Geschäftsführer arbeiten. Die Gesellschaft wäre dann – unter Umständen – berechtigt, fristlos zu kündigen. Dies kann jedoch durch eine geschickte
Beratung und Strategie vermieden werden. Es ist also Eile geboten.

### 7.5.1.2   Sonderfall: Anstellung im Konzern

Der Angestellte hat einen Arbeitsvertrag bei der Muttergesellschaft und wird ohne gesonderten schriftlichen Dienstvertrag bei der Tochtergesellschaft als Geschäftsführer beschäftigt. Für die Muttergesellschaft erbringt er in dieser Zeit keine Arbeitsleistung. Grundlage
der Tätigkeit für die Tochtergesellschaft ist der Arbeitsvertrag mit der Muttergesellschaft.
Mit der Tochtergesellschaft besteht allerdings kein Arbeitsverhältnis. Endet das Geschäftsführeramt bei der Tochtergesellschaft, so lebt das Arbeitsverhältnis zur Muttergesellschaft
wieder auf. Im Verhältnis zur Muttergesellschaft bleibt der Kündigungsschutz erhalten,
der Geschäftsführer kehrt als Arbeitnehmer zu ihr zurück. Auch wenn der Geschäftsführer mit der Tochtergesellschaft einen schriftlichen Dienstvertrag abschließt, endet damit
nicht automatisch das Arbeitsverhältnis zur Muttergesellschaft. Denn beide Gesellschaften
sind unterschiedliche „juristische Personen" – die Tochter kann nicht ohne ausdrückliche Bevollmächtigung der Muttergesellschaft das Arbeitsverhältnis zur Muttergesellschaft
beenden. In diesem Falle bleibt also auch bei einem schriftlichen Dienstvertrag mit der
Tochtergesellschaft das Arbeitsverhältnis zur Muttergesellschaft erhalten.

Wenn während der Tätigkeit für die Tochtergesellschaft die Mutter die Abteilung
des Geschäftsführers auf die Tochter überträgt, findet ein Betriebsübergang im Sinne
des § 613a BGB statt. Das ruhende Arbeitsverhältnis geht kraft Gesetzes auf die Tochtergesellschaft über. Kündigt nun die Tochtergesellschaft den Anstellungsvertrag, bevor
der Geschäftsführer abberufen wurde, hat dieser nach der aktuellen Rechtsprechung des
Bundesarbeitsgerichts keinen Kündigungsschutz, weil er noch Organ der Gesellschaft ist.
Eine Rückkehr zur Muttergesellschaft ist auch ausgeschlossen, weil die Abteilung und damit das Arbeitsverhältnis des Geschäftsführers auf die Tochtergesellschaft übergegangen
sind. In der Praxis ist dies eine durchaus häufiger vorkommende Konstruktion. In solch
einem Fall muss der Geschäftsführer überlegen, ob es sinnvoll ist, dem Übergang seines
Arbeitsverhältnisses auf die Tochtergesellschaft zu widersprechen. Ein solches Recht hat
jeder Arbeitnehmer, dessen Arbeitsverhältnis von einem Betriebsübergang betroffen ist.
Niemand wird gezwungen, zu einem neuen Arbeitgeber (in diesem Falle die Tochterge-

sellschaft) zu wechseln; jedoch setzt sich ein widersprechender Arbeitnehmer der Gefahr aus, dass der alte Arbeitgeber das Arbeitsverhältnis betriebsbedingt kündigt. Seine Betriebsabteilung ist zu einem neuen Arbeitgeber gewechselt, und damit fällt möglicherweise auch die Beschäftigungsmöglichkeit beim alten Arbeitgeber weg. Je nachdem, wie weit die Versetzungs- und Einsatzmöglichkeiten des Geschäftsführers als Arbeitnehmer bei der Muttergesellschaft bestanden haben, bietet es sich an, zur Vermeidung des Verlustes des Kündigungsschutzes eine Strategie zu entwerfen, nach der das Arbeitsverhältnis nicht auf die Tochtergesellschaft übergeht. So bliebe zumindest der Kündigungsschutz bei der Muttergesellschaft erhalten, auch wenn die Tochter kündigt. Selbst wenn der Geschäftsführer sich damit einem gewissen Risiko einer Kündigung durch die Muttergesellschaft aussetzt, kann dies im Verhältnis geringer sein, als das Risiko, bei der Tochtergesellschaft gänzlich ohne Kündigungsschutz dazustehen.

### 7.5.1.3 Die Fortsetzung eines befristeten Anstellungsvertrags

Es kommt in der Praxis häufig vor, dass befristete Geschäftsführeranstellungsverträge über ihren Beendigungszeitpunkt hinaus fortgesetzt werden, mit der Folge, dass ein unbefristetes Anstellungsverhältnis begründet wird. Streitig ist für diese Fälle, welche Kündigungsfrist für das „neue" Anstellungsverhältnis gilt. Zum einen wird die Ansicht vertreten, dass eine etwaig vereinbarte Kündigungsfrist aus dem Geschäftsführeranstellungsverhältnis fortwirkt, zum anderen wird angenommen, dass nach dem Ende des befristeten Geschäftsführeranstellungsverhältnisses dieses zwar auf unbestimmte Zeit mit dem alten Vertragsinhalt, aber lediglich mit den gesetzlichen Kündigungsfristen fortgesetzt wird. Letztere Auffassung ist vorzugswürdig.

### 7.5.1.4 Das ursprüngliche Arbeitsverhältnis wird beendet

Wird das ursprüngliche Arbeitsverhältnis beendet, weil entweder ein Aufhebungsvertrag geschlossen wurde oder ein schriftlicher Dienstvertrag, dann endet auch der Kündigungsschutz des Geschäftsführers. Beendet er seine Geschäftsführertätigkeit, lebt sein ursprüngliches Arbeitsverhältnis auch nicht wieder auf.

**Rechtsprechungshinweis**

Insbesondere hat der abberufene Geschäftsführer keinen Anspruch auf Weiterbeschäftigung in einer seiner früheren Tätigkeit vergleichbaren leitenden Funktion, weil die Gesellschaft nach Ansicht des Bundesgerichtshofs (BGH) ein berechtigtes Interesse daran hat, Leitungsfunktionen nur mit Personen ihres Vertrauens zu besetzen und überdies der Anstellungsvertrag regelmäßig nur die Beschäftigung als Geschäftsführer zum Inhalt hat (BGH, Urteil vom 11.10.2010 – II ZR 266/08).

Dem Urteil des BGH entsprechend, kann ein Geschäftsführer umgekehrt auch nicht verpflichtet sein, nach seiner Abberufung eine Tätigkeit unterhalb der Geschäftsführerebene bei dem bisherigen Arbeitgeber oder gar bei einem Dritten anzunehmen, weil er diese nach seinem Anstellungsvertrag grundsätzlich nicht schuldet. Die Ablehnung einer anderen Tätigkeit stellt weder eine Arbeitsverweigerung dar, die die Gesellschaft zur fristlosen Kündigung berechtigt, noch eine Pflichtverletzung, die im Rahmen von § 615 Satz 2 BGB zu einer Verringerung oder einem Entfallen des Vergütungsanspruchs des ehemaligen Geschäftsführers führt. Der abberufende Gesellschafter muss nur die Tätigkeit als Geschäftsführer anbieten, um seinen Vergütungsanspruch bis zur endgültigen Vertragsbeendigung aufrechtzuerhalten. Die Gesellschafter einer GmbH können den Geschäftsführer also jederzeit einseitig abberufen und ihn sodann für die Dauer der Kündigungsfrist freistellen, gleichwohl bleiben sie für diesen Zeitraum zur Fortzahlung der Vergütung verpflichtet.

Eine Arbeitnehmer-Führungskraft, die zum Geschäftsführer ernannt wird, muss daher dem Schicksal des ursprünglichen Arbeitsverhältnisses besondere Aufmerksamkeit widmen. So kann beispielsweise der Verlust des Kündigungsschutzes durch verlängerte Kündigungsfristen oder ein wesentlich höheres Gehalt kompensiert werden. Darüber hinaus besteht die Möglichkeit, im Dienstvertrag entsprechende Vereinbarungen zu treffen. Das heißt, es kann durchaus vereinbart werden, dass der Geschäftsführer nach seiner Abberufung einen Anspruch auf Weiterbeschäftigung in leitender Funktion unterhalb der Organebene hat.

### 7.5.1.5  Anwendbarkeit des Kündigungsschutzgesetzes wird vertraglich vereinbart

Der Arbeitgeber und die Führungskraft können vertraglich vereinbaren, dass trotz der „Beförderung" zum Geschäftsführer weiterhin das Kündigungsschutzgesetz gelten soll. Eine solche Vereinbarung sollte im Dienstvertrag des Geschäftsführers ausdrücklich und schriftlich verankert werden. Arbeitgeber und Führungskraft haben insoweit eine gewisse Gestaltungsfreiheit. Dies garantiert, dass der Geschäftsführer sich auch im Falle einer Kündigung auf das Kündigungsschutzgesetz berufen kann. Aus Sicherheitsgründen sollte jedoch auch vereinbart werden, dass die Dienstzeiten aus dem vorhergehenden Arbeitsverhältnis auf das Dienstverhältnis als Geschäftsführer angerechnet werden und dass bereits am Tag 1 des Dienstverhältnisses die sechsmonatige Wartefrist des § 1 Abs. 1 KSchG als erfüllt gilt. Ein Arbeitnehmer hat erst nach einem sechs Monate ununterbrochen bestehenden Arbeitsverhältnis Kündigungsschutz. Da der Dienstvertrag als Geschäftsführer ein neues Vertragsverhältnis ist, empfiehlt es sich, die Wartefrist als erfüllt anzusehen. Sonst hat der Geschäftsführer im ungünstigsten Fall erst nach sechs Monaten im neuen Amt Kündigungsschutz. Gerade, wenn die Führungskraft zum Geschäftsführer einer Tochtergesellschaft bestellt wird, droht sonst eine sechsmonatige „Durststrecke", die ein böswilliger Arbeitgeber elegant ausnutzen kann.

Außerdem sollte die Führungskraft darauf achten, dass in dem Geschäftsführeranstellungsvertrag *keine* Koppelungsklausel vereinbart wird, weil damit die Gefahr besteht, dass der vereinbarte Kündigungsschutz ausgehebelt wird. Warum?

**Rechtsprechungshinweis**

Eine Koppelungsklausel bewirkt, dass die Abberufung des Geschäftsführers gleichzeitig auch als Kündigung des Dienstverhältnisses zum nächstmöglichen Termin gilt. Nach einem Urteil des Oberlandesgerichts Hamm vom 20. November 2006 (8 U 217/05) verliert bei Vorliegen einer solchen Klausel der Geschäftsführer zum Zeitpunkt der Abberufung seine Fähigkeit, als Geschäftsführer zu arbeiten. Da er nicht mehr Organ ist, kann er als Person auch nicht mehr seine Dienste als Geschäftsführer erbringen. Er muss deshalb aus personenbedingten Gründen gekündigt werden. Nach Ansicht des OLG Hamm habe die Gesellschaft mit der Koppelungsklausel zum Ausdruck gebracht, dass die Organstellung die persönliche Voraussetzung für die Erbringung der Dienstleistung durch den Geschäftsführer sei. Diese sehr zweifelhafte Rechtsprechung führt dazu, dass trotz der ausdrücklichen Vereinbarung des Kündigungsschutzes für Geschäftsführer mit einer Koppelungsklausel immer ein personenbedingter Kündigungsgrund im Sinne des Kündigungsschutzgesetzes vorliegt, wenn der Geschäftsführer abberufen wird. Die eigentliche Absicht, dem Geschäftsführer Kündigungsschutz zu gewähren, wird damit *ad absurdum* geführt. Diese Entscheidung des OLG Hamm ist unter Arbeitsrechtlern zu Recht kritisiert worden. Um aus Sicht der Führungskraft sicherzugehen, muss in dem Dienstvertrag entweder auf die Koppelungsklausel verzichtet werden oder die Vertragspartner müssen ausdrücklich vereinbaren, dass die Abberufung als Geschäftsführer kein personenbedingter Kündigungsgrund im Sinne des § 1 Abs. 2 KSchG darstellt.

Der Bundesgerichtshof (BGH) hat am 10. Mai 2010 (2 ZR 70/09) entschieden, dass die Parteien eines Geschäftsführervertrags nicht gehindert sind, die Geltung der materiellen Kündigungsschutzregelungen des § 1 KSchG vertraglich zu vereinbaren. Auch wird nach Ansicht des BGH die Funktionstüchtigkeit der Gesellschaft durch die Vereinbarung des Kündigungsschutzes für den Geschäftsführer nicht beeinträchtigt. Der BGH hat damit für Geschäftsführer das Tor zum Kündigungsschutz geöffnet. Diese Möglichkeiten müssen in der Praxis in jedem Einzelfall genau abgewogen werden, da es hinsichtlich des Umfangs des Kündigungsschutzes feine Abstufungsmöglichkeiten gibt, falls die Gesellschaft mit einer absoluten Geltung des Kündigungsschutzes nicht einverstanden ist.

Sobald das Kündigungsschutzgesetz gilt, muss der Geschäftsführer nach Erhalt einer Kündigung innerhalb von drei Wochen Klage einreichen, sonst wird die Kündigung automatisch wirksam (§ 4 KSchG). Für Geschäftsführer, für die das Kündigungsschutzgesetz nicht gilt, gilt diese 3-Wochen-Frist nicht.

### 7.5.1.6   Zum Arbeitsgericht oder zum Landgericht?

Um nicht nur Recht zu haben, sondern auch Recht zu bekommen, muss der Geschäftsführer sich im Falle einer Kündigung auch an das richtige Gericht wenden. Üblicherweise muss der Geschäftsführer Streitigkeiten über sein Dienstverhältnis vor dem Landgericht austragen, also vor der sogenannten „ordentlichen" Gerichtsbarkeit. Arbeitnehmer hingegen, können zum Arbeitsgericht gehen. Letzteres hat eine Reihe von Vorteilen:

Sie müssen keine Gerichtskostenvorschüsse einzahlen und die Streitwerte sind oft geringer als beim Landgericht. Die Streitwerte sind die Werte, an denen sich die gerichtlichen Gebühren bemessen. Bei Kündigungen werden vor dem Arbeitsgericht maximal drei Bruttomonatsgehälter als Streitwert angesetzt, beim Landgericht können es 36 Bruttomonatsgehälter sein. Die Gerichtskostenvorschüsse können bei Geschäftsführern schnell mehrere tausend Euro betragen. Wer nichts zurückgelegt hat, kommt bereits an dieser Stelle in Schwierigkeiten. Außerdem muss vor dem Arbeitsgericht die unterliegende Partei nur die eigenen Anwaltskosten und die Gerichtskosten tragen, nicht auch noch die Anwaltskosten der Gegenseite. Arbeitsgerichtsprozesse sind in der Regel kürzer als landgerichtliche Verfahren. Außerdem sind Arbeitsgerichte oft näher an der Materie des Arbeitslebens und man hat in den Verfahren selbst größere Spielräume für bestimmte Taktiken.

Auch wenn im Dienstvertrag der Kündigungsschutz für den Geschäftsführer ausdrücklich vereinbart wird, erspart ihm das nicht den Weg zu der Zivilgerichtsbarkeit, namentlich den Landgerichten. Denn nach § 5 Arbeitsgerichtsgesetz ist ein Geschäftsführer als Organ der Gesellschaft nicht Arbeitnehmer, und damit steht ihm der Weg zu den Arbeitsgerichten nicht offen. Auch wenn man davon ausgehen muss, dass das zugrunde liegende Anstellungsverhältnis ein Arbeitsverhältnis ist, weil der Geschäftsführer intern stark weisungsabhängig ist, bleibt nur der Weg zum Landgericht. Dem Arbeitsgerichtsgesetz ist es also „egal", auf welcher Grundlage der Geschäftsführer tätig wird: Solange er das Mitglied des Vertretungsorgans der Gesellschaft ist, bleibt ihm der Weg zum Arbeitsgericht verwehrt. Glücklicherweise erlaubt das Arbeitsgerichtsgesetz in § 2 Abs. 4 eine sogenannte Zuständigkeitsvereinbarung. Gesellschaft und Geschäftsführer können vereinbaren, dass ihre Streitigkeiten vor die Arbeitsgerichte gebracht werden.

▶ **Tipp** Wer als Führungskraft zum Geschäftsführer bestellt wird, sollte darauf achten, in den Anstellungsvertrag eine Zuständigkeitsvereinbarung aufzunehmen, wonach für alle Streitigkeiten aus dem Dienstverhältnis die „Gerichte für Arbeitssachen" zuständig sind. Dies spart im Konfliktfall Kosten und Zeit.

## 7.5.2    Sozialversicherungsrecht

Grundsätzlich ist der Geschäftsführer einer GmbH sozialversicherungsrechtlich beschäftigt, ebenso wie der Arbeitnehmer ein „nichtselbstständig Beschäftigter" ist. Damit unterliegt er der Sozialversicherungspflicht in der Renten-, Kranken-, Unfall- und Arbeitslosenversicherung. Die Organstellung allein macht ihn noch nicht zum selbstständig Beschäftigten, sondern erst, wenn der Geschäftsführer gegenüber der Gesellschaft beziehungsweise den Gesellschaftern nicht weisungsgebunden agieren und er maßgeblichen Einfluss auf die Gesellschaft nehmen kann. Die Reichweite der Weisungsgebundenheit lässt sich nur im konkreten Einzelfall feststellen, pauschalisierende Aussagen sind hier nicht möglich.

Damit Arbeitgeber und künftiger Geschäftsführer Sicherheit haben, empfiehlt es sich, bei der Deutschen Rentenversicherung (DRV) ein sogenanntes Statusfeststellungsverfahren durchführen zu lassen. Die DRV stellt dann verbindlich fest, ob die Beschäftigung des Geschäftsführers dem Sozialversicherungsrecht unterliegt. Diese Entscheidung ist bindend. Der Geschäftsführer hat also als sozialversicherungsrechtlich Beschäftigter im Regelfall Anspruch auf Arbeitslosengeld, wenn sein Dienstverhältnis endet. Andererseits hat ein Geschäftsführer, der weisungsfrei agiert und damit nicht sozialversicherungspflichtig beschäftigt ist, keinen Anspruch auf Arbeitslosengeld, auch wenn er Arbeitslosenversicherungsbeiträge gezahlt hat.

## 7.5.3    Entgeltfortzahlungsgesetz, Urlaubsgesetz, Arbeitszeitgesetz

Eine Reihe von Arbeitnehmerschutzgesetzen gilt nicht für Geschäftsführer. Dazu gehört zum Beispiel das Entgeltfortzahlungsgesetz, das die Fortzahlung des Gehalts im Krankheitsfalle regelt. Auch das Urlaubsgesetz und Arbeitszeitgesetz sind Vorschriften, die nicht automatisch für Geschäftsführer gelten. Beim Wechsel vom Arbeitsverhältnis in ein Geschäftsführer-Dienstverhältnis sollte der angehende Geschäftsführer darauf Wert legen, den Erhalt seiner bisherigen Schutzrechte zu sichern. Dies kann durch entsprechende vertragliche Gestaltungsmöglichkeiten erreicht werden.

## 7.5.4    Wettbewerbsverbot/Karenzentschädigung

Während des bestehenden Arbeits- oder Dienstverhältnisses unterliegen Arbeitnehmer und Geschäftsführer einem gesetzlichen Wettbewerbsverbot. Will der Arbeitgeber nach dem Ende des Arbeitsverhältnisses dem Arbeitnehmer ein nachvertragliches Wettbewerbsverbot erteilen, muss er dies vorher schriftlich vereinbaren. Dabei ist die maximale Laufzeit auf zwei Jahre beschränkt, und der Arbeitgeber muss monatlich eine Karenzentschädigung in Höhe von mindestens 50 % der letzten Vergütung entrichten (§ 74 Abs. 2 HGB). Außerdem muss das Wettbewerbsverbot inhaltlich, geografisch und branchentypisch so beschränkt sein, dass dem Mitarbeiter das weitere berufliche Fortkommen nicht unnötig erschwert wird. Hält sich der Arbeitgeber nicht an diese Regeln, ist das Wettbewerbsverbot nichtig oder zumindest unverbindlich.

Bei einem Geschäftsführer gelten andere Regeln: Grundsätzlich kann die Gesellschaft mit ihm ein nachvertragliches Wettbewerbsverbot vereinbaren, auch wenn sie ihm eine geringere Karenzentschädigung hierfür zahlt. Die Schutzvorschriften der §§ 74–75d HGB sind für Geschäftsführeranstellungsverträge grundsätzlich nicht anwendbar (BGH, Beschluss vom 7. Juli 2008 – II ZR 81/07). Ein solches Wettbewerbsverbot ist erst dann unzulässig, wenn es sittenwidrig ist. Das kann dann der Fall sein, wenn die Gesellschaft dem Geschäftsführer für zwei Jahre ein umfassendes Wettbewerbsverbot auferlegt, ihm dafür aber keine Karenzentschädigung verspricht. Es ist auch möglich, dass die Gesellschaft die Zahlung einer Karenzentschädigung in bestimmten Fällen ausschließt, etwa wenn dem Geschäftsführer fristlos gekündigt wird.

Die Schutzrechte eines Geschäftsführers sind im Falle eines nachvertraglichen Wettbewerbsverbots jedoch wesentlich geringer als die eines Arbeitnehmers. Auch hier muss wieder jeder Einzelfall betrachtet werden. Eine Führungskraft auf dem Sprung ins Geschäftsführeramt sollte auf eine besonders sorgfältige Vertragsgestaltung achten, da andernfalls eine sehr nachteilige Wettbewerbsrechtsgestaltung ihn in seiner weiteren beruflichen Laufbahn unnötig behindern könnte.

### 7.5.5  Haftung als Geschäftsführer

#### 7.5.5.1  Arbeitnehmerhaftung

Arbeitnehmer genießen weitgehende Haftungsbeschränkungen im Falle von Pflichtverletzungen im Rahmen ihres Arbeitsverhältnisses. Nach einer Grundsatzentscheidung des Großen Senats des Bundesarbeitsgerichts vom 27. September 1994 (GS 1/89 A) haftet ein Arbeitnehmer im Verhältnis zum Arbeitgeber dann nicht uneingeschränkt, wenn der Schaden auf einer betrieblichen Tätigkeit beruht. Bei leichtester Fahrlässigkeit haftet ein Arbeitnehmer danach überhaupt nicht. Entsteht der Schaden durch mittlere Fahrlässigkeit, haftet er anteilig. Es findet eine Abwägung aller Umstände statt, die dann zu einer Schadensteilung führt. Erst bei grober Fahrlässigkeit haftet der Arbeitnehmer vollständig für den Schaden. Bestand jedoch von vornherein ein besonders hohes Schadensrisiko, dann kann auch hier eine Haftungsbeschränkung eingreifen. Erst bei Vorsatz haftet der Arbeitnehmer immer voll.

Dies gilt ausdrücklich für Arbeitnehmer. Ob (echte) leitende Angestellte sich auch auf eine Haftungsprivilegierung berufen dürfen, ist bis heute noch nicht abschließend höchstrichterlich geklärt. Überwiegend nimmt man jedoch an, dass auch leitende Angestellte in den Genuss der Haftungsbeschränkung kommen sollen. Teilweise wird angenommen, dass den leitenden Angestellten ähnlich wie einem Vorstand nach § 94 Abs. 1 Seite 2 AktG eine Haftungsprivilegierung zugutekommt, wenn sie unternehmerische Entscheidungen zu treffen haben und wenn es aufgrund dieser Entscheidungen zu einem Schaden kommt.

Ein weiterer Vorteil für Arbeitnehmer ist, dass der Arbeitgeber in einem Schadensprozess vor dem Arbeitsgericht beweisen muss, dass der Arbeitnehmer seine Pflichtverletzung auch wirklich zu vertreten hat. Normalerweise muss derjenige, der einen Schaden verursacht, beweisen, dass er die „Pflichtverletzung" nicht zu vertreten hat, § 280 Abs. 1 Seite 2 BGB. Ein Schädiger hat dann etwas „zu vertreten", wenn er anders hätte handeln müssen und auch hätte anders handeln können und wenn er das wusste oder hätte wissen können. Die Vorschrift des § 619a BGB sorgt dafür, dass dem Arbeitgeber die Beweislast auferlegt wird.

### 7.5.5.2  Geschäftsführerhaftung

Haftungsrechtlich sind Geschäftsführer das genaue Gegenteil der Arbeitnehmer. Sie genießen keine Haftungsprivilegien. Das GmbH-Gesetz regelt in § 43 einen besonderen Haftungsmaßstab. Nach dieser Vorschrift hat der Geschäftsführer die „Sorgfalt eines ordentlichen Geschäftsmannes" walten zu lassen. Was das bedeutet, steht nicht im Gesetz. Jedoch hat jeder Geschäftsführer gewisse Kernpflichten, deren Verletzung schnell zu einer Haftung führen kann. Der Bundesgerichtshof hat schon im Jahr 2001 klargestellt, dass es für den Geschäftsführer einer GmbH keiner Hinweise bedarf, dass er die Gesetze und die Satzung der Gesellschaft zu achten und seine organschaftlichen Pflichten ordnungsgemäß zu erfüllen hat (BGH, Urteil vom 10. November 2001 – II ZR 14/00). Der Geschäftsführer muss sich das notwendige Wissen daher selbst aneignen, Unwissenheit schützt ihn nicht.

Zu den Kernpflichten des Geschäftsführers gehören beispielsweise Auskunftspflichten gegenüber der Gesellschaft. Seine Auskünfte müssen immer richtig und vollständig sein. Der Geschäftsführer muss ständig einen Überblick über die Lage des Unternehmens haben und die Gesellschafter und Mitgeschäftsführer auf Fehlentwicklungen und Gefahren rechtzeitig aufmerksam machen. Dem Geschäftsführer obliegen weiter die ordnungsgemäße Buchführung und die Aufstellung eines Jahresabschlussberichts. Er muss die Gesellschafterversammlung vorbereiten und einberufen. Eine der wichtigsten Pflichten des Geschäftsführers in der Krise ist die Insolvenzantragspflicht. Ohne schuldhaftes Zögern, spätestens aber drei Wochen nach Eintritt der Zahlungsunfähigkeit (§ 17 Insolvenzordnung) oder Überschuldung (§ 19 Insolvenzordnung) der Gesellschaft muss der Geschäftsführer die Eröffnung des Insolvenzverfahrens beantragen (§ 15a Insolvenzordnung). Nach § 64 GmbHG ist der Geschäftsführer der Gesellschaft zum Ersatz von Zahlungen verpflichtet, die nach Eintritt der Zahlungsunfähigkeit der Gesellschaft oder nach Feststellung ihrer Überschuldung geleistet werden, es sei denn die Zahlungen waren zu diesem Zeitpunkt mit der Sorgfalt eines ordentlichen Geschäftsmanns vereinbar. Das Gleiche gilt für Zahlungen an Gesellschafter, soweit diese zur Zahlungsunfähigkeit der Gesellschaft führen mussten. Im schlimmsten Fall macht der Geschäftsführer sich auch noch wegen Insolvenzverschleppung strafbar.

Der Geschäftsführer haftet schnell, voll und mit seinem persönlichen Vermögen. Dem kann er durch den Abschluss einer D&O-Versicherung entgegentreten, die zivilrechtliche Haftungsansprüche in bestimmten Grenzen auffängt. Eine solche Managerhaftpflichtversicherung („Directors & Officers Liability Insurance") sollte für jede Führungskraft

Pflicht sein, die zum Geschäftsführer ernannt wird. Die Führungskraft beziehungsweise der Geschäftsführer selbst können die Versicherung jedoch nicht abschließen. Versicherungsnehmer ist die Gesellschaft, der Geschäftsführer ist die versicherte Person. Bei den Vertragsverhandlungen mit dem Arbeitgeber sollte der künftige Geschäftsführer sich insbesondere im Hinblick auf das Thema Haftung beraten lassen und den Abschluss einer solchen Versicherung einfordern.

Im Haftpflichtprozess muss die Gesellschaft den Eintritt eines Schadens und die Verursachung durch eine Pflichtverletzung des Geschäftsführers beweisen. Dem Geschäftsführer obliegt die Beweislast dafür, dass er nicht pflichtwidrig und nicht schuldhaft gehandelt hat. Er muss also darlegen und beweisen können, dass er seinen Sorgfaltspflichten als Geschäftsführer nachgekommen ist und ihn kein Verschulden trifft oder dass der Schaden auch bei pflichtgemäßem Alternativverhalten eingetreten wäre.

Neben der D&O-Versicherung besteht die Möglichkeit, die Haftung des Geschäftsführers gegenüber der Gesellschaft bereits im Dienstvertrag zu beschränken. Dies bietet sich insbesondere bei einer Beförderung vom Arbeitnehmer zum Geschäftsführer an sowie in den Fällen, in denen der Geschäftsführer aufgrund der konkreten Ausgestaltung seines Dienstvertrags „materiell-rechtlich" als Arbeitnehmer einzustufen ist. Dies ist dann der Fall, wenn es sich um einen Fremd-Geschäftsführer (also ohne Gesellschaftsanteile) handelt, dessen Handlungsspielraum im Innenverhältnis zu den Gesellschaftern durch ein vereinbartes Weisungsrecht der Gesellschafter stark eingeschränkt ist. In diesem Zusammenhang lässt sich vertragsgestalterisch einiges zugunsten des Geschäftsführers erreichen. Die Bedingungen müssen allerdings vor Abschluss des Dienstvertrags feststehen, sodass eine professionelle Rechtsberatung für jede Führungskraft in dieser Situation unabdingbar ist. Andernfalls gibt die Führungskraft zu viele Rechte auf und begibt sich leichtfertig in ein „Abenteuer", das sich schnell als arbeitsrechtlicher Alptraum herausstellen kann.

### 7.5.6  Änderung der Geschäftsverteilung

Jeder angehende Geschäftsführer sollte seinen Anstellungsvertrag genau prüfen und abwägen, welche Risiken und Möglichkeiten sich daraus für ihn ergeben. Ein häufiges Streitthema ist die nachträgliche Einschränkung der Aufgaben des Geschäftsführers. Zwar hat die Gesellschaft die Hoheit, einen Geschäftsverteilungsplan zu erlassen und die Geschäftsführungsaufgaben zwischen mehreren Geschäftsführern aufzuteilen. Der Geschäftsführer darf Wünsche äußern, ein echtes Mitspracherecht hat er jedoch nicht. Wer aber juristisch vorsorgt, kann seinen Anstellungsvertrag so gestalten, dass ihm ein Mitspracherecht bei der Änderung der Geschäftsverteilungsverteilung eingeräumt wird oder dass er zumindest bei bestimmten Punkten ein Vetorecht hat. Dies ist vor Abschluss des Vertrags ein Verhandlungspunkt, den man nicht leichtfertig aufgeben sollte, denn die Änderung der Geschäftsverteilung ist eine beliebte Praxis, um Geschäftsführer zu knebeln und ihnen die Arbeit zu erschweren. Der Bundesgerichtshof (BGH) hat in einem Urteil aus dem Jahr 2012 entschieden, dass einem Geschäftsführer kein Schadensersatzanspruch zusteht, wenn sein Zuständigkeitsbereich eingeschränkt wird und er daraufhin selbst fristlos kündigt (BGH 6. März 2012 – II ZR 76/11). Die Gerichte sind sich nicht einmal sicher, ob es einen Kernbereich von Aufgaben gibt, die man einem Geschäftsführer nicht „wegnehmen" darf. Jeder Geschäftsführer riskiert damit in Krisensituationen eine maximale Beschränkung seiner Kompetenzen. Der BGH deutet aber an, dass, wenn eine entsprechende vertragliche Schutzregelung existiert, der Geschäftsführer möglicherweise einen Schadensersatzanspruch gegen die Gesellschaft hat. Die Änderung der Geschäftsverteilung gegen den Wunsch der Geschäftsführung kommt in der Praxis häufig vor, wird aber von den meisten Geschäftsführer-Aspiranten *vor Beginn der Tätigkeit* nicht als problematisch erkannt.

# Compliance

**8**

## 8.1 Pflichten, Risiken, Chancen

Compliance bedeutet, sich an Regeln zu halten. Außerhalb des Unternehmens gibt es Gesetze, Gewohnheitsrecht, Standesregeln oder beispielsweise den „Deutschen Corporate Governance Kodex". Innerhalb des Unternehmens existieren häufig Verordnungen, Richtlinien, insbesondere Compliance-Richtlinien oder sonstige Vereinbarungen.

Corporate Compliance ist bereits in nahezu allen größeren Unternehmen integriert und wird auch in Zukunft weiterhin viel Beachtung in der Praxis und der Rechtsprechung finden. Das Wort „Compliance" ist daher seit einigen Jahren in aller Munde mit einem Hang zum Trend. Doch neu ist weder das Wort noch die Sache an sich. Bereits im Jahr 1995 musste sich das Arbeitsgericht Hannover mit Compliance-Richtlinien auseinandersetzen. Wir befassen uns also mit einer stets dagewesenen Materie in einem gegebenenfalls neuen Gewand.

Compliance ist vornehmlich ein Bereich, der für Unternehmensorgane, also Geschäftsführer und Vorstände, geschaffen und eingerichtet wird. Neben der Einhaltung der Regeln kann auch eine haftungsrechtliche Entlastungsfunktion damit verbunden sein.

Interessanter sind jedoch die arbeitsrechtlichen Risiken für Führungskräfte, die mit Compliance in Berührung kommen. Dies kann in zweierlei Hinsicht geschehen: Einerseits kann eine Führungskraft gegen Compliance-Richtlinien verstoßen. Andererseits kann die Führungskraft selbst Compliance-Officer sein und für Verstöße haftbar gemacht werden. Im Ergebnis ist meist mit einer Kündigung zu rechnen.

Die Bereiche, die von Compliance tangiert werden, sind überaus vielfältig. Praktisch relevant ist Compliance vor allem bei Vermögensstraftaten von Mitarbeitern (Korruption, Bestechlichkeit, Betrug), Insider-Wissen, Konzernrecht, Umweltrecht, Produkthaftung und so weiter. Darüber hinaus sollten die Bereiche Verschwiegenheit, Wettbewerb und Anti-Diskriminierung beachtet werden.

Besondere rechtliche Regelungen finden sich für Führungskräfte im Bankenbereich. Wertpapierhandelsunternehmen müssen gemäß § 33 WpHG angemessene Verfahren und

C. Abeln, *Handbuch für Führungskräfte*,
DOI 10.1007/978-3-658-04029-1_8, © Springer Fachmedien Wiesbaden 2014

Mittel einsetzen, um Interessenkonflikte und Insider-Geschäfte zu verhindern. Das bedeutet für Mitarbeiter erhöhte Pflichtanforderungen und Risiken.

Weitere Pflichterweiterungen ergeben sich aus den Anforderungen der US-amerikanischen Börsenaufsicht SEC. Da die Vorgaben der SEC für in den USA notierte Unternehmen zwingend gelten, können sich hier für die Unternehmen und deren Führungskräfte tückische Fallkonstellationen ergeben. Hierzu an späterer Stelle mehr.

Viele Unternehmen und deren Mitarbeiter sind von dem neuen Compliance-Wahnsinn genervt. In einem Artikel auf SPIEGEL-ONLINE vom Juli 2012 war unter der Überschrift: „Gratis-Kaffee noch o.k." über die Auswüchse von Compliance zu lesen. Fakt ist, Compliance-Untersuchungen und die Implementierung von Compliance-Regelungen in Unternehmen sind für Rechtsanwälte und Berater, die auf der Unternehmensseite tätig sind, ein großes Geschäft. Letztlich geht es aber bei Trennungen immer um die Frage, ob eine arbeitsvertragliche Pflichtverletzung vorliegt, die es auf Dauer dem Unternehmen unzumutbar macht, das Arbeitsverhältnis auch in der Zukunft noch fortzusetzen.

Compliance-Regelungen begründen für Führungskräfte und Mitarbeiter zusätzliche Verpflichtungen. Hieraus resultiert die Gefahr, dass nicht jede Compliance-Regelung oder deren Änderung verinnerlicht ist. Und daraus folgt dann eine für Führungskräfte größere Gefahr, dass bei bewussten oder unbewussten Verstößen gegen Compliance-Regelungen Sachverhalte entstehen können, die das Arbeitsverhältnis belasten und eine mögliche Trennung zur Folge haben.

Aber Verstöße haben nicht nur eine mögliche Kündigung als Konsequenz. Es geht auch um die zivilrechtliche und sogar strafrechtliche Haftung des Mitarbeiters.

Wie wichtig ein professioneller und frühzeitiger Umgang im Konfliktfall für die Führungskraft sein kann, mögen zwei Beispielsfälle verdeutlichen.

**Fall 1:** Eine Führungskraft war seit vielen Jahren in verschiedenen Funktionen im In- und Ausland an herausragender Stelle für einen internationalen Versicherungskonzerns tätig gewesen. Er wurde einvernehmlich als Leiter nach Südostasien versetzt. Sein Vorgänger hatte nicht ohne Wissen und Wollen des damaligen Vorstands in den vergangenen Jahren ein umfassendes System entwickelt, um mithilfe von Schwarzgeldkonten bei der Vergabe lukrativer Regierungsaufträge entsprechende Entscheidungsträger zu honorieren, um nicht leer bei der Auftragsvergabe auszugehen. Aufgrund einer schon zu Amtszeiten des Vorgängers länderübergreifend gegen den Versicherungskonzern eingeleiteten Untersuchung der US-amerikanischen Börsenaufsicht SEC wurden vorgenannte Missstände gerügt und das Unternehmen aufgefordert, die bisher gängige Praxis abzustellen. Der Vorgänger wurde – dies konnte nicht mehr abschließend geklärt werden – durch die Entscheidungsträger in Deutschland angewiesen, entsprechend den Vorgaben der SEC dafür Sorge zu tragen, dass die Konten abgeschafft werden. Die Führungskraft, die weder von der SEC- Untersuchung noch von dem nicht umgesetzten Arbeitsauftrag ihres Vorgängers Kenntnis hatte, trat sein Amt an. Erst als die SEC im Zuge einer Nachuntersuchung durch eine von ihr beauftragte US-amerikanische Anwaltskanzlei feststellte, dass die Vorgaben durch das Unternehmen nicht umgesetzt worden waren, wurde die Führungskraft ohne vorherige Information über Inhalt und Teilnehmer zu einem Personalgespräch eingeladen. An dem Gespräch nahmen zwei Anwälte der SEC, ein Mitarbeiter der internen Revision, der direkte Vorgesetzte und ein Mitarbeiter der Rechtsabteilung des Unternehmens teil.

Die Führungskraft hatte keine Gelegenheit, sich zuvor mit dem umfassenden Thema und dem umfassenden Bericht der SEC auseinanderzusetzen. Eine Aushändigung wurde verweigert. Es wurde der Führungskraft auch nicht zu Beginn des Gesprächs eröffnet, warum und in welcher Eigenschaft sie zu dem Gespräch eingeladen worden war. Das Unternehmen brauchte ein Bauernopfer. Die Führungskraft war ahnungslos die Nachfolge angetreten. Mit derartigen Altlasten musste die Führungskraft zunächst in ein offenes Messer laufen. Die berufliche Karriere in diesem Unternehmen war beendet. Die sich anschließenden (anwaltlichen und außergerichtlichen) Verhandlungen mit dem Versicherungsunternehmen endeten nach kurzer Zeit in einem finanziell sehr lukrativen Vertrag.

**Fall 2:** Der Chief Compliance Officer (CCO) eines Autoherstellers war in seiner Funktion nicht nur für die Einhaltung der Compliance-Regelungen im gesamten Konzern und weltweit zuständig, sondern ihm oblag auch die Werkssicherheit aller Produktionsstätten im In-und gesamten Ausland. Ferner war er für die Sicherheit sämtlicher mehrerer hundert Führungskräfte im Ausland und die Sicherheit der gesamten IT verantwortlich. Der CCO verfügte in dieser herausgehobenen Funktion selbst über umfassende Personalverantwortung in seiner Abteilung und er war direkt dem Vorsitzenden des Vorstands verantwortlich. Als der Vorstandsvorsitzende ein neues Wohndomizil beziehen wollte, erhielt der CCO den Auftrag, das gesamte Wohnumfeld (inklusive der Nachbarschaft) ermittlungstaktisch zu durchleuchten. Hintergrund war die Frage, ob sich Gefahren für den Vorstand ergeben könnten. Unglücklicherweise erfuhr jedoch ein Zeitungsreporter von den Erkundigungen und drohte damit, die Geschichte zu veröffentlichen.

Der zuständige Vorstand hatte den Auftrag an den CCO selbstverständlich nur mündlich erteilt. Ebenso war es später selbstverständlich, dass auf Nachfrage der Vorstand einen solchen Auftrag nie erteilt hätte und er sich demzufolge auch nicht daran erinnern konnte. Die Folge war, wie in Fall 1, das der CCO als Bauernopfer herhalten musste. Dies war dem Vorstand ganz recht, da sich der CCO schon in der Vergangenheit als „unbequem" erwiesen hatte. Dieser hatte auf eklatante Sicherheitsrisiken in der EDV hingewiesen, was vom Vorstand ignoriert wurde. Nach mehreren Wochen harter Verhandlungen erhielt der CCO eine opulente Abfindung. Als Chief Compliance Officer war er jedoch „verbrannt".

## 8.2   Kündigungsrechtliche Stellung im Compliance-Fall

In compliance-relevanten Sachverhalten erhält das Unternehmen – oftmals aufgrund einer anonymen Anzeige – Kenntnisse von Missständen im Unternehmen. Die zuständigen Stellen im Unternehmen versuchen dann, die verantwortlichen Mitarbeiter zu identifizieren und den Sachverhalt aufzuklären. Verantwortlich kann der Mitarbeiter sein, der selbst gegen Regeln verstoßen hat, oder der Compliance-Verantwortliche selbst (Compliance

Officer, Chief Compliance Officer), der sich non-compliant verhalten hat oder gegebenenfalls die Haftung wegen einer Aufsichtspflichtverletzung übernehmen muss.

Die Aufklärung erfolgt in der Regel zunächst unternehmensintern. Dazu werden entweder die Rechts- oder Compliance-Abteilung tätig oder das Unternehmen beauftragt
eine Compliance-Untersuchung durch ein unabhängiges Unternehmen. Nur in Ausnahmefällen werden Behörden tätig. Gerade in heiklen Fällen, das heißt solchen, in denen sich
möglicherweise auch der Vorstand etwas vorzuwerfen hat und die Reputation des Unternehmens auf dem Spiel steht, wird nicht selten das Einschalten der Polizei oder Staatsanwaltschaft gescheut.

Das Problem des Unternehmens liegt nicht nur darin begründet, verantwortliche Personen überhaupt zu identifizieren, sondern auch die zulässigen arbeitsrechtlichen Maßnahmen zu ergreifen. Je nach Schwere eines Compliance-Verstoßes kommen in Betracht:

- Abmahnung,
- fristgemäße verhaltensbedingte Kündigung,
- fristlose Verdachtskündigung und
- fristlose Tatkündigung.

Abmahnung und fristgemäße Kündigung spielen in der Praxis kaum eine Rolle. Deshalb
steht im Mittelpunkt des Interesses, ob das Unternehmen belastbare Gründe für eine fristlose Kündigung hat oder sich der Verdacht durch gewichtige Indizien erhärtet.

Allem voran geht die Compliance-Untersuchung, in der der betroffene Mitarbeiter
meist konkret befragt wird, und das separate Personalgespräch, in dem es um die Zukunft
im, besser gesagt außerhalb des Unternehmens geht. Hierzu folgen noch weitere Ausführungen und Tipps.

### 8.2.1   Einbeziehung von Compliance-Regelungen

Ein möglicher Verstoß gegen Compliance-Regelungen kann nur dann arbeitsrechtlich
sanktioniert werden, wenn die Compliance-Regelungen des jeweiligen Unternehmens in
wirksamer Weise Bestandteil des Arbeitsvertrags geworden ist. Denn diese Regelungen
erweitern den Kreis von Pflichten. Das muss aber zwingend einzelfallbezogen geprüft werden. Normalerweise kann das Unternehmen Compliance-Regeln über das Direktionsrecht
einführen. Dabei muss der Arbeitgeber stets billiges Ermessen ausüben – ein sehr dehnba-
rer Begriff. Es kommt aber immer auf die Art der Pflichten an. Handelt es sich um Pflichten für Verhaltensweisen nur innerhalb oder sogar außerhalb des Unternehmens? Handelt
es sich um bestehende Pflichten, die erweitert werden sollen? Sollen Pflichten entgegen der
bisherigen Praxis eingeführt werden? Sobald sich diese Fragen stellen, besteht die Wahr-
scheinlichkeit, dass das Unternehmen nicht durch das Direktionsrecht die Pflichten statu-
ieren oder erweitern kann, sondern die Zustimmung des Mitarbeiters benötigt. Findet sich
bereits eine Verweisungsklausel im Arbeitsvertrag, ist auch diese zu prüfen. Selbst wenn es

sich um eine Klausel handelt, mit der stets die jeweils gültige Richtlinie gelten soll, könnte diese sogenannte dynamische Verweisung im Einzelfall unwirksam sein. Der übliche Umlauf per E-Mail reicht daher in vielen Fällen nicht aus, die Kenntnis und das Einverständnis des Mitarbeiters zu ersetzen.

Das Unternehmen, das einen Compliance-Verstoß gegenüber einer Führungskraft sanktionieren will, muss im Streitfall nachweisen, dass der Pflichtenkreis durch die Compliance-Regelungen rechtlich wirksam erweitert wurde. Es lohnt sich daher in jedem Fall, schon die vertraglichen Regelungen an sich zu prüfen.

## 8.2.2 Die fristlose Tatkündigung im Compliance-Fall

Voraussetzung einer außerordentlichen Tatkündigung ist, dass eine so schwere und von der Führungskraft zu vertretene Pflichtverletzung vorliegt, dass es dem Unternehmen für die Zukunft unzumutbar wäre, mit der Führungskraft weiter zusammenzuarbeiten.

Compliance-relevante schwere Pflichtverletzungen, die eine außerordentliche Tatkündigung rechtfertigen, sind in der Regel anzunehmen bei sogenannten Vermögensstraftaten wie Betrug, Diebstahl, Untreue, Bestechung/Bestechlichkeit und ferner bei Insider-Handel, Schmiergeldannahme, „Missmanagement".

Es ist für den Ausspruch einer außerordentlichen Kündigung nicht Voraussetzung, dass der betreffende Mitarbeiter strafrechtlich verurteilt ist. Zu beachten ist, dass das Arbeitsgericht oder Landgericht einerseits und das Strafgericht andererseits verantwortlich den Sachverhalt prüfen und dass ein Gericht an das andere in seiner Beurteilung nicht gebunden ist.

Weiter zu bedenken ist, dass im Rahmen einer Pflichtverletzung vom Arbeitsgericht zu prüfen ist, ob der Betroffene die Pflichtverletzung zu vertreten hat oder nicht. Hierzu folgender Fall:

Das Arbeitsgericht Berlin hatte vor einiger Zeit über die Kündigung einer Mitarbeiterin der Deutschen Bahn AG zu entscheiden, die im Rahmen ihrer Tätigkeit in der Rechtsabteilung eine rechtswidrige Überwachung von Mitarbeitern angeordnet hatte und vermeintlich im Unternehmensinteresse handelte, damit jedoch gegen Vorschriften des Datenschutzgesetzes verstoßen hatte. Die gekündigte Mitarbeiterin, die keine Volljuristin ist, arbeitete in einer Abteilung, in der etliche ihrer Kollegen eine volljuristische Ausbildung hatten. Die Kollegen hatten von der geplanten rechtswidrigen Überwachung von Mitarbeitern der Bahn Kenntnis, unternahmen jedoch gegen das Vorgehen der Kollegen nichts. Als die Rechtswidrigkeit der Überwachungsmaßnahmen publik wurde und die Deutsche Bahn AG einen Reputationsschaden befürchtete, wurde der Mitarbeiterin gekündigt. Gegen die Kündigung wehrte sich die Gekündigte. Das Arbeitsgericht gab der Klage statt und erklärte die Kündigung für rechtsunwirksam. Es stellte fest, dass die Mitarbeiterin zwar arbeitsvertraglich pflichtwidrig und aufgrund der rechtswidrigen Überwachung auch gegen die eigenen Compliance-Regeln des Unternehmens verstoßen hatte. Diesen Pflichtverstoß hatte sie jedoch nicht zu vertreten, da ihr die erforderlichen juristischen Kenntnisse fehlten und die Kollegen sie nicht auf ihr Fehlverhalten aufmerksam gemacht hatten.

Ferner ist es wichtig zu wissen, dass das Unternehmen verpflichtet ist, die Zwei-Wochen Frist des § 626 Abs. 2 BGB einzuhalten. Eine außerordentliche Kündigung kann nach dieser Regelung nur innerhalb von zwei Wochen nach Kenntnis des Verstoßes wirksam ausgesprochen werden. Die Frist beginnt zu laufen, wenn das Unternehmen beziehungsweise dessen Vertreter zuverlässige und umfassende Kenntnis vom Kündigungssachverhalt haben, um zu beurteilen, ob die Fortsetzung des Vertragsverhältnisses mit der Führungskraft unzumutbar ist.

Die Zwei-Wochen-Frist beginnt aber erst ab dem Zeitpunkt zu laufen, in dem der Arbeitgeber die erforderlichen Ermittlungen zur Klärung des Sachverhalts abgeschlossen hat. Der Jurist spricht in diesem Zusammenhang auch von der Hemmung der Frist. Das heißt, es muss unternehmensseitig schnell, umsichtig und professionell agiert werden. In der Praxis liegt hier eine große Gefahrenquelle für Unternehmen und Möglichkeiten betroffener Führungskräfte und Mitarbeiter, eine außerordentliche Kündigung als unwirksam anzugreifen. Hierzu Näheres an späterer Stelle.

Welche Mittel darf der Arbeitgeber einsetzen, um einen Sachverhalt zu klären?

Neben der Befragung von Zeugen und Beschuldigten darf der Arbeitgeber sämtliche dienstliche Dokumente kontrollieren. Auch dienstliche Dokumente in elektronischer Form können überprüft werden. Befinden sich jedoch in elektronisch verwalteten Dateien auch personenbezogene Dateien, so dürfen diese nach § 32 BDSG nur dann eingesehen werden, wenn tatsächlich Anhaltspunkte für eine Straftat gegenüber der Person bestehen, die diese Daten verwaltet. Dienstliche Mails können ebenfalls uneingeschränkt überprüft werden, sofern der Führungskraft die E-Mail-Nutzung nur zu dienstlichen Zwecken gestattet worden ist. Ist jedoch eine private Nutzung des Mail-Programms nicht ausdrücklich untersagt worden, so können aufgrund der Regelungen des Telekommunikationsgesetzes und derzeitiger gesetzlicher Regelung private Mails nicht überprüft werden, es sei denn, es besteht der begründete und auf Tatsachen gestützte Verdacht einer Straftat.

### 8.2.3  Die außerordentliche Verdachtskündigung

Die Rechtsprechung hat neben der Tatkündigung einen weiteren eigenständigen Kündigungsgrund entwickelt – die sogenannte Verdachtskündigung. Konzernunternehmen sind in der Regel schwerfällig und nicht oder nur unzureichend in der Lage, bei komplexen Compliance-Verstößen den Sachverhalt in der rechtlich vorgegebenen Zeit zu ermitteln, die entsprechenden Schlussfolgerungen zu ziehen und angemessene arbeitsrechtliche Sanktionen zu verhängen. Auch ist es problematisch für sie zu entscheiden, ob Führungskräfte und Mitarbeiter sich einer so schweren Pflichtverletzung schuldig gemacht haben, dass unter Compliance-Gesichtspunkten eine außerordentliche Tatkündigung ausgesprochen werden kann. Unternehmensseitig besteht bei schwerwiegenden, aber noch nicht erwiesenen Compliance-Verstößen jedoch andererseits rein faktisch ein Entscheidungsdruck aufseiten der Entscheidungsträger, schnell zu agieren, um tatsächlichen oder vermeintlichen Schaden (etwa Reputationsschäden oder Schäden, die aus der Vertuschung entstehen können, wenn verdächtige Mitarbeiter in ihren Funktionen belassen werden) abzuwenden.

Eine außerordentliche und hilfsweise ordentliche Verdachtskündigung ist möglich, wenn sich gegen einen Mitarbeiter zwar eine tatsächliche Tatbegehung nicht rechtfertigt, wohl aber sachlich begründete und belegbare Anhaltspunkte bestehen, dass der Betroffene die Tat begangen haben könnte. Verdachtskündigungen wurden in der Vergangenheit von Unternehmen mitunter missbräuchlich ausgesprochen. Es entstanden so für betroffene Führungskräfte und Mitarbeiter, auch wenn im Nachhinein sich die Unwirksamkeit der Kündigung und der Verdacht einer Tatbegehung nicht erhärteten, mitunter irreparable Reputationsschäden, die sich auch durch eine noch so hohe Abfindung nur schwer kompensieren lassen.

Voraussetzungen für eine wirksame Verdachtskündigung sind:

- Der auf objektiven Tatsachen beruhende schwerwiegende Verdacht einer strafbaren oder einer schweren vertragswidrigen Arbeitsvertragsverletzung.
- Die verdächtige Führungskraft muss zu den Verdachtsmomenten vor Ausspruch einer Kündigung angehört werden.

Nach neuerer Rechtsprechung bedeutet das nicht nur, dass das Unternehmen keine wesentlichen Erkenntnisse vorenthalten darf, sondern dass es alle bekannten Umstände auf den Tisch legen muss. Der betroffene Mitarbeiter hat deshalb ein Recht darauf, dass ihm etwaige belastende Schriftstücke ausgehändigt werden. Die in der Praxis oftmals beliebte Einlassung, es gäbe anonyme Zeugenaussagen, die schriftlich hinterlegt seien, aber aus datenschutzrechtlichen Gründen nicht offengelegt werden können, ist unzulässig. Eine Behauptung des Unternehmens, die der Verdächtige nicht überprüfen kann, kann keine wirksame Anhörung im Rahmen einer Verdachtskündigung darstellen. Gleiches gilt für anonyme Mitarbeiterbefragungen oder Befragungen Dritter. Zu einem anonymen Vorhalt braucht die Führungskraft vielmehr gar nichts zu sagen und sollte dies auch nicht.

Das LAG Berlin hat 2009 deshalb entschieden, dass der Verdächtige ein Recht auf die Aushändigung schriftlicher Unterlagen hat, diese extern prüfen und unter Hinzuziehung eines Rechtsanwalts seine Stellungnahme abgeben kann (LAG Berlin-Brandenburg vom 6.11.2009). Im Leitsatz heißt es wörtlich:

„Zur Anhörung des Arbeitnehmers als Wirksamkeitsvoraussetzung für eine Verdachtskündigung gehört, ihm deutlich zu machen, dass der Arbeitgeber aufgrund konkreter Verdachtsmomente einen entsprechenden Verdacht hegt und darauf gegebenenfalls eine Kündigung zu stützen beabsichtigt, und dem Arbeitnehmer Gelegenheit zu geben, entweder einen Rechtsanwalt hinzuziehen oder sich über einen Rechtsanwalt innerhalb einer bestimmten Frist schriftlich zu äußern."

Nach Ansicht des Gerichts muss darüber hinaus „zumindest auf den Themenkreis" der Anhörung hingewiesen werden, wenn die Führungskraft zur Anhörung vor Ausspruch einer Verdachtskündigung eingeladen wird. Ziel soll sein, dass dem Arbeitnehmer ermöglicht wird, sich auf das Anhörungsgespräch vorzubereiten und ein Betriebsratsmitglied oder einen Rechtsanwalt zu konsultieren und mit zum Gespräch zu bringen (LAG Berlin-Brandenburg, NZA-RR 2012, 353). Empfehlenswert ist dabei stets eher ein unabhängiger Rechtsanwalt mit besonderer Expertise in solchen Fällen, denn Betriebsratsmitglieder können schon allein aus ihrer Stellung heraus nicht über ein solch fundiertes Fachwissen verfügen, wie es einem Anwalt möglich ist.

### 8.2.4   Anhörung von Sprecherausschuss/Betriebsrat?

Vor jeder Kündigung ist entweder das Vertretungsorgan der Leitenden, also der Sprecherausschuss oder der Betriebsrat anzuhören. Aufgrund der Unsicherheit über den Status als Leitender im Sinne des Betriebsverfassungsgesetz beziehungsweise Sprecherausschussgesetzes wird das gut beratene Unternehmen grundsätzlich beide Vertretungsorgane beteiligen. Inhalt und Umfang der Anhörung gemäß § 102 BetrVG, § 31 SprAuG sind im Wesentlichen gleich. Ebenso die Rechtsfolge: Eine unterbliebene oder fehlerhaft durchgeführte Anhörung macht die Kündigung unwirksam!

Dem Sprecherausschuss und/oder dem Betriebsrat sind die Gründe für die Kündigung vollständig mitzuteilen, sodass das Vertretungsorgan eigenständig in der Lage ist, den Kündigungssachverhalt zu beurteilen. Das bedeutet, dass sowohl belastende als auch etwaig entlastende Gründe, die für oder gegen die Führungskraft sprechen, mitzuteilen sind. Die Äußerungsfrist beträgt nach ordnungsgemäßer Einleitung des Anhörungsverfahrens eine Woche. Da innerhalb der Zwei-Wochen-Frist des § 626 Abs. 2 BGB, der Kündigungserklärungsfrist auch die Anhörung des Sprecherausschusses beziehungsweise Betriebsrats zu erfolgen hat, muss spätestens am zehnten Tag nach Kenntniserlangung im Falle einer außerordentlichen Kündigung die Anhörung eingeleitet worden sein. Gut beratene Arbeitgeber werden deshalb bei Unklarheit über den Sachverhalt und das Vorliegen eines noch nicht vollständig aufzuklärenden Compliance-Verstoßes sowohl zu einer Tat- als auch zu einer Verdachtskündigung die Anhörung einleiten. Die Äußerungsfrist des Sprecherausschusses und des Betriebsrats für eine ordentliche Kündigung demgegenüber beträgt eine Woche.

### 8.2.5   Abmahnung und Compliance-Verstöße

In der Praxis dürfte die Abmahnung eher eine untergeordnete Rolle spielen, da Arbeitgeber bei schwerwiegenden Verstößen zum Mittel der außerordentlichen hilfsweise ordentlichen Tat- und/oder Verdachtskündigung greifen. Nur bei verhältnismäßig weniger schwerwiegenden Pflichtverletzungen, etwa gegen in den Compliance-Regelungen beschriebene Nebenpflichten, dürfte eine Abmahnung in Betracht kommen.

## 8.2.6 Haftung

Die Haftung der Führungskraft richtet sich nach den allgemeinen Grundsätzen der sogenannten *Arbeitnehmerhaftung*. Bei der Arbeitnehmerhaftung wird zunächst der Verursachungsbeitrag untersucht. Handelte der Schädiger vorsätzlich oder grob fahrlässig, fahrlässig oder nur leicht fahrlässig? Bei Vorsatz und grober Fahrlässigkeit haftet der Schädiger
vollumfänglich. Handelte er nur fahrlässig, so müssen Quoten gebildet werden. Hierzu
muss die Frage gestellt werden, wie das Risiko verteilt werden muss. Handelte der Schädiger nur leicht fahrlässig, so haftet er gar nicht.

In der Praxis ist es schwierig, im Rahmen eines Schadensersatzprozesses gegen die
Führungskraft einen Schaden tatsächlich durchzusetzen. Um einen Schadensersatzpro-
zess zu führen, muss der Arbeitgeber den Schadensgrund und die konkrete Schadenshöhe
nachweisen. Beide Voraussetzungen – Schadensgrund und Schadenshöhe – können in der
gerichtlichen Praxis oft nicht hinreichend erbracht und nachgewiesen werden. Im gerichtlichen Verfahren vor den Arbeits- oder Zivilgerichten gelten der Beibringungsgrundsatz
und die Grundsätze über die Beweisverteilung. Jede Partei muss die für sie günstigen Tatsachen behaupten und beweisen. Wer dies nicht schafft, bleibt beweisfällig.

Beim Schadensgrund ist genau zu untersuchen, welche Pflicht die Führungskraft verletzt haben soll und ob das Verhalten tatsächlich ursächlich für das Schadensereignis war.
In größeren Organisationen kommt es nicht selten vor, dass es viele Mitstreiter gibt, sodass eine Einzelperson kaum benannt und allein oder vollständig haftbar gemacht werden
kann. Zudem sind auch Weisungen durch die Vorgesetzten, Geschäftsführer, Vorstände
oder Gesellschafter maßgeblich für die Frage der Haftung. Sind derartige Weisungen ursächlich für Schadensereignisse, haftet nicht die ausführende Führungskraft.

▶ **Tipp** Jeder Verursachungsbeitrag ist genau zu untersuchen, wenn es zur Haf-
tungsfrage kommen soll. Es ist zu fragen, ob sich der Führungskraft das nicht
regelkonforme Verhalten aufdrängen lassen musste.

Bei der Schadenshöhe sind der Verursachungsbeitrag, der Verdienst, die Stellung im Unternehmen, das (Fach-)Wissen und die Möglichkeit der Vermeidung zu berücksichtigen.
Es gibt bei der Suche nach der richtigen Schadenshöhe keine starren Regeln oder Pauscha-
len. Die Person und die Umstände müssen hinreichend untersucht und gewürdigt werden.
Wer einen Schaden geltend macht, muss zunächst schlüssig darlegen und beweisen, dass
ein konkreter Schaden durch eine ursächliche Handlung einer konkreten Person entstanden ist. Jede Ungenauigkeit oder Pauschalisierung geht zulasten desjenigen, der Schadensersatz begehrt.

In der öffentlichen Diskussion (und zuletzt durch das Bundesministerium der Finanzen
vorangetrieben) ist ein Gesetzentwurf, der für Vorstände Haftstrafen und strengere Compliance-Regeln ermöglichen soll – und zwar für den Fall, dass Geschäftsleister übertriebe-
ne Risiken in Kauf nehmen oder Risiken vernachlässigen. Wie allerdings im *Bankmagazin*
(Ausgabe 5/2013, Seite 24 ff.) darauf hingewiesen wurde, ist es am Ende unwahrscheinlich,

dass eine solche Vorschrift wirklich zur Anwendung kommt. Einem Bankmanager nachweisen zu können, dass er durch fehlerhaftes Risikomanagement die Existenz eines Instituts gefährdet hat, werde sehr selten möglich sein.

Gegenüber außenstehenden Dritten ergibt sich allerdings keine Garantenpflicht des
Vorstands (einer Aktionärsgesellschaft), eine Schädigung ihres Vermögens zu verhindern
(BGH, 10.7.2012 – VI ZR 341/10). Die Pflicht, für die Rechtmäßigkeit des Handelns der
Gesellschaft Sorge zu tragen, besteht grundsätzlich nur der Gesellschaft gegenüber und
lässt bei ihrer Verletzung Schadenersatzansprüche grundsätzlich nur der Gesellschaft ent-
stehen.

### 8.2.7   Gesprächseinladungen bei Compliance-Ermittlungen

Das Problem von Tat- und Verdachtskündigung und wie sich eine Führungskraft verhalten
sollte, zeigt sich besonders bei einer scheinbar harmlos klingenden Einladung zu einem
Gespräch.

Leider müssen wir in der Praxis feststellen, dass den betroffenen Führungskräften und
Mitarbeitern oftmals weder das Thema des Gesprächs noch die Anzahl und die Funktion
der Gesprächsteilnehmer mitgeteilt wurde. Auch wird oft nicht offenbart, ob die betroffene Führungskraft als Beschuldigter oder als Zeuge gehört werden soll.

So sehen sich Führungskräfte und Mitarbeiter in vielen Fällen nicht nur mit einer über-
raschenden Gesprächssituation konfrontiert, sondern sollen vor Zeugen des Arbeitgebers
– meist Mitarbeiter der Rechts-, Personal- oder Revisions- beziehungsweise Compliance-
Abteilung – Aussagen zu komplexen Sachverhalten abgeben, die oftmals lange Zeit zu-
rückliegen und zu denen selbst ein Mitarbeiter mit einem fotografischen Gedächtnis erst
einmal die geistige Festplatte „updaten" müsste.

Führungskräfte sind in der Regel gutgläubig. Aus falsch verstandener Loyalität und weil
sie meinen, dass sie ja nichts zu befürchten hätten, lassen sich betroffene Führungskräfte
leider immer wieder zu unbedachten Äußerungen hinreißen. Auch Aussagen, die unter
Vorbehalt gemacht werden, werden bewusst im Sinne eines Sachverhalts, der dem Unternehmen genehm ist, interpretiert und protokolliert. Geht eine Führungskraft so unbedarft
in ein Gespräch hinein, hat die Falle oftmals schon zugeschnappt und etliche Führungskräfte haben sich um Kopf und Kragen geredet.

Was muss nun aber eine Führungskraft in einem solchen Gespräch sagen und was besser nicht? Bei komplexen Sachverhalten und bei solchen, an die Sie sich nicht auf Anhieb
erinnern können, empfiehlt es sich zu schweigen und schriftlich eine Auskunft in Aussicht zu stellen. Im Übrigen gilt Folgendes: Führungskräfte und Mitarbeiter sind weder
auf Nachfrage noch ohne entsprechende Frage verpflichtet, Tatsachen zu offenbaren, die
kündigungsrechtlich gegen Sie verwertet werden können. Dem verdächtigen Mitarbeiter
steht ein Schweigerecht zu. In Bezug auf andere Mitarbeiter und im Falle eines Vorgesetz-
tenverhältnisses besteht eine Aussagepflicht zur Offenbarung schädigender Verhaltensweisen. Besteht kein Vorgesetztenverhältnis, ist im Einzelfall eine Interessenabwägung durch-

zuführen und je mehr Schäden entstanden sind beziehungsweise künftig drohen, ist eine Offenbarungspflicht zu bejahen.

**Wie sollten Sie sich also professionell verhalten?**

▶   **Tipp**
- Lassen Sie sich niemals auf überraschende Gesprächseinladungen ein, in denen Sie unvorbereitet sind und keine Zeugen haben – Sie können nur verlieren!
- Erhalten Sie eine Gesprächseinladung, klären Sie vorher, was Thema des Gesprächs ist, wer an dem Gespräch in welcher Eigenschaft aufseiten des Unternehmens teilnimmt und ob Sie als Zeuge oder Beschuldigter gehört werden sollen.
- Stellen Sie sicher, dass Sie einen Zeugen zu dem Gespräch hinzuziehen, sofern das Unternehmen das Gespräch nicht als Vier-Augen-Gespräch führen will. Als Zeugen kommen Mitglieder des Sprecherausschusses in Betracht, sofern Sie vertrauenswürdig sind und nicht aufseiten des Unternehmens stehen. Die Hinzuziehung von Zeugen kann Ihnen nicht verweigert werden. Geschieht dies dennoch, sollten Sie das Gespräch ablehnen.
- Werden Sie mit lange Zeit zurückliegenden Sachverhalten konfrontiert, sollten Sie im Zweifel zu Vorhaltungen überhaupt keine Aussage machen und schlicht sagen, dass Sie sich nicht erinnern können, was damals Gegenstand des Sachverhalts war. Die Gefahr einer unbedachten Äußerung ist umso größer, als es in Deutschland in Straf- und Arbeitsgerichtsprozessen keinen Grundsatz gibt, wonach nur auf ganz „saubere" Weise erlangte Aussagen in Prozessen verwertet werden dürfen. Dies ist beispielsweise im US-amerikanischen Recht anders, hier dürfen rechtswidrig erlangte Beweise und Aussagen (*fruit of the poisonous tree* – „Früchte des vergifteten Baumes") nicht verwertet werden.
- Aussagen zu anonymen Vorhaltungen sollten Sie gänzlich verweigern, da es sich oftmals um Fallen handelt.
- Bei sonstigen Vorhalten, sollten Sie fragen, ob es unternehmensseitig hierzu schriftliche Unterlagen gibt. Lassen Sie sich diese zeigen und gegebenenfalls in Kopie aushändigen.
- Bei komplexen Sachverhalten prüfen Sie mithilfe eines unabhängigen Rechtsanwalts die Unterlagen des Unternehmens, die Gegenstand einer Beschuldigung sind und stellen Sie eine schriftliche Stellungnahme in Aussicht. Bei komplexen Sachverhalten haben Sie auf eine professionelle Beratung ein Recht. Lassen Sie sich nicht unter Zeitdruck setzen. Den Zeitdruck hat das Unternehmen aufgrund oben benannter Fristenproblematik. Sie als Führungskraft haben darauf zu achten, dass Sie ihre Rechtsposition wahren.
- Lassen Sie nicht durch leichtfertige Äußerungen Schaden entstehen. Das Unternehmen muss Ihnen deshalb auch eine angemessene Zeit für eine

externe Prüfung geben. Sind Sie als Führungskraft Beschuldigter in einer Compliance-Untersuchung haben Sie keine gleichlaufenden Interessen mehr mit dem Unternehmen, sondern gegenläufige.

- Viele Top-Manager achten bei der Hinzuziehung eines Rechtsanwalts darauf, dass dieser seinen Sitz nicht am Unternehmenssitz hat. Warum? Als Führungskraft haben Sie oftmals mit den Rechtsanwaltskanzleien zu tun, die das Unternehmen vertreten. Genau diese oder eine andere Großkanzlei führen jedoch direkt oder im Hintergrund die Compliance-Untersuchungen durch. Achten Sie bei der Wahl der Kanzlei und des Rechtsanwalts darauf, auf welcher Seite dieser tätig ist. Viele Anwälte ohne entsprechende Expertise werden von Top-Managern so eingeschätzt, dass sie an sich lieber das Unternehmensmandat als Sie als einzelne Führungskraft vertreten wollen und so die Gefahr einer potenziellen oder sogar aktuellen Interessenkollision besteht. Dieses Risiko gehen professionelle Top-Manager niemals ein!
- Beschuldigter in Compliance-Untersuchungen zu sein, ist kein Spaziergang. Es können existenzbedrohende Situationen entstehen, die die betroffenen emotional, familiär und finanziell an Grenzen bringen, die Sie zuvor niemals gekannt noch erahnt hatten. Bedenken Sie jedoch, dass sich das Unternehmen oftmals ebenfalls in einer Ausnahmesituation befindet und unter Zuhilfenahme professioneller Unterstützung eine schnelle Einigung oftmals der bessere Weg ist, als langwierige und teure und zudem unberechenbare juristische Auseinandersetzungen. Gerade bei Sachverhalten, die auch für das Unternehmen heikel sind, ergeben sich für beide Seiten Gestaltungsspielräume.

## 8.3  Die Rechtsstellung des Compliance-Beauftragten – ein Leben am Abgrund?

Konzerne unterhalten in der Regel umfangreiche Compliance-Abteilungen. Aufgrund ihrer Unternehmensstellung verfügen sie mitunter über Informationen, die man besser nicht haben sollte, um ruhig schlafen zu können. Sie machen sich deshalb auch mehr Feinde als Freunde. Scheitern Sie in ihrer Funktion aufgrund tatsächlicher oder persönlicher Probleme mit dem Vorstand, haben Sie es schwer. Der Markt für derartige Führungskräfte ist klein und man kennt sich nicht nur auf Unternehmensseite, sondern auch die Chief Compliance Officer untereinander. Eine rechtlich und tatsächlich unabhängige Stellung wäre deshalb aus unserer Sicht erforderlich. Das ist jedoch in der Praxis leider nicht so.

Anders als beispielsweise der Datenschutzbeauftragte, Immissionsschutzbeauftragte oder gar Mitglieder des Betriebsrats genießt der Compliance-Beauftragte oder auch der Chief Compliance Officer lediglich den normalen Kündigungsschutz. Selbst leichteste Fehler in diesem Bereich können deshalb für Betroffene gefährlich werden. Auch einen besonderen kollektiven Kündigungsschutz, wie ihn Betriebsratsmitglieder kennen, die nur aus wichtigem Grund gekündigt werden können, genießt der Compliance-Beauftragte nicht.

Compliance-Beauftragte sind deshalb im Falle einer Anstellung gut beraten, sich über ihre (fehlenden) Rechte und Pflichten genau zu informieren und für oben genannte Fallkonstellationen vertraglich Vorsorge zu treffen, indem sie verschiedene Ausstiegsszenarien vorab regeln. Ob hierfür eine längere Kündigungsfrist als bei vergleichbaren leitenden Angestellten und/oder die Vereinbarung einer Abfindung der richtige Weg ist, kann hier dahingestellt bleiben und ist im Einzelfall unter Berücksichtigung der jeweiligen Fallkonstellation zu entscheiden.

## 8.4 Sonderkündigungsschutz

Allgemein besteht ein Sonderkündigungsschutz für gewisse Verantwortungsträger. Hintergrund ist, dass der Verantwortliche weitgehend in dieser Verantwortung weisungsfrei agieren und nicht der temporären Willkür Einzelner ausgesetzt sein soll. Sonderkündigungsschutz kraft Gesetzes genießen der Immissionsschutzbeauftragte (§ 58 Abs. 2 BImSchG) und der Datenschutzbeauftragte (§ 4f Abs. 3 Satz 5 und 6 BDSG). Eine gesetzliche Regelung zum Sonderkündigungsschutz des berufenen Compliance-Verantwortlichen gibt es noch nicht. Die Lage des Compliance-Verantwortlichen ist jedoch vergleichbar schutzwürdig, nur existieren derzeit keine gesetzlichen Regelungen. Ein Sonderkündigungsschutz, beispielsweise bis zu einem Jahr nach Abberufung, kann derzeit nur durch individuelle vertragliche Regelungen oder Zusagen des Arbeitgebers erreicht werden. Es gibt keine Gründe, warum der Compliance-Beauftragte, der möglicherweise Unregelmäßigkeiten aufdeckt, nicht Sonderkündigungsschutz bis zu einem Jahr nach Abberufung genießen sollte. Derartige Regelungen sind jedoch alleinige Aufgabe des Gesetzgebers. Sprecherausschüsse oder Betriebsräte könnten sich unternehmensintern für eine entsprechende Gestaltung des Arbeitsvertrags einsetzen, werden dies in der Praxis jedoch kaum tun.

## 8.5 Strafrechtliche Verantwortlichkeit

Die strafrechtliche Verantwortlichkeit ist von der arbeitsrechtlichen Haftung (zum Beispiel Schadensersatz) und den arbeitsrechtlichen Konsequenzen (Abmahnung, Kündigung) strikt zu trennen. Die Verfolgung und Ahndung der strafrechtlichen Verantwortlichkeit wird durch den Arbeitgeber oder Mitarbeiter ausgelöst und ab einer Anzeige oder dem Bekanntwerden wird die Staatsanwaltschaft tätig, vorausgesetzt es besteht der Verdacht einer Straftat. Die Angelegenheit wird also vom Unternehmen abgegeben und die öffentlichen Strafrechtsorgane übernehmen die Prüfung der Strafbarkeit. Wird beispielsweise eine Führungskraft wegen eines Compliance-Verstoßes außergerichtlich gekündigt und ist die Kündigung vor dem Arbeitsgericht wirksam, so ist das Strafgericht an die Feststellung des Arbeitsgerichts nicht gebunden. Umgekehrt heißt es für das Kündigungsschutzverfahren vor dem Arbeitsgericht nicht automatisch, dass eine Kündigung wirksam ist, weil ein Strafverfahren durch die Staatsanwaltschaft aufgenommen wurde. Genau genommen muss sich der Arbeitsrichter auch nicht an einem strafgerichtlichen Urteil festhalten lassen, allerdings wiegt ein Urteil des Strafgerichts sehr schwer und überzeugt die Kammer des Arbeitsgerichts meist.

### 8.5.1 Haftungsrisiko des Compliance-Officers bei Sonderverantwortlichkeit

Compliance-Officer haben die Aufgaben, Rechtsverstöße und Straftaten aus dem Unternehmen heraus zu verhindern und die entsprechenden Mechanismen (Organisation, Überwachung) zu schaffen, derartige Verstöße zu verhindern. Die Ernennung eines Compliance-Verantwortlichen oder Compliance-Officers ist gleichzeitig eine Delegation von unternehmerischen Aufsichtspflichten der Unternehmensorgane. Dies kann nicht schrankenlos geschehen, da andernfalls die gesetzlich verankerten Haftungsrisiken der Organe auf Arbeitnehmer ausgelagert werden könnten, was der Gesetzgeber so nicht vorgesehen hat. Daher können Vorstände oder Geschäftsführer ihre Überwachungs- und Organisationspflicht nicht auf Arbeitnehmer übertragen.

**Rechtsprechungshinweis:**
Für Compliance-Officer ist das strafrechtliche Urteil des Bundesgerichtshofs vom 17. Juli 2009 (5 StR 394/08) von enormer Bedeutung. Der BGH hat in diesem Fall den Leiter einer Rechtsabteilung und Revision wegen Beihilfe zum Betrug durch Unterlassen zu einer Geldstrafe von 120 Tagessätzen verurteilt. Damit gilt der Betroffene als vorbestraft, was sich in keiner Personalakte und in keinem Führungszeugnis gut liest.

Das Unternehmen hatte dem Arbeitnehmer Obhutspflichten für bestimmte Gefahrenquellen übertragen. Aus dieser Sonderverantwortlichkeit schlussfolgert der BGH eine Garantenstellung. Diese Garantenstellung begründet eine sogenannte Garantenpflicht zum Handeln im Verantwortungskreis. Dabei muss der Verantwortungskreis natürlich übertragen worden sein und unmissverständlich feststehen.

Der BGH führt direkt zum Compliance-Officer aus, dass er Rechtsverstöße und Straftaten, die aus dem Unternehmen heraus begangen werden, verhindern muss. Dadurch unterliegt der Compliance-Officer einer strafrechtlichen Garantenpflicht. Der Verantwortungsbereich wird dadurch sehr weit verstanden. Je weiter der Verantwortungsbereich gebildet ist, desto größer wird das Haftungs- und strafrechtliche Risiko.

Diese Grundsätze sind streng und unbedingt zu beachten. Dennoch ist bekannt, dass Straftaten nicht immer verhindert werden können. Es wäre lebensfremd, wenn bei dem Compliance-Officer jedes Risiko hängen bleiben würde.

Viele Delikte sind fahrlässig nicht begehbar. Fahrlässig bedeutet sehr verkürzt dargestellt: Hat sich der Betroffene pflichtwidrig verhalten und hätte er es verhindern können? Die Führungskraft hat also gehofft, dass schon „alles gut gehen" werde. Vorsatz bedeutet sehr verkürzt dargestellt: Wollte er die Tat oder hat er die Tat oder das Ergebnis billigend in Kauf genommen? Es muss die Frage geklärt werden, ob das angenommene pflichtgemäße Verhalten des Compliance-Verantwortlichen die Straftat verhindert hätte. Schließlich ist zu überprüfen, welche Beteiligung vorliegt: Tun oder Unterlassen, Täterschaft oder Beihilfe, Versuch oder Vollendung?

- Welche Verantwortungsgebiete wurden übertragen?
- Besteht eine Sonderverantwortlichkeit?
- Bestand eine Pflicht zum Handeln oder Unterlassen?
- Welche (juristische) Vorbildung hat der Mitarbeiter?
- Stehen genügend Sach- und Personalmittel zur Aufklärung zur Verfügung?

## 8.5.2   Einladungen, Geschenke, Vergünstigungen und Korruptionsverdacht

In vielen Bereichen ist es üblich, Geschäftskontakte nach außen durch Einladungen, Geschenke oder Vergünstigungen zu beleben oder aufrechtzuerhalten. Zur Kontaktpflege sind Einladungen zu Sportgroßveranstaltungen oder Reisen beliebt.

**Rechtsprechungshinweis:**
Das Landesarbeitsgericht Rheinland-Pfalz (Urteil vom 16. Januar 2009–9 Sa 572/08) hatte sich mit diesem Thema zu beschäftigen:

Ein Personalleiter war in seinem Unternehmen für ein Personalvermittlungsunternehmen – Geschäftspartner der Firma – zuständig. Von diesem Personalvermittlungsunternehmen erhielt er als Geschenk VIP-Logen-Karten mit Bewirtung für ein Fußballspiel. Das Unternehmen erhielt hiervon Kenntnis und kündigte dem Personalleiter fristlos. Das Landesarbeitsgericht gab dem Arbeitgeber recht, womit die fristlose Kündigung auch ohne Abmahnung wirksam war. Das LAG führte aus, dass dieses Geschenk weit über dem Wert eines üblichen Gelegenheitsgeschenks liegt, wie zum Beispiel eine Flasche Sekt oder Wein. Das LAG äußerte konkret, dass der Personalleiter gegen das sogenannte Schmiergeldverbot verstoßen hatte und damit den Interessen seines Arbeitgebers zuwiderhandelte. Das LAG sagte dazu:

Wer als Arbeitnehmer bei der Ausführung von vertraglichen Aufgaben Vorteile ent-
gegennimmt, die dazu bestimmt oder auch nur geeignet sind, ihn in seinem geschäftlichen Verhalten zugunsten Dritter zu beeinflussen, verstößt gegen das sogenannte
Schmiergeldverbot und handelt den Interessen des Arbeitgebers zuwider.

Es ist daher zu beachten, dass in diesem Verhalten regelmäßig ein Grund zur fristlosen Kündigung liegen kann. Es kommt nach dem LAG nicht einmal darauf an, dass
es zu einer schädigenden Handlung gekommen ist. Das LAG meint hierzu:

Es reicht vielmehr aus, dass der gewährte Vorteil allgemein die Gefahr begründet, der
Annehmende werde nicht mehr allein die Interessen des Geschäftsherrn wahrnehmen.
Aus Sicht des Arbeitgebers ist hierdurch der Eindruck gerechtfertigt, der Arbeitnehmer
werde bei der Erfüllung von Aufgaben nicht mehr allein die Interessen des Arbeitgebers wahrnehmen.

Im Ergebnis ist jeder vergleichbaren Führungskraft zu raten, Geschenke, Vergünstigungen oder Einladungen zu überprüfen. Hierzu sollten genaue Richtlinien im Unternehmen
festgeschrieben werden, sodass Führungskräfte unmissverständlich wissen, wie sie sich
compliant-konform verhalten.

## 8.6   Organisation, Ausführung der übertragenen Pflichten

Der Compliance-Verantwortliche sollte sich durch geeignete Dokumentation seiner Tätigkeiten und Recherchen absichern. Mit den eigenen Dokumentationen kann freilich in einem Prozess kein sicherer Beweis geführt werden. Aber der Betroffene kann im Haftungs-
fall möglicherweise erdrückende Umstände darlegen, dass der Arbeitgeber erst einmal das
Gegenteil beweisen muss.

Der Compliance-Verantwortliche muss eine geeignete Organisation zur Vermeidung
und Aufdeckung von Straftaten schaffen. Die Organisation ist wiederum tatsächlich ein-
zurichten und zu dokumentieren. Verantwortungsbereiche, Befugnisse, Aufgaben und
Richtlinien sind festzulegen, sodass kein Verstoß gegen die Organisationspflicht konstruiert werden kann.

Zu den Aufgaben eines Compliance-Verantwortlichen gehören also:

- Dokumentation der eigenen Tätigkeit,
- Schaffen und überwachen einer unternehmensinternen Organisation, um Verstöße
  aufzudecken,
- Handeln, wenn Verstöße festgestellt werden,
- Information der Unternehmensführung,
- Einholen von Expertenrat und Gutachten.

## 8.7 Verantwortlichkeit bei Zweifelsfragen

Auch in Zweifelsfragen muss der Compliance-Verantwortliche reagieren. Handelt er nicht, so unterlässt er unter Umständen eine vertraglich oder gesetzlich gebotene Handlung, womit die Haftung sowie die Strafbarkeit durch Unterlassen greifen können.

In Zweifelsfragen kann und muss der Compliance-Verantwortliche ein externes Gutachten einholen. Die Frage ist jedoch, wie weit er diesem vertrauen darf. Der Grundsatz lautet: Der Compliance-Verantwortliche darf auf ein Rechtsgutachten eines unvoreingenommenen Experten vertrauen. Aber auch dieses Vertrauen darf nicht blind erfolgen. Der Verantwortliche muss mindestens zwei weitere Prüfungen selbst vornehmen, um sich abzusichern:

- Prüfung, ob der Sachverhalt zutreffend verstanden und aufgenommen wurde, und
- Prüfung der Plausibilität auf Grundlage eigener Fachkenntnisse oder Erfahrungen

▶ **Tipp** Es ist ratsam, keine internen Juristen oder Experten mit der Begutachtung zu beauftragen. Es ist zu befürchten, dass später Eigeninteressen vermutet werden, wodurch die Gutachten wertlos werden. Dem Compliance-Verantwortlichen kann dann vorgeworfen werden, nicht die notwendige Objektivität gewahrt zu haben.

## 8.8 Whistleblowing

Der größte Lump im ganzen Land – das ist und bleibt der Denunziant
(Hoffmann von Fallersleben)

Whistleblowing heißt frei übersetzt „petzen". Arbeitnehmer zeigen gegenüber den zuständigen Stellen, zum Beispiel der Staatsanwaltschaft, Gesetzesverstöße innerhalb ihres Unternehmens, also ihren Arbeitgeber, an. Andererseits kann der Begriff auch dahingehend verstanden werden, dass sogar Unternehmen selbst ihre Arbeitnehmer anweisen, interne Missstände oder Unregelmäßigkeiten sowie Fehlverhalten anderer Mitarbeiter anzuzeigen. Whistleblowing ist damit ein Teil von Compliance.

Mit dem Begriff Whistleblowing sind meist negative Assoziationen verbunden. Verpetzen und Loyalität vertragen sich nicht – allerdings nur auf den ersten Blick. Denn die Information der Öffentlichkeit über Mängel in einem Unternehmen genießt den Schutz der Europäischen Menschenrechtskonvention (EMRK). Entgegenstehende Geschäftsinteressen des Unternehmens müssen im Einzelfall demgegenüber zurücktreten (EGMR-Urteil vom 21.7.2011, 28274/08).

In der deutschen Unternehmenskultur fühlen sich Führungskräfte wie auch sonstige Angestellte oder Arbeiter mit ihrem Unternehmen stark verbunden. Dies ist nicht nur eine übliche Floskel in Zeugnistexten. Die Mitarbeiter haben die Chance und sehen sich auch ohne gesonderte Hinweise in der Pflicht, Missstände, die sich vital oder finanziell zulasten Dritter auswirken, zu vermeiden. Zu den vitalen Interessen zählen insbesondere Sicherheitsaspekte, beispielsweise im Pharma- und Lebensmittelbereich, im Abfallbereich oder im Verkehr (Bahn, Luftfahrt, Auto). Zu den finanziellen Interessen zählen beispielsweise Hinweise auf Steuerhinterziehung, Korruption und Bestechlichkeit.

### 8.8.1   Whistleblowing-Verpflichtung

Zu unterscheiden sind die ausdrückliche Übertragung einer Whistleblowing-Verpflichtung gegenüber einfachen (deklaratorischen) Hinweisen über gesetzliche Meldepflichten oder vertragliche Nebenpflichten. Letztere sind bloße Verhaltenshinweise und können in den Arbeitsvertrag, in eine Betriebsvereinbarung, einen Tarifvertrag oder sonstigen Richtlinie aufgenommen werden. Solche Verhaltensanweisungen können auch über den Sprecherausschuss in (ethische) Leitlinien übertragen werden.

Die Übertragung der Verpflichtung von Whistleblowing spielt sich innerhalb des arbeitgeberseitigen Direktionsrechts ab. Dieses Weisungsrecht stellt den äußeren Rahmen für einseitige Anordnungen dar. Der Arbeitgeber hat sich an § 106 GewO zu orientieren. Danach muss die Übertragung zumutbar und angemessen sein und er muss sein pflichtgemäßes Ermessen ausgeübt haben. Das heißt, der Arbeitgeber muss zunächst ein berechtigtes Interesse an der Aufdeckung von Missständen haben. Das ist in der Regel zu bejahen. Der Arbeitnehmer hat diese Entscheidungen zu respektieren. Allerdings ist diese Verpflichtung abzuwägen mit den Interessen des Arbeitnehmers. Dieser muss nämlich den Spagat zwischen Loyalität und schonungsloser Aufklärung aushalten. Ob eine Straftat vorliegt, kann der juristische Laie kaum selbst einschätzen. Aus diesem Grund besteht ein Dilemma: Der anzeigende Arbeitnehmer zeigt sich nach außen hin als illoyal und macht sich unter Umständen lächerlich, wenn sich seine Vermutungen oder Entdeckungen als nicht stichhaltig, nicht erweislich und letztendlich nicht als Straftat oder Unregelmäßigkeit herausstellen. Andererseits besteht die arbeitsvertragliche Verpflichtung zur Meldung aller Unregelmäßigkeiten. Aus diesem Grund ist der Arbeitnehmer gut beraten, sich in Zweifelsfällen anwaltlicher Hilfe zu bedienen und die Aufdeckung von Missständen erst intern der Compliance-Abteilung zu melden. Nicht zu vergessen ist, die Meldung zu dokumentieren und gegebenenfalls beim Compliance über den Bearbeitungsstand nachzuhaken (Letzteres ist keine Pflicht).

Der Betriebsrat hat – soweit er für die jeweilige Führungskraft tatsächlich zuständig ist – ein Mitbestimmungsrecht über alle Maßnahmen, die das Ordnungsverhalten der Arbeitnehmer im Betrieb betreffen (§ 87 Abs. 1 Nr. 1 BetrVG). Hierunter fällt die Übertragung der Whistleblowing-Verpflichtung.

## 8.8.2 Whistleblowing als Kündigungsgrund

Die Frage ist, ob der Arbeitgeber den „Denunzianten" kündigen kann oder ob sonstige einseitige Maßnahmen zulasten des Mitarbeiters zulässig und gerechtfertigt sind. Zu unterscheiden sind zunächst die Anzeige von Straftaten und die Anzeige von Missständen, die zwar nicht illegal, aber grundsätzlich zu missbilligen sind.

Grundsätzlich darf ein Mitarbeiter wegen der Inanspruchnahme von rechtsstaatlichen Rechten und Pflichten weder benachteiligt noch belangt werden. Jedoch sind stets die Einzelfälle genau zu prüfen, denn auf der anderen Seite stehen die Rücksichtnahme- und Loyalitätspflicht des Arbeitnehmers gegenüber seinem Arbeitgeber, die ein hohes Gewicht haben.

### 8.8.2.1 Bloße Behauptungen

Eine wahrheitswidrige Behauptung ins Blaue hinein oder eine Anzeige, ohne dass tatsächlich eine Straftat vorliegt, können eine fristlose Kündigung und Schadensersatz zulasten des Arbeitnehmers auslösen. Es handelt sich zwar um steuerbares Verhalten, aber je nach Gewicht und Auswirkung der Anzeige ist nicht einmal eine Abmahnung erforderlich. Entscheidend ist, ob der anzeigende Mitarbeiter seinen Arbeitgeber oder den Kollegen nur schädigen wollte. Liegt eine Schädigungsabsicht vor – diese wird vermutet, wenn der Anzeigende wissen musste, dass seine Angaben nicht zutreffen –, nimmt der Mitarbeiter keine berechtigten Interessen wahr und ist daher nicht schutzwürdig.

In einem Rechtsstreit ist zu erwarten, dass der betroffene Arbeitnehmer mit derlei Aussagen konfrontiert wird und sich erklären muss. Hierbei ist wieder an die Trennung des Straf- vom Arbeitsrecht zu denken. Die Arbeitsgerichte nehmen von Amts wegen keine eigene Aufklärung vor. Anders ist dies in einem strafrechtlichen Verfahren. Behauptet der Mitarbeiter daher strafrechtsrelevantes Verhalten, kann der Arbeitgeber stets das Gegenteil beweisen mit den Konsequenzen für den Anzeigenden. Daher ist zu beachten, dass die wissentliche Bezichtigung einer Straftat vor einer staatlichen Stelle selbst strafbar ist.

### 8.8.2.2 Interne oder externe Klärung?

Des Weiteren ist zu unterscheiden, welche Stelle die Anzeige entgegennehmen soll. So kommen interne und externe Stellen in Frage. Zu den internen zählen die Compliance-Abteilung, der Vertrauensmitarbeiter, der Betriebsrat oder der Sprecherausschuss und letztendlich der Vorgesetzte. Zu den externen zählen die Staatsanwaltschaft, die Polizei, die Presse oder sonstige Medien oder andere vertrauensvolle Dritte.

Die Meldung von Unregelmäßigkeiten zunächst an interne Stellen wird als sogenanntes milderes Mittel angesehen. Vermutlich weiß der Arbeitgeber noch gar nichts von den Vorkommnissen. Es ist daher ratsam, stets erst intern die Missstände zu melden und dies zu dokumentieren. Für die Praxis konnte durch verschiedene Entscheidungen der Arbeitsgerichte festgestellt werden, dass häufig interne Meldungen entweder nicht verfolgt wurden oder die Anzeigenden an andere Stellen verwiesen wurden. Wird der Arbeitgeber nicht tätig, so kann die Mitteilung an externe Stellen angezeigt sein.

Die Arbeitsgerichte und auch das Bundesarbeitsgericht hatten in der Vergangenheit regelmäßig entschieden, dass eine Anzeige gegen den Arbeitgeber stets eine Kündigung rechtfertigt. Erst nach einigen Jahren sind die Gerichte von dieser restriktiven Rechtsprechung abgekommen und haben beispielsweise Kündigungsschutzklagen stattgegeben, in denen der Arbeitnehmer vor seiner Anzeige bei der Polizei eine interne Klärung nachweisbar versucht hatte. In diesen Fällen hatte der Arbeitnehmer zunächst seine Vorgesetzten mehrfach informiert und zur Abhilfe aufgefordert oder den Betriebsrat informiert, bevor er Anzeige bei der Polizei gegen seinen Arbeitgeber erstattete. Wenn allerdings ein Arbeitnehmer seinen Arbeitgeber anzeigt, ohne vorher versucht zu haben, den Fall mit seinem Arbeitgeber direkt zu klären, ist es möglich, den Arbeitsvertrag gegen eine Abfindungszahlung aufzulösen (LAG Schleswig Holstein, 20.03.2012 – 2 Sa 331/11). Denn eine weitere fruchtbare Zusammenarbeit sei in diesem Fall nicht zu erwarten. Dabei reicht es aus, wenn die Strafanzeige bei einer Behörde zu Ermittlungen führt – eine Anzeige bei der Staatsanwaltschaft ist nicht notwendig.

### 8.8.2.3   Informationen an die Öffentlichkeit

Von erheblicher praktischer Bedeutung ist die anschließende Frage nach den Risiken, wenn der Mitarbeiter damit droht, die Öffentlichkeit, insbesondere die Presse, über die Missstände zu informieren. Von derartigen Alleingängen kann dringend abgeraten werden, auch wenn Arbeitgeber oder Mitarbeiter sich offensichtlich strafrechtsrelevant verhalten. Meist ist in diesen Fällen auch eine emotionale Betroffenheit zu beobachten.

### 8.8.2.4   Zusammenfassung

Im Ergebnis können folgende grobe Anhaltspunkte zusammengefasst werden:

- Der Mitarbeiter muss sich grundsätzlich loyal gegenüber seinem Arbeitgeber verhalten und das aufgedeckte Problem zunächst innerbetrieblich ansprechen und eine Klärung versuchen.
- Trägt er das Problem sofort nach außen, droht eine Kündigung.
- Erst, wenn intern keine Abhilfe erfolgt, kann der Mitarbeiter bei groben Verstößen eine Anzeige an staatliche Stellen prüfen. Er sollte sich zum eigenen Schutz dabei anwaltlich beraten lassen.
- Die Presse sollte möglichst immer außen vor bleiben und wenn, dann nur nach eingehender Konsultation und rechtlicher Absicherung informiert werden.

### 8.8.3   Datenschutzrechtliche Fragen

Als Führungskraft kann man selbst in die Verlegenheit von Whistleblowing geraten; entweder als Anzeigender oder als Organisierender bei der Einrichtung eines umfänglichen Compliance-Systems. Mit der Einführung von Compliance beziehungsweise Whistleblowing werden in der Regel Daten erhoben, gespeichert, verwertet und übermittelt. In diesem Zusammenhang ist das Datenschutzgesetz zwingend zu beachten, aber auch die Mitbestimmungsrechte des Betriebsrats oder der Personalvertretung.

In datenschutzrechtlicher Hinsicht ist die Datenverarbeitung nur zulässig, wenn es dem Zweck der Beschäftigung dient oder das Unternehmen ein nachweisbares berechtigtes Interesse hat. Letzteres liegt wohl unproblematisch vor, da die Unternehmen stets ein Interesse an der Einhaltung von gesetzlichen oder vertraglichen Vorschriften haben. Im Gegenzug dürfen die Mitarbeiter nicht unverhältnismäßig beeinträchtigt werden. Ebenso ist zu bedenken, wie eine Aufklärung fair, transparent und den Arbeitnehmer nicht belastend durchgeführt werden kann. Schließlich muss gewährleistet werden, dass Mitarbeiter keine vorschnellen Sanktionen fürchten müssen.

### 8.8.4  Schutz durch Versicherung

Der Compliance-Officer wie auch jede andere Führungskraft sollte mit dem Arbeitgeber eine Versicherung für die strafrechtliche Inanspruchnahme aushandeln und im besten Fall vertragliche Haftungsbeschränkungen aufnehmen. Soweit der Arbeitgeber nicht bereit sein sollte, die Haftungsbeschränkungen im Arbeitsvertrag oder einem Nachtrag zu regeln, können haftungsbeschränkende Maßnahmen besprochen und vereinbart werden.

### 8.8.5  Schutz durch Haftungsfreistellung

Der Compliance-Verantwortliche ist gut beraten, mit dem Arbeitgeber im Innenverhältnis bezüglich seiner Haftung eine Freistellungsvereinbarung zu treffen. Dazu sollte eine Vereinbarung im Arbeitsvertrag oder in einer Ergänzung von diesem geschlossen und schriftlich niedergelegt werden. Empfohlen werden kann grundsätzlich auch eine Präambel zur Vertragsergänzung, die ausdrückt, dass der Compliance-Verantwortliche weisungsfrei arbeiten und recherchieren können muss und von der Haftung freigestellt wird, solange er nicht vorsätzlich oder grob fahrlässig gehandelt hat. Der Vorteil für die Führungskraft als Compliance-Officer liegt darin, ohne latente Haftungsangst frei handeln zu können.

### 8.8.6  Beweisverwertungsverbot bei Verstoß gegen den Arbeitnehmerdatenschutz

Der Arbeitnehmerdatenschutz wird derzeit im neuen Gesetzgebungsverfahren zur Änderung des Bundesdatenschutzgesetzes diskutiert und bald gesetzlich niedergeschrieben sein. Die aus prozessualer Sicht spannende Frage ist, ob gefundene Beweismittel, die unter Verstoß gegen den Datenschutz erlangt wurden, zulasten des Arbeitnehmers in einem arbeitsgerichtlichen oder strafgerichtlichen Verfahren verwertet werden dürfen.

Allgemein sind Fragen zu Beweisverwertungsverboten sehr praxisrelevant und nicht nur theoretischer Natur. Die Überwachung von E-Mails, iPhones und Blackberrys oder die Überwachung durch Video wird aus der Praxis öfter berichtet beziehungsweise konkret vermutet. Erst durch die Ergebnisse der Überwachung wird eine Kündigung oder Abmahnung ausgesprochen beziehungsweise Schadensersatz geltend gemacht oder die Führungskraft einfach nur unter Druck gesetzt, um einen Aufhebungsvertrag zu erreichen. Auch sind Fragen zu beantworten, die die Daten und deren Verwertung von Arbeitnehmern und Dritten betreffen.

Fest steht zunächst, dass private Inhalte – anders als dienstliche Inhalte – nicht durchsucht werden dürfen. In der Praxis stehen die Betroffenen meist vor dem Dilemma, herauszufinden, welche Inhalte privater oder geschäftlicher Natur sind.

Darüber hinaus muss stets gefragt werden, ob Daten zweckgerecht erhoben und gespeichert worden sind und ob vielleicht die Mitwirkung des Betroffenen erforderlich war.

Ob ein Beweismittel vor Gericht verwertet werden darf, muss im Einzelfall geprüft werden. Grundsätzlich hängt es davon ab, ob es legal erlangt wurde und ob die Verwertung des Beweismittels die Rechte des Betroffenen verletzt. Verboten ist die Verwertung von Beweisen, wenn damit eine geschützte Rechtsposition eines Beteiligten verletzt wird. Beim Arbeitnehmerdatenschutz muss geprüft werden, ob die Verwertung von rechtswidrig erhobenen Daten das allgemeine Persönlichkeitsrecht des Betroffenen verletzt. Diese Frage kann nur für den Einzelfall beantwortet werden. Es ist eine Abwägung der schützenswerten Interessen vorzunehmen. Auf der einen Seite steht das Persönlichkeitsrecht, auf der anderen Seite stehen die schutzwürdigen Interessen des Arbeitgebers. Schon wegen dieser zwingend vorzunehmenden Abwägung wird deutlich, dass nicht jede Verletzung des Arbeitnehmerdatenschutzes ein Beweisverwertungsverbot nach sich zieht.

Der Inhalt privater E-Mails darf weder erlangt noch verwertet werden. Auch wenn durch die private E-Mail eine erhebliche Arbeitsvertragsverletzung (oder sogar Straftat) begangen wurde, ist die prozessuale Verwertung unzulässig. Eine Kündigung kann damit nicht auf den gefundenen Beweismitteln aus privaten E-Mails basieren. Grundsätzlich muss der Arbeitgeber private Inhalte von geschäftlichen trennen. So sollten stets private und dienstliche Zugänge eingerichtet sein – sei es für E-Mails oder für Telefonie. Gestattet der Arbeitgeber die private Nutzung von E-Mail und Telefonie, ohne die Bereiche (technisch) zu trennen, so bleibt eine Verwertung unzulässig, wenn die Zuordnung nicht zweifelsfrei geklärt werden kann.

Eine Videoüberwachung ist in den meisten Fällen rechtswidrig. Jedenfalls aber immer dann, wenn sie in zeitlicher, räumlicher und personeller Hinsicht unverhältnismäßig ist. Das wiederum heißt nicht zwingend, dass die Verwertung vor Gericht auch unzulässig ist. So kann die Überwachung von Unbeteiligten unverhältnismäßig und rechtswidrig sein; dennoch können die Ergebnisse gegen den mitüberwachten Täter verwertbar sein.

# Auslandsentsendungen – Weggang und Rückkehr

9

Folgende Ausführungen sollen nur die wichtigsten praktischen Auswirkungen der Entsendung auf das Arbeitsverhältnis ansprechen. Dabei wird zwischen der Entsendung, dem Aufenthalt und der Rückkehr unterschieden.

## 9.1 Auslandsentsendung

Die Entsendung von Deutschland ins Ausland kann arbeitgeberseitig nicht über eine einseitige Weisung erfolgen. Das Direktionsrecht des Arbeitgebers reicht hierfür nicht aus, es sei denn, die Möglichkeit der Entsendung in verschiedene Staaten wurde vorher im Arbeitsvertrag – wirksam – geregelt. Erforderlich ist ein Vertrag, der durch den Arbeitgeber gestellt oder mit der Führungskraft individuell ausgehandelt wird.

Wann liegt jedoch eine Entsendung vor? Zu unterscheiden sind mindestens Begrifflichkeiten wie Delegierung, Abordnung, Dienstreise oder Entsendung. Eine Entsendung liegt vor, wenn eine

- befristete Tätigkeit
- im Rahmen eines inländischen Beschäftigungsverhältnisses
- für einen in Deutschland ansässigen Arbeitgeber
- im Ausland

aufgenommen wird.

Delegierung, Abordnung oder Dienstreise sind zwar befristete Beschäftigungen im Ausland, aber keine Entsendung im rechtstechnischen Sinne. Delegierung und Abordnung sind Versetzungen, wenn sie auf einer Weisung durch den Arbeitgeber beruhen. Sie können aber auch einvernehmlich durch eine Arbeitsvertragsergänzung geregelt werden. Die Dienstreise wird für maximal drei Monate angetreten.

C. Abeln, *Handbuch für Führungskräfte*,
DOI 10.1007/978-3-658-04029-1_9, © Springer Fachmedien Wiesbaden 2014

Eine Entsendung ist schriftlich festzuhalten. Es gilt das Nachweisgesetz. Die zeitliche Befristung darf nicht fehlen und muss im Entsendungsvertrag durch ein festes Datum oder durch den Eintritt eines vorher zeitlich zu bestimmenden Ereignisses festgehalten werden. Der Arbeitnehmer hat das Recht, eine schriftliche Ausfertigung des Vertrags zu verlangen. Das Nachweisgesetz verlangt zudem, dass der Vertrag vor der Entsendung dem Expat übergeben wird. Eine Kurzfassung oder eine elektronische Fassung (zum Beispiel per E-Mail) reicht nicht aus.

### 9.1.1  Vertragliche Konstellationen

Die vertragliche Ausgestaltung der Entsendung ist vielfältig. Genau deshalb ist zu fragen, welche Konstellation für die Führungskraft sinnvoll ist. Stichworte sind hier Planungssicherheit und Flexibilität. Es lassen sich aus der Praxis folgende Vertragsgestaltungen beobachten:

- Deutscher Arbeitsvertrag mit einer Ergänzung über die Entsendung
  In den meisten Fällen ist die Führungskraft im Unternehmen bereits aufgrund eines Arbeitsvertrags beschäftigt. Im Falle der geplanten Entsendung wird lediglich eine (befristete) Ergänzungsvereinbarung zum bestehenden Arbeitsvertrag geschlossen und die Entsendungsmodalitäten ergänzend geregelt.
- Deutscher Arbeitsvertrag und eigenständiger Entsendungsvertrag
  Eine andere Konstellation ist die eigenständige vertragliche Vereinbarungen über eine Entsendung, wobei der Arbeitsvertrag unangetastet bleibt und ruhend gestellt wird.
- Die Arbeitsvertragsparteien schließen nur einen Entsendungsvertrag ab
  Es kommt vor, dass der deutsche Mitarbeiter nur einen Entsendungsvertrag erhält, der zwischen ihm, dem deutschen Unternehmen sowie der ausländischen Tochter geschlossen wird. Dieser Vertrag ist oft ein dreiseitiger Vertrag.
  Es gibt jedoch auch einen zweiseitigen Vertrag, der nur zwischen dem Mitarbeiter und dem ausländischen Tochterunternehmen geschlossen wird. In diesem Fall besteht kein Arbeitsverhältnis zum deutschen Unternehmen. Damit geht einher, dass durch diese Vertragskonstellation weder Kündigungsschutzrecht noch andere Schutzrechte der deutschen Rechtsordnung erlangt werden.
- Deutscher Arbeitsvertrag und ein eigenständiger Dienstvertrag mit dem ausländischen Tochterunternehmen
  In Asien ist beispielsweise zu beobachten, dass ausländische Führungskräfte zunehmend über nationale Arbeitsverträge beschäftigt werden. Das hat in erster Linie steuerrechtliche und finanzbehördliche Hintergründe oder die Aufenthaltsbehörde fordert einen nationalen Vertrag. Diese Vertragskonstellation ist weltweit verbreitet. Ein Vorteil ist, dass der Entsandte als Organ der ausländischen Gesellschaft beschäftigt werden kann und zwar als Arbeitnehmer oder als Geschäftsführer.

▶  **Tipp**  Es wird grundsätzlich empfohlen, den alten Arbeitsvertrag beizubehalten und einen gesonderten Entsendungsvertrag zu vereinbaren. Es ist sodann darauf hinzuwirken, dass der alte Arbeitsvertrag für die Dauer der Entsendung ruht und wieder auflebt, wenn die Entsendung endet. Der Vorteil besteht darin, dass nach einem Rückruf der Arbeitsvertrag gilt, und zwar mit allen Schutzrechten zugunsten des Arbeitnehmers.

## 9.1.2  Inhalt der Verträge

Arbeits- und Entsendungsvertrag können variabel gestaltet werden.

### 9.1.2.1  Formale Mindestanforderungen
Beim Abschluss einer Vereinbarung über die Entsendung mit einem deutschen Arbeitgeber sind folgende Mindestanforderungen nach dem Nachweisgesetz schriftlich festzuhalten:

- Dauer der im Ausland auszuübenden Tätigkeit,
- Währung, in der das Arbeitsentgelt ausgezahlt wird,
- ein zusätzliches mit dem Auslandsaufenthalt verbundenes Arbeitsentgelt und damit verbundene zusätzliche Sachleistung,
- vereinbarte Bedingungen für die Rückkehr des Arbeitnehmers.

▶  **Tipp**  Um unangenehme Überraschungen zu vermeiden, sollten das Aufgabengebiet und der Arbeitsort während der Entsendung in der Ergänzung des Arbeitsvertrags oder dem Entsendungsvertrag festgelegt werden. Damit weiterhin eine „formale" Entsendung vorliegt, ist der Entsendungsvertrag auf längstens 24 Monate abzuschließen.

### 9.1.2.2  Vergütungsbestandteile
Zur Vergütung gehören Regelungen der festen und variablen Vergütung für den Zeitraum der Entsendung. Meist wird neben dem bisherigen Entgelt eine Auslandszulage gezahlt. Bei Vorliegen der steuerrechtlichen Voraussetzungen wird das aufgestockte Gehalt dann netto ausbezahlt. Kehrt der Expatriate nach Deutschland zurück, sind durch die Streichung der Auslandsbezüge und Auszahlung in brutto erhebliche finanzielle Einbußen zu verzeichnen.

In den Entsendungsvertrag gehören ausdrückliche und konkrete Regelungen zu den auslandsspezifischen Versicherungen. Hierzu zählen mindestens die Krankenversicherung, eine Unfallversicherung und eine Lebensversicherung.

Ferner sind die Übernahme der Kosten für die Miete, Hauskosten und das Schulgeld zu klären. Der Dienstwagen und entsprechende (Vollkasko-)Versicherungen sind ebenfalls gesondert zu regeln. Erweiterte Vergütungsbestandteile sind landestypische Zulagen. So benötigt der Expatriate beispielsweise in China, Japan oder Brasilien möglichst einen Fahrer. In Moskau, Sao Paulo oder Kapstadt ist der Expatriate eventuell auf Personenschutz angewiesen. Wird eine Wohnung im Zentrum von New York, London oder Paris belegt, sind erweiterte Mietkostenzuschüsse als besondere Lebenshaltungskosten erforderlich.

Schließlich ist an die Steuererklärung zu denken. Die Kosten für die Steuererklärungen sollten stets vom Arbeitgeber übernommen und von einem geeigneten Steuerberater, der auf Auslandssachverhalte spezialisiert ist, erstellt werden.

### 9.1.2.3   Bedingungen für die Rückkehr

Dem Nachweisgesetz entsprechend sind die vereinbarten Bedingungen für die Rückkehr des Mitarbeiters aus dem Ausland schriftlich zu vereinbaren. Dies gehört schon zu den formalen Voraussetzungen.

Vereinbart und konkret schriftlich niedergeschrieben werden sollten folgende Punkte:

- Eine angemessene Ankündigungsfrist für die Rückkehr,
- Eine angemessene Zeit, um den Rückumzug zu organisieren,
- Informationen über die Weiterbeschäftigung.

Zu vereinbaren ist ebenfalls eine Wiedereingliederungsklausel mit dem Inhalt, dass nach der Rückkehr der Mitarbeiter auf einem gleichwertigen Arbeitsplatz beschäftigt wird. Gleichwertige Beschäftigung wird in der Praxis gern mit zumutbarer Beschäftigung verwechselt. Hier besteht jedoch ein großer Unterschied.

Wird eine gleichwertige Beschäftigung für den Fall der Wiederkehr vereinbart, so kann sich der Arbeitgeber innerhalb seines Direktionsrechts bewegen. Der Vorteil einer solchen Klausel liegt im Falle einer Kündigung in der Sozialauswahl und dem Streitpunkt der weiteren Beschäftigungsmöglichkeit. Oft wird vertreten, dass es besser ist, eine verbindliche Zusage zur Weiterbeschäftigung auf einem konkreten Arbeitsplatz an einem konkreten Arbeitsort zu vereinbaren. Hierin liegt jedoch schon selbst die Beschränkung. In einem Kündigungsrechtsstreit kann sich der Arbeitgeber darauf berufen, dass genau diese Stelle weggefallen ist und er keine Möglichkeit hat, über das Direktionsrecht dem Arbeitnehmer eine andere gleichwertige Aufgabe zuzuweisen. Diese Situation ist komplex und sollte aus strategischen Gründen durch anwaltliche Hilfe begleitet werden.

### 9.1.2.4   Rechtswahl und Rechtswahlklauseln

In einigen Verträgen werden sogenannte Rechtswahlklauseln vereinbart. Hintergrund ist, dass der Urheber des Vertrags meint, er könne hierdurch das für ihn besonders günstige Recht eines Staates vereinbaren.

Die Vertragspartner sind zuallererst frei bei der Frage der Rechtswahl; Rechtswahlklauseln sind daher möglich. Die Rechtswahl hebelt jedoch nicht den Schutz zwingender Vorschriften der deutschen Rechtsordnung aus (EuGH, Urteil vom 15. März 2011 – C -29/10). Alle wesentlichen Schutzrechte, von denen vertraglich nicht abgewichen werden kann, bleiben erhalten und entfalten stets die Geltung. Beispiele sind die Kündigungsschutzvorschriften oder die Regelungen zum Betriebsübergang. Entsprechendes gilt aber auch für die vereinbarte Rechtsordnung. Im Zweifel werden die Rechte des Arbeitnehmers miteinander verglichen. Diejenigen Rechte, die nach einer Günstigkeitsprüfung die besseren Rechte bieten, behalten vorrangige Geltung. Das heißt, es gilt die günstigere Vorschrift.

Nicht zu verwechseln ist diese Rechtslage mit der Überlagerung. Trotz Rechtswahl werden ausländische Vorschriften für deutsche Arbeitnehmer vom deutschen Recht überlagert, soweit diese zwingende Schutzrechte sind. Hierzu zählen beispielsweise die Vorschriften zur Massenentlassung oder der Schutz von Müttern und Schwangeren. Diese Vorschriften gelten dann international als zwingend.

Wird keine Rechtswahl getroffen, so gilt das Recht desjenigen Staates, in dem der Mitarbeiter für gewöhnlich seine Arbeit verrichtet (selbst wenn er vorübergehend in einen anderen Staat entsandt ist) oder in dem sich die Niederlassung befindet, die den Mitarbeiter eingestellt hat, sofern dieser seine Arbeit gewöhnlich nicht in ein und demselben Staat verrichtet. Zu prüfen ist aber stets, ob nicht im Einzelfall eine engere Verbindung zum ausländischen Betrieb besteht.

Wird der Mitarbeiter nur vorübergehend im Ausland beschäftigt, so findet das Recht des gewöhnlichen Arbeitsorts, also deutsches Recht, Anwendung. Ist der Mitarbeiter eines deutschen Unternehmens in mehreren Ländern tätig und kann ein Schwerpunkt nicht festgelegt werden, so wird grundsätzlich weiterhin deutsches Recht angewendet.

▶ **Tipp** Die Rechtswahl sollte zugunsten der deutschen Gerichtsbarkeit vereinbart werden. Die deutschen Gesetze bieten den umfangreichsten Schutz für Arbeitnehmer. Rechtslage und Rechtsfolgen sind vorhersehbar und transparent. Bei Fragen der Vertragsauslegung oder in einem schwierigen Trennungsprozess ist das deutsche Arbeitsrecht günstiger für den Entsandten. Es bietet im Einzelfall eine bessere Verhandlungsausgangsbasis.

### 9.1.3 Fürsorgepflichten vor der Entsendung

Den Arbeitgeber treffen vor, während und nach der Entsendung gewisse Fürsorgepflichten. Die Führungskraft bewegt sich deshalb nicht in einem rechtsfreien Raum, nur weil eine Entsendung stattfindet. Der Arbeitgeber bleibt über die Landesgrenzen hinaus verantwortlich. Auf der anderen Seite schuldet der Arbeitnehmer selbst bei Auslandseinsätzen erhöhte Aufmerksamkeit und Verantwortung, insbesondere als Führungskraft. Wenn Schäden entstehen sollten, ist immer an ein eventuelles Mitverschulden zu denken. Auf Arbeitgeber- und Arbeitnehmerseite ist in diesem Zusammenhang an Regionen zu denken, in denen Eigentums-, Vermögens- oder Körperverletzungsdelikte überdurchschnittlich häufig vorkommen. Zudem ist die Gesundheit der Führungskraft vor Reiseantritt zu überprüfen.

Die Führungskraft ist über drohende oder bekannte politische oder gesellschaftliche Unruhen aufzuklären. Dies hat aus Gründen der eigenen Sicherheit zu erfolgen, aber auch aus dem Umstand heraus, dass die Führungskraft im Ausland ebenso wie ein Arbeitgeber selbst agieren kann oder muss.

Sollten hier Probleme auftreten, muss unterschieden werden, wem das Risiko zuzurechnen ist: Hat der Arbeitgeber seine Fürsorgepflicht oder der Arbeitnehmer seine Sorgfaltspflicht verletzt oder gilt das allgemeine Lebensrisiko?

Folgende Punkte sollten vor einer Entsendung Beachtung finden:

- Gesundheit;
- Umzugsmodalitäten;
- Dokumente, Arbeits- und Aufenthaltserlaubnis, Visum;
- Steuern, Abgaben, Versicherungen;
- kulturelle Unterschiede, strafrechtsrelevantes Verhalten.

Vorab ist stets zu klären, ob die finanziellen Aufwendungen der Führungskraft für die Entsendung mit der normalen Vergütung abgegolten sind und diese nach Rechnungslegung übernommen werden oder ob sich der Arbeitgeber selbst darum kümmert und die Kosten sofort begleicht. Möglicherweise kann die Führungskraft auch einen Vorschuss verlangen.

Wie bereits vorstehend erörtert, fordert das Nachweisgesetz, dass die Arbeitsbedingungen vor der Auslandsentsendung schriftlich festgehalten werden. Aus diesem Grund gehört es zur Fürsorgepflicht des Arbeitgebers, die wesentlichen Punkte des Entsendungsvertrags im Vorfeld zu klären und diese schriftlich zu fixieren. Hintergrund ist, dass die Arbeitsvertragspartner gegenseitig Sicherheit haben und ihre Rechte und Pflichten transparent und bestimmbar sind. Hier ist aber stets daran zu denken, dass Vertragsergänzungen auch mündlich getroffen werden können und diese unabhängig vom Nachweisgesetz oder der schriftlichen Fixierung wirksam sein können. Im Streitfall ist allerdings der Nachweis schwer.

Hinzuweisen ist auch auf die unterschiedlichen regionalen Regelungen in einem Land, die sich wesentlich unterscheiden können. In China beispielsweise gilt seit Januar 2008 das Arbeitsvertragsgesetz mit wichtigen Änderungen und Schutzvorschriften sowie entsprechenden Ausführungsbestimmungen. In diesem Rahmen sind jedoch stets und zusätzlich die jeweiligen Auslegungsrichtlinien der Gerichte zu beachten. Hiernach muss der Arbeitsvertrag mit Arbeitnehmern – also inländischen oder ausländischen – schriftlich abgefasst sein. Darauf sollten Arbeitgeber achten, denn bei einem Verstoß gegen die Schriftform hat der Arbeitnehmer Anspruch auf das doppelte Gehalt.

Nach Ablauf der Arbeitserlaubnis endet das Arbeitsverhältnis und damit der Arbeitnehmerschutz.

▶  **Tipp** Im Arbeitsvertrag sollte die Verpflichtung aufgenommen werden, die (erneute) Erlangung der Arbeitserlaubnis zu unterstützen. Für den Fall der Verletzung dieser Verpflichtung ist auf eine angemessene Ausgleichszahlung hinzuwirken.

Schließlich sollte sich der Arbeitnehmer sich zunächst selbst über die sozialrechtlichen und steuerrechtlichen Auswirkungen informieren. Denn der Arbeitgeber muss seinen Arbeitnehmer, der entsandt werden soll, bei Vertragsabschluss grundsätzlich nicht von sich aus darauf hinweisen, dass ab einer bestimmten Aufenthaltsdauer in einem ausländischen Staat dort eine Verpflichtung zur Abführung von Einkommens-/Lohnsteuer entstehen kann.

## 9.2 Aufenthalt

### 9.2.1 Geltungsumfang des Arbeitsvertrags

Während der Entsendung ruht der deutsche Arbeitsvertrag. Er entfaltet nur dann Wirkung, wenn der Entsendungsvertrag eine Lücke hat und/oder regionale Gesetze nicht eingreifen.

### 9.2.2 Geltungsumfang des Entsendungsvertrags

Der Entsendungsvertrag hat während der Entsendung Vorrang in Verbindung mit den regionalen (gesetzlichen) Besonderheiten. Die Rechte und Pflichten von Arbeitgeber und Arbeitnehmer ergeben sich aus dem Wortlaut des Vertrags.

Da die Entsendung meist fest auf eine konkrete Position mit konkreten Aufgaben vereinbart wurde, ist eine Versetzung einseitig nicht möglich. Die einseitige Änderung des Entsendungsvertrags kann daher nur durch eine Änderungskündigung erfolgen. Andererseits kann das Unternehmen den Mitarbeiter auch erst einmal zurückrufen und dann versuchen, eine Versetzung oder Änderungskündigung auszusprechen. Auch hierbei gelten die allgemeinen Regeln: In Betrieben mit mehr als zehn Mitarbeitern muss die Änderungskündigung nach dem Kündigungsschutzgesetz sozial gerechtfertigt sein. Insbesondere sind die Sozialauswahl und die Beteiligung des Betriebsrats oder Sprecherausschusses zu beachten. Der Arbeitgeber muss nachweisen können, dass es ein dringendes betriebliches Erfordernis gibt.

Während der Entsendung sind meist keine Probleme zwischen Arbeitnehmern und Arbeitgeber zu verzeichnen. Praxisnahe Probleme bestehen nur im Zusammenhang mit Bonuszahlungen oder Versetzungen. Die praxisrelevanten Probleme entstehen erst mit dem Wunsch des Arbeitgebers, die Stelle neu zu besetzen oder zu streichen. Das fängt meist damit an, dass Aufgaben und Verantwortungen entzogen werden, ein Rückruf nach Deutschland erfolgt oder das berühmte vertrauensvolle Personalgespräch stattfindet. Schon in diesen Momenten sollte anwaltliche Hilfe in Anspruch genommen werden, um eine geräuschlose Exit-Strategie vorzubereiten oder vertragliche Rechte zu sichern.

▶ **Tipp** Für derartige Personalgespräche gilt: Sie können über alles sprechen, nur nicht über Ihre aktuellen und zukünftigen Pläne.

### 9.2.3 Fürsorgepflichten während des Auslandsaufenthaltes

Der gesundheitliche und finanzielle Schutz des Expatriates und dessen Familie hat höchste Priorität. Aus diesem Grund sind die üblichen Versicherungen und zusätzliche Versicherungen sorgfältig auszuwählen. Beispielsweise sollte die Auslandsunfallversicherung auch Familienmitglieder einbinden. Zu denken ist an die

- Auslandskrankenversicherung,
- Unfallversicherung,
- Haftpflichtversicherung und
- Lebensversicherung.

Der Fürsorge- und umfassenden Informationspflicht hat zu allererst der Arbeitgeber nachzukommen. Er muss die erforderlichen Informationen bieten und gewährleisten. Im Rahmen der sogenannten Mitwirkungs- beziehungsweise Schadensabwendungspflicht muss jedoch auch der zu Entsendende alles ihm Zumutbare tun, um die notwendigen Informationen zu erhalten.

## 9.3 Rückkehr

Kurz vor, während oder nach der Rückkehr von Expats treten die meisten arbeitsrechtlichen Probleme auf. Entweder der Expat wird mit der Ankündigung einer kurzfristigen Rückkehr überrascht oder er wird damit konfrontiert, dass er zwar zurückzitiert wird, jedoch keine oder zumindest keine gleichwertige Beschäftigungsmöglichkeit mehr für ihn besteht. Zeitgleich mit dem Ende einer Entsendung wird nicht selten auch eine betriebsbedingte Kündigung ausgesprochen.

### 9.3.1 Rückruf und Rückkehrklauseln

Die erste entscheidende Frage ist, ob der Rückruf überhaupt wirksam ist.

#### 9.3.1.1 Ablauf der Befristung – Keine Rückrufklausel

Die Rückkehr erfolgt regelmäßig mit Ablauf der Befristung. Diese Situation ist unproblematisch und jeder Beteiligte hat sich darauf eingestellt. Gilt deutsches Arbeitsrecht fort, so ist eine ordentliche Kündigung während der Befristung ausgeschlossen und unwirksam, wenn die Möglichkeit zur ordentlichen Kündigung nicht ausdrücklich im Vertrag geregelt wurde.

**Vorsicht**  Die außerordentliche fristlose Kündigung wegen erheblicher Vertragsverstöße bleibt weiterhin möglich.

### 9.3.1.2  Rückrufklausel

In vielen Entsendungsverträgen finden sich sogenannte Rückrufklauseln. Der Entsandte kann sich daher grundsätzlich darauf einstellen, vor Ablauf der vereinbarten Entsendung zurückgeholt zu werden – überraschend bleibt diese Nachricht trotzdem. Die Frage ist, ob die vertraglich festgelegte Klausel überhaupt wirksam ist und damit Wirkung zulasten des Expatriates entfalten kann.

Rückrufklauseln werden meist durch den Arbeitgeber gestellt, ohne dass diese individuell verhandelt wurden. Es handelt sich daher in den meisten Fällen um Allgemeine Geschäftsbedingungen (AGBs), die einer besonderen Prüfung unterliegen. Die arbeitsgerichtliche Rechtsprechung wendet hier einen gesonderten Prüfungsmaßstab zugunsten des Arbeitnehmers an.

Wurden ein deutscher Arbeitsvertrag und ein Entsendungsvertrag geschlossen, so ist ein Rückruf grundsätzlich keine Kündigung. Es wird nur der Ort der Leistung neu bestimmt.

Anders kann die schwierige Konstellation aussehen, wenn neben dem deutschen Arbeits- und Entsendungsvertrag noch ein weiterer Arbeitsvertrag mit dem ausländischen Tochterunternehmen existiert. Dann müsste dieser weitere Arbeitsvertrag gesondert vom Vertragspartner – meist das ausländische Unternehmen – gekündigt werden. Es sollten daher alle Schreiben, die eine Veränderung der vertraglichen Situation betreffen, unverzüglich geprüft werden, da im Arbeitsrecht sehr kurze Fristen existieren, die auch für die Auslandsentsendung gelten.

Grob umrissen kann festgehalten werden, dass eine Rückrufklausel, die zugleich mit einer Kürzung der Vergütung von über 25 % verbunden ist, unwirksam ist. Es kommt nicht darauf an, ob die Kürzung der Vergütung in der Klausel benannt ist oder die Kürzung einfach nur tatsächlich erfolgt. Hintergrund ist, dass der Arbeitnehmer einseitige Kürzungen seiner Vergütung ohne Änderungskündigung nicht hinnehmen muss. Derartige Klauseln sind überraschend und belasten einseitig den Arbeitnehmer.

Die Rückrufklausel kann jedoch auch an sich unwirksam sein. Dies ist beispielsweise der Fall, wenn kein Grund für den Rückruf angegeben wird oder die Gründe nur unbestimmt angegeben werden. Die Klausel ist auch unwirksam, wenn sie keine Ankündigungsfrist und keine angemessene Zeit für die Rückkehr enthält.

### 9.3.2  Versetzung, Entleitung, keine vertragsgemäße Beschäftigung

Nach der Rückkehr droht oft eine Versetzung des Betroffenen. Die Entleitung oder der Entzug von Aufgaben beziehungsweise die nicht vertragsgemäße Beschäftigung sind unter dem Oberbegriff Versetzung zusammenzufassen.

Bei personellen Maßnahmen sind stets die zuständigen Mitarbeitervertretungen zu beteiligen. Dies ist der Betriebsrat oder der Sprecherausschuss.

Wie bereits in Kap. 6 hervorgehoben wurde, ist auch nach der Rückkehr eine gleichwertige vertragsgemäße Beschäftigung durch den Arbeitgeber geschuldet. Kommt er dieser Pflicht nicht nach, so sollte die Versetzung gerichtlich überprüft werden.

### 9.3.3  Kündigungsschutz

Auch vor Kündigungen sind die zuständigen Mitarbeitervertretungen zu beteiligen. Dies ist der Betriebsrat (§ 102 BetrVG), die Personalvertretung (vergleiche Personalvertretungsgesetze des Bundes oder der Länder) oder der Sprecherausschuss (§ 31 Abs. 2 SprAuG).

Für die Kündigung gilt die Schriftform. Sie muss durch eine zur Kündigung berechtigte Person eigenhändig im Original unterschrieben sein. Ein Fax, eine E-Mail, eine SMS oder eine Kopie reichen nicht aus.

Beim Ausspruch von Kündigungen sind die kurzen Fristen im Arbeitsrecht zu beachten, um gegen unwirksame Kündigungen vorzugehen. Jede Kündigung muss innerhalb von drei Wochen nach Zugang vor dem zuständigen Arbeitsgericht angegriffen werden. Verstreicht die Frist, ist die Kündigung wirksam.

Wird eine Kündigung von Führungskräften angegriffen, so stellt der Arbeitgeber im Laufe des Prozesses einen sogenannten Auflösungsantrag und behauptet, die Führungskraft sei als leitender Angestellter im Sinne des Kündigungsschutzgesetzes zu qualifizieren. Damit verfolgt der Arbeitgeber das strategische Ziel, dass das Arbeitsverhältnis trotz unwirksamer Kündigung zum Ablauf der Kündigungsfrist gegen Zahlung einer Abfindung zwischen ein bis zwölf Monatsverdiensten durch das Gericht aufgelöst wird. Der Arbeitgeber legt es in diesen Fällen darauf an, dass die Kündigung unwirksam ist. Die Vermutung liegt nahe, dass es bei sehr gut verdienenden Mitarbeitern mit einer langen Betriebszugehörigkeit häufig zu Versuchen kommt, einen Auflösungsantrag zu stellen. Hintergrund ist, sich günstig und schnell vom Mitarbeiter lösen zu können. Gewinnt der Mitarbeiter diesen Prozess, wird es in der Regel teuer für den Arbeitgeber.

Komplexe Probleme bestehen, wenn der Expatriate im ausländischen Unternehmen Geschäftsführer und damit Organ der Gesellschaft ist. Hier ist zunächst zu vermuten, dass der Expatriate als leitender Angestellter im Sinne des Kündigungsschutzgesetzes qualifiziert wird.

---

**Rechtsprechungshinweis**

Das Landesarbeitsgericht München hat jedoch schon im Jahr 2000 (2 Sa 889/99) festgestellt, dass der Geschäftsführer einer Tochtergesellschaft nicht leitender Angestellter im Sinne des KSchG ist, wenn er nicht zur selbstständigen Einstellung und Entlassung von Arbeitnehmern berechtigt ist und diese Funktion tatsächlich frei ausübt. Besteht ein Arbeitsverhältnis zur Konzernmutter, ist dieses unabhängig vom Dienstverhältnis als Geschäftsführer zur Tochter. Es ist stets zu überprüfen, wie sich die Organtätigkeit bei der Tochter auf die Tätigkeit bei der Muttergesellschaft ausgewirkt hat.

Damit Kündigungsschutz anwendbar ist, muss unter anderem eine Wartezeit von sechs Monaten erfüllt sein. Dem gekündigten Expat, der nach Deutschland zurückkehrt, wird meist das Argument entgegengehalten, er habe die Wartezeit in Deutschland noch nicht erfüllt.

**Rechtsprechungshinweis**

Das Landesarbeitsgericht Berlin hat 2009 (7 Sa 569/09) entschieden, dass die Wartezeit nach § 1 Abs. 1 KSchG auch auf solche Arbeitsverhältnisse angerechnet werden kann, die ausländischem Recht unterliegen.

Damit greift der umfassende Schutz des KSchG zugunsten des wiederkehrenden Expats.

### 9.3.4 Fürsorgepflichten nach dem Auslandseinsatz

Die Fürsorgepflichten des Arbeitgebers bestehen auch nach dem Auslandseinsatz weiterhin fort. Hierzu gehören Regelungen zu Rückzugskosten, zu Einlagerungskosten, zur Wohnungssuche, zur Wiedereingliederung in das Berufsleben und zu den Modalitäten der Weiterbeschäftigung.

## 9.4 Die steuerrechtliche Situation

Arbeitnehmer sind in Deutschland uneingeschränkt einkommensteuerpflichtig, wenn sie im Inland einen Wohnsitz oder ihren gewöhnlichen Aufenthalt haben. Bei einer Arbeitnehmerentsendung bleibt dieser Grundsatz bestehen, wenn der entsandte Arbeitnehmer seinen Wohnsitz in Deutschland während der Dauer des Einsatzes behält.

Bei ins Ausland entsandten Arbeitnehmern ist ein inländischer Wohnsitz zu vermuten, wenn die Wohnung im Inland beibehalten wird und deren Benutzung jederzeit möglich ist. Dies kann auch dann der Fall sein, wenn sie während des Auslandsaufenthalts kurzfristig (maximal sechs Monate) untervermietet wird, um sie nach der Rückkehr wieder zu benutzen. Wird dagegen die Wohnung gekündigt oder verkauft, wird der Wohnsitz regelmäßig aufgegeben. Bei Eheleuten gilt, dass ein Ehegatte seinen Wohnsitz prinzipiell dort hat, wo seine Familie lebt, es sei denn, die Eheleute leben dauerhaft getrennt.

Zur Vermeidung einer bei Auslandstätigkeiten oft auftretenden Doppelbesteuerung hat die Bundesrepublik Deutschland mit zahlreichen Staaten sogenannte Doppelbesteuerungsabkommen (DBA) abgeschlossen. Diese weisen das Besteuerungsrecht grundsätzlich dem Staat zu, in dem der Arbeitnehmer seine Tätigkeit ausübt. Die entsprechenden Einkünfte werden sodann in Deutschland von der Einkommensteuer freigestellt.

Eine Ausnahme von diesem Grundsatz stellt die sogenannte 183-Tage-Regelung dar. Hält sich ein Arbeitnehmer nicht länger als 183 Tage im Steuer- beziehungsweise Kalenderjahr im Tätigkeitsstaat auf, steht das Besteuerungsrecht dem Ansässigkeitsstaat zu, wenn zusätzlich

- der Arbeitslohn nicht von einer Betriebsstätte des Arbeitnehmers im Tätigkeitsstaat getragen wird
- und der die Vergütung zahlende Arbeitgeber nicht im Tätigkeitsstaat ansässig ist.

Für die Bestimmung der zu berücksichtigenden Tage ist nicht die Dauer der Tätigkeit, sondern allein die körperliche Anwesenheit maßgeblich. Auch kurzfristige Anwesenheitszeiten reichen aus (An- und Abreisetage, Wochenendtage und so weiter).

Im Hinblick auf oftmals schwierige und aufwändige steuerrechtliche Fragen im Zusammenhang mit der Entsendung oder der Rückkehr sollte die Führungskraft eine ausdrückliche Kostentragungsregel zulasten des entsendenden Unternehmens vereinbaren.

## 9.5   Die sozialversicherungsrechtliche Situation

In Deutschland sind und bleiben Arbeitnehmer sozialversicherungspflichtig. Es gilt das sogenannte Territorialitätsprinzip. Das bedeutet, dass Arbeitnehmer, die in Deutschland ihren gewöhnlichen Aufenthaltsort haben und hier arbeiten, sozialversicherungspflichtig sind. Diese Pflicht zur Sozialversicherung gilt bei:

- einem Beschäftigungsverhältnis im Inland,
- einem Arbeitgebersitz im Inland,
- einer maximalen Dauer der Entsendung von 24 Monaten (ein entsandter Arbeitnehmer darf nicht nur einen zuvor entsandten Arbeitnehmer ablösen).

Aber auch wenn diese Voraussetzungen nicht vorliegen, ist eine Mitgliedschaft in der Sozialversicherung möglich. So ist zum Beispiel eine freiwillige Versicherung in der gesetzlichen Rentenversicherung oder in der gesetzlichen Krankenversicherung möglich. Grundsätzlich besteht kein weiterer Versicherungsschutz in der Unfall- und Arbeitslosenversicherung.

Darüber hinaus hat Deutschland mit verschiedenen Ländern Sozialversicherungsabkommen abgeschlossen. Die Liste ist über die Webseite des GKV-Spitzenverbandes DVKA (www.dvka.de) einsehbar. Viele Abkommen betreffen aber nur die Kranken- und/oder Rentenversicherung.

▶  **Tipp** Klären Sie daher vor der Entsendung, ob mit dem Entsendungsstaat ein Sozialversicherungsabkommen besteht und welche Bestandteile der Versicherung dieses umfasst.

Wird der Arbeitnehmer innerhalb der EU entsandt und beträgt die Entsendungsdauer höchstens ein Jahr, bleibt er sozialversicherungspflichtig. Doch auch darüber hinaus ist eine Sozialversicherung möglich, wenn die Verlängerung der Entsendung nicht vorhersehbar war und der Entsendete vor Ablauf des Jahres einen Verlängerungsantrag stellt.

▶   **Tipp** Arbeitnehmer oder Arbeitgeber sollten vor der Entsendung bei der gesetzlichen oder privaten Krankenkasse einen Entsendeausweis als Nachweis für die Fortgeltung der deutschen Sozialversicherungspflicht beantragen.

Zusätzlich sollte sich der Arbeitnehmer die Europäische Krankenversicherungskarte besorgen. Diese berechtigt ihn und seine begleitenden, bei ihm familienversicherten Angehörigen, im Ausland Leistungen in Anspruch zu nehmen.

# Die Trennung von der Führungskraft

**10**

## 10.1 Grundsätze des Kündigungsschutzes für Führungskräfte

Zunächst ist an dieser Stelle zwei weit verbreiteten Irrtümern unter Führungskräften zu begegnen. Der erste Irrtum: Führungskräfte haben keinen Kündigungsschutz. Das ist falsch. Vielmehr genießen Führungskräfte in gleichem Umfang Kündigungsschutz wie jeder andere Arbeitnehmer auch. Der zweite weit verbreitete Irrtum lautet: Der Arbeitgeber kann das Arbeitsverhältnis einer Führungskraft jederzeit auflösen. Richtig ist, dass das Arbeitsverhältnis sogenannter echter leitender Angestellter im Sinne des §§ 14 KSchG, 9, 10 KSchG mittels eines Auflösungsantrages beendet werden kann. Dieser Fall setzt jedoch voraus, dass es sich um einen echten leitenden Angestellten handelt und zum anderen bedarf es einer arbeitgeberseitigen Kündigung, die im Rahmen einer arbeitsgerichtlichen Klage angegriffen wurde. Nur in diesem Fall muss das Arbeitsgericht auf Antrag des Arbeitgebers das Arbeitsverhältnis auflösen. Das Arbeitsgericht hat dann über die Höhe einer Abfindung zu entscheiden, wobei es gesetzlichen Begrenzungen unterliegt. Die Abfindung hat sich nämlich zwischen 1 bis zu 12 Monatsgehältern und bis zu maximal 18 Monatsgehältern zu bewegen, wobei die exakte Höhe innerhalb der gesetzlichen Grenzen dem Ermessen des Arbeitsgerichts obliegt und von Lebensalter und Dauer des Arbeitsverhältnisses abhängig ist.

Echte leitende Angestellte sind jedoch in der Praxis nur die wenigsten Führungskräfte, da hierfür Einstellungs- oder Entlassungsbefugnis erforderlich sind. Diese Personalkompetenz muss das Vertragsverhältnis wesentlich geprägt haben und die Führungskraft muss Einstellungen oder Entlassungen bis zum Zeitpunkt des Ausspruchs der Kündigung auch tatsächlich ausgeübt haben. In den meisten Großunternehmen bestehen strikte Vorgaben für die Ausübung von Personalkompetenzen. Kündigungs- und Einstellungsbefugnis sind nahezu immer vom Vier-Augen-Prinzip geprägt, mithin sind jeweils zwei Unterschriften für Einstellung oder Entlassung erforderlich. Daher kann in diesen Fällen von einer selbstständigen Einstellungs- oder Entlassungsbefugnis nicht gesprochen werden.

C. Abeln, *Handbuch für Führungskräfte*,
DOI 10.1007/978-3-658-04029-1_10, © Springer Fachmedien Wiesbaden 2014

Anders verhält es sich beispielsweise im Falle vieler Lebensmittel-Discounter, bei denen meist ein Leiter für mehrere Märkte zuständig ist und auch für die dort Beschäftigten Einstellungen und Entlassungen ohne weitere Rücksprache selbstständig durchführt.

Führungskräfte lassen sich mitunter ins Bockshorn jagen, wenn der Arbeitgeber ihnen vormacht, ihr Arbeitsverhältnis könne ja ohnehin arbeitsgerichtlich gegen einen verhältnismäßig geringen Abfindungsbetrag aufgelöst werden. Die Führungskraft sollte sich klar machen, dass ein Arbeitsgericht die Führungskraft nicht zu einer verhältnismäßig geringen und dem Gusto des Arbeitsrichters entsprechenden Abfindung zwingen kann. Das deutsche Kündigungsschutzgesetz ist von seinem Grundsatz her ein Bestandsschutzgesetz und nicht ein Abfindungsgesetz. Das heißt, das Gericht hat über die Frage der Wirksamkeit des Fortbestandes des Arbeitsverhältnisses zu entscheiden, nicht über die Höhe einer Abfindung. Das Arbeitsgericht kann lediglich Vorschläge zu einer gütlichen Beilegung eines Rechtsstreits unterbreiten. Diese Vorschläge müssen aber nicht akzeptiert werden. Dies ist in vielen Ländern, so in Frankreich anders. Dort kann auch im Falle der Kündigung eines Arbeitsverhältnisses nicht auf Fortbestand geklagt werden, sondern das Arbeitsgericht hat das Arbeitsverhältnis auch bei nicht leitenden Mitarbeitern gegen Zahlung einer Art Abfindung, die jedoch anders als in Deutschland steuerfrei ist, zu beenden.

Das Kündigungsschutzgesetz findet seit der Neuregelung zum 1. Januar 2004 Anwendung, sofern in dem Betrieb regelmäßig mehr als fünf Arbeitnehmer in demselben Betrieb oder Unternehmen tätig sind.

Genießt somit die Führungskraft Kündigungsschutz, so ist zu fragen, unter welchen Voraussetzungen ihr wirksam gekündigt werden kann. Der Kündigungsschutz unterscheidet drei Kündigungsgründe:

- die verhaltensbedingte Kündigung,
- die personenbedingte Kündigung,
- die betriebsbedingte Kündigung.

## 10.1.1   Die verhaltensbedingte Kündigung

Eine verhaltensbedingte Kündigung ist sozial gerechtfertigt, wenn der Führungskraft eine vertragliche schuldhafte Haupt- und/oder Nebenpflichtverletzung in erheblichem Umfang unterlaufen ist, das Arbeitsverhältnis dadurch konkret beeinträchtigt ist, zumutbare anderweitige Weiterbeschäftigungsmöglichkeiten nicht bestehen und im Rahmen einer umfassenden Interessenabwägung die Kündigung des Arbeitsverhältnisses als letztes Mittel billigenswert und angemessen erscheint.

Liegt eine Pflichtverletzung vor, so ist die Kündigung nur als letztes Mittel billigenswert und angemessen. Auch bei Führungskräften ist deshalb vor Ausspruch einer Kündigung eine Abmahnung erforderlich. Lediglich in den Fällen, in denen eine Besserung des Verhaltens nicht erwartet werden kann, kann diese im Einzelfall entbehrlich sein. Hier werden arbeitgeberseitig oft Fehler gemacht und die Ausnahme zur Regel gemacht, nämlich dass im Falle der Führungskraft eine Besserung des Verhaltens nicht zu erwarten ist, zudem sei ja auch das Vertrauensverhältnis durch das angebliche Verhalten der Führungskraft zerstört und Vertrauen sei ja mithilfe einer Abmahnung nicht wiederherstellbar. Durch diese versuchte Negierung des Abmahnungserfordernisses gegenüber Führungskräften wird der Begriff des Vertrauensverhältnisses überspannt. Vertrauen kann nämlich nur zwischen natürlichen Personen, also beispielsweise dem Vorgesetzten und der Führungskraft eine Rolle spielen, zwischen anderen Entscheidungsträgern also durchaus fortbestehen. Es wird so über die eine angeblich verletzte Vertrauensebene ein Kündigungsgrund konstruiert, um den eigentlichen Pflichtverstoß, der oftmals nicht oder nur in schwächeren und für eine Kündigung nicht ausreichendem Maße verfängt, der Kündigung das ausreichende Gewicht zu verleihen. Derartige Fälle der Kündigung von Führungskräften sind ärgerlich und in der Regel arbeitgeberseitig zum Scheitern verurteilt. Sie bringen die Führungskraft gleichwohl erst einmal in die Defensive und zwingen sie dazu, einen Arbeitsrechtsstreit zu führen.

Festzuhalten bleibt, das das Erfordernis einer Abmahnung arbeitgeberseitig auch gegenüber Führungskräften stets und auch bei Störungen im Vertrauensbereich einzuhalten ist. Auch eine Führungskraft kann ihr Verhalten in der Zukunft ändern. Die wirksamen notwendigen Bestandteile einer Abmahnung sind dabei, die Rüge eines Arbeitspflichtverstoßes, der Hinweis, dass das beanstandete Verhalten zu den Arbeitspflichten der Führungskraft gehört, verbunden damit, dass der Führungskraft die Pflicht auch kundgetan wurde. Schließlich der Hinweis, dass die Führungskraft im Falle einer nochmaligen Pflichtverletzung mit weiteren arbeitsrechtlichen Konsequenzen zu rechnen hat, bis hin zu einer Kündigung.

Was sind nun die Klassiker der Kündigungen gegenüber Führungskräften?

- Spesenbetrug anlässlich Dienstreisen
- Diebstahl und Unterschlagung
- Betrug
- Schmiergeldannahme
- Schwerwiegende Verstöße gegen Compliance-Regeln
- Verstoß gegen arbeitsvertragliche Pflichten drohenden Schaden vom Unternehmen abzuwenden
- Verrat von Geschäfts-/Betriebsgeheimnissen
- Schwerwiegende Wettbewerbsverstöße

Außerdienstliches Verhalten vermag grundsätzlich keine und nur im Einzelfall eine Kündigung rechtfertigen, nämlich dann, wenn durch das außerdienstliche Verhalten, das Arbeitsverhältnis konkret beeinträchtigt ist.

**Rechtsprechungshinweis**

Wo führt der Fall Emmely die Grundsätze der verhaltensbedingten Kündigung gegenüber Führungskräften hin?

Im sogenannten Emmely-Fall hatte das BAG die Kündigung einer Kassiererin in einem Supermarkt, die Pfand-Bons unterschlagen hatte, für rechtswidrig erachtet. Diese Rechtsprechung hat im Jahr 2010 für viel Diskussionsstoff gesorgt und wurde arbeitgeberseitig sehr kritisiert. Die Entscheidung wurde arbeitnehmerseitig als eine Korrektur der früheren Rechtsprechung der sogenannten Bienenstich-Entscheidung angesehen, nach der das BAG die Kündigung einer Bäckerei-Verkäuferin bestätigte, die eine Stück Bienenstich im Wert von damals 1,50 D-Mark verzehrt hatte, ohne es zu bezahlen.

Betrachtet man die neue Rechtsprechung genau, so hat das BAG nicht gesagt, das Diebstahl und Unterschlagung neuerdings rechtlich zulässig sind. Vielmehr hat das BAG eine Einzelfallkorrektur auf der Ebene der Interessenabwägung vorgenommen, die bei jeder verhaltensbedingten Kündigung zu erfolgen hat.

Ein Arbeitgeber muss sich auf seine Führungskräfte in besonderem Maße verlassen können. Deshalb sind an die Ehrlichkeit von Führungskräften nicht nur auf der Ebene der Interessenabwägung gesteigerte Anforderungen zu stellen.

## 10.1.2  Low Performer

Immer wieder werden wir gefragt, ob eine Führungskraft deshalb gekündigt werden kann, weil sie beispielsweise im Vertrieb einer Bank im Ranking nur durchschnittlich performt habe. Diese Sorgen mancher Führungskraft werden dadurch noch geschürt, indem in manchen Unternehmen unter Berufung auf zwei Entscheidungen des BAG aus dem Jahre 2004 und 2008 die Botschaft verkündet wird, sogenannte Low Performer könnten ohne Weiteres gekündigt werden. Hierzu ist Folgendes zu sagen:

Jeder Mitarbeiter ist im Verhältnis zum Arbeitgeber zunächst dazu verpflichtet, sich bestmöglich anzustrengen und den bestmöglichen Job zu machen, der ihm unter Berücksichtigung seiner körperlichen und geistigen Fähigkeiten möglich ist. Kein Arbeitnehmer ist verpflichtet, permanent die Leistungen eines Spitzensportlers zu liefern, vielmehr sieht die gesetzliche entsprechende Regelung vor, dass der Arbeitnehmer lediglich eine Arbeitsleistung mittlerer Art und Güte zu erbringen hat. Nun gibt es für Führungskräfte keine arbeitsrechtliche Lex specialis, man wird gleichwohl zu dem Ergebnis kommen, dass eine Führungskraft mit stets nur durchschnittlichen Leistungsergebnissen die längste Zeit Führungskraft gewesen ist. Das ist jedoch eine andere Frage.

Für die Frage der Kündigung eines Low Performers hat die Rechtsprechung nachfolgende Grundsätze aufgestellt:

- Zunächst hat jeder Arbeitnehmer unter angemessener Ausschöpfung seiner Leistungsfähigkeit zu arbeiten.
- Es ist Sache des Arbeitgebers, aufgetretene Leistungsmängel vorzutragen und unterdurchschnittliche Leistungen nachzuweisen.
- Lassen sich im Vergleich unterdurchschnittliche Leistungen feststellen, die erheblich unter den durchschnittlichen Leistungen auf Dauer liegen, so ist dies lediglich ein Indiz, dass der Arbeitnehmer sich nicht genügend angestrengt hat.
- Eine unterdurchschnittliche Leistung oder Fehlerquote ist somit nicht schon an sich ein Elfmeter für den Arbeitgeber. Vielmehr müssen die unterdurchschnittlichen Leistungen auf Dauer der Führungskraft auch vorwerfbar sein.

Das sind sie beispielsweise dann nicht, wenn krankheitsbedingte Umstände vorliegen, der Arbeitgeber selbst die Ursache hierfür gesetzt hat, indem der Führungskraft wichtige materielle oder personelle Ressourcen entzogen wurden oder die nachlassende Leistungsfähigkeit altersbedingt ist.

Ist die Ursache gar in einer krankheitsbedingten Ursache zu sehen und beruft die Führungskraft sich hierauf, finden im Übrigen die abweichenden Voraussetzungen für eine personenbedingte Kündigung Anwendung. Auf die Grundsätze der krankheitsbedingten Kündigung kann sich der Arbeitgeber dann nicht mehr berufen.

### 10.1.3   Beschäftigtendatenschutz

Die Neuregelungen des Beschäftigtendatenschutzgesetzes sind wesentlich restriktiver im Hinblick auf die rechtlich zulässigen Möglichkeiten des Arbeitgebers zur Datenerhebung, -nutzung, -verarbeitung und so weiter. Grundsätzlich ist nur eine zweckbezogene Erhebung im Hinblick auf das Arbeitsverhältnis zulässig. Es muss ferner eine schriftliche Einwilligungserklärung im Einzelfall vorliegen. Damit ist jegliche Blankoerklärung, die sich beispielsweise in vielen allgemeinen Rahmenregelungen und Arbeitsbedingungen mancher Großunternehmen findet, unwirksam. Auch eine vorab erklärte Einwilligungserklärung im Arbeitsvertrag genügt mitnichten. Sie ist zwar schriftlich, betrifft jedoch nicht den Einzelfall.

Werden Führungskräfte deshalb mit einem Kündigungssachverhalt konfrontiert, von dem der Arbeitgeber vorgibt, dieser würde ihn zu einer Kündigung berechtigen und die Führungskraft solle doch um diese zu vermeiden lieber einen Aufhebungsvertrag akzeptieren, sollte zunächst geklärt werden, auf welche Weise der Arbeitgeber den vorgeblichen Sachverhalt, die Daten und damit den Stand seiner Erkenntnis gewonnen hat.

Hierzu ein instruktiver Fall, wie der Datenschutz für Unternehmen nach hinten losgehen kann, den wir jüngst betreuten. Ein international tätiger Versicherungskonzern mit Sitz in München wollte sich kürzlich von einem jungen Manager trennen – pikanterweise in geringem zeitlichem Zusammenhang –, nachdem dieser sich als homosexuell geoutet hatte. Im Rahmen der außergerichtlichen Verhandlungen teilte uns der von der Versicherung mit den Verhandlungen betreute Rechtsanwalt einer renommierten Arbeitsrechtskanzlei, die vornehmlich die Arbeitgeberseite vertritt, mit, dass er den Trennungswunsch seiner Mandantin gut verstehen könne. Die Homosexualität unseres Mandanten habe mit dem Trennungswunsch nichts zu tun, jedoch lägen in der Personalakte erhebliche Sachverhalte vor, die den Trennungswunsch rechtfertigten. Diese habe er schließlich eingesehen. Auf unsere Frage, welche argen Vorwürfe sich denn in der Personalakte unseres Mandanten befänden, wurde uns gesagt, dass man diese – und wir befanden uns in einem vertraulichen Vier-Augen-Gespräch am Münchener Flughafen – nicht mitteilen wolle. Unser Vorschlag für eine Aufhebungsvereinbarung sei jedenfalls „abenteuerlich". Wir brachen daraufhin das Gespräch ab und teilten dem Kollegen mit, dass wir zunächst die Personalakte unseres Mandanten einsehen werden, was wir auch taten. Zuvor erfuhren wir von unserem Mandanten, dass der gegnerische Anwalt ohne Einwilligungserklärung die Personalakte unseres Mandanten eingesehen hätte. Dies stellte einen schweren Verstoß gegen das Datenschutzgesetz und die eigenen Compliance-Vorschriften, die das Unternehmen sich gegeben hatte, dar. Bei der Akteneinsichtnahme stellte sich heraus, dass sich nicht ansatzweise Hinweise auf einen Kündigungsgrund in der Personalakte befanden. Die Personalakte war vielmehr ein einziges Chaos: Wichtige Vertragsvereinbarungen unseres Mandanten fehlten, stattdessen befand sich an gleich drei Stellen ein Garagenmietvertrag mit der Gesellschaft. Auf unsere Nachfrage, wer für die Führung der Akte verantwortlich sei, wurde uns erwidert, dass diese von einem externen Dienstleister verwaltet und „gepflegt" worden sei. Dies erfolgte ebenfalls ohne Einwilligung unseres Mandanten und wohl auch ohne Einwilligung aller anderen Führungskräfte des Versicherungskonzerns. Mit diesen schwerwiegenden Gesetzesverstößen, nicht nur gegen das Datenschutzgesetz, sondern auch gegen die Persönlichkeitsrechte unseres Mandanten, konfrontiert, meldete sich nunmehr der Chefsyndikus des Konzerns und führte die Verhandlungen fort. Letztendlich wurde – und dies nicht zu unserer Überraschung – eine insgesamt vorteilhafte Vereinbarung geschlossen. Der Anwalt, der uns versucht hatte zu bluffen und der unserem Aufforderungsschreiben, sich zu den Datenschutzverstößen zu erklären, nicht nachkam, wurde in den Verhandlungen nicht mehr gesehen und musste „abtauchen."

### 10.1.4    Spagat zwischen Loyalität zum Unternehmen und Verpflichtung zur Abstellung rechtswidrigen Verhaltens

Nicht jedes Unternehmen verhält sich gesetzeskonform. Dies haben in jüngster Zeit die Korruptionsskandale der Siemens AG, der Datenschutzskandale bei der Deutschen Bahn AG und der Telekom AG gezeigt. Umfassende Compliance-Regelungswerke und dafür extra eingesetzte Chief Compliance Officer nützen wenig, wenn nicht eine entsprechend gesetzeskonforme Unternehmenskultur vorherrscht und gelebt wird.

Vielen Führungskräften ist mitunter auch nicht klar, dass sie eine Pflicht trifft, rechtswidrige Verfahrensweisen und Praktiken des Unternehmens abzustellen (vergleiche dazu Kap. 8).

### 10.1.5 Betriebsbedingte Kündigung

Eine Kündigung der Führungskraft ist auch aus betriebsbedingten Gründen denkbar. Eine betriebsbedingte Kündigung ist in drei Stufen zu prüfen:

- Fällt der Arbeitsplatz aufgrund dringender betrieblicher Gründe weg?
- Besteht keine Weiterbeschäftigungsmöglichkeit auf einem anderen vergleichbaren freien Arbeitsplatz?
- Schließlich folgt die Sozialauswahl zwischen vergleichbaren Arbeitnehmern.

Dringende betriebliche Gründe können aus innerbetrieblichen oder außerbetrieblichen Gründen vorliegen, beispielsweise der Verlagerung von Betrieben oder Betriebsteilen ins Ausland, Zusammenlegung verschiedener Vertriebsgebiete, Zusammenlegung zentraler Funktionen, die bisher in der Fläche angesiedelt waren, in die Zentrale. Außerbetriebliche Gründe liegen vor bei Auftragsmangel oder Umsatzrückgang. Auf letztere Gründe wird ein gut beratendes Unternehmen jedoch kaum eine Kündigung stützen, da der Arbeitgeber den kausalen Zusammenhang zwischen dem Auftragsmangel und dem Wegfall des konkreten Arbeitsplatzes im Einzelnen darzulegen hat und dies in der Regel ein hoffnungsloses Unterfangen darstellt.

Der Arbeitsplatz der Führungskraft fällt auch nicht beispielsweise dadurch weg, dass das Unternehmen die bisher von der Führungskraft ausgeübte Tätigkeit um andere Tätigkeiten anreichert, für diese dann „neu" geschaffene Aufgabe eine neue Bezeichnung wählt und der Führungskraft dann erklärt, ihr bisheriger Tätigkeitsbereich sei ja nun weggefallen und sie müsse sich auf die neu geschaffene Position bewerben. Wie durch ein Wunder entspricht dann aber auf einmal das Anforderungsprofil nicht mehr dem bisherigen Tätigkeitsbereich und die Führungskraft ist deshalb, obwohl Jahre zuvor erfolgreich tätig gewesen, nicht mehr für die neue Tätigkeit geeignet, weshalb man sich trennen müsse.

Teilweise haben die Führungskräfte dann auch noch im Bewerbungsprozess für die „neu" geschaffene Funktion ein Assessment-Center oder ein Management-Audit zu durchlaufen, dessen Ergebnis der oftmals bereits im Vorfeld getroffenen Unternehmerentscheidung, sich von der Führungskraft zu trennen, durch eine unabhängige Instanz Seriosität verleihen soll. Zum Teil werden derartige Verfahren auch dann verwandt, um beispielsweise Entleitungsprozesse zu begleiten. In diesem Fall haben die Führungskräfte sich erst einmal dahingehend in dem Auswahlverfahren zu qualifizieren, um ihren bisherigen Leitungsstatus zu erhalten.

Zu diesen Verfahren ist zu sagen, dass keine Führungskraft dazu gezwungen werden kann, derartige Verfahren zu durchlaufen. Hat die Führungskraft einen arbeitsvertraglichen Anspruch auf eine bestimmte Funktion oder gar eine Tätigkeit in einem definierten Tätigkeitsbereich und womöglich auch an einem bestimmten Dienstsitz, so obliegt es der arbeitsvertraglichen Verpflichtung des Unternehmens der Führungskraft, auch die entsprechenden Tätigkeiten zuzuweisen.

Der Arbeitsplatz kann aufgrund einer unternehmerischen Entscheidung weggefallen sein. Hierfür ist bei einer Umstrukturierung in größeren Unternehmen Grundlage regelmäßig ein Beschluss der Geschäftsleitung beziehungsweise des Vorstands. Dass eine derartige Entscheidung getroffen wurde und diese zum Wegfall des Arbeitsplatzes der Führungskraft geführt hat, muss das Unternehmen in einem etwaigen Arbeitsgerichtsprozess beweisen.

In den vorgenannten Fällen sind daher im Prozess gesteigerte Anforderungen seitens der Darlegungsverpflichtung des Arbeitgeber zu stellen, weshalb manche Kündigung zum Scheitern verurteilt ist.

### 10.1.5.1  Fehlende Weiterbeschäftigungsmöglichkeit

In der zweiten Stufe ist zu fragen, ob es eine Möglichkeit gibt, die Führungskraft im Betrieb oder Unternehmen anderweitig zu beschäftigen.

► **Tipp** Zur Errichtung neuer Arbeitsplätze oder zur Freikündigung anderer besetzter Arbeitsplätze ist der Arbeitgeber nicht verpflichtet!

Ist eine Weiterbeschäftigung auf einem vergleichbaren Arbeitsplatz möglich, so muss der Führungskraft dieser angeboten werden. Ob freie Arbeitsplätze bestehen, kann beispielsweise zum Teil über den internen Stellenmarkt im Intranet des Unternehmens, über Stellenanzeigen im Internet oder Tageszeitungen oder aber über Netzwerkkontakte in Erfahrung gebracht werden.

Ist eine Weiterbeschäftigung auf einer freien Stelle jedoch nur zu schlechteren Konditionen möglich, so hat der Arbeitgeber der Führungskraft auch diese anzubieten und nach der nunmehr geltenden Rechtsprechung eine Änderungskündigung auszusprechen, da diese das mildere Mittel gegenüber einer Beendigungskündigung darstellt.

Hierauf kann die Führungskraft taktisch in verschiedener Weise je nach der individuellen Interessenlage reagieren:

- Annahme unter Vorbehalt,
- Ablehnung,
- Annahme

In der Praxis werden gegenüber Führungskräften Änderungskündigungen beinahe überhaupt nicht ausgesprochen, da neben dem Vorliegen eines Kündigungsgrundes auch die in der Regel verhältnismäßig lange Kündigungsfrist einzuhalten ist, bevor die Führungskraft verpflichtet ist, in dem neuen geänderten Tätigkeitsbereich zu arbeiten.

Viele Unternehmen versuchen deshalb wie an anderer Stelle dargelegt, die Erfordernisse einer Änderungskündigung durch eine rechtswidrige Ausübung des Direktionsrechts zu umgehen. Die Führungskraft wird so in rechtswidriger Weise durch den Arbeitgeber in eine Klägerrolle gedrängt.

Welche Entscheidung im Einzelfall für die Führungskraft die richtige ist, kann an dieser Stelle nicht geklärt werden. Es bedarf hierfür vielmehr einer umfassenden rechtlichen, taktischen und fachkundigen Prüfung.

### 10.1.5.2  Sozialauswahl

Auch bei der betriebsbedingten Kündigung einer Führungskraft hat der Arbeitgeber eine Sozialauswahl durchzuführen. Sozialauswahl bedeutet, das unter vergleichbaren Führungskräften der Arbeitgeber anhand der Kriterien Dauer der Betriebszugehörigkeit, Lebensalter, Zahl der Unterhaltspflichten sich zunächst von den Führungskräften trennen muss, die im Verhältnis jünger, kürzer im Unternehmen beschäftigt sind und keine oder im Verhältnis weniger Unterhaltspflichten haben. Wichtig zu wissen ist, dass es keine absolut richtige Sozialauswahl gibt, sondern der Arbeitgeber nur eine ausreichende Sozialauswahl durchzuführen hat.

Der Kreis der vergleichbaren Führungskräfte bestimmt sich in erster Linie nach arbeitsplatzbezogenen Merkmalen. Es sind nur die Führungskräfte sozial miteinander vergleichbar, die beispielsweise auf derselben Leitungsebene oder Funktionsstufe beschäftigt sind. Deshalb spricht man auch von einer sogenannten horizontalen Vergleichbarkeit. Eine sogenannte vertikale Vergleichbarkeit, dass heißt eine Sozialauswahl zwischen Führungskräften, die auf einer höheren oder niedrigeren Ebene tätig sind, muss der Arbeitgeber nicht vornehmen. Es ist somit zu fragen, ob die Führungskraft „Müller" die Tätigkeiten der Führungskraft „Meier" aufgrund beruflicher Qualifikation und Werdegang in gleicher Weise auszuüben vermag, wobei eine gewisse Einarbeitungszeit im Einzelfall zu berücksichtigen ist.

Der Kreis, der in die Sozialauswahl einzubeziehenden Führungskräfte hat sich grundsätzlich nur auf den Betrieb, in dem die Führungskraft tätig ist, zu beschränken. Hat ein Unternehmen mehrere Betriebe, so sind die dort beschäftigten Führungskräfte im Falle einer Trennung nicht in die Sozialauswahl einzubeziehen.

Die Führungskraft sollte deshalb im Falle eine Versetzung innerhalb des Unternehmens auf der Hut sein, wenn sie von einem Betrieb mit einer Vielzahl von Führungskräften in einen Betrieb mit wenigen oder keinen vergleichbaren Führungskräften tätig werden soll und sich sagen, aus welchen Gründen eine Versetzung angedient wird. Lässt die Führungskraft diese Kontrollüberlegung außer Acht, kann es zu einem späteren Zeitpunkt leicht ein böses Erwachen geben, wenn sich nämlich die Führungskraft in einer sogenannten „Inselposition" wiederfindet.

Gefährlich ist regelmäßig auch die Versetzung der Führungskraft von einer operativen Funktion mit Personal- und Budgetverantwortung in sogenannte Projekttätigkeiten ohne weiteren Verantwortungsbereich. Übernimmt die Führungskraft die Projekttätigkeit, so verändert sich im Falle einer späteren Beendigung der Tätigkeit, insoweit auch der Kreis der vergleichbaren Tätigkeiten. Im Falle einer „Einstellung" des Projekts ist es für den Arbeitgeber leicht, den Wegfall des Arbeitsplatzes darzulegen. Vergleichbare Führungskräfte gibt es oftmals im Zweifel auch nicht. Das Unternehmen kann so versuchen, sich günstig der Führungskraft zu entledigen oder aber die Führungskraft in dem Projekt

„sauer" fahren, um die Führungskraft zu veranlassen, sich gegebenenfalls selbst eine neue (externe) Tätigkeit zu suchen.

Nicht in die Sozialauswahl einzubeziehen sind regelmäßig Führungskräfte mit Sonderkündigungsschutz, wie beispielsweise einer Schwerbehinderung. Die Führungskraft sollte wissen, dass aufgrund der Tätigkeit als Compliance-Beauftragter und auch in der Funktion als Sprecherausschussmitglied kein besonderer Kündigungsschutz erworben wird. Dies mag man unter rechtspolitischen Gesichtspunkt bedauern es, ist aber Fakt und vom Gesetzgeber so gewollt.

Manche Unternehmen versuchen, besondere „Zöglinge" aus der Sozialauswahl zulasten anderer Führungskräfte auszuschließen, indem sie sich auf eine Regelung im Kündigungsschutzgesetz stützen, wonach sogenannte „Leistungsträger" aus der Sozialauswahl herauszunehmen sind. Diese Vorschrift hat in der Praxis schon für nicht leitende Mitarbeiter keine große Bedeutung. Kaum einem Arbeitgeber gelingt die erforderliche Darlegungs- und Beweislast im Prozess. Die etwaige Herausnahme von Leistungsträgern muss umso weniger verfangen, als es sich bei Führungskräften doch regelmäßig bei allen vergleichbaren Mitarbeitern um sogenannte Leistungsträger handeln dürfte und so eine Herausnahme ins Leere läuft.

Zusammenfassend ist zu sagen, dass die betriebsbedingte Kündigung keine sehr große Rolle in der Betriebspraxis spielt, da Trennungsprozesse für Führungskräfte entweder außergerichtlich erfolgen oder das Unternehmen versucht, sich aus berechtigten oder auch unberechtigten Gründen mittels verhaltensbedingter Kündigung von der Führungskraft zu trennen. Anderes kann jedoch im Falle von Betriebseinschränkungen und Betriebsstilllegungen gelten.

## 10.2   Trennungsvereinbarungen optimieren – Abschluss und Inhalt des Aufhebungsvertrags

Wenn vorgenannt von Trennungsvereinbarungen die Rede ist, so ist die Entscheidung für die Führungskraft oder das Unternehmen gefallen, dass man in Zukunft getrennte Wege gehen will.

Oftmals sind bereits lange im Vorfeld Signale erkennbar, die der aufmerksamen Führungskraft anzeigen können, dass man auf eine zukünftige Zusammenarbeit keinen Wert mehr legt. Dies geschieht mitunter indirekt oder direkt, indem der Führungskraft mitgeteilt wird, dass das Unternehmen in Zukunft auf ihre Dienste verzichten will. Mitunter werden unternehmensseitig auch bewusst Gerüchte gestreut, dass die Führungskraft demnächst das Unternehmen verlassen wird, obwohl dies gar nicht der Wahrheit entspricht, sondern nur der Verunsicherung dient, um vielleicht die Führungskraft dazu zu veranlassen, sich selbst eine neue Tätigkeit zu suchen.

Mitunter meint die Führungskraft aber auch, gestützt darauf, dass ihre Performance stets überdurchschnittlich war und die Leistungen über viele Jahre keinen Anlass zur Klage des Unternehmens gaben, vielmehr in hohem Maße gelobt wurden, dass ihr „nichts" passieren kann. Alarmsignale werden deshalb mitunter nicht wahrgenommen.

Solche Alarmsignale können sein:

- Einladungen zu internen und externen Veranstaltungen, zu denen die Führungskraft hätte eingeladen werden müssen, unterbleiben.
- Die Führungskraft wird nicht mehr in Entscheidungsprozesse eingebunden, in die sie hätte eingebunden werden müssen.
- Die Führungskraft wird aus internen E-Mail-Verteilern herausgenommen.
- Beurteilungen fallen ohne Begründung schlecht aus oder unterbleiben gänzlich.
- Die variablen Zahlungen weichen deutlich nach unten gegenüber den bisherigen Zahlungen ab, ohne dass es hierfür eine Begründung gibt.
- Die Führungskraft wird in Gesprächen mit Kollegen durch die Vorgesetzten geschnitten oder vor anderen Kollegen „vorgeführt".
- Gespräche werden zu Unzeiten angesetzt und dann ohne Begründung wieder abgesagt.
- Arbeitsergebnisse werden unter Fristsetzung eingefordert und dann nicht abgerufen.
- Vorgesetzte machen Entscheidungen der Führungskraft rückgängig, ohne vorher Rücksprache gehalten zu haben.
- Vorgesetzte kommunizieren direkt mit den der Führungskraft unterstellten Mitarbeitern.
- Der Führungskraft werden Sachmittel und/oder Personalressourcen entzogen, sodass sie ihren Aufgabenbereich nicht mehr ordnungsgemäß erfüllen kann oder der Führungskraft werden zusätzliche (arbeitsvertraglich nicht geschuldete) Tätigkeiten übertragen, in der Hoffnung, der Führungskraft werden Fehler unterlaufen, um so einen „Aufhänger" für eine Trennung zu haben, da man ansonsten keine Fehler gefunden hat.
- Schleichende Versetzung mit dem Ziel, der Führungskraft Führungsaufgaben zu entziehen und sie somit nach und nach aus dem Status als Führungskraft zu drängen.
- Durchführung von Management-Audits oft im Zusammenhang mit Umstrukturierungsmaßnahmen. Sie haben oftmals das Ziel, Führungskräfte herauszufiltern beziehungsweise zu begründen, warum die Führungskraft in Zukunft nicht mehr dem Anforderungsprofil der zukünftigen Struktur entspricht. Zum Teil stehen die Auswahlentscheidungen des Unternehmens jedoch längst fest und das Audit soll lediglich einen Vorwand für die Beendigung des Vertrags liefern. Es wird ergebnisorientiert durchgeführt.

Die Liste lässt sich an dieser Stelle beliebig fortsetzen. Wir wollen es an dieser Stelle aber zunächst bei vorgenannten Beispielen belassen. Wenden wir uns nunmehr der Frage zu, ob und in welchen Situationen die Führungskraft Gespräche mit dem Arbeitgeber, das heißt besser gesagt mit den Vertretern des Arbeitgebers, sprich Mitarbeitern der Personalabteilung und/oder den Vorgesetzten führen soll oder dies besser sein lassen sollte.

Wird mit der Führungskraft direkt ein Gespräch angestrebt, in dem die Trennung ausgesprochen werden soll, stellt sich für die Führungskraft zunächst die Frage, wie sie sich am besten gegenüber dem Unternehmen verhält.

Grundsätzlich bestehen drei beziehungsweise vier Personalinstrumente unternehmensseitig zur Verfügung, um das Vertragsverhältnis mit einer Führungskraft zu beenden. Dies sind:

- ein Aufhebungsvertrag oder Abwicklungsvertrag,
- ein Vorruhestandsvertrag,
- ein Altersteilzeitvertrag.

Während es sich beim Aufhebungsvertrag um einen zweiseitigen Vertrag zwischen Führungskraft und Unternehmen handelt, der die Modalitäten der Beendigung des Arbeitsvertrags zum Inhalt hat, setzt der Abwicklungsvertrag eine arbeitgeberseitige Kündigung voraus. Abgewickelt wird dann das Arbeitsverhältnis. Aufhebungsvertrag und Abwicklungsvertrag haben deshalb oft den gleichen Regelungsinhalt. Da die unternehmensseitige Kündigung des Vertragsverhältnisses der Führungskraft, außer in verhaltensbedingten Fallkonstellationen die Ausnahme ist, hat der Aufhebungsvertrag für die Führungskraft die bei Weitem größte Praxisrelevanz.

Welche dieser Personalinstrumente sich als das sachgerechte Instrument anbietet, muss sich zunächst nach der individuellen Situation der Führungskraft, dass heißt ihrem Alter, der familiären Lebenssituation, unter Berücksichtigung der zukünftigen privaten und beruflichen Lebensplanung, beurteilen. Dann ist zu fragen, welche Personalinstrumente dem Unternehmen zur Verfügung stehen. Ob und welche Personalinstrumente das Unternehmen wiederum bereit ist, mit der Führungskraft zu verhandeln, beurteilt sich maßgeblich nach der wirtschaftlichen Leistungsfähigkeit des Unternehmens.

▶   **Tipp** Wichtig ist zu wissen, dass die Führungskraft auf einen Aufhebungsvertrag, Abwicklungsvertrag und auch einen Vorruhestandsvertrag grundsätzlich keinen gesetzlichen und meist auch keinen vertraglichen Anspruch hat. In nur wenigen Großunternehmen gibt es beispielsweise Rahmenregelungen für Führungskräfte, in denen bestimmt ist, welche (Mindest-)Ansprüche der Führungskraft im Falle einer Beendigung zusteht.

Zwar besteht in Unternehmen, in denen ein Sprecherausschuss gebildet ist, die Möglichkeit, sogenannte Dienstvereinbarungen zwischen Sprecherausschuss und Unternehmen abzuschließen. Viele Unternehmen nutzen diese Möglichkeiten jedoch nicht und verfahren lieber nach dem Motto *divide et impera*, also teile und herrsche, in der Hoffnung, dass Führungskräfte sich untereinander wenig oder gar nicht über eine bereits praktizierte Übung hinsichtlich möglicher Regelungen für Führungskräfte austauschen. Andererseits gibt es Unternehmen, die über sehr genaue Regelungen für Führungskräfte verfügen und die in derartigen Regelungen einen Vorteil sehen, weil jede Führungskraft genau weiß, mit welchen Mindestregelungen, im Falle einer Verhandlung mit dem Unternehmen zu rechnen ist, was wiederum erhebliches gegenseitiges Vertrauen schaffen kann.

Festzuhalten ist somit, dass die Verhandlung einer vorteilhaften Vereinbarung meist allein vom Verhandlungsgeschick und der rechtlichen Position der Führungskraft beziehungsweise des von der Führungskraft beauftragten Rechtsanwalts abhängt.

Lassen Sie uns zunächst den sogenannten Aufhebungsvertrag betrachten. Der Aufhebungsvertrag setzt eine Erklärung des Unternehmens und eine der Führungskraft voraus. Die Kündigung dagegen setzt zur Beendigung des Arbeitsverhältnisses lediglich eine einseitige Erklärung voraus. Da der Aufhebungsvertrag das bisherige Vertragsverhältnis quasi auf „neue" Füße stellt, ist es sehr wichtig, vor dem Beginn von Verhandlungen genauestens den rechtlichen Status, das Verhandlungsziel, die Verhandlungstaktik und den möglichen Inhalt eines Aufhebungsvertrags zu bestimmen. Die auf den Fall abgestimmte richtige Verhandlungstaktik obliegt dabei dem Rechtsanwalt. Alles was nämlich nicht im Aufhebungsvertrag vereinbart wurde, aufgrund von etwaigen Rahmenregelungen jedoch gegolten haben mag, kann rechtlich dann keine Anwendung mehr finden.

Immer wieder machen wir die Erfahrung, dass Unternehmen Meister in der Suche geeigneter Führungskräfte sind, jedoch Dilettanten im Falle der Beendigung von deren Vertragsverhältnissen. So sprachen wir vor Kurzem mit einer hochrangiger Führungskraft einer Großbank, die mit dem Slogan „Leistung aus Leidenschaft" wirbt. Die Führungskraft wurde nach mehr als 35-jähriger verdienstvoller und äußerst erfolgreicher Tätigkeit im In- und Ausland an einem Sonntag in die Bank gebeten, um in einem zehnminütigen Gespräch mitgeteilt zu bekommen, dass man in Zukunft für sie keine weitere Verwendung habe, ohne dass man stichhaltige Gründe benennen konnte. Im Anschluss wurde eine interne Mitteilung veröffentlicht, in der kundgetan wurde, dass Herr M. ab sofort nicht in seinem bisherigen Verantwortungsbereich tätig sein werde. Dem Betroffenen wurde weder ein gesichtswahrender Vorschlag für die Modalitäten einer Beendigung unterbreitet, noch eine etwaige gleichwertige Alternativtätigkeit angeboten.

Unternehmen, die derart verfahren, machen sich gar nicht oder zu wenig klar, welche Aus- und Rückwirkungen derartige Maßnahmen auf die im Unternehmen verbleibenden Führungskräfte hat. Vertrauen und Offenheit im gegenseitigen Umgang wird zerstört. Eine Atmosphäre des Duckmäusertums und der Demotivation werden gefördert. Es wird verkannt, dass jedes Unternehmen in erster Linie aus Menschen besteht und eine erfolgreiche unternehmerische Tätigkeit der Führungskraft auch eine funktionierende Beziehungsebene im Idealfall zwischen allen Führungskräften und Managern des Unternehmens voraussetzt. So ist es ein weit verbreiteter Irrtum einiger namhafter Unternehmensberatungen, die meinen, dass sich ein Unternehmen, vor allem durch eine auf Zahlen gestützte Software steuern lässt. Noch so teure Motivationsseminare und aufwendige Incentives machen derart zerstörtes Vertrauen oft erst nach vielen Jahren wieder wett oder aber gar nicht. Bevor wir uns dem Inhalt des Aufhebungsvertrags zuwenden, lassen Sie uns einen Blick auf das Trennungsgespräch werfen.

### 10.2.1   Das Trennungsgespräch

Den Verhandlungen zu Trennungsvereinbarungen ist ein Trennungsgespräch vorgeschaltet. Trennungsgespräche sind, wie wir eben gesehen haben, für beide Seiten eine schwierige Angelegenheit. Hat die Führungskraft von dem Inhalt des Gesprächs vorab Kenntnis, sollte geklärt werden, wer an dem Gespräch teilnimmt. Im Regelfall sollte es sich so verhalten, dass seitens des Unternehmens der jeweils Vorgesetzte das Gespräch führt. Wird unternehmensseitig ein Mitarbeiter der Personalabteilung hinzugezogen, so muss die Führungskraft entscheiden, ob sie darauf besteht, dass es zunächst ein Vier-Augen-Gespräch bleibt oder wenn genug Zeit vorab zur Verfügung steht, die Führungskraft ihrerseits eine Person ihres Vertrauens hinzuzieht. Fakt ist, dass die Führungskraft Trennungsgespräche, die nicht als Vier-Augen-Gespräch konzipiert sind, nicht zu führen braucht. Führt die Führungskraft das Gespräch somit ohne Zeugen, so läuft sie Gefahr, für den Inhalt des Gesprächs später keinen Gegenbeweis antreten zu können. Als Unterstützung empfiehlt sich für die Führungskraft generell das Hinzuziehen eines Mitglieds des Sprecherausschusses. Das Sprecherausschussgesetz sieht eine derartige Unterstützung einzelner Leitender in derartigen Gesprächen auch ausdrücklich vor.

In dem Gespräch selbst sollte die Führungskraft sich defensiv verhalten, nach möglichen Alternativen zur Trennung fragen, vor allem jedoch sollte nach den Gründen der Beendigung gefragt werden, dies umso mehr, wenn bisher die Leistung und das Verhalten zu keinerlei Beanstandung Anlass gegeben haben. Dann sollte der Vertreter des Unternehmens danach gefragt werden, ob das Unternehmen der Führungskraft etwaige Vorschläge schriftlich konkretisieren kann.

Auf ein vermeintlich gut gemeintes Angebot für eine Freistellung sollte sich die Führungskraft im Zweifel grundsätzlich nicht einlassen, sondern deutlich machen, dass man gewillt ist und Wert darauf legt, bis zu einer etwaigen Einigung über die Modalitäten den bisherigen Tätigkeitsbereich und damit den Vertrag weiterhin zu erfüllen. Die Führungskraft hat im ungekündigten Arbeitsverhältnis und auch im gekündigten Arbeitsverhältnis bis zum Ablauf der Kündigungsfrist einen Anspruch auf tatsächliche Beschäftigung.

Lässt sich die Führungskraft auf eine Freistellung ein, so ist das „Personalproblem" nämlich unternehmensseitig oftmals bereits gelöst. Der Arbeitsplatz ist frei und es geht nur noch um das Thema Geld. Die Einzelheiten zum Thema Freistellung behandeln wir weiter unten.

Spätestens im Anschluss an das Trennungsgespräch sollte sich die Führungskraft mit einem versierten Rechtsanwalt beraten. Es geht dann zunächst darum, das mögliche Verhandlungsziel zu definieren. Dabei ist es wichtig, dass dem Mandanten durch den Rechtsanwalt sämtliche Szenarien eines Konfliktes, sei es gerichtlich und außergerichtlich durchgespielt werden, damit die Führungskraft eine Entscheidung treffen kann. Wir legen regelmäßig einen überwiegenden Schwerpunkt auf unsere außergerichtlichen Verhandlungsbemühungen, dies und insbesondere auch, wenn ein gerichtliches Verfahren anhängig zu machen ist oder bereits läuft.

Die Nervenstärke und finanzielle Leistungsfähigkeit, den Worst Case durchzustehen, muss unbedingt hinterfragt werden. Wir haben schon Führungskräfte und Organe großer Unternehmen erlebt, die während der Verhandlungen die Nerven verloren. Das darf nicht passieren, da derartige Verhaltensweisen mitunter die gesamten bisherigen Verhandlungsbemühungen gefährden können. Mitunter spielen Unternehmen auch auf Zeit und versuchen, außergerichtliche Verhandlungen zeitlich in die Länge zu ziehen oder zu boykottieren. Die unternehmensseitige Motivlage ist mitunter darin begründet, dass man hofft, dass die Führungskraft sich schon zeitnah anderweitig orientieren wird, um einen neuen Job während der zeitlich hinausgezögerten Verhandlungen zu finden. Die Arbeitsgerichte sind mitunter ein freiwilliger oder auch unfreiwilliger Gehilfe des Unternehmens. Terminstände und Verfahrensdauern von bis zu einem Jahr und länger, wofür einige Arbeitsgerichte und deren Kammern bekannt sind, widersprechen nicht nur dem arbeitsgerichtlichen und gesetzlich an sich das Arbeitsgericht verpflichtenden Beschleunigungsgrundsatz, der besagt, dass Kündigungsverfahren innerhalb der arbeitsgerichtlichen Verfahren seitens der Arbeitsgerichte besonders schnell durchzuführen sind. Mitunter kann man auch den Eindruck gewinnen, dass mancher Arbeitsrichter meint, eine Führungskraft schneller von einer vergleichsweisen Lösung im Sinne des Arbeitsgerichts zu überzeugen, je länger der Prozess schon dauert, weil vielleicht die Führungskraft zermürbt ist.

Aus anwaltlicher Sicht empfiehlt es sich daher, dem Gericht beizeiten die Vorstellungen deutlich zu machen, die der Anwalt für die Führungskraft für angemessen erachtet. Auf keinen Fall sollte ein Vorschlag des Gerichts abgewartet werden. Hinzukommt und zu berücksichtigen ist, dass der eine oder andere Arbeitsrichter in Prozessen mit Führungskräften meint, die Führungskraft habe ohnehin schon ein sehr hohes Gehalt und eine Abfindung habe in Relation deshalb orientiert an den Grundsätzen normaler Arbeitnehmer stattzufinden. Hierbei wird jedoch verkannt, dass Führungskräfte zunächst den gleichen Kündigungsschutz für sich in Anspruch nehmen können, wie jeder andere Arbeitnehmer auch. Zum anderen können für Führungskräfte durchaus andere Grundsätze gelten. So ließe sich ein Richter am Arbeitsgericht wohl auch nicht mit einem Justizwachtmeister vergleichen, obwohl beide Beamtenstatus genießen. So kann es nur verwundern, dass sich manches Gericht dennoch dazu hinreißen lässt, unverhohlen „Neidgesichtspunkte" wegen der Höhe einer im Raume stehenden Abfindung zu äußern. Wir haben es leider schon erleben müssen, dass ein Arbeitsrichter einen Abfindungsvorschlag in Höhe von 180.000 € tatsächlich für angemessen hielt, obwohl die Führungskraft eine Betriebszugehörigkeit von 18 Jahren bei einem Gehalt von zuletzt 150.000 € aufwies. Zudem lag ein wirksamer Kündigungsgrund schlichtweg nicht vor. Mancher Arbeitsrichter sollte deshalb nichts zur Höhe der Abfindung sagen, zumal das Arbeitsgericht die Parteien nicht zu einem Abfindungsvergleich mit einem bestimmten Inhalt zwingen kann. Andererseits gibt es auch und gerade an größeren Gerichten sehr erfahrene und sachkundige Arbeitsrichter, die sich mit sehr viel Augenmaß in die Situation der Parteien hineinversetzen können.

## 10.2.2  Essentials eines Aufhebungsvertrags

Kommen wir aber nunmehr zu den Essentials eines Aufhebungsvertrags. Nachgenannte Ausführungen gelten in gleicher Weise, soweit nicht besonders festgestellt, für den sogenannten Abwicklungsvertrag. Von einem Abwicklungsvertrag spricht man dann, wenn der Abwicklung des Arbeitsverhältnisses eine Kündigung voraus gegangen ist. Inhaltlich unterscheiden sich Aufhebungs- und Abwicklungsvertrag jedoch grundsätzlich nicht.

## 10.2.3  Beendigungszeitpunkt

Befindet sich die Führungskraft in außergerichtlichen Verhandlungen über die Modalitäten eines Aufhebungsvertrags, so ist zunächst zu klären, wann der rechtliche Beendigungszeitpunkt zu vereinbaren ist. Ausgangspunkt für eine Bestimmung hat zunächst die arbeitsvertraglich vereinbarte oder geltende Kündigungsfrist zu sein. Die im Arbeitsvertrag vereinbarten Kündigungsfristen von Führungskräften sind meist deutlich länger als die außertariflicher oder normaler Arbeitnehmer. So finden sich oftmals Kündigungsfristen von 6 bis 12 Monaten zum Quartal oder Halbjahr oder gar bis zum Jahresende in Arbeitsverträgen leitender Angestellte. Auch ist zu fragen, ob mitunter aufgrund tarifvertraglicher Regelungen, die ebenso für die Führungskraft Anwendung finden können, womöglich eine ordentliche Kündigung ausgeschlossen ist. Im Zusammenhang mit der Frage der Kündigungsfrist ist ebenfalls zu hinterfragen, ob etwa Regelungen des Schwerbehindertengesetzes oder anderer Gesetze Anwendung finden können, die eine besondere kündigungsrechtliche Stellung der Führungskraft begründen. Dies ist beispielsweise für Datenschutzbeauftragte der Fall, nicht jedoch für Compliance-Beauftragte.

Aus anwaltlicher Sicht sollte für die Bestimmung des Beendigungszeitpunkts jedoch nicht nur die vertragliche Kündigungsfrist hinterfragt werden. Zu klären ist mit der Führungskraft insbesondere, wie viel Zeit zu veranschlagen ist, um eine adäquate Anschlussposition zu erlangen. Dies erfordert bei dem betreuenden Rechtsanwalt eine entsprechende Kenntnis der Märkte unter besonderer Berücksichtigung der Sozialdaten der Führungskraft, nämlich dessen fachlicher Expertise, seines beruflichen Werdegangs, der Marktsituation vergleichbarer und potenzieller Unternehmen, bei denen die Führungskraft eine Anschlussposition im Voraus erlangen könnte. Ebenso wichtig die familiäre Situation der Führungskraft, das heißt, ob eine örtliche Mobilität der Führungskraft vorausgesetzt werden kann oder diese aufgrund der familiären Situation eher nicht gegeben ist. Wir beobachten nach der erfolgreichen Beendigung eines Mandates in der Regel sehr genau, wie viel Zeit die Führungskraft benötigt, um eine entsprechende Anschlusstätigkeit zu erlangen. Dies gibt uns Erfahrungswerte für zukünftige Verhandlungen und deren Beurteilung.

Wir gehen im Regelfall davon aus, dass eine Führungskraft für die Suche einer Anschlussposition meist mindestens eine Zeitdauer von einem Jahr nach Abschluss des Mandates benötigt. Im Einzelfall hängt jedoch viel von der Frage des Lebensalters, etwaiger

Spezialkenntnisse und der Branche ab. Für Führungskräfte ab Mitte 50 Jahre wird es in der Regel sehr viel schwieriger, wenn nicht gar aussichtslos, Anschlussoptionen zu finden.

Wenn also regelmäßig von der vertraglichen Kündigungsfrist auszugehen ist, so lässt sich diese mitunter erheblich im Rahmen der Verhandlung nach hinten „schieben", um so der Führungskraft mehr Zeit zu geben, sich umzuorientieren.

Nicht unberücksichtigt bleiben darf in diesem Zusammenhang, dass im Falle der Vereinbarung eines Aufhebungsvertrags, das Arbeitsamt regelmäßig eine Sperrzeit von mindestens zwölf Wochen verhängt und sich zusätzlich die Gesamtdauer für den Bezug von Arbeitslosengeld um ein Viertel reduziert. Der Grund für diese Bestrafung der Führungskraft ist darin zu sehen, dass die Führungskraft sich nicht an den Modalitäten der Beendigung des Arbeitsvertrags beteiligen soll – eine Abfindung erhalten soll –, um dann der Gesamtheit der Versicherten zur Last zu fallen und Arbeitslosengeld zu beziehen.

Eine Sperrzeit und die damit oben beschriebenen sozialversicherungsrechtlichen Nachteile treten nur dann nicht auf, wenn eine Kündigung erfolgt und dann ein Abwicklungsvertrag geschlossen wird. Werden erst Verhandlungen über die Modalitäten einer Beendigung des Vertragsverhältnisses geführt und dann eine zuvor zwischen Führungskraft und Unternehmen abgesprochene Kündigung ausgesprochen, so stellt dies im Ergebnis eine Regelung dar, die sozialversicherungsrechtlich und im Hinblick auf die Problematik einer Sperrzeit einem Aufhebungsvertrag gleichgesetzt wird. Die Kündigung wirkt in diesem Fall nicht „sperrzeitverhindernd".

Der in einem Aufhebungsvertrag vorgeschlagene Beendigungstermin ist also mit Bedacht unter Abwägung sämtlicher vorgenannter Gesichtspunkte zu bestimmen.

## 10.2.4  Freistellung

Im bestehenden Arbeitsverhältnis hat die Führungskraft nicht nur Anspruch auf Zahlung der vereinbarten Vergütung, sondern auch darauf, dass der Arbeitgeber der Führungskraft die vertraglich vereinbarten Tätigkeiten zuweist. Ein Entzug der Tätigkeiten ist deshalb arbeitgeberseitig ebenso wie der Entzug von Arbeitsmitteln als rechtswidriges Verhalten anzusehen, gegen das in letzter Konsequenz gegen das Unternehmen vorgegangen werden kann. So ist beispielsweise die Herausnahme aus dem Mail-Verteiler für Leitende oder die Verhinderung des Internet- und/oder Intranet-Zugangs als rechtswidrig anzusehen, wenn die Führungskraft die vertraglich geschuldeten Tätigkeiten nicht erfüllen kann, wovon bei vorgenannten Maßnahmen auszugehen ist.

Während des bestehenden Arbeitsvertrags und somit während der Dauer der Kündigungsfrist sowie während der Dauer von Verhandlungen über die Modalitäten einer Aufhebungsvereinbarung oder eines Abwicklungsvertrags schuldet der Arbeitgeber somit tatsächliche Beschäftigung und nicht nur die Zahlung der Vergütung.

Leider ist immer wieder zu beobachten, dass Unternehmen schon vor einem Trennungsgespräch oder kurz danach in rechtswidriger Weise versuchen, Fakten zu schaffen, indem Arbeitstätigkeiten auf andere Mitarbeiter übertragen werden, intern veröffentlicht wird, dass die Führungskraft das Unternehmen verlassen wird, die Führungskraft kaltgestellt wird oder durch ähnliche Maßnahmen, deren Aufzählung an dieser Stelle zu weitführen würde. Alle diese Maßnahmen sollen dazu dienen, die Führungskraft aus dem Arbeitsverhältnis herauszudrängen.

Der die Führungskraft beratende Rechtsanwalt steht in einer solchen Situation vor einer nicht einfachen Entscheidung. Aus anwaltlicher Sicht besteht die Möglichkeit gegen den Entzug der Tätigkeit mittels eines einstweiligen Verfügungsverfahrens vorzugehen. Obsiegt die Führungskraft, kann die tatsächliche Tätigkeit zwangsweise gegen das Unternehmen durchgesetzt werden. Das Unternehmen kann somit in eine taktisch und rechtlich ungünstige Verhandlungsposition geraten. Das einstweilige Verfügungsverfahren ist jedoch nur zeitnah, beispielsweise nach einer erfolgten Freistellung, zulässig. Wird zu lange gewartet oder beispielsweise das einstweilige Verfügungsverfahren sogar erst während des Hauptsacheverfahrens anhängig gemacht, so hat es von vornherein keine Chance, erfolgreich zu sein. Die Eilbedürftigkeit für die Durchsetzung des Beschäftigungsanspruchs ist dann durch das Arbeitsgericht regelmäßig zu verneinen.

Das Eilverfahren birgt jedoch auch Risiken, selbst wenn es zeitnah und rechtzeitig beim zuständigen Arbeitsgericht eingelegt wurde. Viele Arbeitsrichter schrecken nämlich vor dem Erlass einer einstweiligen Verfügung mit oftmals juristisch zweifelhaften Begründungen zurück. Geht ein solches Verfahren deshalb verloren, so kann die Führungskraft wiederum in eine rechtlich und taktisch nachteilige Position geraten. Da Rechtsmittel gegen eine nicht erlassene einstweilige Verfügung keinen Zeitgewinn und Mehrwert für die Führungskraft bringen, ist die Einlegung eines zeitnahen Hauptsacheverfahrens oftmals der bessere Weg, sofern eine zeitnahe Einigung mit dem Unternehmen nicht absehbar ist oder das Unternehmen auf Zeit spielt.

Beruft sich das Unternehmen auf eine berechtigte Freistellung, weil diese beispielsweise auch im Arbeitsvertrag vereinbart ist, so ist Vorsicht geboten. Nachdem seit dem Jahr 2002 Arbeitsverträge einer sogenannten Inhaltskontrolle unterliegen, sind Freistellungsklauseln darauf zu prüfen, ob sie hinreichend bestimmt und transparent sind und die Führungskraft nicht unangemessen benachteiligen.

Gegen eine einseitige Freistellung der Führungskraft, im Falle eines strafrechtlichen Verdachts während der Dauer der Aufklärung der Verdachtsmomente, wird die Führungskraft jedoch nicht erfolgreich vorgehen können. Einseitige Regelungen, wonach der Arbeitgeber berechtigt sein soll, die Führungskraft bereits nach erfolgter ordentlicher Kündigung oder aber aus „berechtigten Gründen" freistellen zu können, halten einer rechtlichen Überprüfung nach der gesetzlichen Neuregelung nicht mehr stand. Der Arbeitsvertrag der Führungskraft muss die Fälle, in denen das Unternehmen zu einer Freistellung berechtigt sein soll, so genau wie möglich beschreiben. Allgemeinplätze, wie sie in vielen Arbeitsverträgen leitender Mitarbeiter auch vieler Großunternehmen zu finden sind, genügen diesen Anforderungen mitunter nicht mehr.

In den Verhandlungen über die Modalitäten der Beendigung des Vertrags der Führungskraft sollte sich diese deshalb auf eine seitens des Unternehmens angebotene Freistellung nicht einlassen. Zum einen gibt die Führungskraft damit die Möglichkeit, den

Beschäftigungsanspruch im Rahmen eines Hauptsacheverfahrens doch noch geltend zu machen, aus der Hand. Zum anderen ist mit dem Nichterscheinen der Führungskraft im Unternehmen das Personalproblem für das Unternehmen zumindest aus operativer Sicht erledigt. Es geht dann nur noch ums Geld.

Es ist uns ein Vorgang bekannt, bei dem ein leitender Mitarbeiter einer deutschen Großbank trotz mehrmals angebotener Freistellung jeden Morgen die Vorstände am Einfahrtstor der Tiefgarage begrüßte und seine Arbeitskraft anbot. Schließlich waren diese so entnervt, dass sie einer finanziell vorteilhaften Lösung zustimmten. Standhaftigkeit kann sich also lohnen.

Bei einem großen Nachrichtenunternehmen haben wir den Beschäftigungsanspruch mittels einstweiliger Verfügung und Zwangsmitteln durchsetzen müssen. Die Führungskraft wird heute in einer gleichwertigen Funktion weiterbeschäftigt. Der Vorstand, der dieses unsägliche Verhalten zu verantworten hatte, hat längst das Unternehmen verlassen. Allen Unkenrufen zum Trotz, dass durch die Ausschöpfung rechtlicher Mittel das Klima zwischen den Parteien „vergiftet" werde, was zumindest die zuständigen Arbeitsrichter den Parteien glauben machen wollten, belegt so mancher Fall anderes.

Wird eine Aufhebungsvereinbarung oder ein Abwicklungsvertrag geschlossen, so empfiehlt sich also, eine Freistellung erst ab Einigung über die Modalitäten der Vereinbarung, sprich mit Unterzeichnung der Vereinbarung, zu akzeptieren. Wichtig zu klären ist, wie viele Resturlaubsansprüche für das laufende Kalenderjahr und die Zeit, während der das Vertragsverhältnis noch bestehen soll, entstehen werden. Da die Regelungen des Bundesurlaubsgesetzes für Führungskräfte in gleichem Umfang Anwendung finden, wie für „normale" Arbeitnehmer, hätte die Führungskraft grundsätzlich für diejenigen Resturlaubsansprüche, die aufgrund der Beendigung des Vertrags nicht genommen werden konnten, einen Abgeltungsanspruch. Regelmäßig werden sich in der Aufhebungsvereinbarung und im Abwicklungsvertrag jedoch Regelungen dahingehend finden, dass der Resturlaub im Rahmen der Freistellung abgegolten wird.

Für die Freistellungsregelung gibt es die Möglichkeit einer unwiderruflichen und einer widerruflichen Freistellung. Ein in der Vergangenheit bestehender Streit über die Frage, ob im Rahmen einer unwiderruflichen Freistellung noch ein sozialversicherungsrechtliches Beschäftigungsverhältnis besteht und damit Sozialversicherungsbeiträge als wirksam entrichtet anzusehen sind, ist zwischenzeitlich beigelegt. Aufgrund dieses Streits konnte eine Zeit lang in Freistellungsregelungen nur eine widerrufliche Freistellung vereinbart werden. Dieser Streit ist beigelegt, sodass auch im Falle einer unwiderruflichen Freistellung von einem sozialversicherungsrechtlichen Beschäftigungsverhältnis auszugehen ist.

Im Rahmen einer unwiderruflichen Freistellungsregelung stellt sich mitunter auch die Frage, ob die Führungskraft anderweitig tätig werden darf, sei es in einer unselbstständigen oder einer selbstständigen Tätigkeit.

Es stellt sich dann die Anschlussfrage, ob die Führungskraft sich etwaigen Verdienst aus einer solchen Tätigkeit anrechnen lassen muss. Grundsätzlich gilt nach der Rechtsprechung des BAG, dass anderweitiger Verdienst nicht anzurechnen ist, es sei denn, es ist in der Aufhebungsvereinbarung etwas anderes geregelt. Es sollte, sofern dieser Punkt ein

Thema ist oder werden könnte, hierzu eine klare Regelung bestehen, jedenfalls sofern aus Arbeitgebersicht eine Anrechnung gewollt ist.

Eine andere Frage ist, ob und in welchem Umfang eine solche Tätigkeit wettbewerbsrechtlich zulässig ist. Hierzu ist zunächst festzustellen, dass und solange die Führungskraft, wenn auch im Rahmen einer unwiderruflichen Freistellung, sich in einem Vertragsverhältnis befindet, ein sogenanntes gesetzliches Wettbewerbsverbot besteht. Im Rahmen dieses Wettbewerbsverbots ist es der Führungskraft untersagt, Tätigkeiten in oder für ein Unternehmen aufzunehmen, zu dem das bisherige Unternehmen der Führungskraft in einem Wettbewerbsverhältnis steht.

Die Frage einer anderweitigen Tätigkeit reduziert sich deshalb auf solche Tätigkeiten, die für die Führungskraft nicht wirklich interessant sind. So ist es meist sinnvoller, dass die Führungskraft im Rahmen einer vorzeitigen Beendigungsoption, die vertraglich zu regeln ist, das Vertragsverhältnis vor dem eigentlich vereinbarten Beendigungstermin beendet, um eine neue Tätigkeit aufzunehmen.

## 10.2.5  Abfindung

Oft ist die Frage der Höhe der Abfindung für eine Führungskraft der wichtigste Punkt einer Aufhebungsvereinbarung. Dabei wird außer Acht gelassen, dass die Optimierung einer betrieblichen Altersversorgung wesentlich wichtiger und auch unter finanziellen Gesichtspunkten interessanter sein kann, als die absolute Höhe einer vereinbarten Abfindungszahlung. Zum einen kann sich nämlich das Gesamtvolumen des Abfindungspakets dadurch verringern, was wiederum zu einer geringeren Versteuerung führen kann. Zum anderen eröffnen viele Altersversorgungssysteme großer Unternehmen die Möglichkeit, im Rahmen einer sogenannten Deferred Compensation in die Altersversorgung einzuzahlen. Die dort hinterlegten Beträge werden zum Teil je nach Unternehmen zu attraktiven Zinssätzen verzinst oder aber angelegt. Erst bei Inanspruchnahme der Leistungen an der Altersversorgung erfolgt dann eine nachgelagerte und regelmäßig niedrigere Besteuerung.

Genauso wichtig, wenn nicht noch wichtiger als die Ermittlung der Höhe einer angemessenen Abfindung, ist es, die Nachteile für die gesamte Altersversorgung der Führungskraft im Falle einer Beendigungsvereinbarung zu ermitteln. Gemeinhin kann sich die Altersversorgung aus folgenden Bausteinen zusammensetzen. Dies ist zum einen die gesetzliche Altersversorgung der gesetzlichen Rentenversicherung (DRV), die betriebliche Altersversorgung, die im Regelfall durch das Unternehmen finanziert wird, eine mögliche Altersversorgung in Form einer Entgeltumwandlung, eine sogenannte Deferred Compensation, und etwaige Direktversicherungen.

In einem ersten Schritt ist zu ermitteln, wie hoch die erworbenen Anwartschaften zum Zeitpunkt der zu erwartenden Beendigung des Vertrags mit der Führungskraft sind. In einem zweiten Schritt geht es darum festzustellen, wie hoch die erworbenen Versorgungsansprüche wären, wenn das Vertragsverhältnis bis zum frühestmöglichen Termin einer betrieblichen Altersversorgung oder dem frühestmöglichen Bezug der gesetzlichen Altersrente bestanden hätte.

Betrachtet man die betriebliche Altersversorgung, so muss sich die Führungskraft zunächst verdeutlichen, dass im Regelfall zwar eine unverfallbare Anwartschaft auf betriebliche Altersversorgung erworben wurde, dass in diese jedoch wegen der Beendigung des Vertrags nicht nur nicht weiter eingezahlt wird, sondern dass auch die Altersversorgung nicht weiter verzinst wird. Hat also eine 50-jährige Führungskraft bis zum Zeitpunkt der Beendigung beispielsweise eine unverfallbare Anwartschaft in Höhe von 2.000 € erworben und kann die betriebliche Altersversorgung mit Vollendung des 60. Lebensjahres in Anspruch genommen werden, dann beträgt der Anspruch auch mit Vollendung des 60. Lebensjahres 2.000 € – nur mit dem Unterschied, dass aufgrund fehlender Verzinsung und der jährlichen Inflation der Anspruch entsprechend entwertet ist. Die Führungskraft muss sich ferner verdeutlichen, dass bei einer Fortführung der betrieblichen Altersversorgung sich die Höhe der Ansprüche gerade in den letzten Jahren vor dem Eintritt in das Rentenalter nicht linear, sondern exponentiell entwickeln. Das heißt, bei einem Austritt aus dem Unternehmen mit 50 Jahren verliert die Führungskraft wichtige und entscheidende Jahre der Beitragssteigerungen. Der unverfallbare Anspruch auf betriebliche Altersversorgung bleibt somit statisch erhalten, ist jedoch wesentlich entwertet. Erhält die Führungskraft nach der Beendigung des Vertrags eine adäquate Weiterbeschäftigung und wird auch eine betriebliche Altersversorgung angeboten, so fängt die Führungskraft bei null an. Es besteht aber die grundsätzliche Möglichkeit, im Rahmen einer dreiseitigen Vereinbarung zwischen dem neuen Arbeitgeber, dem alten Arbeitgeber und der Führungskraft die beim alten Arbeitgeber hinterlegte Rückstellung für die Altersversorgung auf das neue Unternehmen zu übertragen. Dies ist jedoch nur möglich, sofern die Altersversorgung beim neuen Arbeitgeber in demselben Versorgungsweg geführt wird. Ein Anspruch auf die Übertragung ist gesetzlich nicht vorgesehen, sodass es dann vom „guten Willen" der beteiligten Unternehmen abhängt, ob die Übertragung gelingt.

Wichtig zu berücksichtigen sind auch die Kürzungen in der betrieblichen Altersversorgung, die anders als in der Deutschen Rentenversicherung nicht 3,6 % p.a., sondern bis zu 7,2 % p.a. betragen können, jeweils heruntergerechnet von der zugesagten Altersversorgung im Renteneintrittstermin.

Die Verluste in der betrieblichen Altersversorgung sind dann jeweils beginnend von der frühestmöglichen Inanspruchnahme der Altersrente hochzurechnen, unter Berücksichtigung der jeweiligen durchschnittlichen Lebenserwartung. Diese beträgt für einen deutschen Mann zurzeit 83 Lebensjahre. Ab Renteninanspruchnahme vermindert sich nämlich monatlich die Altersrente um den Betrag, der sich aus der Differenz eine ungekürzten gegenüber einem gekürzten Anspruch ergibt und zwar bei einer Inanspruchnahme der betrieblichen Altersversorgung für einen Zeitraum von 23 Jahren, gerechnet ab dem 60. Lebensjahr.

Aus vorgenannten Ansprüchen lässt sich eine Schadensposition errechnen, die bei fehlendem Kündigungsgrund gegenüber der Führungskraft in Trennungsverhandlungen neben der eigentlichen Abfindung für den Verlust des Arbeitsplatzes mit zu berücksichtigen ist.

Aus Unternehmenssicht stellt sich die Höhe eines Abfindungsvolumens meist aus nachfolgenden Positionen zusammen:

- Kündigungsfrist beziehungsweise Beendigungstermin, der von der fiktiven Kündigungsfrist abweichen kann, unter Berücksichtigung des Freistellungszeitraumes,
- Auszahlung vertraglich vereinbarter variabler Zahlungen für den Zeitraum bis zu einer etwaigen Freistellung und gegebenenfalls auch während der Freistellung bis zum Beendigungszeitpunkt,
- Regelung von Stock-Awards und Stock-Options,
- Regelung der eigentlichen Abfindungszahlung,
- Vereinbarung einer Regelung zur Nutzung des Dienstwagens,
- Vereinbarung über die Inanspruchnahme einer Personalberatung (Outplacement, Coaching),
- Vereinbarung zur Kostentragung (Rechtsanwalts-, Steuerberaterkosten).

Gelegentlich werden wir im ersten Beratungsgespräch mit einer Führungskraft, die soeben ein Trennungsgespräch geführt hat, mit der Frage konfrontiert, welche Abfindung ihr rechtlich zustünde. Diese Frage ist zunächst dahingehend zu beantworten, dass das deutsche Arbeitsrecht bis auf den Fall der Vereinbarung einer Abfindung in einem Sozialplan oder im Rahmen eines Abfindungsanspruches im Rahmen eines gerichtlichen Auflösungsantrages keinen Abfindungsanspruch kennt. Beide Fälle sind jedoch für eine Führungskraft wenig praxisrelevant, da leitende Angestellte, wozu in der Regel Führungskräfte nach der Diktion der Unternehmen zu zählen sind, vom Anwendungsbereich eines Sozialplanes ausgeschlossen sind. Mitunter kann es jedoch vorkommen, dass bei Sozialplänen Führungskräfte in den Anwendungsbereich einzubeziehen sind, sodass es sich aus anwaltlicher Sicht in jedem Fall lohnt nach etwaig bestehenden Rahmensozialplänen oder individuellen Sozialplänen, die anlässlich einer bestimmten Betriebsänderung abgeschlossen wurden, zu fragen.

Auflösungsanträge bei sogenannten echten leitenden Angestellten im Sinne des Kündigungsschutzgesetzes sind auf der anderen Seite auch nicht der Regelfall einer Beendigung, weil viele Unternehmen nicht das Risiko eingehen wollen, gerichtlich klären zu lassen, ob die gekündigte Führungskraft ein echter leitender Angestellter im Sinne des Kündigungsschutzgesetzes ist oder nicht.

Ist dem Auflösungsantrag jedoch durch das Arbeitsgericht stattzugeben, kann die Führungskraft keine üppige Abfindung erwarten, da diese gesetzlich durch die §§ 9, 10 KSchG vorgegeben sind. Bis zum 50. Lebensjahr und ohne Berücksichtigung des Alters der Führungskraft ist deshalb eine Abfindung von maximal zwölf Monatsgehältern festzusetzen, wobei das Gericht je nach dem Maße der Sozialwidrigkeit der Kündigung durchaus auch Beträge unterhalb von zwölf Monatsgehältern als angemessen und billig festsetzen kann.

Erst mit einem Alter ab 50 Jahren und einer Betriebszughörigkeit von 15 Jahren erhöht sich die maximal festzusetzende Abfindung auf bis zu 15 Monatsgehälter. Hat die Führungskraft gar das 55. Lebensjahr überschritten und das Arbeitsverhältnis mindestens 20 Jahre bestanden, so ist ein Betrag von bis zu 18 Monatsgehältern festzusetzen.

Vor allem letztgenannte Abfindungsbeträge sind aus unserer Sicht als unzureichend anzusehen. Der Arbeitgeber kann sich so in diskriminierender Weise von älteren Führungskräften trennen. Eine Abfindung in vorgenannter Höhe kann in keiner Weise beispielsweise den Zeitraum von der Beendigung des Arbeitsverhältnisses bis zum frühestmöglichen Bezug von Altersrente überbrücken. Gerade Führungskräfte in dieser Altersklasse haben aber keine Möglichkeit einer adäquaten Weiterbeschäftigung bei einem anderen Arbeitgeber. Dieser Zustand ist aus unserer Sicht deshalb rechtspolitisch nicht akzeptabel.

Erschwerend kommt hinzu, dass das Gesetz eine Gesetzeslücke enthält. Zwar kann sich das Unternehmen nach Ausspruch einer Kündigung von der Führungskraft trennen und zwar unter Berufung auf das sogenannte Vertrauensverhältnis. Die Führungskraft kann sich jedoch unter Berufung auf das gestörte Vertrauensverhältnis zum Arbeitgeber, auch wenn dieser sich noch so rechtswidrig verhalten hat, nicht auf seinen Antrag vom Unternehmen trennen. Diese Gesetzeslücke stellt, wie wir regelmäßig in unserer täglichen Praxis erleben, zunehmend eine einseitige Schlechterstellung der Führungskraft gegenüber den gesetzlichen Regelungen dar, die der Arbeitgeberseite zustehen. Es bedarf hier einer Rechtsfortbildung, um dem Zynismus vor allem einiger Arbeitgebervertreter entgegenzutreten, indem der Führungskraft mitgeteilt wird, „wenn Ihnen das nicht passt, können Sie ja selbst kündigen."

Kommen vorgenannte Fälle für eine Abfindungszahlung nicht in Betracht, so ist weiter danach zu fragen, ob etwa Rahmenregelungen für Abfindungen zwischen dem Sprecherausschuss und dem Unternehmen vereinbart wurden. Hier ist wiederum zu prüfen, ob es sich um sogenannte einseitige Rahmenregelungen seitens des Unternehmens handelt oder aber um Regelungen nach § 28 SprAuG. Handelt es sich um Regelungen im Sinne des § 28 SprAuG, ist nur dann von einer unmittelbaren und zwingenden Wirkung für die einzelne Führungskraft auszugehen, wenn diese ausdrücklich vereinbart ist. Liegt eine solche Vereinbarung nicht vor, so kann sich die Führungskraft zwar an dieser Vereinbarung orientieren, ein gerichtlich durchsetzbarer Mindestanspruch liegt jedoch nicht vor.

Da in den wenigsten Unternehmen derartige Rahmenregelungen bestehen und viele Unternehmen sich die Zahlung einer Abfindung im Einzelfall vorbehalten, was dadurch bedingt sein mag, dass die Unternehmen meinen, so kostenmäßig günstiger zu fahren und sie annehmen, dass Führungskräfte in der Regel gering miteinander vernetzt sind, werden Abfindungen jeweils für den einzelnen Fall und individuell verhandelt. Es ist somit insgesamt als Zwischenergebnis festzustellen, dass es der Kunst des Anwalts obliegt, die Höhe der Abfindung zu verhandeln. Hierbei sind sowohl die individuellen Rahmenbedingungen als auch die der Branche, in der die Führungskraft tätig ist, von maßgeblicher Bedeutung.

Lassen Sie uns im Folgenden die Aspekte betrachten, die für die Höhe einer Abfindung aus individueller Sicht von wesentlicher Bedeutung sein können. Ausgangspunkt sämtlicher Betrachtungen ist zunächst die Analyse der rechtlichen Situation. Gab es etwa Anlass dafür, dass das Unternehmen das Verhalten oder die Arbeitsleistung der Führungskraft missbilligte, sei es in Form von Kritikgesprächen oder etwa in Form von Abmahnungen, die jedoch bei Führungskräften eher seltener vorzufinden sind? Sind verhaltensbedingte Gründe auszumachen? Gab es Kritikgespräche, so sind diese auf ihre Relevanz hin zu überprüfen.

Sind verhaltensbedingte Gründe im Grundsatz nicht festzustellen, so ist zu fragen, ob betriebsbedingte Gründe vorliegen können. Derartige Gründe sind regelmäßig dann festzustellen, wenn es aufgrund einer Betriebsänderung auch Sozialplanverhandlungen gibt, in denen ein Personalabbau Regelungsgegenstand ist. Es kann dann auch auf der Ebene der Führungskräfte zu Veränderungsprozessen kommen, sei es im Rahmen von Versetzungen auf gleichwertige oder ungleichwertige Tätigkeiten oder dazu, dass einzelne Führungskräfte nicht mehr benötigt werden.

Im Falle eines Betriebsübergangs bestimmt § 613a BGB, dass keinem Arbeitnehmer aufgrund des Übergangs gekündigt werden darf. Die Regelung bedeutet jedoch nicht, dass das Unternehmen daran gehindert wäre, Kündigungen auszusprechen, die ihren Grund nicht im Betriebsübergang haben, sondern aufgrund einer nach dem Betriebsübergang getroffenen neuen unternehmerischen Entscheidung. Andererseits bestimmt § 321 UmwG, dass sich der kündigungsrechtliche Status der Führungskraft für die Dauer von zwei Jahren nicht verändern darf. Näheres finden Sie hierzu im Kap. 5 „Umstrukturierungen im Unternehmen und ihre Folgen für Führungskräfte".

Wir hatten oben schon festgestellt, dass in vorgenannten Fällen die Führungskräfte gegenüber dem Unternehmen keinen Sozialplan erzwingen können und in derartigen Fallkonstellationen auf sich allein gestellt sind.

Die Sozialdaten haben für die letztendliche Höhe einer Abfindung eine geringere Bedeutung als für normale Arbeitnehmer. Auch wenn Führungskräfte selten sogenannte Low Performer sind, kann es durchaus vorkommen, dass die Performance der Führungskraft aus den verschiedensten Gründen schlechter ist als die vergleichbarer Führungskräfte. Umso wichtiger ist es in derartigen Fällen, die eigene Situation zu reflektieren. Für die Höhe einer Abfindung macht es somit einen Unterschied, ob eine Führungskraft erst drei Jahre in einem Unternehmen tätig ist oder bereits 35 Jahre. Es macht auch einen Unterschied, ob sich die Führungskraft in einem Alter von 40 bis ca. 50 Jahren oder sich bereits zwischen 50 und 55 Jahren befindet. Von Bedeutung ist auch, wie sich die familiäre Situation, also die Zahl der Unterhaltspflichten darstellt.

Besonderer Kündigungsschutz für eine Führungskraft gilt beispielsweise auch im Falle einer Schwerbehinderung.

Bei Mitarbeitern zwischen 50 und 55 Jahren ist die Ermittlung einer Abfindung mitunter besonders schwer. Dies umso mehr, wenn man aus anwaltlicher Erfahrung davon auszugehen hat, dass es nahezu unmöglich sein dürfte, eine adäquate Anschlussposition zu finden. Ist die Führungskraft über 55 Jahre, verbietet sich meist allein aus fehlenden Möglichkeiten für eine steuerliche Optimierung, die Vereinbarung einer Aufhebungsvereinbarung mit einer Abfindungsregelung.

Doch auch bei Führungskräften unter 55 Jahren ist aus anwaltlicher Sicht zunächst von einer Worst-Case-Betrachtung für die Führungskraft auszugehen. Es ist deshalb zu fragen, wie viele Monate und Jahre von der Führungskraft zu überbrücken sind, bis eine betriebliche Altersversorgung und/oder der frühestmögliche Bezug einer Rente in Anspruch genommen werden. In einem zweiten Schritt ist zu prüfen, wie hoch sich der monatliche Nettobedarf der Führungskraft und dessen Familie darstellt.

Erst wenn diese Eckpunkte geklärt sind, kann die eigentliche Kalkulation eines Abfindungsvolumens erfolgen. Aus Unternehmenssicht sieht die Gesamtkalkulation meist so aus, dass ein Gesamtvolumen für einen Trennungsprozess kalkuliert ist. Sind eine Vielzahl von Fällen betroffen, so hat das Unternehmen entsprechende Rückstellungen gebildet. Mitunter lässt sich die Höhe der Rückstellungen in Erfahrung bringen oder wird gar in der einschlägigen Presse verbreitet, so auch jüngst im Rahmen von Trennungsprozessen bei der Deutschen Börse AG. Auf diese Weise lassen sich erste Anhaltpunkt darüber in Erfahrung bringen, wie viel finanzielle Mittel das Unternehmen bereit ist, in den einzelnen Trennungsprozess zu investieren. Lassen sich derartige Anhaltspunkte nicht ermitteln, empfiehlt es sich mit Vergleichsfällen zu arbeiten.

In verschiedenen Unternehmen haben sich mitunter gewisse Standards herausgebildet, nach denen in der Regel der Trennungsprozess einer Führungskraft kalkuliert wird. So gibt es beispielsweise Unternehmen, bei denen sich erste Anhaltspunkte für die Ermittlung einer Abfindung nach Formeln ermitteln lassen, andere Unternehmen arbeiten beispielsweise nach Faktoren.

Für Führungskräfte lassen sich somit keine allgemeingültigen Aussagen treffen. Vielmehr sind die Branche und die Dauer der Betriebszugehörigkeit von ebenso großer Bedeutung wie die Möglichkeit beziehungsweise Unmöglichkeit des Unternehmens, sich mittels einer Kündigung von der Führungskraft trennen zu können. Das bedeutet, dass die Höhe einer Abfindung in den von uns in den vergangenen Jahren verhandelten Fällen und wohl auch bei Kollegen selten einem Faktor von 0,5 entsprochen hat. In der Regel dürfte sich die Mehrzahl der Abfindungsfaktoren zwischen 0,75 und 1,5 bewegen. Je nach Fallkonstellation können sie aber auch deutlich darüber liegen.

### 10.2.6 Steuerliche Optimierung von Abfindungen

Nachdem der Gesetzgeber bereits seit 1999 die Regelung für Freibeträge von Abfindungen zunächst gesenkt und ab 2004 gestrichen hatte und auch eine steuerliche Privilegierung für Abfindungszahlungen weiter eingeschränkt wurden, sind die steuerlichen Gestaltungsmöglichkeiten gering und der Fiskus verdient an der Abfindung kräftig mit. Diese Situation ist besonders kritisch zu sehen, da sich Unternehmen immer mehr und trotz aller Unkenrufe von älteren Führungskräften trennen und diese in zunehmendem Maße die Abfindung in Ermangelung einer Anschlusstätigkeit zur Überbrückung des Zeitraumes der Beendigung des Arbeitsverhältnisses bis zum Bezug einer Altersrente oder Leistungen einer betrieblichen Altersversorgung benötigen. Die Situation, dass die Führungskraft

die Abfindung quasi im Rahmen eines Mitnahmeeffekts als „Bonbon" mitnimmt, um als-
bald in eine ähnlich dotierte Funktion wechseln zu können, verliert vor dem Hintergrund
eines wenig aufnahmebereiten Arbeitsmarkts für ältere Führungskräfte immer mehr an
Bedeutung. Sieht man sich die Versorgungssituation mancher Führungskräfte an, so ist
festzustellen, dass gerade die letzten Jahre der Berufstätigkeit in den Altersversorgungs-
regelungen die eigentlichen Steigerungen erbringen, da die Altersversorgungsansprüche
nicht linear, sondern dynamisch steigen. Vor diesem Hintergrund ist die Altersversorgung
mancher Führungskraft alles andere als rosig zu beurteilen. Der Gesetzgeber sollte deshalb
darüber nachdenken, zumindest für Führungskräfte ab einem gewissen Alter wieder eine
steuerliche Privilegierung einzuführen. Dies umso mehr als dass die Pensionsansprüche
der Staatsdiener in Relation nahezu die doppelte Höhe erreichen können.

▶    Welche Möglichkeiten bestehen noch?

Zunächst ist festzustellen, dass die bisherige Möglichkeit einer ermäßigten Besteuerung
von Entlassungsentschädigungen nach §§ 24, 34 EStG fortbestehen. Vor diesem Hintergrund stellt sich jedoch die Frage, ob anstatt einer nur steuerermäßigten Abfindung nicht
auch eine steuerbefreite Entlassungsentschädigung in Betracht kommen kann. Letztere
sieht nach den Regelungen des § 15 AGG vor, dass der Arbeitgeber verpflichtet ist, bei
einem schuldhaften Verstoß gegen das Benachteiligungsverbot dem Arbeitnehmer den
hierdurch entstandenen Schaden zu ersetzen. Ferner kann ein Arbeitnehmer wegen eines
Schadens, der nicht Vermögensschaden ist, vom Arbeitgeber Entschädigung verlangen.
    Steht somit ein Benachteiligungssachverhalt während oder anlässlich der Verhandlun-
gen über die Modalitäten eines Aufhebungsvertrags im Raum, so besteht die grundsätzliche Möglichkeit, dass die Führungskraft denjenigen Teil der Entschädigung, der aufgrund
der Benachteiligung vereinbart ist, steuerfrei zur Auszahlung erhält.

▶    **Tipp** Sofern ein gerichtliches Verfahren die Benachteiligung nicht festgestellt
     hat, ist in derartigen Fallkonstellationen unbedingt anzuraten, im Rahmen einer
     sogenannten Diskriminierungsabrede den auf die Benachteiligung zurückfüh-
     renden Teil in der Aufhebungsvereinbarung separat darzustellen und den dis-
     kriminierenden Sachverhalt zu beschreiben.

Fernerhin ist von einer nach dem Allgemeinen Gleichbehandlungsgesetz (AGG) steuerlichen Privilegierung nur dann auszugehen, wenn es sich um eine tatsächlich erlittene
Diskriminierung oder eine nicht aufzuklärende Diskriminierung handelt. Eine nur vor-
getäuschte und dann vereinbarte Diskriminierung begründet den Verdacht einer Steuerhinterziehung, der sich dann Arbeitgeber und Arbeitnehmer schuldig machen würden.
    Wird neben einer Abfindung eine Entschädigungszahlung nach AGG vereinbart, darf
die Höhe einer Zahlung im Verhältnis zur Höhe der Abfindung nicht außer Verhältnis
stehen. Da Schmerzensgeldzahlungen in der Rechtsprechung eher niedrig bemessen sind,
können auch Entschädigungszahlungen, um überhaupt anerkannt zu werden, nicht hoch

ausfallen. Betrachtet man das Verhältnis von Abfindungszahlung und Entschädigungszahlung, so dürfte ein Verhältnis von eins zu zehn als angemessen zu beurteilen sein.

Die Vereinbarung von Entschädigungszahlungen in Aufhebungszahlungen dürfte praktisch aufgrund vorgenannter Unsicherheiten eine geringe Bedeutung erlangen. Hinzu kommt, dass nur wenige Unternehmen bereit sind, im Rahmen einer Aufhebungsvereinbarung eine Benachteiligung der Führungskraft zuzugeben, und sich so eine Blöße geben.

Wie festgestellt, hat der Gesetzgeber eine Besteuerung der Abfindung mit einem niedrigeren Steuersatz abgeschafft. Möglich ist seit 1999 nur noch eine ermäßigte Besteuerung nach dem sogenannten Fünftelungsprinzip (§§ 24, 34 EStG). Die Fünftelungsregelung bedeutet vereinfacht, dass die Steuer für die gesamte Abfindung im Zuflussjahr fällig ist. Die Höhe wird allerdings auf Grundlage einer Fiktion berechnet. Man nimmt an, die Abfindung würde auf fünf Jahre verteilt werden.

Ein Beispiel zur Fünftelungsregelung für einen Beschäftigten mit der Steuerklasse IV und einem Kinderfreibetrag von 1,0, einem Einkommen von 100.000 € brutto pro Jahr und einer Abfindung von 250.000 € brutto:

| | |
|---|---|
| Bisheriges Einkommen | 100.000 € |
| Abfindung | 250.000 € |
| Freibetrag | 0 € |
| Steuerpflichtige Abfindung | 250.000 € |
| Davon 1/5 | 50.000 € |
| Grundlage für Lohnsteuer 1 | 150.000 € |
| Lohnsteuer 1 | 51.552 € |
| Grundlage für Lohnsteuer 2 | 100.000 € |
| Lohnsteuer 2 | 30.552 € |
| Lohnsteuer aus Abfindung | 105.000 € |
| Solidaritätszuschlag | 5.775 € |
| *Netto Abfindung* | *139.225 €* |

Ist das jährliche Bruttoeinkommen geringer und die Abfindung höher, so greift die Fünftelungsregelung besser, sodass die Nettoabfindung steigt.

Die Abfindung unterliegt nicht der Sozialversicherung. Ist beispielsweise eine Bonuszahlung zwischen den Parteien höchst streitig, so ist es sinnvoll, darüber nachzudenken, den Bonus nicht zu pauschalieren, sondern besser die Abfindung zu erhöhen.

Es ist auch möglich, die Abfindungszahlung in ein anderes Zuflussjahr zu legen. Je nach individueller Steuerlast kann diese Möglichkeit günstiger sein. Sind im späteren Zuflussjahr die Gesamteinkünfte geringer, aber die Abfindungssumme hoch, so steigt die Nettosumme der Abfindung. Vor Abschluss einer Aufhebungsvereinbarung sollten die Alternativen durch einen Steuerberater verglichen werden.

Je nach Höhe der Abfindung, finanziellem Hintergrund des Betroffenen und Alter kann auch aus steuerrechtlichen Gesichtspunkten über die Gründung einer Stiftung nachge-

dacht werden. Dem Errichter der Stiftung, dessen Ehefrau und Kindern und sogar bestimmten begünstigten Personen können in dieser Weise gewisse Unterhaltsbeträge zugewiesen werden. Die Erträge aus der Stiftung fließen dann verteilt dem Errichter, dem
Kapital der Stiftung und dem gemeinnützigen Zweck zu. Die Steuerersparnis ist enorm
und der Errichter folgt einem guten Zweck – eine sympathische Alternative.

Ebenso ist in Einzelfällen zu überlegen, Teile der Abfindung in eine Stiftung einzuzahlen. Zuwendungen an Stiftungen zählen zu den absetzbaren Sonderausgaben.

Diese Ideen sollten je nach Einzelfall von einem geeigneten Steuerberater geprüft werden.

### 10.2.6.1  Bonus

Die meisten Arbeitsverträge von Führungskräften enthalten Regelungen, nach denen die
Führungskraft neben der sogenannten Festvergütung Anspruch auf einen Bonus hat. Dabei enthält der Arbeitsvertrag regelmäßig nur eine Rahmenregelung. Maßgebend für die
Höhe des Bonus ist in der Regel eine Zielvereinbarung, wonach sich die Höhe des Bonus anhand verschiedener Parameter, wie der Erreichung persönlicher Ziele, Unterneh-
mensziele oder auch Ziele des Bereichs, in dem die Führungskraft tätig ist, bestimmen soll.
Dabei werden die verschiedenen Ziele im Idealfall bei Abschluss der Zielvereinbarung mit
einem bestimmten Prozentsatz bewertet. Der Grad der Zielerreichung wird am Ende des
für die Höhe des Bonus maßgebenden Zeitraumes bestimmt.

Von der Zielvereinbarung ist die sogenannte Zielvorgabe zu unterscheiden. Die Zielvorgabe zeichnet sich dadurch aus, dass das Unternehmen eben mit der Führungskraft
nichts vereinbaren will, sondern im Rahmen des Direktionsrechts bestimmte Vorgaben in
Form von Weisungen ausspricht, welche Ziele und damit Leistung man von der Führungskraft erwartet. Während also die Zielvereinbarung der Führungskraft einer Einflussnahme
auf die zu vereinbarenden Ziele offen lässt und die zu vereinbarenden Ziele realistisch sein
müssen, besteht eine Einflussnahme bei der Zielvorgabe nicht.

Im Rahmen des Aufhebungsvertrags ist regelmäßig eine Regelung dahingehend zu treffen, ob und in welcher Höhe ein Bonusanspruch für die Zeit bis zum Beendigungszeitpunkt des Vertragsverhältnisses erworben wurde. Hierbei ist zunächst der Zeitraum zu betrachten, bis zu dem die Führungskraft noch gearbeitet hat und nicht freigestellt war. Aus
Unternehmenssicht wird oft argumentiert, dass der Bonus entsprechend den „üblichen“
Regelungen zur Abrechnung gelangt, das heißt, dass das Unternehmen sich die Bewertung
der Höhe des Bonus erst zu einem späteren Zeitpunkt nach Abschluss und je nach Dauer
der vereinbarten Beendigungsfrist oft erst nach Beendigung des Arbeitsvertrags vorbehalten will. Die Führungskraft sollte sich aus verschiedenen Gründen auf solch eine Regelung
nicht einlassen. Der Aufhebungsvertrag soll die Folgen der Beendigung abschließend und
umfassend regeln. Späterer Streit und etwaige Folgeauseinandersetzungen sollten bestmöglich vermieden werden. Wird über die Beendigung des Arbeitsverhältnisses verhandelt, so lässt sich auch ohne Weiteres für die Zeit, in der die Führungskraft Arbeitsleistung
erbracht hat, bestimmen, welche Ziele und in welchem Umfang die Führungskraft diese
erreicht hat. Wir vereinbaren deshalb stets in unseren Aufhebungsvereinbarungen einen

Festbetrag für den Bonus, jedenfalls für den Zeitraum, in dem die Führungskraft gearbeitet hat.

Anders kann die Situation für den Zeitraum einer unwiderruflichen Freistellung aussehen. Hat die Führungskraft beispielsweise bis zum 30. September eines Jahres gearbeitet und haben die Parteien ab dem 1. Oktober eine unwiderrufliche Freistellung vereinbart, die bis zum 30. Juni des Folgejahres, dem Zeitpunkt der Beendigung des Vertrags dauern soll, so steht der Führungskraft an sich auch für diesen Zeitraum, also $\frac{3}{12}$ für das vergangene Jahr und $\frac{6}{12}$ für das Folgejahre, ein Bonusanspruch zu. Die oft vorgebrachte Argumentation des Unternehmens, dass die Führungskraft dann, wenn sie unwiderruflich freigestellt ist, auch keinen Bonusanspruch habe, verfängt nicht, wenn die Führungskraft an sich vertragsgemäß beschäftigt werden will, aber das Unternehmen kein Interesse an einer vertragsgemäßen Beschäftigung hat. Ob dann für diesen Zeitraum eine Bonusregelung im Aufhebungsvertrag vereinbart wird, ist eine Frage des Einzelfalls. Aus Unternehmenssicht ist aus unternehmenspolitischen Gründen die Ausweisung eines Bonus für einen Zeitraum der Freistellung meist schwerer darstellbar, als eine Erhöhung des reinen Abfindungsvolumens oder etwa einer Verlängerung der fiktiven Kündigungsfristen. Auch der Führungskraft ist es meist weniger wichtig, die Höhe eines Bonus für den Zeitraum einer Freistellung ausgewiesen zu bekommen, als das die Höhe des Gesamtvolumens der Abfindung eine angemessene Höhe erreicht.

Schwierigkeiten können bei der Vereinbarung des Bonus in einer Aufhebungsvereinbarung dann auftreten, wenn mit der Führungskraft keine Zielvereinbarung getroffen wurde, die Parteien sich nicht auf wirksame Ziele haben verständigen können oder aber die Zielvereinbarung mit einem Widerrufs- und/oder Freiwilligkeitsvorbehalt gekoppelt ist. Schließt das Unternehmen mit der Führungskraft keine Zielvereinbarung ab, obwohl dies vertraglich vorgesehen ist, verstößt das Unternehmen gegen seine vertraglichen Verpflichtungen. Das BAG hat bereits im Jahr 2007 für den Fall des Unterbleibens einer Zielvereinbarung entschieden, dass die Führungskraft wegen entgangener Bonuszahlung einen Anspruch auf Schadensersatz hat, wenn aus von dem Arbeitgeber zu vertretenen Gründen für die Bezugsjahre keine Zielvereinbarung getroffen wurde.

Das BAG hat ferner ausgeführt, dass davon auszugehen sei, dass die Führungskraft vereinbarte Ziele erreicht hätte, wenn nicht besondere vom Arbeitgeber darzulegende Umstände die Zielerreichung ausschließen.

Das Unternehmen ist jedoch zur Zahlung eines Schadensersatzanspruchs nicht verpflichtet, wenn es das Nichtzustandekommen einer Zielvereinbarung nicht zu vertreten hat. Der Arbeitgeber hat in diesem Fall den Entlastungsbeweis zu führen, dass er seiner arbeitsvertraglichen Verpflichtung, für jede Zielperiode mit der Führungskraft Ziele festzulegen, nachgekommen ist und der Führungskraft Ziele vorgeschlagen hat, die diese nach einer auf den Zeitpunkt des Angebots bezogenen Prognose hätte erreichen können.

Das LAG Düsseldorf hat allerdings im Jahr 2009 entschieden, dass für den Fall, wenn in einer von den Parteien für ein Jahr getroffenen Zielvereinbarung deren Nachwirkung für den Fall des Nichtzustandekommens einer Folgevereinbarung vorgesehen ist, jeglicher

Entlastungsbeweis des Arbeitgebers, er habe den Nichtabschluss einer neuen Zielvereinbarung nicht zu vertreten, entbehrlich ist.

Für den Fall des noch in Vollzug befindlichen Vertragsverhältnisses ist festzuhalten, dass die Vereinbarung einer Zielvereinbarung aus Unternehmenssicht vorteilhafter ist, als eine Zielvorgabe, da es dem Unternehmen die Einwendung ermöglicht, die Führungskraft habe das Nichtzustandekommen der Zielvereinbarung mit zu vertreten.

Die vertragliche Regelung der Führungskraft für einen Bonus kann mit einem Freiwilligkeits- und/oder Widerrufsvorbehalt gekoppelt sein. Hierzu ist Folgendes festzustellen: Eine im Arbeitsvertrag der Führungskraft vorformulierte Regelung, die dem Wortlaut nach eindeutig der Führungskraft einen Anspruch auf die Sonderzahlung begründet, wobei festgelegt ist, dass die Führungskraft Anspruch auf eine bestimmte Sonderzahlung an sich erhält, und die regelt, dass die Führungskraft an einem Bonussystem teilnimmt, verpflichtet den Arbeitgeber zur Leistung der Sonderzahlung. Der Arbeitgeber verspricht in diesem Fall eine Leistung und es ist widersprüchlich, wenn der Arbeitgeber zugleich mit einer Freiwilligkeitsklausel einen Rechtsanspruch auf die versprochene Leistung auszuschließen versucht.

Oft finden sich in Verträgen nachfolgende oder ähnliche Formulierungen:

> Über das Fixgehalt gewährt die Gesellschaft dem Mitarbeiter eine Sonderzahlung. Die Gewährung erfolgt jedoch freiwillig und begründet keinen Rechtsanspruch für die Zukunft

Oder:

> Über das Fixgehalt gewährt die Gesellschaft dem Mitarbeiter eine Sonderzahlung nach Maßgabe der nachfolgenden Regelungen …. Die Gewährung erfolgt in jedem Fall freiwillig und begründet keinen Rechtsanspruch für die Zukunft.

Vorgenannte Regelungen sind aufgrund der Koppelung von „Freiwilligkeit" und „Widerruf" unwirksam.

Denkbar ist die Vereinbarung eines Widerrufvorbehalts. Ein wirksamer Widerrufsvorbehalt setzt nach der Rechtsprechung des BAG jedoch voraus, dass der widerrufliche Anteil am Gesamtverdienst unter 25 bis 30% liegt, die widerrufliche Leistung nach Art und Höhe eindeutig bestimmt ist und die Widerrufsklausel zumindest die Richtung angeben muss, aus welchen Gründen beziehungsweise in welchen Fallkonstellationen ein Widerruf möglich sein soll. Eine wirksame Widerrufsklausel muss also nicht nur billigem Ermessen entsprechen, sondern dürfte in der Regel auch nur dann möglich sein, wenn wirtschaftliche Gründe oder Gründe in der Leistung oder im Verhalten der Führungskraft vorliegen.

Mancher Arbeitsvertrag enthält auch Verweise auf außerhalb des Vertrags bestehende Rahmenregelungen, beispielsweise allgemeine Arbeitsbedingungen für Führungskräfte mit dem Hinweis, dass die jeweils gültige Fassung der Regelung gelten soll. Man spricht in einem solchen Fall von einer sogenannten dynamischen Bezugnahme auf die individualrechtlichen Regelungen. Derartige dynamische Regelungen beinhalten die Gefahr, dass das Unternehmen die Rahmenregelungen nachträglich zu Ungunsten der Führungskraft verändern kann und sich das Unternehmen aufgrund der Verweisung im Arbeitsvertrag der Führungskraft auf die für das Unternehmen dann günstigere Regelung beruft. Das BAG hat im Jahr 2009 entschieden, dass eine solche Bezugnahme auf die „jeweils" gültige Fassung einer Inhaltskontrolle des Arbeitsvertrags nicht standhält und unwirksam ist.

Zusammenfassend ist zu sagen, dass die Führungskraft in Aufhebungsverträgen die Höhe eines Bonus als Festbetrag klar regeln sollte. Eine Berufung des Unternehmens auf Freiwilligkeitsklauseln muss generell ausscheiden und für Widerrufsklauseln hat die Rechtsprechung klare Regelungen getroffen, die im Regelfall in der Vertragspraxis der meisten Unternehmen noch nicht ausreichend beziehungsweise überhaupt nicht umgesetzt sind.

Da nach bisheriger Vertragspraxis die wenigsten Klauseln von Führungskräften diesen Vorgaben Rechnung tragen, dürften auch die meisten Widerrufsklauseln keinen rechtlichen Bestand haben.

Die sogenannte Institutsvergütungsverordnung schafft neue Restriktionen für Führungskräfte in Banken. Eine in etwa gleiche Regelung wurde nunmehr auch für Versicherungsunternehmen erlassen. Näheres hierzu finden Sie im Kap. 5 „Die Vergütung der Führungskraft". An dieser Stelle nur so viel: Während sogenannte Halteprämien in Form von Retention-Boni vor dem Hintergrund der Nachhaltigkeit der Vergütungsregelungen als unzulässig zu betrachten seien, dürften sogenannte Antritts-Boni, auch Sign-on-Boni genannt, weiterhin zulässig sein. Im Einzelfall ergeben sich nicht nur auf Vorstandsebene interessante Gestaltungsmöglichkeiten des Dienstvertrags im Falle eines Wechsels des Arbeitgebers oder bei Neuantritt einer neuen Tätigkeit.

### 10.2.6.2 Aktien(-options)-Regelungen

Viele Unternehmen gewähren ihren Führungskräften, die in der Regel zum obersten Führungskreis, also der Ebene unterhalb des Vorstands zählen, Aktien beziehungsweise Aktienoptionsprogramme. Im Falle einer Beendigung des Vertragsverhältnisses einer Führungskraft ist es zunächst wichtig festzustellen, welche Ansprüche die Führungskraft aus dem jeweiligen Programm erworben hat. Im Falle von Aktienoptionen stellt sich die Frage, welche Ansprüche an sich noch innerhalb welcher Zeiträume hätten erworben, beziehungsweise hätten zugeteilt werden können und ob die Führungskraft durch die Beendigung des Vertrags Ansprüche verlieren kann.

Die Rahmenregelungen derartiger Programme sehen in der Regel eine Unterscheidung zwischen einem sogenannten „Good Leaver" und einem „Bad Leaver" vor. Um dem Verlust von Ansprüchen vorzubeugen, ist es deshalb erforderlich, einen sogenannten „Good Leaver"-Status festzustellen.

Im Übrigen gelten für Aktienoptionspläne Phantom-Shares-Sonderregelungen. So hat das BAG im Jahr 2008 entschieden, dass Regelungen, die das Bezugsrecht auf die jetzt gesetzlich geltende Wartezeitgrenze von vier Jahren an das Bestehen eines ungekündigten Arbeitsverhältnisses knüpfen, den Arbeitnehmer nicht unangemessen benachteiligen. Die seit dem vergangenen Jahr in Kraft getretene Institutsvergütungsordnung, die auf Dienst-

verhältnisse von Mitarbeitern in Banken Anwendung findet, sieht nunmehr ebenso eine
Bindungsfrist von vier Jahren vor.

### 10.2.6.3  Dienstwagen

Die Berechtigung, vertraglich einen Dienstwagen in Anspruch nehmen zu können, bleibt
ein wichtiger Bestandteil der meisten Arbeitsverträge von Führungskräften, auch wenn es
mittlerweile einen anhaltenden Trend zum Downsizing in den großen DAX-Unternehmen gibt und es mittlerweile teilweise als verpönt gilt, großvolumige Limousinen oder Ge-
ländefahrzeuge zu fahren. Die Dienstwagenberechtigung ist deshalb je nach Unternehmen
entweder enger oder weiter gefasst und der Kreis möglicher Anspruchsberechtigter wurde
in den vergangenen Jahren im Zuge einer „Überarbeitung" der Dienstwagenordnungen
zumeist restriktiver geregelt.

Da der Dienstwagen nach außen hin die Zugehörigkeit der Führungskraft zu einer bestimmten Leitungsebene symbolisiert, wird der Dienstwagen, wenn auch in geringerem
Maße als in früheren Zeiten, als Statussymbol angesehen. Der Verlust des Dienstwagens
symbolisiert im Falle einer Trennung der Führungskraft vom Unternehmen, dass die Führungskraft den „Job" verloren hat. Umso wichtiger ist es, sich die rechtlichen Rahmenbedingungen für die Anspruchsberechtigung und den Anspruchsverlust zu verdeutlichen.

Wichtig ist zunächst die Unterscheidung, ob die Überlassung des Fahrzeugs Entgeltcharakter hat oder nicht. Regelmäßig hat die Überlassung des Fahrzeugs dann Entgeltcharakter, wenn es auch privat genutzt werden kann. In diesem Fall ist ein Herausgabeverlangen
des Fahrzeugs durch das Unternehmen eingeschränkt. Ist für die Überlassung keine Privatnutzung vorgesehen, kann das Unternehmen im Falle einer rechtmäßigen Freistellung
die Herausgabe des Dienstwagens verlangen.

Ist hingegen die Privatnutzung erlaubt, so ist eine vertragliche Regelung, wonach der
Arbeitgeber jederzeit die Überlassung des Dienstwagens verlangen kann, unwirksam, da
eine derartige Regelung die Führungskraft unangemessen benachteiligt. Die Rechtsprechung verlangt deshalb für den Widerruf der Privatnutzung sachliche Gründe. Da der
Entzug der Privatnutzung oftmals an die Berechtigung des Unternehmens zur Freistellung
geknüpft ist, dürfte jedenfalls dann, wenn die Freistellungsgründe wirksam arbeitsvertraglich vereinbart wurden, die Führungskraft zur Herausgabe des Dienstwagens berechtigt
sein.

Freistellungsgründe dürften beispielsweise dann sachlich gerechtfertigt sein, wenn das
Unternehmen den Verdacht strafbarer Handlungen gegenüber der Führungskraft prüfen
will und die Führungskraft deshalb von der Verpflichtung zur Erbringung der Arbeitsleistung freigestellt wird und in diesem Zusammenhang die Herausgabe des Dienstwagens
fordert.

Wirksam kann die Herausgabe des Dienstwagens auch dann sein, wenn sich der Aufgabenbereich der Führungskraft durch Versetzung oder einvernehmliche Änderung verändert und in der neuen Tätigkeit eine Dienstwagennutzung nicht vorgesehen ist, beispielsweise bei einer Versetzung von einer Außendiensttätigkeit in eine Stabsfunktion.

Hat sich das Unternehmen für die Privatnutzung des Fahrzeugs eine sogenannte Ersetzungsbefugnis vorbehalten, so kann das Firmenfahrzeug nur dann durch ein gleichwertiges Fahrzeug ersetzt werden. Somit scheidet beispielsweise der Austausch eines 5er BMWs gegen einen Lieferwagen aus.

Verlangt das Unternehmen die Herausgabe des Firmenfahrzeugs und ist die rechtliche Berechtigung zweifelhaft, so ist der Führungskraft zu empfehlen, das Firmenfahrzeug herauszugeben. Wird das Firmenfahrzeug nicht herausgegeben, hat die Führungskraft im Worst Case mit der Erstattung einer Anzeige wegen einer Unterschlagung des Fahrzeugs zu rechnen. Stellt sich nachträglich heraus, dass das Firmenfahrzeug zu Unrecht entzogen wurde, steht der Führungskraft jedoch ein Schadensersatzanspruch in Geld zu, wobei sich die Höhe des Schadensersatzes nach der steuerlichen Bewertung der privaten Nutzung entsprechend § 6 Abs. 1 Nr. 1 EStG bestimmt. Das BAG bestimmt den Wert der privaten Nutzung mit 1% des inländischen Listenpreises zum Zeitpunkt der Erstzulassung, zuzüglich der Kosten für Sonderausstattungen.

Für die Regelung der Dienstwagennutzung in einem Aufhebungsvertrag ist zunächst zu klären, ob die Führungskraft das Fahrzeug auch während einer unwiderruflichen Freistellung nutzen kann. Hier sollte geregelt sein, dass diese Nutzung zu den bisherigen Konditionen erfolgen kann, da anderenfalls durch eine Tankkarte oder für etwaige Privatfahrten der Führungskraft Kosten entstehen können. Da Führungskräfte oft den Dienstwagen während der Freistellungsphase auch für Fahrten zu Bewerbungsgesprächen nutzen, ist dies ein nicht zu unterschätzender Punkt. Außerdem sollte geklärt werden, welche Kosten der Führungskraft anlässlich der Rückgabe des Fahrzeugs noch entstehen könnten, da viele Dienstwagenordnungen der Führungskraft im Falle einer vorzeitigen Rückgabe des Fahrzeugs Kosten auferlegen.

So sehen manche Dienstwagenordnungen für zu viel gefahrene Kilometer Erstattungsregelungen der Führungskraft vor. Andererseits kann es sein, dass die Führungskraft für etwaige Sonderausstattungen eigene finanzielle Aufwendungen erbracht hat, die sich womöglich aufgrund eines vorzeitigen Endes der ursprünglich gedachten Nutzung des Firmenfahrzeugs nun nicht mehr amortisieren. In diesem Fall ist die Höhe der sich nicht mehr amortisierenden Kosten zu ermitteln und im Rahmen des Packages für eine mögliche Abfindungszahlung mit zu verhandeln.

Haftungsrechtlich muss sich die Führungskraft während der Nutzung des Dienstwagens so behandeln lassen, wie jede Führungskraft im noch in Vollzug befindlichen Arbeitsverhältnis auch. Im Regelfall wird sich die Haftung der Führungskraft auf die Höhe der Selbstbeteiligung der Versicherung beschränken.

Von großer Bedeutung ist es, ob als Bemessungsgrundlage für die Berechnung einer Altersversorgung der geldwerte Vorteil der Dienstwagennutzung mit zu berücksichtigen ist und somit zu einer Steigerung der Altersversorgungsansprüche führen kann.

Die Frage beantwortet sich danach, ob die Dienstwagennutzung in der Versorgungsordnung der jeweiligen betrieblichen Altersversorgung ausdrücklich Berücksichtigung gefunden hat, dergestalt, dass die Dienstwagennutzung im Rahmen der Berechnung zu

berücksichtigen ist. Hat dieser Punkt in der jeweiligen Versorgungsordnung keine Berücksichtigung gefunden, so kann die Dienstwagennutzung nicht beitragserhöhend wirken.

### 10.2.7  Outplacement versus Coaching

Viele Unternehmen bieten Führungskräften im Rahmen der Trennung eine Personalberatung an. Dabei wird die Beratung entweder als ergänzendes Angebot des Unternehmens,
das heißt, im Rahmen einer Aufhebungsvereinbarung oder als Ersatz einer solchen angeboten.

Unter einer Outplacement-Beratung, die von einigen Anbietern auch mit dem etwas
positiv besetzteren Wort „Newplacement" bezeichnet wird, ist eine unterstützende Beratung, die oft durch Psychologen oder ehemalige Mitarbeiter großer Unternehmen, meist
aus den Personalabteilungen stammend, vorgenommen wird. Inhalt, Dauer und Umfang
der Outplacement-Beratung variieren meist von Anbieter zu Anbieter, ebenso wie die
Kosten. Während manche große Firmen mit einem oder mehreren Anbietern sogenannte
Rahmenvereinbarungen abgeschlossen haben, kann die Führungskraft, die ohne Kostenübernahme des Unternehmens eine Beratung in Anspruch nimmt, mit Kosten für eine
zeitlich unbegrenzte Beratung, das ist eine solche bis zum Ablauf der Probezeit bei einem
neuen Arbeitgeber, mit einem Betrag von bis zu etwa 22% der letzten Bruttojahresbezüge
rechnen.

Inhalt und Ziel der Beratung ist es meist zunächst, die Stärken und Schwächen der
Führungskraft herauszufinden, wozu auch die Analyse des bisherigen beruflichen Werdegangs unter Berücksichtigung der Trennungssituation gehört. Dann wird analysiert für
welche beruflichen Tätigkeiten, in welchen Branchen und Unternehmen, beziehungsweise
Unternehmensbereichen, eine berufliche Neuausrichtung sinnvoll sein kann. Die Führungskraft findet sowohl Unterstützung bei der optimalen Präsentation der Bewerbungsunterlagen als auch einem Bewerbungs- und Gesprächstraining. Bewerbungen, die nicht
zum gewünschten Erfolg geführt haben, werden analysiert, um der Führungskraft für das
Bewerbungsverfahren die nötige Sicherheit zu geben.

Neben der zeitlich unbefristeten Beratung bieten die meisten Anbieter auch zeitlich
oder kostenmäßig befristete Beratungspakete an. Ob und in welchem Umfang eine derartige Beratung sinnvoll ist, ist jeweils im Einzelfall zu betrachten. Für Führungskräfte,
die sich in einem fortgeschrittenen Alter befinden und viele Jahre in nur einem Unternehmen oder einer Branche tätig gewesen sind, ist eine derartige Beratung in jedem Fall
angebracht. Für jüngere und/oder gut vernetzte Führungskräfte kann der Mehrwert einer
derartigen Beratung demgegenüber geringer ausfallen.

Die Führungskraft muss wissen, dass es, anders als beispielsweise bei einem Headhun-
ting-Unternehmen, nicht Inhalt und Auftrag des Outplacement-Unternehmens ist, der
Führungskraft eine neue Tätigkeit zu vermitteln. Neuerdings gibt es jedoch Anbieter, die
sowohl ein Outplacement-Programm anbieten, als auch als Headhunter tätig sind. Auf die

Vermeidung von Interessenkollisionen ist in derartigen Konstellationen, seitens des Beratungsunternehmens, besonders zu achten.

Von der Outplacement-Beratung ebenfalls zu unterscheiden ist das sogenannte Coaching. Unter Coaching wird die unterstützende Beratung durch einen meist externen Coach verstanden, indem fachliche Probleme analysiert und reflektiert werden und die zu coachende Führungskraft Hilfestellung im Umgang mit dem Problem im Unternehmensalltag erhält. Anlass für ein Coaching können beispielsweise besondere persönliche Belastungsphasen und Krisen, die Überprüfung beruflicher Situationen und Entscheidungen oder aber Probleme mit Mitarbeitern und Vorgesetzten sein. Von dieser Art des Coachings ist das sogenannte arbeitsrechtliche Coaching zu unterscheiden, deren sich viele Manager großer Unternehmen von der Gestaltung des Vertrags bis zur Beendigung bedienen. Bei dieser Art der Beratung geht es vor allem um die rechtlich begleitende und absichernde Beratung. Dieser Bereich wird, wie wir aus unserer täglichen Arbeit erleben können, zunehmend auch von Führungskräften der oberen Leitungsebenen nachgefragt.

Wird durch den Arbeitgeber der Führungskraft eine Outplacement-Beratung angeboten und trägt das Unternehmen die Kosten hierfür, stellt sich die Frage, wie diese steuerlich zu behandeln ist. Vor vielen Jahren vertraten wir eine Führungskraft eines internationalen Chemieunternehmens, die ein Outplacement in Anspruch nahm. Das Unternehmen übernahm die Kosten. Die Führungskraft versteuerte die Kosten der Outplacement-Beratung nicht. Im Zuge einer Betriebsprüfung, die zwei Jahre später in dem Unternehmen stattfand, wurde man auf diesen Sachverhalt aufmerksam und zog die Führungskraft nachträglich zur Erstattung von Einkommensteuer für die durch das Unternehmen übernommenen Outplacement-Kosten heran. Wie wir meinten, zu Unrecht, was wir zum Anlass nahmen, hierzu in einer Fachzeitschrift zu veröffentlichen. Wir vertraten damals die Auffassung, dass die Outplacement-Beratung nicht als einkommensteuerpflichtige Leistung „zugeflossen" ist, da die im Rahmen des Outplacements vermittelten Kenntnisse und Fähigkeiten nachträglich nicht im Rahmen der weiteren beruflichen Tätigkeit nachhaltig verwertbar sind.

Zu Recht hat sich mittlerweile auch der Bundesfinanzhof dieser Auffassung angeschlossen und entschieden, dass eine Outplacement-Beratung für von der Entlassung bedrohte Arbeitnehmer zur beruflichen Neuorientierung und Fortbildung im Interesse des Arbeitgebers erfolgt und keinen Arbeitslohn darstellt.

Wir hatten oben auf die steuerrechtliche Bewertung von Entlassungsentschädigungen hingewiesen. Wird die Outplacement-Beratung zeitlich nachgelagert, also nach der rechtlichen Beendigung des Arbeitsverhältnisses durchgeführt, so stellt sich die Frage, ob damit die Steuerbegünstigung der Abfindungszahlung insgesamt verloren gehen kann. Hierzu hat ebenfalls der Bundesfinanzhof festgestellt, dass Entlassungsentschädigungen auch dann steuerbegünstigt bleiben, wenn in späteren Veranlagungszeiträumen aus sozialer Fürsorge für eine gewisse Übergangszeit ergänzende Zusatzleistungen erbracht werden. Diese Zusatzleistungen sind für die Beurteilung der Hauptleistung als zusammengeballte Entschädigung unschädlich im Zeitraum ihres Zuflusses regulär zu versteuern. Von einer steuerlich unschädlichen Zusatzleistung ist jedoch nach Auffassung des Bundesfinanzhofes nur dann auszugehen, wenn die Zusatzleistung (Outplacement) im Verhältnis zur Hauptleistung (Abfindung) nicht entscheidend ins Gewicht fällt. Nach Ansicht der Finanzverwaltung darf die Zusatzleistung allerdings maximal 20% der Hauptleistung entsprechen. Diese Grenze dürfte allerdings bei niedrigen Abfindungsbeträgen, die sich aufgrund einer kurzen Betriebszugehörigkeit ergeben, relativ gesehen zu niedrig, für den Regelfall der Abfindung einer Führungskraft jedoch ausreichend sein.

## 10.3  Altersversorgung, Altersteilzeit und Vorruhestand

### 10.3.1  Altersversorgung

Neben der gesetzlichen Altersversorgung in die die Führungskraft und der Arbeitgeber kraft Gesetzes Beiträge zu entrichten haben, setzt sich die Altersversorgung nahezu ausnahmslos aus weiteren Komponenten zusammen, die je nach Unternehmen und Branche unterschiedlich ausgestaltet sein können.

So setzt sich die Altersversorgung von Führungskräften des privaten Bankgewerbes ergänzend aus Altersversorgungsansprüchen des BVV (Pensionskasse für die Altersversorgung in der Finanzwirtschaft), einer betrieblichen Altersversorgung, die allein durch den Arbeitgeber finanziert ist und mitunter auch aus einer Altersversorgung aus Deferred Compensation, also Gehaltsumwandlung, zusammen. Letztere können unterschiedlich finanziert werden. Egal, ob als sogenanntes Fondsmodell oder in anderer Form, in jedem Fall ist vor Abschluss einer Aufhebungsvereinbarung aufs Genaueste zu prüfen, ob und in welchem Umfang Ansprüche aus den jeweiligen Versorgungssystemen erworben wurden und welche Veränderungen sich durch die Beendigung des Arbeitsverhältnisses ergeben können.

Wenden wir uns zunächst der Frage zu, was unter einer betrieblichen Altersversorgung im engeren Sinne zu verstehen ist. Denn nur diese Art der Altersversorgung unterliegt den spezifischen Regelungen des betrieblichen Altersversorgungsgesetzes. Unter dem Begriff der betrieblichen Altersversorgung ist die Zusage des Arbeitgebers von Leistungen der Alters-, Invaliditäts- und Hinterbliebenenversorgung des Arbeitnehmers aus Anlass seines Arbeitsverhältnisses zu verstehen. Diese kann in der Weise vollzogen werden,

- dass der Arbeitgeber sich verpflichtet, bestimmte Beiträge in eine Anwartschaft auf Alters-, Invaliditäts- oder Hinterbliebenenversorgung umzuwandeln, in diesem Fall spricht man von einer beitragsorientierten Leistungszusage;
- dass sich der Arbeitgeber verpflichtet, Beiträge zur Finanzierung der Altersversorgung in einen Pensionsfonds zu zahlen;
- dass Entgeltansprüche in eine Versorgungsleistung umgewandelt werden;
- dass der Arbeitnehmer Beiträge seines Arbeitsentgelts zur Finanzierung von Leistungen der betrieblichen Altersversorgung an einen Pensionsfond, eine Pensionskasse oder eine Direktversicherung leistet.

Im Rahmen der Prüfung vorgenannter Ansprüche ist alsdann zu klären, ob es sich bei den Altersversorgungsansprüchen um sogenannte noch verfallbare oder bereits unverfallbare Ansprüche handelt. Zur Beantwortung dieser Frage sind zum einen von Bedeutung, wann das Arbeitsverhältnis begründet wurde, der Zeitpunkt der Erteilung der Versorgungszusage und das Alter der Führungskraft zum Zeitpunkt der Erteilung der Versorgungszusage. Es ist zu unterscheiden zwischen Versorgungszusagen vor dem 1. Januar 2001 und nach dem 1. Januar 2001.

▶   Wurde die Versorgungszusage nach dem 1. Januar 2001 begründet, gilt Folgendes:

Unverfallbar ist eine Versorgungszusage, wenn das Arbeitsverhältnis vor Eintritt des Versorgungsfalls, jedoch nach Vollendung des 30. Lebensjahres endet und die Versorgungszusage zu diesem Zeitpunkt mindestens fünf Jahre bestanden hat. Seit dem 1.1.2009 wurde das 30. Lebensjahr durch das 25. Lebensjahr ersetzt.

▶   Für Versorgungszusagen vor dem 1. Januar 2001 gilt folgendes:

Die Anwartschaft aus einer Versorgungszusage ist unverfallbar, wenn das Arbeitsverhältnis vor Eintritt des Versorgungsfalles, jedoch nach Vollendung des 35. Lebensjahres endet und die Versorgungszusage zu diesem Zeitpunkt mindestens zehn Jahre bestanden oder bei mindestens zwölfjähriger Betriebszugehörigkeit mindestens drei Jahre bestanden hat. In diesen Fällen bleibt die Anwartschaft ebenfalls erhalten, wenn die Zusage ab dem 1. Januar 2001 fünf Jahre bestanden hat und bei Beendigung des Arbeitsverhältnisses die Führungskraft das 30. Lebensjahr vollendet hat.

Die Frage der Unverfallbarkeit beziehungsweise Verfallbarkeit einer Versorgungszusage ist in erster Linie deshalb bedeutsam, als dass unverfallbare Anwartschaften in Aufhebungsverträgen nicht wirksam abgefunden werden können, verfallbare Ansprüche hingegen schon. Ferner kann sich hinsichtlich verfallbarer Versorgungsansprüche die Frage stellen, inwieweit diese im Rahmen der Verhandlungen über die Modalitäten der Aufhebungsvereinbarung unverfallbar gestellt werden können, was ohne Weiteres möglich ist, da das betriebliche Altersversorgungsgesetz lediglich eine Abweichung von dessen zwingenden Regelungen zulasten der Führungskraft nicht aber zu deren Gunsten vorsieht. Da eine Kapitalisierung von noch nicht verfallbaren Ansprüchen auf Altersversorgung in der Regel wirtschaftlich nicht vorteilhaft ist, da einerseits aufgrund der zu erfolgenden Abzinsung und der im Rahmen der Abfindungszahlung eintretenden Versteuerung sich ein relativ gesehen niedrigerer Nettobetrag für die Führungskraft errechnet, ist es gerade in den Fällen sinnvoll, für die Führungskraft noch nicht unverfallbare Versorgungsansprüche unverfallbar zu stellen, wenn aufgrund der Beendigung des Vertragsverhältnisses die Unverfallbarkeitsvoraussetzungen nur verhältnismäßig kurz verfehlt werden.

## 10.3.2   Altersteilzeit

In den vergangenen Jahren haben Unternehmen sich mittels sogenannter Altersteilzeitvereinbarungen von einer Vielzahl älterer Führungskräfte trennen können. Der Vorteil
derartiger Vereinbarungen lag darin, dass aufgrund der Regelungen des sogenannten Altersteilzeitgesetzes Zuschüsse von der Bundesagentur für Arbeit geleistet wurden und so
der Abschluss einer derartigen Vereinbarung für das Unternehmen finanziell lukrativ war.
Auch für die Führungskraft konnte eine derartige Vereinbarung interessant sein, da die
Altersteilzeitvereinbarung sich im sogenannten Blockmodell auf eine sogenannte Arbeits-
phase und eine sogenannte Freistellungsphase zu erstrecken hatte. Es war somit möglich,
rentennahe Vereinbarungen von einer Gesamtdauer von bis zu sechs Jahren und beginnend ab dem vollendeten 55. Lebensjahr zu treffen. Derartige Vereinbarungen sind jedoch
auf der Grundlage des Altersteilzeitgesetzes und auch auf anderer gesetzlicher Grundlage
nicht mehr möglich. Der Gesetzgeber hat die Förderfähigkeit der Altersteilzeit nämlich
befristet, sodass letztmalig Altersteilzeitvereinbarungen möglich waren, die spätestens mit
dem 31. Dezember 2009 abgeschlossen waren.

## 10.3.3   Vorruhestand

Seit dem Wegfall dieses Personalinstruments zur Beendigung von Verträgen mit Führungskräften hat sich die Möglichkeit des Abschlusses einer Trennungsvereinbarung insgesamt erschwert, da für Führungskräfte nur die Möglichkeit besteht, einen Aufhebungsvertrag mit dem Unternehmen abzuschließen oder aber eine sogenannte Vorruhestandsvereinbarung. Letztere wird je nach Unternehmen auch als Freistellungsvereinbarung oder
Wartestandsvereinbarung bezeichnet.

Wichtig ist zunächst, dass die Führungskraft weder einen Anspruch auf den Abschluss
einer Aufhebungsvereinbarung noch einer Vorruhestandsvereinbarung hat. Der Führungskraft steht vertraglich und gesetzlich lediglich ein Anspruch auf vertragsgemäße
Beschäftigung zu. Um sich klar darüber zu werden, welche Alternative auf die Führungskraft passt, ist es zunächst nötig, sich klarzumachen, was eine Vorruhestandsvereinbarung
bedeutet.

Der Inhalt und Umfang einer derartigen Vereinbarung ist infolge des Fehlens jeglicher
gesetzlicher Regelung oder Vorgaben, reine Verhandlungssache. Im Rahmen der Vorruhestandsvereinbarung wird die Führungskraft ab deren Beginn meist bis zum frühestmöglichen Beginn einer gesetzlichen und/oder einer betrieblichen Altersversorgung von
der Verpflichtung zur Erbringung der Arbeitsleistung freigestellt und zwar meist unter
Fortzahlung eines bestimmten Prozentsatzes der bisherigen Bezüge. Während der Freistellung liegt ein wesentlicher Vorteil der Vorruhestandsvereinbarung darin, dass der Ar-
beitgeberanteil zur Sozialversicherung und auch eine etwaige betriebliche Altersversorgung fortgeführt wird, sodass die Führungskraft bei einer optimalen Vereinbarung keine
Rentenkürzung beziehungsweise Abschläge in der Altersversorgung erleiden muss. Da die

Führungskraft somit weiterhin auf der Payroll des Unternehmens verbleibt, ohne dass das Unternehmen Arbeitsleistungen erhält, ist dieser Weg der Trennung meist ein verhältnismäßig teurerer Weg als eine Aufhebungsvereinbarung, bei der sich das Unternehmen zu einem bestimmten Zeitpunkt sämtlicher Verpflichtungen gegenüber der Führungskraft entledigt.

Nachfolgende Punkte sollten in einer Vorruhestandsvereinbarung geregelt sein:

- Beginn und Dauer des Vorruhestands,
- Möglichkeit einer etwaigen Tätigkeit außerhalb des Unternehmens, mit dem die Vorruhestandsvereinbarung geschlossen wurde,
- Anrechnung/Nichtanrechnung anderweitigen Verdiensts,
- Verfahrensweise in Fällen einer Möglichkeit in einem Wettbewerbsunternehmen weiter arbeiten zu können,
- Überprüfung sämtlicher bisheriger vertraglicher Regelung der Führungskraft und deren Umsetzung in die Vorruhestandsvereinbarung.

Gerade der Überprüfung des bisherigen Vertragsstatus im Hinblick auf bisher erworbene Ansprüche auf Altersversorgung ist allergrößte Sorgfalt zu widmen, da mit der Vorruhestandsvereinbarung der Dienstvertrag insgesamt und für die Dauer der Vorruhestandsvereinbarung eine neue rechtliche Grundlage erhält. Alles was nicht in der Vorruhestandsvereinbarung geregelt ist, gilt nämlich nachfolgend im Verhältnis Führungskraft – Unternehmen nicht mehr, wenn es übersehen wurde.

Da die Führungskraft nicht aus dem Unternehmen ausscheidet, kann für den Beginn der Vorruhestandsvereinbarung auf die Einhaltung von Kündigungsfristen verzichtet werden. Etwaige sozialversicherungsrechtliche Nachteile, wie eine Sperrfrist oder einem Ruhen von Arbeitslosengeld hat die Führungskraft nicht zu befürchten, da sie nicht arbeitslos wird.

Eine Vorruhestandsvereinbarung ist ein teurer Weg sich von Mitarbeitern zu trennen und kommt deshalb auch nur für entsprechend finanziell leistungsfähige Unternehmen in Betracht. Sie ist meist erst ab dem 55. Lebensjahr möglich und denkbar.

Ein wichtiger Punkt für die Führungskraft, die sich meist noch fit und leistungsfähig fühlt, ist es, sich eine Option zu erhalten, anderweitige Arbeitstätigkeiten auszuüben, die sich nicht nur in einer geringfügigen Tätigkeit erschöpfen, und den etwaigen Verdienst nicht auf die Vorruhestandsbezüge anrechnen zu lassen. Wir verhandeln zu diesem Punkt regelmäßig kompromisslos, denn spätestens, wenn die Führungskraft das Golfhandicap auf elf verbessert und den Keller das dritte Mal aufgeräumt hat, fällt vielen Führungskräften, trotz guter finanzieller Ausgestaltung des Vorruhestandes, die „Decke" auf den Kopf und mancher Ehefrau auch.

### 10.3.4   Vorruhestand oder Abfindung?

Somit heißen die Alternativen frühere „Rente" oder Geld zum Abschied. Was sich finanziell lohnt, hängt vom Unternehmen, dem Verhandlungsgeschick und der Leistungsfähigkeit des Unternehmens, der persönlichen Lebensplanung, möglichen Chancen einer Anschlusstätigkeit sowie dem Verhandlungsgeschick und der Erfahrung des verhandelnden Rechtsanwalts ab. Beide Alternativen haben Chancen und Tücken. Kommt es hart auf hart, gilt es jedoch, in beiden Alternativen zäh zu bleiben und beinhart zu verhandeln. Beharrlichkeit zahlt sich meist aus. Manche Unternehmen sehen uns und unsere Kollegen deshalb auch lieber von „hinten."

Lassen Sie sich jedoch nicht durch die verantwortlichen Mitarbeiter des Unternehmens einschüchtern, verunsichern oder gar drohen. Man ist sich auch für billige Tricks nicht zu schade: Verschiedene Führungskräfte eines Versicherungsunternehmens in München berichteten uns bei Beauftragung über Drohungen der Personalabteilung, dass sich angeblich die Konditionen eines anstehenden Aufhebungs- oder Vorruhestandsvertrags verschlechtern würden, ließen diese sich von unserer Kanzlei vertreten. Im Ergebnis traf das nicht zu. Dieser unbeholfene Ausdruck des Unbehagens der Unternehmen ist für uns die beste Empfehlung. Für das Unternehmen jedoch stellte diese Reaktion eine totalitäre Verhaltensweise dar, leben wir doch immer noch in einem Land mit freier Anwaltswahl. Wir freuen uns deshalb, dass immer mehr Führungskräfte dieses und anderer Unternehmen die Vorzüge einer Kanzlei zu schätzen wissen, die sich eindeutig für die Interessenvertretung leitender Angestellter entschieden hat und nicht versucht, auf allen „Hochzeiten zu tanzen" und so Gefahr läuft, angreifbar zu werden und die Interessen der Leitenden nicht mit letzter Konsequenz zu verhandeln.

Wie viel auf welchem Weg finanziell möglich ist, hängt zunächst von der rechtlichen Verhandlungsposition ab. Ist nachweisbar, dass eine rechtlich legale Trennung für das Unternehmen nicht möglich ist, weil schlicht kein Kündigungsgrund vorliegt oder das Unternehmen gegenüber der Führungskraft Fehler im Trennungsprozess begangen hat, ist der erste Aufschlag bestimmt und präzise zu machen. Das Unternehmen, das sich kompetent beraten lässt, wird eher bereit sein, der Führungskraft, die oftmals viele Jahre für das Unternehmen erfolgreich gearbeitet hat, entgegenzukommen. Es wird einsehen, dass eine Klage vor dem Arbeitsgericht nicht zu gewinnen ist. Oftmals pokern Unternehmen jedoch auch. In diesem Fall muss sich die Führungskraft mitunter auf eine Verfahrensdauer von bis zu eineinhalb Jahren oder länger einrichten. Es geht dann darum, dass die Führungskraft sicher und auch mental geführt und über sämtliche Alternativen und Szenarien informiert wird.

Unrechtmäßig wäre eine Kündigung beispielsweise, wenn soziale Kriterien nicht beachtet werden, mithin älteren Kollegen gekündigt wird, während die Position der Führungskraft nicht wegfällt und mit jüngeren Kollegen oder gar extern eingestellten Mitarbeitern neu besetzt wird. Sozialwidrig wäre eine Kündigung, wenn Familienväter oder Alleinerziehende ihren Job verlieren, während die Stelle mit einem ledigen Kollegen besetzt wird.

Geht es um Trennungen in einem größeren Abbauprogramm, ist festzustellen, dass diejenigen, die die besseren Nerven haben und sich nicht auf das erste oder zweite Angebot einlassen, oft am Ende besser dastehen, da sie einfach „nerven" und „lästig" sind.

Während die Führungskraft bei einer Vorruhestandsvereinbarung in der Regel keine weitere Abfindungszahlung erhält, kann diese im Falle einer Aufhebung beträchtlich sein. Abfindungszahlungen liegen in der Regel selten unter einem Faktor 0,75, oft aber zwischen 1,0 und 2,0 und zum Teil auch weit darüber. Leider kassiert der Fiskus einen Großteil der Abfindungszahlung, da Freibeträge nicht bestehen und oberhalb von 500.000 € Abfindung für Verheiratete und 250.000 € für Ledige, die Führungskraft noch mit einer sogenannten Reichensteuer bestraft wird.

Wichtig ist es daher, möglichst wenig von der Abfindung dem Fiskus zu überlassen. Früher gab es Freibeträge und eine ermäßigte Besteuerung, die heute weggefallen sind. Heute existiert nur noch die sogenannte Fünftelungsregelung. Diese bedeutet, dass die Abfindung bei der Steuerberechnung fiktiv auf fünf Jahre verteilt wird und so der Steuersatz gesenkt werden kann. Die Fünftelungsregelung kann dann sinnvoll sein, wenn ein neuer Job in Aussicht ist oder bereits ein neuer Vertrag unterschrieben ist. Führungskräfte ohne entsprechende Perspektive sollten besser die Abfindung in einem Betrag versteuern.

Für Abfindungen, die 1 Mio. € betragen oder weit darüber liegen, ergeben sich mitunter andere Optimierungen der Versteuerung, so die Gründung eines eigenen Unternehmens, ein Stiftungsmodell oder die Verlagerung des Wohnsitzes ins Ausland. Es führt an dieser Stelle jedoch zu weit, hier im Einzelnen die Varianten darzustellen, da diese sich individuell zu sehr voneinander unterscheiden. Kommen diese in Betracht, werden die einschlägigen Fragen mit entsprechenden externen Beratern besprochen und individuell getroffen.

Weiterhin ist unter sozialversicherungsrechtlichen Aspekten im Falle einer Arbeitslosigkeit für jeden Monat der vorzeitigen Inanspruchnahme der Altersrente mit einem Abschlag in Höhe von 0,3% vor dem gesetzlichen Rentenalter ohne gekürzte Altersrente zu rechnen. Hinzu kommt, dass die Führungskraft bei einer Aufhebungsvereinbarung eine Sperre für den Bezug von Arbeitslosengeld von zwölf Wochen erhält und in dieser Zeit kein Arbeitslosengeld beziehen kann. Nach der Sperre wird zwar Arbeitslosengeld gezahlt, jedoch die Dauer der Zahlung um ein Viertel gekürzt. Ältere Führungskräfte beziehen somit statt maximal 24 Monate Arbeitslosengeld nur 18 Monate. Hat die Führungskraft in dieser Zeit keinen neuen Job, besteht lediglich ein Anspruch auf Hartz IV.

Nachfolgende Fragen können der Führungskraft bei der Entscheidungsfindung „Vorruhestandsvertrag oder Aufhebungsvertrag?" helfen:

- Finde ich einen neuen Job?
  Selten finden Führungskräfte ab dem 55. Lebensjahr noch eine gleichwertige Anschlussposition. Eine selbstständige Tätigkeit ist aufgrund des Alters keine Alternative. Arbeitslosengeld kann für maximal 24 Monate bezogen werden.
- Besteht ein finanzieller Puffer?
  Ist dieser im Worst Case ausreichend, den finanziellen Unterhalt bis zum frühestmöglichen Bezug von Altersrente und oder betrieblicher Altersversorgung zu überbrücken?

- Ist die Abfindung hoch genug?

  Führungskräfte, die einen neuen Job in Aussicht haben oder Chancen darauf, müssen abwägen. Im Rahmen des Vorruhestands werden Sozialversicherungsbeiträge weiter entrichtet und die Führungskraft bezieht weiterhin Vorruhestandsbezüge. Bei der Abfindung sind hohe Steuerzahlungen fällig. Meist wird die Abfindung netto gegenüber den Vorruhestandsbezügen die finanziell ungünstigere Variante sein. Die Aufhebung ist nur sinnvoll mit einer Anschlusstätigkeit.

- Bin ich bereit für den Ruhestand mit Absicherung?

  Wer sich nicht sicher ist, ob eine Anschlusstätigkeit realistisch ist, sollte besser den sicheren Weg über eine optimierte Vorruhestandsvereinbarung statt einer Abfindung wählen.

# Headhunter, Outplacement und Coaching

# 11

Vielen Führungskräften ist oftmals die Unterscheidung zwischen Headhunting, Outplacement und Coaching nicht klar. Deshalb hierzu ein kleiner Exkurs.

## 11.1 Headhunting

Headhunter sind Berater, die für ein Unternehmen einen geeigneten Kandidaten finden sollen. Sie haben mehr Interesse an einem sich noch im Job und/oder Markt befindlichen Kandidaten. Befindet sich die Führungskraft im Trennungsprozess oder ist gar der Aufhebungsvertrag schon unterzeichnet, erlahmt das Interesse an der Person der Führungskraft oftmals schnell. Diese Führungskräfte können Glück haben und durch einen Headhunter eine neue Tätigkeit erlangen, darauf vertrauen können sie aber nicht.

Wendet sich die Führungskraft an einen Headhunter, sollte sichergestellt sein, dass zu dem Unternehmen, mit dem man sich im Trennungsprozess befindet, keine Interessenkollision besteht. Im Falle einer Kontaktaufnahme mit einem Headhunter sollte auf absolute Vertraulichkeit Wert gelegt werden. Vor allem sollten nach einer telefonischen Kontaktaufnahme nicht die Unterlagen übersandt werden, diese sollten nur nach persönlicher Kontaktaufnahme und einem ausführlichen Gespräch überreicht werden. Nur so ist sichergestellt, dass mit den Bewerbungsunterlagen bei dem Headhunter auch ein Gesicht „verbunden" ist. Kosten entstehen der Führungskraft gegenüber dem Headhunter nicht, da den Search-Auftrag das Unternehmen und nicht die Führungskraft bezahlt.

## 11.2 Outplacement

Unter einer Outplacement-Beratung ist die professionelle Beratung durch Personalberater zu verstehen, die der Führungskraft während beziehungsweise nach der Beendigung des Dienstvertrags Unterstützung bei der beruflichen Neuorientierung geben, um die Chan-

C. Abeln, *Handbuch für Führungskräfte*,
DOI 10.1007/978-3-658-04029-1_11, © Springer Fachmedien Wiesbaden 2014

cen der Führungskraft auf eine adäquate Anschlussposition zu erhöhen. Auftraggeber dieser Dienstleistung ist in der Regel das Unternehmen, das sich von der Führungskraft trennen will. Dieses übernimmt normalerweise auch die Kosten in vollem Umfang. Der Outplacement-Berater sucht, anders als der Headhunter, somit für die Führungskraft eine generell auf die Qualifikation der Führungskraft abstrakt zugeschnittene Tätigkeit. Der Headhunter sucht für das Unternehmen die geeignete Führungskraft. Der Outplacement-Berater gibt der Führungskraft lediglich das geeignete Instrumentarium an die Hand, damit die Führungskraft sich erfolgreich im Markt bewegen kann.

In ersten Gesprächen wird meist der berufliche Werdegang der Führungskraft analysiert. Stärken und Schwächen werden herausgearbeitet, um neue Chancen für den Leitenden zu finden. Mithilfe der Eigen- und Fremdanalyse sollen mögliche geeignete Tätigkeiten gefunden und zukünftige neue Arbeitgeber in der gleichen und/oder anderen Branchen identifiziert werden. Alsdann werden Bewerbungstechniken, Bewerbungsanschreiben und Bewerbungsgespräche erprobt. Nach erfolgten Bewerbungen wird in Feedback-Gesprächen hinterfragt, warum die Führungskraft nicht in die engere Bewerberauswahl gekommen ist. Die Analyse wird dabei oftmals durch eine unterstützende psychologische Beratung ergänzt. Diese hängt jedoch mitunter stark von der beruflichen Vorbildung des Beraters und des Beratungsansatzes ab. Da Bewerbungsprozesse in der Regel viele Monate und die Zeitdauer bis zu einer neuen Position einer Führungskraft schnell ein Jahr und mehr betragen kann, ist die unterstützende Beratung geschulter und professioneller Outplacement-Berater mitunter von großem Wert.

▶    **Für wen ist die Beratung sinnvoll?**

Wir haben die Erfahrung gemacht, dass sich unter den Führungskräften in der Regel diejenigen für eine Outplacement-Beratung entschieden, die viele Jahre in nur einem Unternehmen oder in einer Branche tätig waren und sich noch Chancen auf dem Arbeitsmarkt ausrechneten. Dabei entschlossen sich weitaus mehr Führungskräfte der zweiten Führungsebene für eine Outplacement-Beratung. Führungskräfte der ersten Ebene und solche, die im Markt gut vernetzt waren, verzichteten hingegen eher auf eine derartige Beratung, da sie bereits über ausreichend Kontakte verfügten und auch die Techniken, die für eine erfolgreiche Bewerbung erforderlich sind, beherrschten.

Viele Unternehmen bieten eine Outplacement-Beratung im Zusammenhang, beziehungsweise im Anschluss, an das Trennungsgespräch an. Sie ist jedoch wenig angebracht, solange die Führungskraft noch im „Job" ist. Es ist erst dann sinnvoll mit einer Beratung zu beginnen, wenn die Trennungsvereinbarung unterzeichnet wurde, die Führungskraft weiß, wo Sie finanziell steht und sich mental ausreichend vom bisherigen Unternehmen gelöst hat.

Unternehmen, die meinen, mit der Kostenübernahme einer Outplacement-Beratung die Kosten einer Abfindung zu sparen, agieren unseriös. Jeder seriöse Outplacement-Berater sollte das beauftragende Unternehmen auf diese Problematik hinweisen.

Die Kosten einer Outplacement-Beratung können schnell mehrere tausend oder auch zehntausend Euro kosten. Die Höhe der Kosten hängt von der Dauer der Beratung und der bisherigen Vergütung der Führungskraft ab. Während für eine zeitlich unbegrenzte Beratung, dass heißt eine Beratung bis nach Ablauf der Probezeit bei einem neuen Arbeitgeber, mitunter bis zu 22 % der letzten Jahresvergütung, aufzuwenden sind, gibt es eine Einstiegsberatung schon für wenige tausend Euro.

Knüpft das Unternehmen die Outplacement-Beratung an ein oder mehrere ausgewählte Outplacement-Unternehmen, so ist zunächst einmal Vorsicht geboten. Warum? Voraussetzung für eine erfolgreiche Outplacement-Beratung ist das absolute Vertrauen zwischen Berater und Führungskraft. Dies ist am Besten gegeben, wenn die Führungskraft freie Beraterwahl hat und nicht auf vorgegebene Berater des Unternehmens angewiesen ist. Wir legen deshalb in unseren Vereinbarungen Wert darauf, dass die Führungskraft nicht in seiner/ihrer Wahl eingeschränkt ist. Zum anderen besteht die Gefahr bei Beratungsunternehmen, die meist durch Rahmenvereinbarungen mit dem beauftragenden Unternehmen verbunden sind, dass mögliche Interna über den Bewerbungsprozess weitergetragen werden. Diese Gefahr ist zwar nur bei unseriösen Beratern gegeben, dennoch sollte die Führungskraft sich dessen bewusst sein und dieses Risiko nicht ohne Not eingehen. Dies gilt umso mehr, sofern die Führungskraft die Outplacement-Beratung zu einem Zeitpunkt beginnt, in dem die Verhandlungen über die Trennungsvereinbarung noch nicht abgeschlossen sind.

Übernimmt der Arbeitgeber im Zusammenhang mit dem Abschluss einer Aufhebungsvereinbarung die Kosten für die Outplacement-Beratung, so stellt sich die Frage, ob die Führungskraft sich die Kostenübernahme als zu versteuerndes Arbeitsentgelt zurechnen lassen muss und demzufolge Einkommensteuer zu entrichten hat.

Während vor einigen Jahren noch die Finanzverwaltung die Auffassung vertrat, dass die Kosten einer Outplacement-Beratung von der Führungskraft zu versteuern war, wurde diese unrichtige Auffassung nunmehr revidiert. Die Kostenübernahme für ein Outplacement ermöglicht es der Führungskraft, in einer außergewöhnlichen Lebenssituation eine neue Tätigkeit zu erlangen. Die im Rahmen des Outplacements erfolgte Beratung ist keine nachhaltige Zuwendung, die die Führungskraft, auch noch in der weiteren Berufstätigkeit verwenden kann. Anders als eine Weiterbildungsmaßnahme kann sie deshalb kein zu versteuerndes Arbeitsentgelt darstellen oder diesem gleichgesetzt werden. Outplacement Leistungen für von der Entlassung bedrohte Führungskräfte und Arbeitnehmer erfolgen im Interesse des Arbeitgebers und stellen keinen Arbeitslohn dar. Es fehlt aufgrund fehlender Nachhaltigkeit schon an einer objektiven Bereicherung.

## 11.3  Coaching

Von der Outplacement-Beratung unterscheidet sich die sogenannte Coaching-Beratung. Es ist dabei wiederum zwischen der karrieretaktischen Coaching-Beratung und dem sogenannten arbeitsrechtlichen Coaching zu unterscheiden. Anlass der Coaching-Beratung ist nicht ein Trennungsprozess, sondern eine während des bestehenden Arbeitsverhältnisses mithilfe des Coaches erfolgte Reflektion und der Umgang mit drohenden oder tatsächlichen Konfliktsituationen während des Dienstverhältnisses. Bei dieser Art der Beratung nimmt der Coach quasi die Rolle eines Sparing-Partners ein und versucht dem Coachee Hilfestellung zu geben. Währenddessen spricht man von einem arbeitsrechtlichen Coaching, sofern die Konfliktsituationen mit arbeitsrechtlichen Problematiken überlagert sind. In diesem Fall berät ein Rechtsanwalt die Führungskraft, wie sie sich aus taktischer und vor allem rechtlicher Sicht am Besten verhalten sollte.

Die Kosten einer solchen Beratung sind, da regelmäßig durch das Arbeits- oder Dienstverhältnis veranlasst, als Werbungskosten geltend zu machen.

# Wie finde ich den richtigen Anwalt für mich? **12**

Die Suche der Führungskraft nach einem geeigneten Rechtsanwalt sollte im Fall eines sich abzeichnenden Konflikts mit dem Arbeitgeber im besten Fall nicht erst beginnen, sondern schon abgeschlossen sein. Generell ist zu beobachten, dass gerade Führungskräfte in Konzernunternehmen zu sorglos mit den eigenen Vertragsangelegenheiten umgehen. Die Führungskraft vertraut oftmals darauf, dass es das Unternehmen schon „richtig machen" und angemessen und fair mit der Führungskraft umgehen wird. Die Praxis bestätigt jedoch leider immer wieder, dass dies oftmals nicht so ist und noch nicht einmal auf das geschriebene Wort Verlass ist.

▶ Was also sollte die Führungskraft tun?

Sie sollte sich so verhalten, wie Vorstände und Geschäftsführer der Anstellungsgesellschaften schon seit Langem verfahren; nämlich keinen Vertrag oder eine Vertragsänderung ohne anwaltliche Begleitung verhandeln und vereinbaren. Daher ist es auch Führungskräften zu empfehlen, dass schon beim Neuabschluss eines Vertrages ein auf Führungskräfte spezialisierter Rechtsanwalt zu Rate gezogen wird.

Oft kennt die Führungskraft aus seiner Tätigkeit die Arbeitsrechtler, mit denen das Unternehmen schon zusammengearbeitet hat, als die Führungskraft noch in Amt und Würden war. Anwälte dieser – meist Großkanzleien – kann die Führungskraft in derartigen Angelegenheiten jedoch nicht in eigener Sache zu Rate ziehen. Diesen Rechtsanwälten ist aus Interessenkollisionsgründen in derartigen Fällen eine Tätigkeit untersagt, da die Rechtsanwälte sich sonst der Gefahr des Parteiverrats aussetzen. Bei der Wahl einer anderen Kanzlei sollte die Führungskraft jedoch sorgsam prüfen, ob aktuelle oder latente Interessenkollisionen bestehen. Großkanzleien profilieren sich regelmäßig dadurch, dass Sie den Anspruch erheben, ausschließlich Unternehmen zu vertreten. Ob dies so ist, kann zunächst einmal anhand der Webseite und der Außendarstellung offenkundig werden. Ist das nicht der Fall, sollte konkret nachgefragt werden.

C. Abeln, *Handbuch für Führungskräfte,* 217
DOI 10.1007/978-3-658-04029-1_12, © Springer Fachmedien Wiesbaden 2014

Ist Außendarstellung und Auskunft nicht deckungsgleich, so ist Vorsicht angebracht. Wir haben schon erleben müssen, dass Führungskräfte den Rechtsanwalt gewechselt haben, weil im Rahmen des Mandates für die Führungskraft der Eindruck entstand, dass der Anwalt der Großkanzlei aus tatsächlicher oder vermeintlicher Rücksichtnahme, die Interessen der Führungskraft nicht mit dem gebotenen Nachdruck vertrat. Aus diesem Grund konsultieren vorsichtige Führungskräfte keine Fachanwälte in der Stadt oder am Sitz der Gesellschaft. Oftmals, und so verhielt es sich zuletzt auch in der Phase der aktuellen Wirtschaftskrise, geschah es, dass Kanzleien, in denen der Merger- und Akquisitionstätigkeitsbereich wegfiel, nunmehr den Tätigkeitsbereich der Führungskräfte für sich entdeckten. Unsere Kanzlei vertritt die Philosophie grundsätzlich ausschließlich Führungskräfte, Geschäftsführer und Vorstände in ihren Angelegenheiten zu vertreten. Der Verzicht und die Beschränkung haben uns zu Anfang viel Geschäft gekostet, sichern uns jedoch langfristig die Glaubwürdigkeit und das Vertrauen gegenüber unseren Mandanten.

Mitunter kann es deshalb für die Führungskraft sinnvoll sein, sich seinen Rechtsanwalt außerhalb des Einflussbereichs des Unternehmens und damit in einer anderen Stadt zu suchen. So ist das Risiko zumindest minimiert, dass die Führungskraft einen Rechtsanwalt wählt, der eigentlich lieber das Unternehmen vertreten würde.

Für die Führungskraft scheiden in der Regel auch diejenigen Rechtsanwälte aus, die den Betriebsrat oder die Interessen der im Unternehmen vertretenen Gewerkschaften vertreten. Warum? Führungskräfte verstehen sich in der Regel als dem Unternehmen nahe, nämlich als Vertreter des Unternehmens im nicht juristischen Sinne. Der Anwalt des Betriebsrats vertritt die Interessen des Betriebes normalerweise in einem Interessengegensatz zum Unternehmen. Ebenso wenig wie die Führungskraft deshalb Rat und Unterstützung bei einem Betriebsrat in eigener Sache einholen wird, ist der Anwalt des Betriebsrats in der Regel die richtige Adresse für die Führungskraft.

Nun gibt es auch noch Kanzleien, die nach dem Motto *pecunia non olet*, Geld stinkt nicht, Betriebsräte, Unternehmen, Führungskräfte sowie Arbeitnehmer vertreten, dies oft gepaart mit dem Argument, man könne mit diesen Erfahrungen die jeweils andere Seite am Besten vertreten. Dieses Argument verfängt jedoch nicht, da ein guter Rechtsanwalt über die ausgeprägte Fähigkeit verfügen sollte, sich in die Interessensituation der jeweiligen Gegenseite hineinzudenken und so quasi die Argumente der anderen Seite als *advocatus diabolus* zu antizipieren. Einem Anwalt, der diese Fähigkeit nicht hat, nutzt es auch nichts, wenn er neben Führungskräften noch weitere Zielgruppen vertritt.

Schließlich gibt es einige wenige, meist sogenannte Anwaltsboutiquen, die sich vornehmlich auf den von uns fokussierten Tätigkeitsbereich spezialisiert haben. Bekommt die Führungskraft eine solche Kanzlei nicht aus seinem Netzwerk empfohlen, gibt es die Möglichkeit über das Internet, einschlägige Kollegen zu recherchieren. Oftmals haben die Webseiten bereits einen gewissen Aussagewert über den Tätigkeitsbereich. Von Bedeutung für die Auswahl kann beispielsweise sein, ob die entsprechende Kanzlei regelmäßige Veröffentlichungen in einschlägigen Medien vorweisen, bereits Führungskräfte des betreffenden Unternehmens vertreten hat oder zumindest über entsprechende Branchenerfahrung verfügt. Da ein überdurchschnittliches Engagement des betreuenden Rechtsanwalts im

Mandat einer Führungskraft ein entscheidender Baustein zum Erfolg der Führungskraft ist, können zuvor genannte Punkte ein Auswahlkriterium für den richtigen Rechtsanwalt sein.

Mitunter kennen auch die Vertretungsorgane der Führungskräfte aus ihrer Tätigkeit als Kollektivorgan für die Vertretung von Führungskräften geeignete Rechtsanwälte. Bestehen derartige Interessenvertretungen jedoch nicht, so bleibt der Führungskraft nur eine externe Suche. Hierbei ist unseres Erachtens auch grundsätzlich darauf zu achten, dass in der Kanzlei Fachanwälte für Arbeitsrecht tätig sind. Zwar ist dies nicht allein ein Gütezeichen für den jeweiligen Rechtsanwalt und mitunter gibt es auch Rechtsanwälte, die auf die Führung dieses Titels bewusst verzichten. Andererseits erfordert der Erwerb des Fachanwaltstitels die gegenüber der zuständigen Rechtsanwaltskammer nachgewiesenen theoretischen und tatsächlichen Qualifikation sowie den Nachweis einer bestimmten Anzahl von Fällen innerhalb eines Zeitraumes von drei Jahren. Jährlich ist des Weiteren eine bestimmte Anzahl von Stunden der Rechtsanwaltskammer nachzuweisen, mit der der Anwalt die Aktualität seines Wissens unter Beweis zu stellen hat.

▶       Vorsicht vor Anwalts-Rankings unter dem Schlagwort „Top-Anwälte"!

In der Online-Ausgabe der *Wirtschaftswoche* erschien im Juni 2013 ein Artikel über 25 Top-Arbeitsrechtler für Führungskräfte und Manager. Für einen Nicht-Anwalt lasen sich der Artikel und das Ranking sehr gut. Aber: 21 der 25 genannten Kanzleien hatten wir bereits vor Kurzem in Gerichtsverfahren von Führungskräften auf der Arbeitgeber- beziehungsweise auf Unternehmensseite. Diese 21 Kanzleien waren nach unseren Erfahrungen ausschließlich für die Arbeitgeberseite tätig und nicht für Führungskräfte. Arbeitgeberkanzleien wollen selbstverständlich das Arbeitgebermandat. Führungskräfte sind entweder der „Fuß in der Tür" oder „Lückenfüller". Wie das Ranking zustande kam, konnte die verantwortliche Redakteurin nicht verraten. Das heißt nicht, dass es sich nicht um sehr gute Juristen handelt, aber wie soll man erklären, dass keine Interessenkollision vorliegt?

Stets sollte hinterfragt werden, wie Rankings, in denen die „Top-Anwälte" präsentiert werden, zustande kommen. Eine Recherche im Internet nach den genannten Namen ist oft erhellend.

So war beispielsweise in einem Listing eines anderen weitverbreiteten Wirtschaftsmagazins zu erfahren, dass einige Rechtsschutzversicherer ihre Meinung zu Anwaltskanzleien abgegeben haben. Nun muss man jedoch wissen, dass Rechtsschutzversicherungen nur einen sehr beschränkten Einblick in die Tätigkeit von Rechtsanwaltskanzleien, die im Führungskräftebereich tätig sind, haben. Die Versicherungen lehnen eine Deckung und Kostenübernahme für Führungskräfte oft anfänglich ab, weil nach deren Rechtschutzbedingungen ein eintrittspflichtiger Schadensfall in der Regel nur bei einer Kündigung, einer Abmahnung oder beispielsweise Zahlungsverzug eintritt. Keiner der vorgenannten Fälle ist jedoch der Regelschadensfall einer Führungskraft. Vielmehr sind ca. 80 % der von uns vertretenen Fälle außergerichtliche Tätigkeiten mit anderen Inhalten. Einer Führungskraft wird auch in der Regel nicht gekündigt, es sei denn, es handelt sich um verhaltensbedingte

Gründe. Unternehmen agieren anders. Sie teilen beispielsweise mit, dass man sich trennen möchte. Als Grund wird gern der Vertrauensentzug genannt oder es wird mündlich argumentiert, dass man einfach keine Verwendung mehr für die/den Betreffende/n habe. Ein anderes Beispiel ist der scheibchenweise Entzug von Aufgaben.

Neben den freien Anwälten gibt es auch für Führungskräfte sogenannte Verbandsvertreter einiger Führungskräfteverbände. Der Vorteil einer solchen Verbandsmitgliedschaft besteht darin, dass mit dem Mitgliedsbeitrag eine Interessenvertretung in Form rechtlicher Beratung mit beinhaltet sein kann. Der Nachteil besteht darin, dass die Interessenvertretung auf die im Verband angestellten Rechtsanwälte beschränkt ist. Und auch hier besteht die potenzielle Gefahr, dass ein Verband gegebenenfalls nicht im Einklang mit der Interessenvertretung der Führungskraft stehende Interessen verfolgt. Dies muss nicht der Fall sein, kann aber.

Ebenso wenig, wie eine Rechtsschutzversicherung dem Versicherten einen bestimmten Rechtsanwalt vorschreiben kann, sollte die Führungskraft auch in anderen Fällen in der Wahl ihres Interessenvertreters frei sein. Eine vertraglich oder mündlich auferlegte Beschränkung bei der freien Anwaltswahl sollte stets skeptisch hinterfragt werden.

## 12.1   Mit welchen Kosten sind in einer rechtlichen Auseinandersetzung zu rechnen und wer kommt dafür auf?

Grundsätzlich berechnen sich die Kosten anwaltlicher Tätigkeit nach dem sogenannten Rechtsanwaltsvergütungsgesetz. Danach erhält der Anwalt für bestimmte Tätigkeiten ein bestimmtes Honorar. Die Höhe des Honorars wiederum bestimmt sich nach der Höhe der bezogenen Vergütung, wobei stets die Gesamtvergütung der Führungskraft auf der Basis des Steuerbruttos Berücksichtigung findet.

Entsprechend spezialisierte Rechtsanwälte vereinbaren mit der Führungskraft sogenannte Vergütungsvereinbarungen. Die inhaltliche Ausgestaltung kann hier jedoch variieren, wobei für beide Parteien Grundlage für die Vereinbarung das Verhandlungsziel und das dahinterstehende wirtschaftliche Interesse eine maßgebliche Rolle spielen sollte. Kann zu Beginn des Mandates somit noch nicht eindeutig bestimmt werden, was das Verhandlungs- oder Beratungsziel sein soll, so ist es ratsam, sich auf eine Stundenvereinbarung zu verständigen. Stellen sich mögliche Verhandlungsziele als Optionen dar, so können diese mit in die Vereinbarung aufgenommen werden. Ist der Abschluss einer Aufhebungsvereinbarung das verfolgte Ziel, kann beispielsweise ein Pauschalbetrag vereinbart werden. Für den Fall, dass es, aus welchen Gründen auch immer, nicht zu einem Abschluss kommt oder die Führungskraft womöglich gar in einer gleichwertigen Position weiterbeschäftigt wird, kann der bis dahin entstandene Aufwand nach Zeit abgerechnet werden.

Zum Teil werden auch sogenannte Streitwertvereinbarungen abgeschlossen. In diesem Fall wird ein bestimmter Streitwert vereinbart und dann nach Rechtsanwaltsvergütungsgesetztatbeständen abgerechnet.

Besteht eine Rechtsschutzversicherung, so kann beispielsweise ergänzend vereinbart werden, dass deren Kostenerstattung Anrechnung auf die Vergütungsvereinbarung findet oder der Anwalt das Recht erhält, die Vergütung der Rechtsschutzversicherung ergänzend zu liquidieren.

Wichtig zu wissen ist, dass die anwaltliche Vertretung der Führungskraft im Regelfall außergerichtlich erfolgt. In den seltensten Fällen wird Führungskräften gegenüber nämlich eine Kündigung, Abmahnung oder ähnliches ausgesprochen. Nun sehen jedoch die sogenannten Allgemeinen Rechtsschutzbedingungen der Versicherungen vor, dass für deren Eintrittspflicht ein sogenannter Schadensfall Voraussetzung dafür ist, dass überhaupt Kosten der anwaltlichen Vertretung übernommen werden. Abgesehen davon, dass die Versicherungen nur die Kosten nach dem sogenannten Rechtsanwaltsvergütungsgesetz erstatten, findet eine Differenzierung, ob der vertretende Rechtsanwalt beispielsweise den Titel eines Fachanwalts oder über sonstige Expertisen verfügt, nicht statt. Daher erfolgt eine Kostenerstattung des Rechtsschutzversicherers für den Anwalt, ist er auch noch so gut oder schlecht, in jedem Fall gleich. Eine Erstattung der anwaltlichen Kosten auf der Basis einer zwischen der Führungskraft und dem Rechtsanwalt abgeschlossenen Vergütungsvereinbarung, erfolgt durch die Rechtsschutzversicherung in keinem Fall. Auch sind uns keine Versicherungen bekannt, die eine Kostenübernahme für sogenannte Vergütungsvereinbarungen beinhalten.

Der Abschluss einer Rechtschutzversicherung kann für Führungskräfte nicht empfohlen werden, da sie aus vorgenannten Gründen in der Regel kaum sinnvoll ist. Vielmehr kann sich die Führungskraft die Kosten hierfür sparen und die eingesparten Beträge besser in einen guten Rechtsanwalt investieren.

Wichtig ist, dass in Deutschland sogenannte Erfolgshonorare, anders als beispielsweise in den USA, weitestgehend untersagt sind. Ein echtes Erfolgshonorar bedeutet, dass der Anwalt nur dann ein Honorar von seinem Mandanten erhält, wenn ein bestimmter Erfolg eingetreten ist. Derartige Erfolgsvereinbarungen können in den USA bis zu 30 % einer Abfindungssumme betragen. Auch in Deutschland gibt es den einen oder anderen Kollegen, der mit derartigen Vereinbarungen arbeitet. Man muss hierzu jedoch wissen, dass eine solche Vereinbarung nach deutschem Recht nichtig ist und der Rechtsanwalt, der eine solche Vereinbarung mit seinem Mandanten trifft, im Falle einer Zahlungsverweigerung, seine Ansprüche rechtlich nicht durchsetzen kann. Die jüngst vom deutschen Gesetzgeber in geringem Umfang zugelassene Möglichkeit Erfolgshonorare zuzulassen, ist im Ergebnis nicht praktikabel, da die Vereinbarung bereits beim Abschluss so konkret bestimmt sein muss, dass die abschließenden Parteien über hellseherische Fähigkeiten verfügen müssen.

Wichtig ist ferner zu wissen, dass das deutsche Recht für einen erstinstanzlichen Rechtsstreit der Führungskraft und auch für eine außergerichtliche Vertretung der Führungskraft keine Kostenerstattung der unterlegenen Partei vorsieht. Mit anderen Worten: Das Unternehmen kann sich gegenüber der Führungskraft noch so rechtswidrig verhalten und die Führungskraft dieses Unrecht in einem Urteil schriftlich bestätigt bekommen; eine Kostenerstattung für die Beauftragung des Rechtsanwalts der Führungskraft kann nicht verlangt werden.

Diese gesetzliche Regelung ist aus unserer Sicht überholt und führt dazu, dass die Führungskraft zusätzlich zu erlittenem rechtlichen Unrecht einem nicht unerheblichen Kostenrisiko ausgesetzt ist, das manche Unternehmen durchaus billigend in Kauf nehmen, um die Führungskraft insgesamt auch wirtschaftlich zu zermürben. Die gesetzliche Regelung, die aus einer anderen Zeit herrührt, bedarf aus unserer Sicht daher einer umfassenden Revision beziehungsweise Abschaffung.

Da die Führungskraft somit im Rahmen einer rechtlichen Auseinandersetzung stets auf seinen Kosten sitzen zu bleiben droht, sollte der versierte Interessenvertreter in der Lage sein, diese finanziellen Nachteile, im Rahmen einer Gesamtregelung mit dem Unternehmen zu kompensieren.

# Sachverzeichnis

## A

Abfindung, 114, 141, 171, 190, 210
  Höhe, 172, 185, 190
  steuerliche Optimierung, 194, 195
Abfindungsanspruch, Change-of-Control, 76
Abfindungsvereinbarung im Rahmen einer
       Betriebsänderung, 54
Abmahnung, 37, 114, 194
  Betriebsübergang, 58
  Compliance, 142
  Versetzung, 102
Aktienoptionen, 31
  Anspruch auf Gleichberechtigung, 15
  Beendigung des Arbeitsverhältnisses, 201
  Betriebsübergang, 61, 62
Allgemeine Geschäftsbedingungen, 83, 95, 165
Altersgrenzklausel, 12, 13
Altersrente, 13, 45, 191, 193
Altersteilzeit, 206, 208
Altersversorgung, 45, 50, 190, 206
  Altzusage, 47
  Anwartschaft, 48
  betriebliche, 13, 46, 191
  gesetzliche, 13
  Übertragungsanspruch, 48, 49
Änderungskündigung, 24, 87, 91
  Beteiligung des Sprecherausschusses, 9
  Betriebsübergang, 63
  Entsendung, 163
Angestellter, leitender, 1, 5, 7, 12, 112, 171
  betriebsverfassungsrechtliche Definition, 3
  kündigungsschutzrechtliche Definition, 2
Anwalts-Ranking, 219
Arbeitsaufgabe, 82, 94, 95, 103, 107
Arbeitsplatz, 82

  gleichwertiger, 86, 160
  Wegfall, 84, 177, 179
Aufgabenänderung, 38, 81, 91, 94, 114
  einseitige, 86
  einvernehmliche, 83
Aufhebungsvertrag, 10, 68, 182, 183
  betriebliche Altersversorgung, 47
  Betriebsübergang, 68
  billige Tricks, 210
  Essentials, 186
Auflösungsantrag, 166, 171
Ausgleichszahlung, 37
Auslandsentsendung, 157
  Fürsorgepflichten, 161
  Kündigungsschutz, 166
  Rechtswahlklauseln, 160
  Rückrufklausel, 165
  Sozialversicherung, 168
  Steuerrecht, 167
  Vergütung, 159
  Vertrag, 158
Ausschlussfrist, 30

## B

Beendigung des Arbeitsverhältnisses, 7, 10, 30,
      33, 49, 62, 102, 183, 193, 205
Beförderung
  Sprecherausschuss, 8
  zum Geschäftsführer, 117, 126
Beschäftigtendatenschutz, 12, 155, 175
Beschäftigungsanspruch, 116, 188, 189
Bestandsschutz, 74, 75, 119
Beteiligung des Sprecherausschusses, 5, 8,
      81, 112

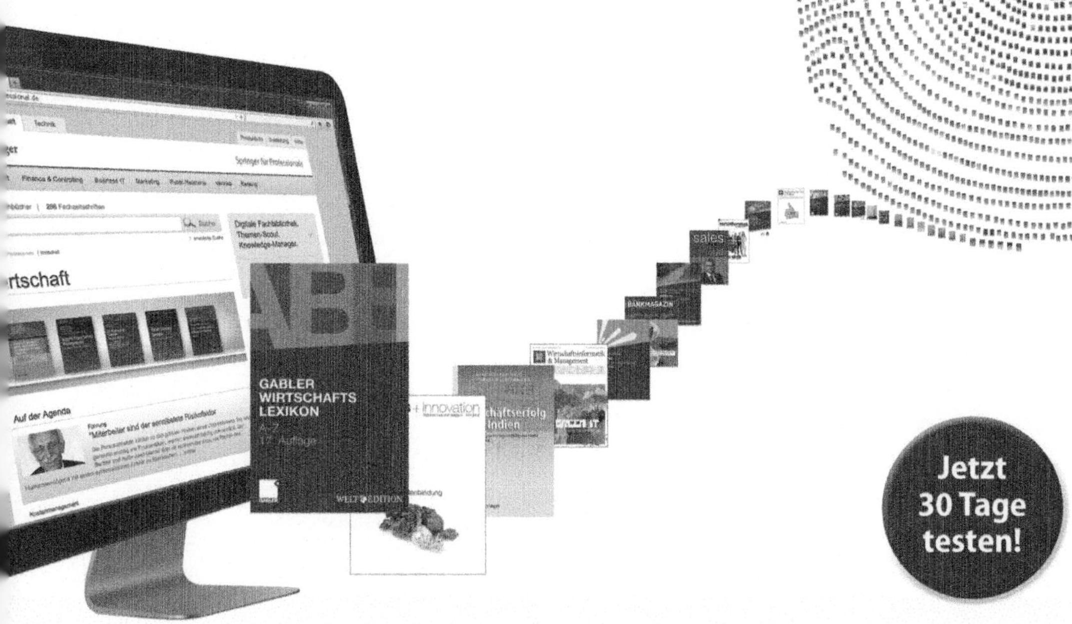

Printed by Printforce, the Netherlands